Embarazo

PARA

DUMMIES™

Embarazo

PARA

DUMMIES™

**Doctora Joanne Stone, doctor Keith Eddleman
y Mary Duenwald**

Obra editada en colaboración con Centro Libros PAPF, S.L.U. – España

Edición publicada mediante acuerdo con Wiley Publishing, Inc.
© ...For Dummies y los logos de Wiley Publishing, Inc. son marcas registradas utilizadas bajo
licencia exclusiva de Wiley Publishing, Inc.

© 2011, Dra. Joanne Stone, Dr. Keith Eddleman y Mary Duenwald
© Wavebreak Media Ltd para 123rf (Retoque Freire, sl.)

© 2011, Centro Libros PAPF, S.L.U.
Grupo Planeta
Avda. Diagonal, 662-664
08034 – Barcelona, España

Reservados todos los derechos

© 2012, Editorial Planeta Mexicana, S.A. de C.V.
Bajo el sello editorial CEAC M.R.
Avenida Presidente Masarik núm. 111, 2o. piso
Colonia Chapultepec Morales
C.P. 11570 México, D. F.
www.editorialplaneta.com.mx
Primera edición impresa en España: febrero de 2012
ISBN: 978-84-329-2148-3

Primera edición impresa en México: septiembre de 2012
ISBN: 978-607-07-1356-9

Impreso en los talleres de Litográfica Ingramex, S.A. de C.V.
Centeno núm. 162, colonia Granjas Esmeralda, México, D.F.
Impreso en México – *Printed in Mexico*

¡La fórmula del éxito!

Tomamos un tema de actualidad y de interés general, añadimos el nombre de un autor reconocido, montones de contenido útil y un formato fácil para el lector y a la vez divertido, y ahí tenemos un libro clásico de la serie ...para Dummies.

Millones de lectores satisfechos en todo el mundo coinciden en afirmar que la serie ...para Dummies *ha revolucionado la forma de aproximarse al conocimiento mediante libros que ofrecen contenido serio y profundo con un toque de informalidad y en lenguaje sencillo.*

Los libros de la serie *...para Dummies* están dirigidos a lectores de todas las edades y niveles del conocimiento interesados en encontrar una manera profesional, directa y a la vez entretenida de aproximarse a la información que necesitan.

www.paradummies.com.mx

¡Entra a formar parte de la comunidad Dummies!

El sitio web de la colección ...*para Dummies* está pensado para que tengas a mano toda la información que puedas necesitar sobre los libros publicados. También te permite conocer las últimas novedades antes de que se publiquen.

Desde nuestra página web, también, puedes ponerte en contacto con nosotros para resolver las dudas o consultas que te puedan surgir.

Asimismo, en la página web encontrarás muchos contenidos extra, como por ejemplo los audios de los libros de idiomas.

También puedes seguirnos en Facebook (facebook.com/dummiesmx), un espacio donde intercambiar tus impresiones con otros lectores de la colección ...*para Dummies*.

10 cosas divertidas que puedes hacer en www.paradummies.com.mx y en nuestra página de Facebook:

1. Consultar la lista completa de libros ...*para Dummies*.
2. Descubrir las novedades que vayan publicándose.
3. Ponerte en contacto con la editorial.
4. Recibir noticias acerca de las novedades editoriales.
5. Trabajar con los contenidos extra, como los audios de los libros de idiomas.
6. Ponerte en contacto con otros lectores para intercambiar opiniones.
7. Comprar otros libros de la colección en línea.
8. ¡Publicar tus propias fotos! en la página de Facebook.
9. Conocer otros libros publicados por Grupo Planeta.
10. Informarte sobre promociones, presentaciones de libros, etcétera.

Los autores

La **doctora Joanne Stone** es directora del Departamento de Medicina Maternofetal del famoso Hospital Monte Sinaí de Nueva York. Además de ejercer como profesora en la Facultad de Medicina, se encarga de las pacientes con embarazos de riesgo. Ha pronunciado conferencias a lo largo y ancho de los Estados Unidos, escribe habitualmente en revistas médicas y ha sido entrevistada en numerosos medios de comunicación, dando su opinión sobre todo tipo de temas relacionados con el embarazo. Fue una de las protagonistas de la serie *Embarazo para Dummies* emitida por el canal Discovery Health, que fue muy bien recibida por la crítica. Cuando no está en el hospital, pasa su tiempo libre con su marido, George, y con sus dos hijas, Chloe y Sabrina.

El **doctor Keith Eddleman** trabaja con Joanne en el Hospital Monte Sinaí. Es también profesor de la Facultad de Medicina y dirige el Departamento de Obstetricia. Imparte clases a estudiantes de medicina, residentes y médicos visitantes, da conferencias por todo el mundo y aparece con frecuencia en televisión para hablar sobre asuntos relacionados con el cuidado de las mujeres embarazadas. Su especialidad son las ecografías y la genética reproductiva. También apareció en la serie *Embarazo para Dummies* emitida por el canal Discovery Health. Le gusta pasar su tiempo libre, cuando lo tiene, con su familia en su piso de Manhattan o en su casa de campo en el norte del estado de Nueva York.

Mary Duenwald es escritora y redactora especializada en periodismo médico y científico. Ha escrito para el *New York Times*, *Discover*, *Smithsonian* y *Departures*. Ha sido directora ejecutiva de las revistas *Harper's Bazaar*, *Women's Sports & Fitness* y *The Sciences,* así como jefa de redacción de *Vogue*. Actualmente colabora como redactora con *GQ*. También es madre de los gemelos, Nick y Claire Murray.

Dedicatoria

A George, Chloe, Sabrina, Regina, Phillip, Frank, Melba, Jack, Nick y Claire por todo su amor y apoyo.

Agradecimientos de los autores

Este libro es fruto del amor. Queremos dar las gracias a todas aquellas personas que han colaborado en el nacimiento de este libro, y muy especialmente a las siguientes:

- ✔ Lindsay Lefevere, Chad Sievers, Christy Pingleton, Tami Booth, Jennifer Ehrlich, Christy Beck, Elizabeth Kuball, Paula Lowell, Traci Cumbay, Kathy Cox y los demás miembros del equipo de Wiley Publishing, Inc., que concibieron esta idea y nos acompañaron durante todo el proceso.

- ✔ Sophia Seidner, Carolyn Krupp y el equipo de International Management Group, por ponernos en contacto con Wiley.

- ✔ La doctora Jill Fishbane-Mayer, por establecer el contacto inicial.

- ✔ Los doctores Jeffrey Penman, Lynn Friedman, Mary D'Alton, Richard Berkowitz y Ramona Slupik, por sus excelentes comentarios y sugerencias.

- ✔ El doctor Ian Holzman, por orientarnos en el capítulo sobre los recién nacidos.

- ✔ Kathryn Born, por convertir nuestros garabatos en magníficas ilustraciones.

Y a todas nuestras pacientes a lo largo de todos estos años, por sus preguntas y su manifiesta necesidad de información, lo que nos inspiró a escribir este libro.

Embarazo para Dummies

Números de teléfono y direcciones útiles

Médico:

Nombre

Número de teléfono

Dirección

Pediatra:

Nombre

Número de teléfono

Dirección

Hospital o clínica:

Nombre

Número de teléfono

Dirección

Especialista (en ecografías, medicina interna, medicina maternofetal, etc.):

Nombre

Número de teléfono

Dirección

Lo imprescindible para la estancia en el hospital

- ✔ Tu pareja o acompañante.
- ✔ Una muda de baño y una bata.
- ✔ Productos de aseo y belleza.
- ✔ Ropa interior resistente, que no te importe manchar de sangre.
- ✔ Ropa para volver a casa, incluyendo un par de zapatos amplios y cómodos.
- ✔ Ropa para el bebé.
- ✔ La sillita para el auto (puede llevarla tu pareja el día que los den el alta).
- ✔ Toallitas (a menos que no te importe utilizar las que suelen dar en los hospitales).
- ✔ Una cámara fotográfica.
- ✔ Una videocámara (consúltaselo primero al médico o al hospital, ya que en algunos lugares no permiten grabar).
- ✔ Los números de teléfono de los familiares y amigos a los que quieras llamar.
- ✔ El carnet de seguridad social.
- ✔ Teléfono celular.
- ✔ Caramelos o chupones.
- ✔ Un reproductor de CD o MP3, si quieres.
- ✔ Dinero suelto para el estacionamiento o las máquinas expendedoras.

¡El libro sobre el embarazo para todos!

Embarazo para Dummies

Guía rápida

Calendario de consultas y pruebas prenatales

Semanas	Pruebas posibles
6-8	Grupo sanguíneo, rubeola, hemograma, anticuerpos del VIH, sífilis, hepatitis, ecografía. Serología a toxoplasmosis y recomendable determinación de serología a varicela.
10-14	Muestra de vellosidades coriónicas (si se ha programado). Prueba de detección del síndrome de Down/translucencia nucal (idealmente, en la semana 11-12). Cribado combinado del primer trimestre para valoración del riesgo de síndrome de Down.
15-18	Análisis sérico del segundo trimestre (también llamado *prueba cuádruple*), amniocentesis (si se ha programado), realización del cribado sérico del síndrome de Down de segundo trimestre (si no se ha realizado el del primer trimestre). Determinación del nivel de alfafetoproteína en sangre materna para valorar el riesgo de defectos del tubo neural.
18-22	Ecografía para evaluar la anatomía fetal.
24-28	Prueba de la glucosa para detectar la presencia de diabetes gestacional.
28-36	Consultas quincenales o mensuales para controlar la tensión arterial, el peso, la presencia de proteínas en la orina y el crecimiento fetal.
36-40	Consultas semanales para controlar lo mismo que durante las semanas 28 y 36, además de la posición fetal. Algunos médicos realizan tactos vaginales para comprobar el estado del cuello uterino. Se hacen los cultivos vaginales/rectales para detectar la presencia de estreptococos del grupo B.
40-¿?	Consultas dos veces a la semana para comprobar el bienestar fetal.

El crecimiento del bebé

Semana de embarazo*	Peso medio	Longitud media	Semana de embarazo*	Peso medio	Longitud media
8	1 g	1.5 cm	26	0.91 kg	31.75 cm
10	5 g	3 cm	28	1.25 kg	34.80 cm
12	20 g	5 cm	30	1.65 kg	37.60 cm
14	60 g	8.5 cm	32	2.00 kg	39.62 cm
16	0.12 kg	15.88 cm	34	2.35 kg	41.66 cm
18	0.23 kg	19.81 cm	36	2.72 kg	44.45 cm
20	0.34 kg	24.77 cm	38	3.10 kg	47.50 cm
22	0.45 kg	27.94 cm	40	3.40 kg	49.53 cm
24	0.68 kg	29.72 cm			

* A partir del primer día del último periodo menstrual.

¡El libro sobre el embarazo para todos!

Sumario

Parte II: El embarazo, obra en tres actos....................81

Capítulo 5: El primer trimestre 83

Capítulo 6: El segundo trimestre..107

Introducción

Es irónico que este libro se llame *Embarazo para Dummies*, porque hoy en día la mayoría de lectores son capaces de comprender cualquier información médica compleja cuando se presenta con la suficiente claridad. En realidad, nuestro objetivo ha sido escribir una guía amplia y científica sobre lo que constituye una de las experiencias más memorables en la vida de cualquier persona: el embarazo. La colección de libros *...para Dummies* se caracteriza por ofrecer contenidos exhaustivos y didácticos, que a la vez resultan fáciles de leer. Por eso nos parece que este formato es perfecto para presentar toda la información médica relacionada con el embarazo y, al mismo tiempo, reconocer, e incluso fomentar, el humor y la alegría que deben formar parte del milagroso proceso que es tener un hijo.

Acerca de este libro

Por la experiencia que hemos acumulado al atender a miles de mujeres en el Hospital Monte Sinaí de Nueva York, sabemos que quienes están pensando en ser padres sienten un insaciable interés por todo lo relacionado con el embarazo; de repente, cuestiones como el proceso de formación del corazón del bebé o la conveniencia de comer *sushi* o de teñirse el pelo despiertan la curiosidad de nuestras pacientes. En este libro damos respuesta a muchas de las preguntas que nos hacen con frecuencia. Y, a la hora de abordar las cuestiones más controvertidas, siempre nos basamos en datos médicos fiables y contrastados. No nos limitamos a facilitar una respuesta estándar, sino que la comparamos con información extraída de publicaciones médicas. A veces no hay datos científicos para indicar si algo es seguro o conlleva un riesgo; cuando éste sea el caso, así lo indicaremos.

Con frecuencia, nuestras pacientes se preocupan por algo que han leído en un libro que ya se ha quedado anticuado, que carece de base científica real o que presenta la información de forma exagerada. En ocasiones, estos mismos libros presentan sus contenidos de una forma alarmista, sin el enfoque adecuado. El problema es que, por naturaleza, las mujeres embarazadas no pueden evitar ponerse nerviosas al pensar que lo que hacen o lo que comen podría dañar a su bebé. Por esta razón hemos seguido un enfoque que analiza todos los datos objetivamente y que no quiere crear inquietudes ni temores innecesarios; y es que el embarazo debería ser una alegría, no una preocupación. La filosofía que nos llevó a escribir este libro pretende tranquilizar a las embarazadas siempre que sea médicamente posible, en lugar de añadir preocupaciones innecesarias.

La experiencia nos ha demostrado que los futuros padres también quieren conocer los aspectos médicos relacionados con el embarazo. ¿Cuándo se forman los dedos? ¿Qué análisis de sangre deben hacerse y por qué? ¿Qué opciones existen para detectar posibles problemas? Al tratar estos temas, hemos procurado escribir un libro que sea un verdadero texto médico sobre obstetricia para el novato en la materia.

Los autores de este libro somos profesionales en ejercicio especializados en medicina maternofetal (embarazos de alto riesgo), pero además enseñamos a residentes, estudiantes de medicina y a otros especialistas todo tipo de cuestiones relacionadas con el embarazo y los cuidados prenatales. Así, cuando emprendimos este proyecto, ya contábamos con una amplia experiencia. Además, hemos consultado a muchos compañeros de profesión ajenos a la obstetricia, como pediatras, especialistas en medicina interna y anestesistas. Para contrastar otras cuestiones, hemos estudiado a fondo las publicaciones médicas especializadas para garantizarte que la información que ofrecemos se basa en los estudios más recientes. Ha sido de gran ayuda colaborar con Mary Duenwald, porque así nos hemos podido asegurar de que la información que ofrecemos es comprensible para una persona que es ajena al mundo de la medicina. Además, como ella misma es madre de gemelos, Mary ha ilustrado con su propia experiencia diversos aspectos del embarazo.

Por desgracia, en la mayoría de libros sobre embarazo el padre no suele pintar mucho. En nuestra opinión, es una lástima que sea así. Animamos a todos los padres a leer las partes del libro que más les interesen (o que les aconseje la futura madre); hemos incluido, además, algunos comentarios dedicados especialmente a ellos.

Embarazo para Dummies está diseñado para utilizarse gradualmente, a medida que se entra en cada etapa del embarazo. Sin embargo, muchas mujeres sienten curiosidad por saber lo que les espera y quizá prefieran leer el libro de un tirón. Pero nosotros debemos apuntar que la información se organiza de modo que, si se prefiere, pueda abordarse la lectura semana por semana. También es posible consultar el libro según se presente un determinado problema o una pregunta en particular.

Confiamos en que utilices este libro como complemento a los cuidados que te ofrece tu médico. A lo mejor, parte de la información que contiene te llevará a hacerle ciertas preguntas que, de otro modo, no se te habrían ocurrido. Como no siempre existe una sola respuesta –o incluso una res-

puesta correcta– para cada pregunta, es posible que la opinión de tu médico difiera en ciertos aspectos de la nuestra. Esto es perfectamente normal;
incluso nosotros a veces no conseguimos ponernos de acuerdo. Considera
que, si bien este libro proporciona una gran cantidad de datos útiles, no es
la panacea universal a todos los males. Recuerda también que muchos de
los temas que abordamos son aplicables al embarazo en general, pero tu
situación específica quizá presente aspectos únicos que requieran consideraciones adicionales.

Novedades de esta edición

El proceso de creación de este libro fue muy semejante a un embarazo.
Nos exigió muchísima planificación, investigación, trabajo y amor, pero
creemos que hemos logrado un resultado que nos llena de orgullo y felicidad. Sin embargo, ya habían pasado cuatro años desde el nacimiento de
la segunda edición de *Embarazo para Dummies* y nos pareció que había
llegado el momento de darle otro repaso. La medicina, y en especial el
ámbito de la obstetricia, no deja de cambiar continuamente. Para que los
lectores se mantengan al tanto de las últimas tendencias y novedades
médicas, hemos actualizado y revisado la información contenida en este
libro para la tercera edición.

Al igual que en las ediciones anteriores, hemos organizado la información
por trimestres, ya que es la forma en que tradicionalmente se habla del
embarazo. No obstante, hemos decidido incluir un resumen de lo que sucede cada semana y de lo que debes hacer.

Al igual que en las dos ediciones anteriores, nos basamos en datos
científicos, en lugar de opiniones o habladurías. Recientemente, las investigaciones científicas han resuelto algunas preguntas pendientes, lo
que nos permite mejorar los cuidados que dispensamos a las mujeres
embarazadas.

Las tendencias sociales y culturales que afectan al grueso de la población
también interesan a las mujeres embarazadas. Por ejemplo, el Botox o el
tiomersal eran poco conocidos cuando escribimos la primera edición,
pero los incluimos en ésta porque están cobrando cada vez más importancia. Pero lo más importante de todo es que hemos escuchado los comentarios y las sugerencias de nuestras pacientes y los hemos incluido
en esta edición.

Convenciones utilizadas en este libro

Quizá la lectura del libro te resulte más fácil si conoces las convenciones que utilizamos.

Si bien las parejas tradicionales, compuestas de hombre y mujer, siguen siendo mayoría, hoy en día los niños nacen en circunstancias muy diversas. Por ejemplo, tenemos madres y padres solteros, parejas del mismo sexo, padres adoptivos o madres de alquiler. Lo importante en todo caso es que la información que presentamos es de utilidad para toda clase de personas, por muy diferentes que sean las situaciones en las que se encuentran.

Por otra parte, somos conscientes de que los obstetras no somos los únicos profesionales de la salud que pueden ayudar a las embarazadas. En el capítulo 2 hacemos un repaso específico a los diferentes profesionales que pueden brindarte su ayuda. Por esta razón, muchas veces hablamos de *tu médico* sin especificar de qué tipo de profesional se trata. En otras ocasiones mencionamos la rama a la que pertenece, pero sólo cuando se requieren sus servicios específicos.

Lo que no hace falta que leas

Cualquier texto que aparezca en un recuadro gris o que esté precedido por el ícono *Información técnica* contiene explicaciones detalladas para los lectores más curiosos, generalmente de tipo científico o técnico. Estos fragmentos pueden parecerte muy interesantes, o quizá no. Puedes saltearlos sin problemas, ya que encontrarás en el resto del libro todo lo que necesitas saber.

Algunas suposiciones

A medida que escribíamos este libro, pensamos en quiénes podían ser sus posibles lectores. Personas como tú, que quieren ampliar sus conocimientos sobre el embarazo en función de unas necesidades concretas:

✔ Eres una mujer que se está planteando quedar embarazada, quiere tener un bebé o ya está embarazada.

✔ Eres la pareja de una futura madre.

✔ Conoces y quieres a una mujer que ha quedado embarazada o se lo está planteando.

✔ Deseas saber más acerca del embarazo pero no quieres convertirte en un experto en el tema.

Si encajas con alguno de los criterios anteriores, esta edición de *Embarazo para Dummies* contiene la información que buscas.

¿Cómo está organizado este libro?

Las partes y los capítulos de este libro presentan el proceso del embarazo en una sucesión lógica. No obstante, no tienes que leer el libro en orden. Puedes hojearlo y leer lo más destacado, buscar ciertos temas en el sumario o en el índice, o por el contrario leerlo de principio a fin. Revisa atentamente el resumen que incluimos a continuación, donde te ofrecemos una descripción más detallada de los distintos apartados.

Parte I: La planificación

Es cierto, algunas mujeres todavía quedan embarazadas "por accidente". Pero hoy en día, para muchas mujeres, el embarazo es una decisión consciente. Es una buena idea planearlo con tiempo, e incluso consultar al médico antes de concebir. Aun si ya es demasiado tarde para una planificación muy anticipada, esta parte del libro te explicará lo que ocurre en tu cuerpo durante las primeras semanas del embarazo. En esta parte descubrirás también cómo transcurre una consulta prenatal y cómo será tu vida en las próximas 40 semanas.

Parte II: El embarazo, obra en tres actos

Como toda buena narración, el embarazo tiene un inicio, un desarrollo y un final: son los *trimestres*. En cada etapa te sentirás de manera diferente y requerirás cuidados específicos, por lo que en esta parte te damos una idea general de cómo se desarrolla cada trimestre. Encontrarás también un capítulo en el que te explicamos lo que sucede semana a semana.

Parte III: El gran momento: dilatación, parto y recuperación

Cuando se cumplen los nueve meses, comienza una fase muy activa que culmina con el nacimiento del bebé. A estas alturas, ocurrirán muchas cosas en muy poco tiempo. Tu experiencia dependerá en gran medida del tipo de parto que tengas y de su duración. Esta parte trata de forma general la dilatación, el parto y la recuperación, e incluye además las posibles variaciones que pueden producirse.

Parte IV: Consideraciones especiales

Sería fantástico si no tuviéramos que incluir un apartado sobre los problemas del embarazo. Idealmente, el embarazo de cada mujer debería estar libre de preocupaciones. Pero lo cierto es que de vez en cuando aparecen ciertas complicaciones que, si se controlan adecuadamente, no tienen por qué convertirse en verdaderos problemas. Por esta razón, incluimos información sobre cómo afrontar todas las situaciones que puedan surgir. Debes consultar esta parte si te encuentras con cualquier problema, independientemente de su gravedad. Asimismo, incluye información sobre muchas de las preocupaciones que pueden tener los padres, como la forma de presentar el bebé a sus hermanos o la solución a los problemas de salud que a veces surgen durante el embarazo.

Parte V: Los decálogos

Se trata de una parte imprescindible de todos los libros ...*para Dummies*. Aquí encontrarás una lista con las diez cosas que nadie te contará sobre el embarazo y también te daremos ejemplos de ecografías, para que aprendas a interpretarlas.

Íconos utilizados en este libro

Al igual que otros libros de la colección *para Dummies*, éste también incluye pequeños íconos al margen para orientar la lectura hacia ciertos aspectos específicos. Los siguientes párrafos describen los íconos utilizados y su significado.

Este ícono indica que vamos a desarrollar más en detalle una explicación médica. No pretendemos sugerir que la información sea demasiado difícil de entender; sólo que es un poco más detallada.

Te llamamos la atención para resaltar información que vale la pena tener en cuenta.

Este ícono indica consejos puntuales sobre cómo sobrellevar ciertas incomodidades menores y otras dificultades que pueden presentarse durante el embarazo.

A lo largo de este libro intentamos no ser alarmistas, pero hay algunas situaciones y acciones que una mujer embarazada debe evitar. Cuando es el caso, te mostramos el ícono *¡Advertencia!*

Muchas de las sensaciones que notas mientras estás embarazada te llevarán a formularte una pregunta típica: "¿Es lo suficientemente importante como para consultarlo con el médico?". Este ícono aparece cuando la respuesta es afirmativa.

Sabemos por experiencia que el embarazo puede provocar una cierta tendencia a preocuparse por (casi) todo. Es normal sentirse un poco nerviosa de vez en cuando, pero algunas mujeres se alarman por cosas que en realidad no representan un problema. Utilizamos este ícono –con mucha más frecuencia que los demás– para indicar aquellas cuestiones por las que no tienes que inquietarte.

¿Qué hacer ahora?

Si eres una persona más bien meticulosa, no dudes en leer este libro de principio a fin. Si sólo quieres encontrar una información concreta y olvidarte de lo demás, céntrate en el sumario o en el índice. También puedes doblar la punta de las páginas que consideres especialmente interesantes o hacer anotaciones al margen. Diviértete y, sobre todo, ¡disfruta de tu embarazo!

Parte I
La planificación

−RECUERDA QUE EL EMBARAZO ES COMO HACER UN EXCITANTE VIAJE EN UN PARQUE DE DIVERSIONES, LA ÚNICA DIFERENCIA ES QUE LOS ASIENTOS SON MÁS AMPLIOS.

En esta parte...

"*N*o estoy segura de estar preparada para esto..." Que esta idea te pase por la cabeza cuando descubres que estás embarazada es normal, por más que hayas estado pensando en la posibilidad desde hace tiempo o por más que lleves años intentándolo.

De repente, te vas a enfrentar a una serie de cambios que van a modificar profundamente tu cuerpo y que culminarán con la gestación de un bebé. Quizá no te sientas preparada para tantas novedades, pero si planificas lo que te viene por delante todo va a resultar mucho más fácil. Por lo general, la fase de preparación se pondrá en marcha con tu primera visita al médico, pero si todavía no has alcanzado esa etapa tan avanzada, esta parte te va a enseñar las distintas formas de encarar esos importantes e interesantes nueve meses que están por venir.

Capítulo 1

De aquí a la maternidad

*¡F*elicidades! Si ya estás embarazada, estás a punto de embarcarte en una de las aventuras más emocionantes de tu vida. Y si estás considerando la idea a corto plazo, seguramente estarás muy emocionada ante la perspectiva y, a la vez, un poco nerviosa.

En este capítulo hablaremos de todo lo que necesitas saber antes del momento de concebir. Asimismo, incluimos algunos datos sobre los medicamentos y las vacunas que podrían afectarte si ya estás embarazada. En primer lugar, lo que tienes que hacer es visitar a tu médico y revisar tus antecedentes personales y familiares. Así verás si estás en las mejores condiciones para quedarte embarazada o si, por el contrario, debes tomarte un tiempo para subir o bajar de peso, mejorar tu dieta, dejar de fumar o suspender algún tratamiento que podría perjudicarte. También te damos algunos consejos básicos sobre la forma más fácil de concebir y tratamos el tema de la esterilidad.

Prepararse: la consulta previa a la concepción

Para cuando notes que tienes un retraso y descubras que estás embarazada, el embrión, ahora de dos semanas o más, ya habrá experimentado cambios fundamentales. Lo creas o no, cuando el embrión tiene esa edad, apenas dos o tres semanas, ya ha empezado a desarrollar el corazón y el cerebro. Como la salud y la alimentación general de la madre pueden influir en el crecimiento de estos órganos del bebé, vale la pena prepararse para el embarazo antes de que comience. Pide una cita con tu médico antes de concebir para asegurarte de que tu cuerpo está preparado y listo para arrancar.

A veces esta consulta previa puede formar parte de una revisión ginecológica periódica y rutinaria. Cuando vayas a tu citología anual, comenta que estás pensando en la posibilidad de tener un hijo, y el médico te informará sobre los temas preliminares. Si tu revisión anual todavía queda lejos y no puedes esperar a ponerte manos a la obra, anímate y pide una cita para realizar la consulta previa. Si es posible, lleva al futuro padre para que pueda aportar sus antecedentes, y así saber qué es lo que pueden esperar de la aventura.

Si ya estás embarazada y no te hiciste ninguna revisión previa, no te preocupes: el médico te preguntará sobre todos estos temas en la primera consulta prenatal, sobre la que hablaremos en el capítulo 5.

Tus antecedentes

En la consulta previa, el médico analizará algunos temas que conviene tener en cuenta, por el bien de tu salud y la del bebé, incluso antes de que te quedes embarazada. Como son varios los factores que conviene controlar, el médico seguramente te preguntará acerca de todo lo siguiente:

✔ **Embarazos previos y antecedentes ginecológicos:** La información sobre embarazos anteriores puede orientar sobre cómo controlar los siguientes. El médico te pedirá que le describas los embarazos, así como los eventuales abortos y partos prematuros o múltiples; es decir, cualquier situación especial que pueda repetirse. Es útil, por ejemplo, saber si tuviste problemas de partos prematuros o de hipertensión arterial. Tus antecedentes ginecológicos son igualmente importantes, porque ciertas particularidades, como por ejemplo la irregularidad en el periodo o las operaciones quirúrgicas en el útero o en el cuello uterino, pueden influir en el embarazo.

✔ **Antecedentes familiares:** Repasar los antecedentes familiares sirve para alertar al médico sobre las enfermedades que podrían complicar el embarazo o transmitirse al bebé en desarrollo. Es posible tomar medidas antes de concebir para reducir las probabilidades de que se presenten ciertos trastornos, motivados por antecedentes familiares de anomalías del tubo neural, como la espina bífida (consulta el recuadro "¿Por qué está de moda el ácido fólico?" en este capítulo). En el capítulo 8 comentamos con más detalle las diferentes enfermedades genéticas y las pruebas que se realizan para detectarlas.

Si estás considerando la posibilidad de quedarte embarazada con óvulos o esperma donados, debes tener presente que los antecedentes genéticos de los donantes son tan importantes como los de cualquier otro padre biológico. Averigua cuanto puedas.

✔ **Raíces étnicas:** la consulta previa incluirá preguntas sobre la ascendencia de padres y abuelos; y no por simple curiosidad, sino porque hay algunos problemas hereditarios que se concentran en ciertos grupos de población. De nuevo, conocer los potenciales problemas antes de iniciar el embarazo te dará más tiempo para informarte y evaluar las posibles soluciones (consulta el capítulo 5).

Evaluación de tu estado de salud

Casi todas las mujeres que quieren quedarse embarazadas están perfectamente sanas y no tienen problemas que puedan influir en la gestación. De todos modos, la consulta previa al médico permite trazar una estrategia y descubrir la mejor forma de aumentar las probabilidades de concebir un bebé sano y tener un embarazo sin complicaciones. También te permite conocer el peso corporal ideal y cómo alcanzarlo, así como establecer un buen plan de ejercicio; incluso podrías tener que empezar a tomar vitaminas prenatales, además del ácido fólico.

No obstante, algunas mujeres tienen problemas médicos que pueden complicar el embarazo. Por este motivo, durante esa consulta previa el médico y tú repasarán una larga lista de enfermedades. Por ejemplo, si tienes diabetes, es importante estabilizar la glucemia antes de que te quedes embarazada y hacer un seguimiento durante la gestación. Si tu tensión tiende a ser alta (hipertensión), el médico querrá ponerla bajo control antes del embarazo, porque es posible que tengas que cambiar de medicamentos en más de una ocasión. Si tienes otros problemas –epilepsia, por ejemplo–, es importante revisar los fármacos que tomas y controlar la situación. Si tienes lupus eritematoso diseminado, el médico quizá te recomendará que te quedes embarazada cuando presentes muy pocos síntomas.

Te preguntará si fumas, la cantidad de alcohol que tomas al día y si consumes drogas. No se trata de un interrogatorio, así que siéntete cómoda respondiendo con franqueza. Estos hábitos pueden ser nocivos para el embarazo y abandonarlos antes de concebir es lo mejor. El médico puede aconsejarte cómo hacerlo o enviarte a algún grupo de apoyo.

RECUERDA

¿Por qué está de moda el ácido fólico?

Tu madre nunca pensó en el ácido fólico cuando te llevaba en el vientre. Pero desde finales del siglo XX, se ha convertido en una necesidad nutricional para todas las mujeres embarazadas. El cambio se produjo en 1991, cuando un estudio médico británico demostró que el ácido fólico (también conocido como *folato*, un nutriente de la familia de la vitamina B) reducía la incidencia de defectos congénitos en la médula y en el cerebro (también llamados *anomalías del tubo neural*). Dicha reducción se producía en los casos en que el primer bebé de la madre había sufrido estas anomalías (hasta en un 80%). Estudios posteriores han demostrado que incluso las mujeres que nunca han tenido hijos con daños cerebrales o medulares, si consumen suficiente ácido fólico, pueden disminuir hasta en un 50 y 70% el riesgo de *espina bífida* y *anencefalia,* una anomalía del cerebro y del cráneo en el bebé.

Hoy en día, se recomienda a todas las mujeres que están pensando en quedarse embarazadas consumir 0,4 miligramos de ácido fólico todos los días, comenzando como mínimo unos 30 días antes de la concepción. Se empieza pronto para que haya una buena cantidad de ácido fólico en el sistema cuando se forme el tubo neural. Si la espina bífida, la anencefalia y otras enfermedades similares están presentes en los antecedentes médicos familiares –especialmente si alguna vez has tenido un embarazo con este tipo de problemas–, deberías consumir diez veces la dosis recomendada (en total, 4 miligramos) todos los días.

Entre las mejores fuentes naturales de ácido fólico se encuentran las verduras de hoja verde, las legumbres y el hígado. Sin embargo, para asegurarte de que consumes la cantidad adecuada, se recomienda tomar un suplemento. Cualquier buena vitamina prenatal proporciona al menos 0,4 miligramos.

También es necesario que lo pongas al corriente de cualquier medicamento que tomes regularmente, así como de los detalles de tu dieta y de tus hábitos de ejercicio. ¿Tomas vitaminas? ¿Haces frecuentes dietas de adelgazamiento? ¿Eres vegetariana? ¿Haces ejercicio regularmente? Habla con el médico sobre todos estos asuntos.

Si no te has hecho un examen físico recientemente o una citología vaginal, el médico te recomendará que, antes de concebir, te hagas estas pruebas.

Respuestas a preguntas frecuentes

La consulta previa es también un buen momento para plantearle tus inquietudes al médico. En este apartado damos respuesta a las preguntas más habituales, como las que hacen referencia al peso corporal, los medicamentos, las vacunas y los anticonceptivos.

Alcanzar el peso ideal

Lo que menos necesitan muchas mujeres es otra razón para preocuparse por el peso. Pero este punto es importante: el embarazo siempre transcurre mejor en aquellas mujeres que no están ni demasiado gordas ni demasiado delgadas. Las mujeres con sobrepeso tienen más probabilidades de padecer diabetes o hipertensión arterial durante el embarazo, o incluso de acabar necesitando una cesárea. Las mujeres que están muy delgadas pueden tener hijos demasiado pequeños (de bajo peso).

Procura alcanzar un peso normal y saludable antes que quedar embarazada. No es aconsejable que intentes perder peso después de concebir, incluso si tienes sobrepeso. En caso de que peses menos de lo normal, es difícil que engordes cuando el bebé esté desarrollándose. (Lee más sobre el peso ideal y cómo lograrlo en el capítulo 4.)

Controlar el consumo de medicamentos

Muchos medicamentos –con y sin receta médica– pueden tomarse sin peligro durante el embarazo. Si tomas algún medicamento, y no puedes prescindir de él, coméntaselo a tu médico antes de interrumpir el tratamiento o de cambiar las dosis. Piensa que hay unos cuantos que pueden afectar al desarrollo del bebé. Por eso, menciónale todos los medicamentos que estés tomando. Si alguno es problemático, quizá pueda cambiarse por otro más seguro. Considera que ajustar las dosis y comprobar las reacciones adversas puede llevar su tiempo.

La exposición a los siguientes compuestos o principios activos se considera segura durante el embarazo:

✔ Paracetamol.

✔ Aciclovir.

✔ Antieméticos (por ejemplo, doxilamina y metoclopramida).

✔ Antihistamínicos (por ejemplo, doxilamina).

✔ Aspirina en bajas dosis.

✔ Tranquilizantes menores y algunos antidepresivos (por ejemplo, meprobamato, clordiazepóxido y fluoxetina).

✔ Penicilina, cefalexina, amoxicilina, eritromicina y otros antibióticos.

✔ Zidovudina.

A continuación incluimos una lista con algunos de los medicamentos que suelen generar más dudas en las mujeres que quieren quedarse en estado:

✔ **La píldora anticonceptiva:** Las mujeres a veces se quedan embarazadas mientras están tomando la píldora (porque se saltaron una de las dosis o se la tomaron a destiempo) y les preocupa que sus bebés puedan sufrir anomalías congénitas. Lo cierto es que no se ha demostrado que los anticonceptivos orales tengan efectos adversos en el bebé. Un 2 o 3% de los bebés nace con alguna anomalía, y los de las mujeres que toman anticonceptivos orales no corren un riesgo mayor.

✔ **Ibuprofeno:** Su uso ocasional durante el embarazo, así como de otros antiinflamatorios no esteroideos (para dolores e inflamaciones), no se ha asociado con problemas para el feto (contraindicado en el tercer trimestre, sobre todo a partir de las 32 semanas). No obstante, evita el uso crónico o continuado de estos medicamentos durante el embarazo (especialmente durante el último trimestre), porque pueden afectar a las plaquetas y a los vasos sanguíneos del sistema circulatorio del pequeño. Además, el medicamento también pasa por los riñones del bebé, que lo procesan igual que hacen los tuyos.

✔ **Vitamina A:** Si en el momento de concebir existe un exceso de esta vitamina o de alguno de sus derivados en el torrente circulatorio, puede producirse un aborto o anomalías congénitas graves. Esta situación se ve complicada por el hecho de que la vitamina A puede permanecer en el cuerpo varios meses después de su ingestión. Es importante dejar de consumir todos los compuestos que contengan derivados de la vitamina A por lo menos un mes antes de tratar de concebir. Los especialistas no saben si las cremas tópicas que contienen derivados de la vitamina A –como algunas cremas antiedad– dan tantos problemas como los medicamentos, así que consulta a tu médico sobre este tema.

Algunas mujeres toman suplementos de vitamina A porque son vegetarianas y no consumen la suficiente en la dieta, o porque sufren una deficiencia de la misma. La dosis máxima segura durante el embarazo es de 5000 unidades internacionales (UI) diarias; piensa que sería necesario tomar el doble de esta cantidad para entrar en la zona de riesgo. Los compuestos vitamínicos, incluidos los prenatales, suelen contener como máximo 5000 UI de vitamina A. Lee el prospecto del envase para estar segura.

Si te preocupa que las vitaminas prenatales añadidas a tu dieta te lleven a la zona de riesgo de 10 000 UI diarias, puedes estar tranquila: sería muy difícil ingerir esa cantidad de vitamina A en una dieta normal.

✔ **Anticoagulantes:** Las mujeres con tendencia a producir coágulos y aquellas que tienen válvulas cardíacas artificiales necesitan tomar anticoagulantes todos los días. Si se toma durante el embarazo, la warfarina (y sus derivados) puede provocar abortos, afectar al crecimiento del bebé o causarle trastornos hemorrágicos o anomalías estructurales. Las mujeres que toman este medicamento y están pensando en quedar embarazadas deberían cambiar de anticoagulante. Pide más información a tu médico.

✔ **Medicamentos para controlar la hipertensión arterial:** Muchos de estos medicamentos se consideran seguros durante el embarazo. No obstante, como algunos pueden ser problemáticos, debes mencionar al médico cuáles estás tomando (consulta el capítulo 17).

✔ **Antiepilépticos:** Algunos medicamentos que se utilizan para prevenir las crisis epilépticas son más seguros que otros. Si debes tomar este tipo de medicamentos, habla con el médico. Ni se te ocurra dejar de tomar el antiepiléptico, porque una crisis puede ser mucho peor para tu embarazo que los propios medicamentos (consulta el capítulo 17).

✔ **Tetraciclina:** Tomado durante los últimos meses del embarazo, este antibiótico puede hacer que, mucho más adelante, los dientes del bebé sean amarillentos.

✔ **Antidepresivos:** Muchos antidepresivos, como el Prozac, se han estudiado a fondo y se consideran seguros. Algunos estudios recientes sobre los inhibidores selectivos de la recaptación de serotonina (ISRS), sobre todo la paroxetina, han demostrado un pequeño aumento de ciertas anomalías congénitas, mientras que otros estudios no han detectado ninguna variación significativa. Muchos médicos opinan que el riesgo es mínimo. Así, y aunque la mayoría de estudios no demuestran un aumento de los partos prematuros o un bajo peso al nacer, otros datos sugieren una probabilidad ligeramente mayor de aborto en el tercer trimestre. Algunos informes hablan también de que un porcentaje mínimo (de 0,6 a 1,2%) de recién nacidos pueden sufrir una enfermedad conocida como *hipertensión pulmonar persistente*, que aparece en la segunda mitad del embarazo. Si tomas antidepresivos y planeas tener un hijo, debes preguntarle al médico si podrás seguir tomándolos durante la gestación.

✔ **Bupropión:** Es un antidepresivo que se utiliza sobre todo para dejar de fumar. Existe muy poca información sobre su uso durante el embarazo, pero los datos disponibles no indican que cause ningún problema en el feto. Aunque no debe utilizarse como medicamento de elección contra la depresión, puede ser muy beneficioso para dejar de fumar.

Los suplementos nutritivos

Muchas mujeres deciden tratar dolencias comunes con extractos de plantas, que se venden sin receta, y otros medicamentos naturales. Algunos se consideran seguros durante el embarazo pero, como son suplementos nutricionales, muchas veces no están regulados por los organismos estatales que supervisan los medicamentos. A pesar de que muchas mujeres embarazadas utilizan estos suplementos, muy pocos estudios han evaluado si son seguros durante el embarazo o si son realmente beneficiosos. Las dosis de estas pastillas no están reguladas, por lo que una puede contener el doble que otra. Además, algunos de estos suplementos son combinaciones de diferentes hierbas o extractos, y sus interacciones son desconocidas o todavía no se han estudiado. El hipérico o hierba de san Juan, por ejemplo, se emplea comúnmente para la depresión, los trastornos del sueño y las infecciones virales. Pero esta hierba puede interactuar con otros medicamentos, y además su seguridad y sus beneficios durante el embarazo no han sido estudiados, por lo que debe utilizarse con precaución.

Durante el embarazo no deben utilizarse determinados medicamentos a base de hierbas, porque causan contracciones uterinas e incluso abortos. Una breve lista de los productos que deben evitarse incluiría la artemisa, el *Caulophyllum thalictroides*, el tanaceto o hierba lombriguera, la *Cimicifuga racemosa*, la retama negra, la hidrastis, la baya de enebro, el aceite de poleo, la ruda, el muérdago y el sauzgatillo.

Conocer la importancia de las vacunas

Los adultos somos inmunes a una gran variedad de infecciones por una de las siguientes razones:

✔ **Porque hemos padecido la enfermedad.** La mayoría de nosotros somos inmunes a la varicela, por ejemplo, porque la tuvimos de niños,

> lo que hizo que nuestro sistema inmunológico creara anticuerpos
> contra el virus de esta enfermedad.
>
> ✔ **Porque hemos sido vacunados.** Esto quiere decir que nos inyec-
> taron algo que hizo que nuestro cuerpo desarrollase los anti-
> cuerpos.

La rubeola es un ejemplo común. El médico comprobará si eres inmune a la rubeola tomando una muestra de sangre para analizarla y descubrir si contiene *anticuerpos* del virus. (Los anticuerpos son agentes
del sistema inmunitario que protegen contra las infecciones.) Si no
eres inmune, probablemente te recomendará que te vacunes contra
esta enfermedad al menos tres meses antes de quedar en estado. Por
lo general, no supone ningún problema concebir antes de que trans-
curran los tres meses. No se han documentado casos de bebés que
hayan nacido con anomalías porque la madre recibió la vacuna contra
la rubeola al principio del embarazo. Muchas vacunas, incluida la an-
tigripal, son seguras durante el embarazo, y de hecho se recomienda
su administración. Consulta la información relativa a las vacunas de la
tabla 1-1.

Muchas personas son inmunes al sarampión, las paperas, la poliomie-
litis y la difteria, por lo que no es probable que tu médico compruebe
si tú también lo eres. Además, estas enfermedades no suelen estar
asociadas a efectos adversos graves para el bebé. En cambio, existe un
leve riesgo de que el bebé contraiga la varicela si la madre la padece.
Si nunca has tenido la varicela, díselo a tu médico para considerar la
posibilidad de vacunarte antes de que quedes embarazada.

Por último, si crees que puedes estar infectada por el VIH, hazte la prueba
antes de plantearte el embarazo. En algunos países los médicos deben
ofrecer a todas las mujeres embarazadas la opción de realizar la prueba
del VIH. Si lo has contraído, la administración de ciertos medicamentos
durante el embarazo reduce la probabilidad de que el bebé también contraiga el virus.

En la actualidad, se ha desarrollado una vacuna contra el virus del papilo-
ma humano, asociado con ciertos tipos de citologías vaginales anómalas,
verrugas genitales y cáncer de cuello uterino. Los estudios demuestran
que es similar a las demás vacunas permitidas durante la gestación; basta con que tengas mucho cuidado y que tras su administración esperes
como mínimo 30 días antes de intentar quedarte embarazada.

Tabla 1-1 Vacunas seguras y peligrosas, antes o durante el embarazo

Enfermedad	¿Riesgos para el bebé durante el embarazo?	Recomendación de inmunización	Comentarios
Cólera	Ninguno confirmado	Las mismas que para las mujeres no embarazadas	
Fiebre amarilla	Desconocidos	No, a menos que la exposición sea inevitable.	
Fiebre tifoidea	Ninguno confirmado	Sólo en caso de exposición cercana y continuada o de viaje a una zona endémica	
Gripe (inactiva)	Ninguno confirmado	Recomendada	
Hepatitis A (inactiva)	Ninguno confirmado	Indicada si existe un alto riesgo de infección o como prevención tras una exposición reciente.	
Hepatitis B	Ninguno confirmado	Indicada si existe un alto riesgo de infección.	Se utiliza con inmunoglobulinas en caso de exposición breve; los recién nacidos deben vacunarse.
Neumococo	Ninguno confirmado	Indicada si existe un alto riesgo.	
Paperas	Ninguno confirmado	No	Vacunación después del parto
Peste	Ninguno confirmado	Vacunación selectiva en caso de exposición	
Poliomielitis	Ninguno confirmado	Sólo en caso de exposición	Indicada si vas a viajar a una zona endémica.
Rabia	Desconocidos	Las mismas que para las mujeres no embarazadas	Considerar cada caso por separado
Rubeola	Ninguno confirmado	No	Vacunación después del parto
Sarampión	Ninguno confirmado	No	Vacunación después del parto

(continúa)

Tabla 1-1 *(continuación)*

Enfermedad	¿Riesgos para el bebé durante el embarazo?	Recomendación de inmunización	Comentarios
Tétanos y difteria	Ninguno confirmado	Recomendada si no se ha administrado una dosis anterior de la vacuna contra el tétanos/difteria o una vacuna de refuerzo en los últimos diez años; o bien en caso de un elevado riesgo de exposición, por ejemplo como consecuencia de un corte con un objeto afilado no estéril.	
Varicela	Ninguno confirmado	Se recomiendan inmunoglobulinas para las mujeres no inmunizadas expuestas al virus; deben administrarse al recién nacido si la exposición se produce poco antes del parto.	Vacuna desarrollada recientemente, pero poca información disponible sobre sus consecuencias para el embarazo; vacunación después del parto (la segunda dosis, de 4 a 8 semanas después).
Viruela	Posible aborto	No, a menos que se produzca una situación de emergencia o una infección fetal.	
Virus del papiloma humano	Ninguno confirmado, pero hay pocos datos.	Si descubres que estás embarazada después de empezar la vacunación, deja las dosis restantes para después del parto.	

Interrumpir el consumo de anticonceptivos

¿Cuánto puedes tardar en quedarte embarazada después de dejar de tomar anticonceptivos? Depende de qué clase de método anticonceptivo utilices. Los métodos de barrera –como condones, diafragmas y espermicidas– funcionan solamente mientras los uses; cuando dejes de utilizarlos, volverás a ser fértil. Los medicamentos a base de hormonas –como la píldora, las inyecciones hormonales y el parche– tardan más tiempo en salir del sistema. Quizá ovules poco después de dejar de tomar la píldora (en cuestión de semanas o incluso días). Por lo general, pocos días después de tomar la última píldora activa o de utilizar el último parche, sus hormonas ya no pueden detectarse. En cambio, puedes tardar desde tres meses hasta un año en reanudar los ciclos ovulatorios regulares después de interrumpir las inyecciones hormonales.

Cuándo consultar al médico en caso de esterilidad

La esterilidad es un problema que afecta hoy en día a más parejas que nunca, pues cada vez se espera más tiempo para tener hijos. Una de cada diez parejas mayores de 30 años tiene dificultades para concebir. Después de los 35 años de edad, la relación es de una de cada cinco. Evidentemente, la edad no es problema para todo el mundo. Se sabe que algunas mujeres han quedado en estado incluso después de los 50. (Según el *Libro Guinness de los récords,* la mujer que ha concebido a mayor edad tenía 57 años y medio cuando quedó embarazada.) Pero la realidad es que un embarazo en una mujer muy entrada en los 40 o en los 50 es poco común.

¿Cuándo deben solicitar la ayuda de un médico? Por lo general, si llevan intentando concebir sin éxito entre seis meses y un año. Sin embargo, si ya has tenido abortos u otras dificultades para quedar embarazada, si tienes más de 35 años o si sabes que tu pareja tiene un bajo número de espermatozoides, quizá prefieras acudir al médico antes de que pasen seis meses. Sea cual sea tu situación, no pierdas la esperanza. Las técnicas de reproducción asistida cada vez son más sofisticadas –y tienen más éxito–. En la actualidad, en función de la causa de la esterilidad, las parejas pueden probar varias técnicas con nombres algo rebuscados, como la estimulación ovárica con medicamentos contra la esterilidad, la inseminación intrauterina (con o sin lavado de esperma), la inyección intracitoplásmica de espermatozoides, la utilización de esperma u óvulos de donantes y la fecundación in vitro (y sus múltiples variedades). Actualmente, las parejas que tienen dificultades a la hora de concebir cuentan con más opciones que nunca para conseguirlo. Si les resulta difícil concebir y no están seguros de si ha llegado el momento de acudir a un especialista en esterilidad, consulten a su médico.

No existe ninguna regla absoluta que indique cuánto tiempo debes esperar para concebir después de interrumpir el tratamiento con anticonceptivos. De hecho, puedes intentarlo inmediatamente después. Si eres muy
fértil, podrías quedar embarazada a la primera. La mayoría de ginecólogos
recomiendan que al menos hayas tenido una menstruación con ciclo
natural antes de que intentes quedar embarazada. Pero si aún no tienes
unos ciclos normales, podrías no estar ovulando cada mes, y quizá te sea
más difícil determinar cuál es el momento ideal para mantener relaciones
sexuales con la idea de quedar embarazada. (¡Pero por lo menos la pasarás bien intentándolo!) Si quedas en estado mientras los ciclos son irregulares, puede ser más difícil establecer exactamente qué día concebiste y,
por lo tanto, saber cuál es la fecha probable de parto.

Si utilizas un dispositivo intrauterino (DIU) sin hormonas, puedes quedar
embarazada en cuanto te lo quites. En el caso de los DIU que contienen hormonas o de los anticonceptivos implantables o subdérmicos, podrías tardar
entre tres y doce meses en recuperar la fertilidad. A veces, una mujer concibe cuando todavía tiene el dispositivo. Si esto te ocurre, quizás el médico
decida retirarlo, ya que aumenta el riesgo de un aborto, un embarazo ectópico (el feto se implanta en las trompas de Falopio) o un parto prematuro. Que
quedes embarazada mientras llevas el dispositivo no pone necesariamente
en peligro al bebé ni aumenta el riesgo de que sufra anomalías congénitas.

La introducción del espermatozoide en el óvulo: el momento definitivo

Dejando de lado el título de este libro, asumiremos que ya sabes qué
hacer para quedar embarazada. Sin embargo, muchas mujeres ignoran
cómo optimizar el proceso para tener más oportunidades de quedar en
estado en el momento en que tomen la decisión de hacerlo. Para conseguirlo, es necesario centrarse en la *ovulación* –el momento en que el
ovario libera el óvulo–, que tiene lugar una vez cada ciclo (generalmente
una vez al mes).

Cuando sale del ovario, el óvulo tarda un par de días en deslizarse por
las trompas de Falopio hasta que llega al útero (consulta la figura 1-1). El
embarazo se suele producir cuando el óvulo es fecundado en las 24 horas
siguientes a su salida del ovario, al pasar por las trompas de Falopio,
tras lo cual el embrión se implanta en las paredes del útero. (Consulta en
la figura 1-1 tus dudas sobre anatomía.) Por lo tanto, para tener más posibilidades de quedar embarazada, deben intentar que el espermatozoide
se encuentre con el óvulo cuanto antes, lo ideal es entre 12 y 24 horas
después de la ovulación.

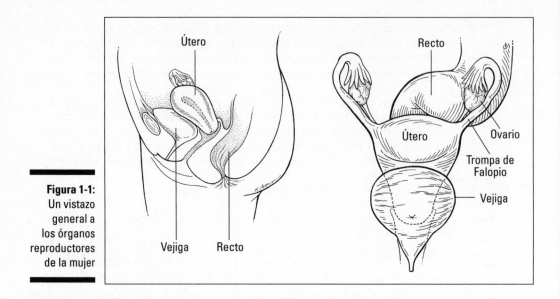

Figura 1-1:
Un vistazo
general a
los órganos
reproductores
de la mujer

El mejor momento para mantener relaciones sexuales es 12 horas antes de la ovulación. Así, los espermatozoides estarán en el lugar adecuado cuando el óvulo sea liberado. Se cree que los espermatozoides viven dentro del cuerpo de una mujer entre 24 y 48 horas, aunque se sabe de algunos que han fecundado óvulos siete días después. Ninguna pareja debería esperar alcanzar el éxito en el primer intento. En promedio, se tiene entre un 15 y un 25% de probabilidades cada mes. Aproximadamente la mitad de las parejas que están intentando concebir lo logran en cuatro meses; a los seis meses, lo han logrado las tres cuartas partes; al año, el 85% y a los dos años, el 93%. Si llevas un año o más intentando concebir sin éxito, vale la pena hacerse una prueba de fertilidad. Si tienes más de 35 años y llevas unos seis meses intentando quedar embarazada sin lograrlo, es recomendable que lo consultes con el especialista.

El momento preciso de la ovulación

¿Cuándo se produce la ovulación? Por lo general, unos 14 días antes del periodo menstrual. Si tus ciclos menstruales son de 28 días, es 14 días después del primer día del periodo menstrual anterior. Si tienes un ciclo de 32 días, seguramente ovulas cerca del día 18 de tu ciclo (piensa que cada ciclo empieza en el primer día del periodo). Para estar segura de que los espermatozoides están en el lugar y el momento adecuados, conviene mantener relaciones sexuales cuando se acerca la ovulación.

Empieza cinco días antes de la ovulación y continúa dos o tres días después. ¿Con qué frecuencia? Una vez cada dos días probablemente sea lo adecuado. Mantener relaciones sexuales cada día, o más a menudo, puede reducir ligeramente el número de espermatozoides en el semen de algunos hombres.

Antes los médicos pensaban que mantener relaciones sexuales diarias reducía el número de espermatozoides y, en consecuencia, la fertilidad. Pero más adelante se han realizado estudios médicos que afirman que esta idea es cierta solamente en los hombres que ya tenían un bajo número de espermatozoides.

Controlar la temperatura corporal basal

Algunas mujeres descubren que pueden establecer con mucha precisión el momento de la ovulación si llevan un registro de su temperatura, que sube cuando se acerca la ovulación. Para hacerlo, es necesario medirse la temperatura (oralmente) cada mañana, antes de salir de la cama y antes de comer o beber. Normalmente, alcanza su punto más bajo justo antes de que la glándula pituitaria libere la *hormona luteinizante* (LH), que dispara la ovulación. Dos días después del aumento de esta hormona, la temperatura se eleva considerablemente –cerca de medio o un grado por encima del valor de referencia– y permanece más alta hasta el siguiente periodo menstrual. (Si quedas embarazada, se mantiene alta.) Quizá desees comprar un termómetro especial para medir tu temperatura corporal basal (disponible en muchas farmacias); este termómetro es más fácil de leer que los corrientes porque tiene marcados los grados en mayor tamaño.

Recuerda que un aumento de la temperatura basal indica que la ovulación ya ha tenido lugar. No predice cuándo ovularás, pero sí confirma que estás ovulando y te proporciona una idea aproximada de cuándo se produce la ovulación. De este modo, podrás calcular mejor cuándo te conviene mantener relaciones sexuales en tu ciclo siguiente; si es posible, más o menos el día antes de cuando esperas ovular. Puede ser difícil leer las señales, puesto que no todas las mujeres siguen el mismo patrón. Algunas nunca perciben un claro descenso en la temperatura y otras no perciben un aumento.

Formas de predecir la ovulación

Otra forma de controlar el aumento de la LH es utilizar un equipo casero para predecir la ovulación. Este equipo muestra la cantidad de hormona que contiene la orina. A diferencia de la temperatura corporal basal, que mencionamos antes, el aumento de la LH es útil para predecir cuándo ocurrirá la ovulación en un ciclo determinado. Una prueba positiva en cualquier ciclo te muestra que estás ovulando. En general, estos equipos son muy precisos y efectivos. El principal inconveniente es el precio. Cuestan alrededor de 55 pesos y, por consiguiente, son más caros que tomarse la temperatura, especialmente si tienes que comprobar varios ciclos para saber cuándo ovulas.

Existe un nuevo sistema para hacer un seguimiento de la ovulación, que se basa en la saliva y no en la orina. El aumento de los niveles de estrógeno que se produce justo antes de la ovulación hace que la saliva, al secarse, forme una estructura de cristales que puede verse a través de un microscopio especial. Tanto la prueba de orina como la de saliva son igualmente precisas (hasta un 98%) para predecir la ovulación. El equipo para analizar la saliva es reutilizable.

También puedes calcular cuándo se producirá la ovulación analizando la mucosidad del cuello uterino, que antes de la ovulación adquiere una consistencia húmeda o semejante a la clara de huevo. La ventaja de controlar la ovulación de este modo es que no te costará absolutamente nada.

Un enfoque efectivo (y divertido)

En la mayoría de casos, los futuros padres deberían relajarse y disfrutar del proceso de concebir. No hay que permitir que la ansiedad se apodere de la pareja si no se logran resultados de inmediato. A menudo les decimos a nuestras pacientes que interrumpan el tratamiento con anticonceptivos unos cuantos meses antes de tomar la decisión de quedar embarazadas. Así tienen tiempo para disfrutar de sus relaciones sexuales sin preocuparse de nada más. Y si lo consiguen antes de lo programado... ¡qué magnífica sorpresa!

Es posible tomar algunas medidas para incrementar las posibilidades de concebir:

- ✔ Si fumas cigarrillos, marihuana o consumes cualquier sustancia perjudicial, deja de hacerlo.

- ✔ Evita utilizar lubricantes comerciales para las relaciones sexuales, porque pueden contener espermicidas. Utiliza en su lugar aceite de oliva o aceite vegetal.

- ✔ Limita el consumo de cafeína. Tomar más de tres tazas de café al día puede disminuir las probabilidades de concebir.

- ✔ Si tienes sobrepeso, sigue una dieta a partir de hidratos de carbono con bajo índice glucémico y con pocas grasas, practica ejercicio con frecuencia y diseña un plan para perder peso. Si no estás segura de qué dieta seguir o de cuánto deporte debes practicar para perder peso, consulta a un médico, nutriólogo o entrenador personal.

Todo lo que un padre quiere saber acerca del sexo

Una de las preguntas más comunes que hacen los padres tiene que ver con el sexo durante el embarazo. Su deseo sexual –al igual que el de su pareja– puede aumentar o disminuir. A muchos hombres les preocupa que al introducir el pene en la vagina, cerca del cuello uterino, puedan perjudicar al bebé o provocar un parto prematuro. En un embarazo sin complicaciones, no debe inquietarles este aspecto. Otra preocupación común es que puedan aplastar al bebé al ponerse encima de su pareja. También en este caso, si el embarazo es normal, no supone ningún problema, especialmente durante los primeros meses, ya que un almohadón de líquido amniótico rodea al bebé. Más adelante, el tamaño del abdomen de la madre puede hacer que esta posición sea incómoda, o quizá sienta molestias. Si ella está de acuerdo, es buena idea encontrar posiciones alternativas que resulten más cómodas. Además, conviene recordar que la libido puede ir y venir durante el embarazo, o directamente desaparecer (como se indica en el capítulo 3). A algunas mujeres, el embarazo les quita las ganas de mantener relaciones sexuales, así que los hombres deben demostrar comprensión si su pareja no tiene ganas.

En algunos casos, las relaciones sexuales durante el embarazo no son la mejor opción. Si la madre inicia un parto prematuro, por ejemplo, y tiene el cuello uterino considerablemente abierto, la abstención puede ser lo más sensato. En el caso de placenta previa con hemorragia (consulta el capítulo 16) y en algunos casos de cuello uterino incompetente (consulta el capítulo 6), también es sensato sacrificar las relaciones sexuales. Cuando un padre no está seguro de la situación particular de su pareja, o si la madre tiene uno de estos problemas, hay que hablar con el médico. También conviene tener presente que el coito no es la única forma de expresar la sexualidad. Muchas veces, abrazarse, besarse y acariciarse pueden ser buenas alternativas. Y es importante recordar que el embarazo (y la posible interrupción de la vida sexual) no durará para siempre, aunque a veces parezca una eternidad.

Capítulo 2

¡Creo que estoy embarazada!

¡Crees que estás embarazada! O a lo mejor tienes la esperanza de quedar pronto en estado. Sea como sea, es bueno saber lo que ocurre durante las primeras semanas del embarazo para que puedas determinar con seguridad, tan pronto como sea posible, si lo estás o no. En este capítulo observamos algunos de los síntomas más comunes que presenta el cuerpo durante las primeras semanas de embarazo. También te aconsejamos sobre los pasos que debes dar para confirmar la noticia y así asegurarte un buen comienzo.

Identificar los síntomas de embarazo

Asume lo que ha ocurrido: un embrión se ha acomodado en las suaves paredes de tu útero. ¿Cómo y cuándo descubres que estás embarazada? La ausencia del periodo menstrual es muchas veces la primera señal, pero el cuerpo emite muchas otras –a veces incluso antes de la fecha del periodo–. Normalmente, las señales se vuelven más evidentes según van transcurriendo las semanas.

✔ **¡Cariño, tengo un retraso!** Probablemente sospecharás si tu periodo se retrasa. Para cuando te des cuenta de que tienes un retraso, la prueba de embarazo seguramente dará un resultado positivo (si deseas saber más sobre las pruebas de embarazo, consulta el siguiente apartado, "Probando, probando, 1, 2, 3"). A veces, puede haber uno

La historia de Joanne

Un día, un par de años después de que naciera mi primera hija, me dirigí sin pensarlo al supermercado para comprar pepinillos y salsa de tomate, con la idea de mezclarlos y hacer un delicioso combinado rojo y verde. Tenía tantas ganas que ni me paré a pensar lo rara que era la mezcla. De hecho, hasta que me puse a lavar los platos no me di cuenta de que los pepinillos y la salsa de tomate habían sido mi único antojo durante los primeros meses de mi anterior embarazo. Era lo único que podía significar que estaba embarazada, porque ni siquiera había tenido una falta. Al día siguiente me hice la prueba y, claro está, descubrí que sí, que estaba embarazada, y que de nuevo me había embarcado en una gran aventura.

o dos días de ligera hemorragia; lo que se conoce como *hemorragia de implantación*, porque el embrión está instalándose en las paredes del útero.

✔ **Tienes antojos de ciertos alimentos y otros te producen asco.** Lo que has oído sobre los antojos de las mujeres embarazadas es verdad. Puedes sentir unos deseos incontrolables de comer pepinillos en vinagre, pasta y otros alimentos muy concretos, mientras que quizá te den asco otros que antes te encantaban. Nadie sabe a ciencia cierta por qué se producen estos cambios en los gustos, pero los expertos sospechan que, al menos en parte, se trata de la forma que tiene la naturaleza para asegurarse de que recibes los nutrientes adecuados. Es posible que quieras comer papas, pan y otros alimentos con alto contenido en hidratos de carbono. A lo mejor, ingerir estos alimentos durante los primeros días ayuda a almacenar energía para más adelante, cuando el bebé crece a gran velocidad. Pero, al igual que en cualquier otro momento de tu vida, intenta no comer en exceso. También es posible que al comienzo del embarazo sientas mucha sed. Hidratarte bien aumenta el suministro de sangre y de otros líquidos en el cuerpo.

✔ **Los senos se agrandan y se vuelven sensibles.** No te sorprendas del tamaño de tus pechos. De hecho, que los senos se agranden y se vuelvan sensibles es, con frecuencia, el primer síntoma de embarazo que se percibe. Los niveles de estrógeno y progesterona, que provocan esos cambios en tus pechos, aumentan desde el principio del embarazo.

Probando, probando, 1, 2, 3

Entonces, ¿estás o no estás embarazada? Hoy en día no es necesario ir al médico para saber si estás en estado. Puedes comprobarlo por ti misma. Las pruebas caseras de embarazo se hacen a partir de análisis de orina, y simplemente muestran un resultado positivo o negativo. (Por cierto, estas pruebas son muy precisas en la mayoría de casos.) El médico, por otro lado, quizá te haga un análisis de orina parecido al que realizaste en casa, o uno de sangre, para acabar de confirmarlo.

La respuesta en casa

Supongamos que has notado cierta hinchazón y antojos de comida, o que tienes un retraso de uno o dos días. Quieres saber, por lo tanto, si estás embarazada, pero todavía no estás lista para acudir al médico. Lo más fácil y rápido es acercarse a una farmacia y comprar una prueba casera de embarazo. Estas pruebas son básicamente un kit de análisis simplificado, diseñado para detectar en la orina la presencia de la *gonadotropina coriónica humana,* la hormona producida por la placenta en crecimiento. Si bien estos equipos no son tan precisos como las pruebas de laboratorio, en muchos casos ofrecen resultados positivos muy rápidamente, desde el día en que notas el retraso hasta unas dos semanas después de la concepción.

Los resultados de una prueba casera de embarazo no son totalmente fiables. Si la prueba es negativa, pero de todos modos crees que estás embarazada, hazte otra prueba una semana después o pide cita con el médico.

Ir al médico en busca de respuestas

Aunque la prueba casera de embarazo haya dado positivo, los médicos prefieren confirmar el resultado en la consulta antes de iniciar los cuidados prenatales. Tu médico quizá decida, sencillamente, repetir el análisis de orina para confirmar el embarazo o hacer un análisis de sangre.

El análisis de sangre establece la presencia de gonadotropina coriónica humana, y puede ser cualitativo (un sencillo resultado positivo o negativo) o cuantitativo (una medición precisa de la cantidad de esta hormona presente en la sangre). El tipo de prueba que elija el médico no sólo dependerá de sus preferencias personales, sino más bien de los antecedentes de la madre y de sus síntomas actuales. Los análisis de sangre pueden dar positivo aunque la prueba de orina dé negativo.

Elegir al médico más indicado

Dar con un médico que te cuide bien –a ti y a tu bebé– no es un asunto que deba tomarse a la ligera. El cuidado de tu salud es importante, por supuesto, pero también cuenta que el médico escogido tenga una forma de enfocar el embarazo acorde con tus preferencias; debe ser alguien en quien puedas confiar y con quien te sientas segura. Si no es tu primer embarazo, lo más probable es que ya tengas médico. En caso de que no sea así, no te preocupes. En este apartado te ayudaremos a tomar esta decisión tan importante.

Las opciones

Hay muchos profesionales distintos que pueden ayudarte durante el embarazo y el parto. Asegúrate de elegir a un médico con el que te sientas cómoda. He aquí una lista de profesionales relacionados con el embarazo y el parto:

✔ **Obstetra/ginecólogo:** En esta disciplina, los médicos se especializan durante cuatro años en embarazos, partos y el cuidado general de la salud de la mujer.

✔ **Perinatólogo o especialista en embarazo de alto riesgo:** En esta especialidad, los médicos reciben formación específica durante dos o tres años en embarazos de alto riesgo, además de formación general en obstetricia. Algunos especialistas en perinatología se limitan al asesoramiento, mientras que otros intervienen también en el parto.

Cálculo en semanas y meses

Casi todos pensamos que el embarazo dura nueve meses. Pero, mirándolo bien, 40 semanas es un poco más de lo que sale al multiplicar nueve meses por cuatro semanas; de hecho, se acerca más a los diez meses lunares (en Japón se habla del embarazo como un fenómeno que dura diez meses). Por eso, seguramente el médico contará en semanas.

Como se toma como referencia la fecha del último periodo, en realidad se empieza a contar un par de semanas antes de la concepción. Así que cuando el médico diga que estás de 12 semanas, ¡el feto apenas tiene diez!

CONSEJO

¿Mi embarazo es de alto riesgo?

Esta pregunta no tiene una respuesta precisa, especialmente al principio. Pero aquí incluimos algunas situaciones que suponen un riesgo para tu embarazo, independientemente de que puedan estar ya presentes o aparecer después.

✓ Diabetes.

✓ Hipertensión arterial.

✓ Lupus.

✓ Hemopatías.

✓ Cardiopatías, nefropatías o hepatopatías.

✓ Mellizos, trillizos y otros embarazos múltiples.

✓ Un parto prematuro en un embarazo anterior.

✓ Otro bebé con anomalías congénitas.

✓ Antecedentes de aborto espontáneo.

✓ Un útero con forma anormal.

✓ Epilepsia.

✓ Algunas infecciones.

✓ Hemorragia.

Recuerda que no todos los médicos están preparados para tratar embarazos de alto riesgo. Si tienes o contraes alguna de las enfermedades enumeradas, consulta a un especialista en embarazos de alto riesgo.

✔ **Médico clínico:** Los médicos que tienen esta especialidad ofrecen cuidados generales a todos los miembros de la familia (hombres, mujeres y niños). El médico clínico te derivará directamente a un obstetra o a otro especialista en caso de que hubiera complicaciones en alguna etapa del embarazo.

✔ **Partera:** Es una enfermera acreditada en el cuidado de mujeres embarazadas y que tiene también licencia para asistir en el parto. Generalmente trabaja con un médico y remite a las pacientes a un especialista si surge alguna complicación.

Preguntar antes de elegir

Antes de tomar una decisión, asegúrate de realizar una búsqueda exhaustiva. Piensa primero en cómo deseas que sea esta experiencia. Cuando vayas a elegir a un profesional, hazte las siguientes preguntas:

Algunos cuentos chinos

El embarazo siempre ha gozado de un cierto halo de misterio. Aunque millones de mujeres han pasado por la experiencia, es difícil predecir con detalle cómo la vivirá cada madre. Quizá por eso se han tejido tantos mitos a lo largo de los siglos, la mayoría de ellos destinados a predecir el ignoto futuro. A continuación incluimos doce cuentos chinos sobre el embarazo que, en realidad, no son más que tonterías:

✔ **El viejo mito de la acidez.** Si una mujer embarazada sufre acidez, su bebé tendrá mucho pelo en la cabeza. Es sencillamente falso: algunos bebés tienen pelo, otros no. En todo caso, casi todos lo pierden en las primeras semanas.

✔ **El mito del misterioso movimiento del cordón umbilical.** Si una mujer embarazada levanta las manos por encima de la cabeza, ahogará al bebé. Esto no tiene ningún sentido. Muchas personas creían (y, por desgracia, algunas siguen creyéndolo) que los movimientos de la madre podrían hacer que el bebé se enredase con el cordón umbilical. Es una creencia errónea.

✔ **El mito de la maldición.** Cualquier persona que le niegue a una mujer embarazada los alimentos que se le han antojado acabará con un orzuelo. No es así. Pero esto tampoco quiere decir que una persona que le niega un antojo a una mujer embarazada esté fuera de peligro, ya que se expone a amenazas, insultos o miradas asesinas... ¡pero nunca a orzuelos!

✔ **El mito del ritmo cardíaco.** Si el ritmo cardíaco del feto es rápido, es una niña, y si es lento, es un niño. Los investigadores médicos analizaron este mito. Es cierto que encontraron una ligera diferencia entre el ritmo cardíaco medio de los niños y las niñas, pero no fue lo suficientemente sig-

nificativa como para utilizarla como un mecanismo preciso para predecir el sexo.

✔ **El mito de que lo feo es contagioso.** Si una mujer embarazada ve algo feo, tendrá un bebé feo. ¿Cómo puede ser cierto? ¡No hay bebés feos!

✔ **El mito del café.** Si el bebé nace con manchas de color castaño claro, la madre bebió demasiado café o no satisfizo algún antojo durante el embarazo. No es cierto.

✔ **El mito de la cocina internacional.** Muchas personas todavía creen que comer alimentos muy condimentados puede provocar el parto. No es verdad, pero podría ser una llamativa frase publicitaria: conocemos un restaurante italiano que anuncia su *pollo fra diavolo* como un seguro inductor del parto. El plato quizá sea delicioso, pero no tiene la capacidad de inducir el parto.

✔ **El mito del sexo fabuloso.** El sexo apasionado provoca el parto. ¿Lo que te metió en esto también puede hacer que tu bebé salga? Es hacerse muchas ilusiones, pero adelante, inténtalo (si es que tienes ganas a los nueve meses de embarazo). Seguramente valdrá la pena el esfuerzo.

✔ **El mito de la cara redondeada.** Si a una mujer embarazada se le engorda la cara, el bebé es una niña. El corolario de este mito es que si le engorda el trasero, el bebé es un niño. Evidentemente, ninguna de las dos afirmaciones es cierta. El sexo del bebé no influye en absoluto en la forma que tiene la madre de acumular grasa.

Según otro mito parecido, si la nariz de la madre crece y se ensancha, el bebé es una niña. La supuesta lógica de este razonamiento es que la hija siempre roba la belleza de la madre. Un concepto extraño... y falso.

✔ **El mito de la doncella de la Luna.** Según este mito, muchas mujeres dan a luz cuando hay Luna llena. Aunque muchos profesionales de la obstetricia sostienen que las salas de parto están más llenas en época de Luna llena (lo mismo dice la policía con las comisarías), los datos científicos no sostienen esta afirmación.

✔ **El mito de la forma del abdomen.** Si el abdomen de la mujer embarazada es redondo, el bebé es una niña; si es más puntiagudo, es un niño. Olvídalo. La forma del abdomen difiere entre las mujeres, pero el sexo del bebé no tiene nada que ver.

✔ **El mito de que la ecografía lo revela todo.** Según este mito, la ecografía siempre revela el sexo del bebé. Pues no, no siempre. Muchas veces, entre las semanas 18 y 20 de gestación, es posible observar los genitales del feto. Pero para establecer el sexo es necesario que la criatura esté en una posición que permita una buena visión, y es que a veces el especialista no logra ver nada entre las piernas de un bebé que no quiere colaborar. También puede equivocarse, especialmente si hace la ecografía al principio del embarazo. Así que, aunque la mayoría de las veces es posible descubrir el sexo del bebé en la ecografía, no está garantizado al 100%.

✔ **¿Me siento cómoda con esta persona y creo en sus capacidades?** Debes sentir confianza y comodidad no solamente con tu médico, sino también con todo el equipo de personas que trabajan con él. ¿Te sentirías cómoda haciéndoles preguntas y expresando tus preocupaciones? Otro punto que debes tener presente es cómo encaja tu personalidad con el estilo del médico. Por ejemplo, algunas mujeres prefieren un enfoque más natural, mientras que otras quieren hacerse todas las pruebas diagnósticas existentes. Tus antecedentes médicos y obstétricos también pueden influir en tu forma de considerar el embarazo.

✔ **¿Cuántos profesionales trabajan en el consultorio?** Podrías tener que elegir entre un médico que colabore con uno o varios socios, o bien uno que trabaje solo en el consultorio. En muchas de las clínicas que cuentan con un equipo médico completo deciden darte citas con cada uno de sus profesionales, para que así los conozcas a todos y puedas sentirte cómoda independientemente de quien atienda el parto. En la práctica, lo más probable es que te lleves mejor con uno o dos médicos del equipo, lo que es natural, dada la diferencia de personalidades. Si tu médico trabaja solo en su consultorio, te explicará quién se ocupará del parto si no está disponible.

Pregúntale al médico cuál es su política respecto a los imprevistos y las emergencias; también estaría bien saber si no le molesta que lo llames por teléfono para hacerle preguntas, de noche o durante el fin de semana.

✔ **¿Cómo es el hospital?** Si tu embarazo transcurre sin complicaciones, cualquier buen hospital funciona. Si puedes sufrir alguna complicación, asegúrate de que el hospital tenga una sala de partos especial para tratar imprevistos, y también equipos especializados para el bebé si, por ejemplo, nace prematuramente. También podría ser conveniente preguntar lo siguiente:

- ¿Hay un anestesiólogo presente las 24 horas, o puede el médico llamar a un anestesiólogo para que acuda de urgencia?

- ¿El hospital puede suministrarte la *anestesia epidural*? Si no disponen de anestesia epidural, o si no te interesa esta forma de controlar el dolor, pregunta qué opciones tienes para mantener las molestias a raya.

- ¿Puedes quedarte con el bebé en la habitación todo el tiempo posible después del parto? ¿Dejarán que tu pareja te acompañe durante la hospitalización?

✔ **¿Tengo especialistas al alcance de la mano?** Piensa en la posibilidad de necesitar la atención de un *perinatólogo* o *neonatólogo* (el médico especialista en el cuidado de los recién nacidos prematuros o que tienen otros problemas de salud). Tu médico debería poder enviarte al especialista con rapidez si se presenta la necesidad.

✔ **¿Mi seguro de gastos médicos pagará al médico?** Si tienes un seguro médico privado, comprueba que cubra el médico que has elegido. Algunas compañías permiten elegir médicos que están fuera del cuadro médico si estás dispuesta a asumir parte del costo.

Calcular la fecha probable de parto

Sólo una de cada 20 mujeres da a luz en la fecha exacta; casi todas lo hacen entre tres semanas antes y dos semanas después. No obstante, es importante establecer una fecha con la mayor precisión posible, para así estar seguros de que las pruebas que necesitas se van a hacer en el momento indicado. Saber cuánto llevas de embarazo también ayuda a la hora de averiguar si el bebé está creciendo según lo esperado.

El embarazo medio dura 280 días (40 semanas), contados desde el primer día del último periodo menstrual. Por lo tanto, la fecha probable de parto puede calcularse a partir del día en que comenzó el último periodo menstrual.

Si tus ciclos son de 28 días, puedes utilizar una sencilla fórmula para determinar la fecha probable. Simplemente resta tres meses a la fecha de inicio del último periodo menstrual y añádele siete días. Si tu último periodo empezó el 3 de junio, por ejemplo, tu fecha probable será el día 10 de marzo (después de restar los tres meses y sumarle los siete días). Si tus periodos no se ajustan a ciclos de 28 días, no te preocupes. Puedes establecer la fecha probable de otras formas. Si has hecho un seguimiento de tu ovulación y puedes concretar la fecha de la concepción, suma 266 días a esa fecha; piensa que el tiempo medio entre el primer día del último periodo menstrual y la ovulación son 14 días.

Si no estás segura de la fecha de concepción o del día en que empezó tu último periodo menstrual, una ecografía durante los tres primeros meses puede ayudarte a determinar la fecha probable de parto. La ecografía del primer trimestre predice la fecha con mayor precisión que una ecografía en el segundo o tercer trimestre.

También puedes utilizar un gestograma para determinar de cuántas semanas estás. Para utilizar esta útil herramienta, basta con que pongas la flecha apuntando hacia el día de inicio del último periodo menstrual y que mires la fecha del día en curso. Justo debajo encontrarás el número de semanas –o de días– que han transcurrido. (Si sabes qué día concebiste, pero desconoces la fecha del último periodo, hay una línea en el gestograma que funciona con esta información.)

Capítulo 3

Preparada para vivir tu embarazo

Aunque estés embarazada y tu cuerpo experimente cambios milagrosos, la vida diaria continúa ahí fuera. ¿Será necesario cambiar tu estilo de vida para que el embarazo transcurra sin problemas? ¿Qué hábitos no es preciso cambiar, o deben modificarse sólo ligeramente? Hay muchos factores a tener en cuenta: el trabajo, el nivel general de estrés que soportas, los medicamentos que tomas, si fumas o bebes con regularidad, y qué hacer con otras cuestiones prácticas, como las visitas al dentista o a la peluquería. Si tienes buena salud, seguramente descubrirás que, como les ocurre a muchísimas mujeres, tu vida puede seguir transcurriendo como de costumbre.

Todos los asuntos que mencionamos en este capítulo debes consultarlos con tu médico, pero no hemos podido evitar ofrecer una guía general para que planees tu vida durante el embarazo. Si desde el principio tienes en cuenta cómo tus hábitos y costumbres interactúan con el embarazo, seguramente te será mucho más fácil acostumbrarte a tu nuevo estado. Cuanto antes inicies una dieta adecuada, un plan de ejercicio y un programa de salud general, mejor te irá (consulta el capítulo 4).

Planificar las consultas prenatales

El resultado positivo de la prueba de embarazo marca el comienzo de una nueva vida. Ha llegado el momento de que empieces a pensar en lo que está por llegar. Después de decidir quién será tu médico (consulta el capítulo 2), pide cita para saber cómo debes empezar a proceder. Normalmente se realiza una primera visita, en la que una enfermera anota los antecedentes personales y realiza los análisis de sangre u orina que confirmarán el embarazo; en otros casos, te atenderá directamente el médico. El momento en que debes realizar esa primera consulta depende en parte de tus antecedentes y de tu estado de salud actual. Si no fuiste a la consulta antes de la concepción (ver el capítulo 1), y tampoco has estado tomando vitaminas prenatales ni ácido fólico, explícaselo al médico para que pueda recetártelos cuanto antes, incluso por teléfono; así no tendrás que esperar a tu primera consulta prenatal. En teoría, todas las vitaminas prenatales para adultos, de venta sin receta, contienen la dosis adecuada de ácido fólico, por lo que una paciente normal no necesita pedirle a su médico que se las recete. En caso de duda, consulta a tu farmacéutico.

Ciertos temas se van examinando trimestre a trimestre –como la tensión arterial, la orina y el latido del corazón del bebé–, por lo que también hablamos de ellos en este apartado. En los capítulos 5, 6 y 7 presentamos las particularidades de las consultas trimestrales. Consulta en la tabla 3-1 el calendario clásico de consultas.

Tabla 3-1 Calendario clásico de consultas prenatales

Etapa del embarazo	Frecuencia de las citas con el médico
Primera cita hasta la semana 28	Cada cuatro semanas
De la semana 28 a la 36	Cada dos o tres semanas
De la semana 36 hasta el parto	Semanal

Si aparecen problemas inesperados o si tu embarazo se considera de alto riesgo (consulta el capítulo 2), seguramente el médico te querrá ver con una mayor frecuencia.

Este calendario no es inalterable. Si crees que vas a estar de viaje o de vacaciones cuando te toca una revisión, háblalo con el médico para fijar otra fecha. Si tu embarazo se desarrolla correctamente, no habrá ningún problema en dejarla para otro día. Sin embargo, hay algunas pruebas que deben realizarse en un momento concreto de la gestación (consulta los detalles en los capítulos 8 y 9), por lo que deberás asegurarte de que el cambio de fecha no coincidirá con esos momentos clave.

Las consultas prenatales varían ligeramente en función de las necesidades de cada mujer y del estilo de cada médico; por ejemplo, algunas mujeres deben hacerse ciertos análisis o someterse a una exploración física específica. A continuación, hacemos un repaso de las pruebas y análisis más habituales durante las consultas prenatales:

✔ **Te pesan y te controlan la tensión arterial.** En el capítulo 4 encontrarás más información sobre cuánto se engorda en cada etapa del embarazo.

✔ **Te piden una muestra de orina.** (¡Algo que suele ser muy fácil en mujeres embarazadas!) El médico revisa si hay presencia de proteínas o glucosa que pudieran indicar preeclampsia o diabetes (consulta los capítulos 16 y 17). Algunas pruebas de orina también permiten al médico identificar los síntomas de una infección urinaria.

✔ **Entre las semanas 14 o 16 te miden la altura uterina.** El médico utilizará un metro o sus propias manos para medir el útero y hacerse una idea general del crecimiento del bebé y de la cantidad de líquido amniótico (consulta la figura 3-1).

La enfermera o el médico miden la *altura uterina*, es decir, la distancia desde la parte superior del pubis hasta la parte superior del útero (el fondo uterino). A las 20 semanas, la altura uterina generalmente llega al ombligo. Después de 20 semanas, la altura en centímetros es aproximadamente igual al número de semanas de embarazo. (No pasa nada si mide 2 centímetros más o menos, siempre y cuando no se produzca un gran cambio de una consulta a otra.)

Nota: la medida de la altura uterina puede no servir de mucho en algunos casos. En mujeres que tienen un embarazo múltiple o que presentan fibromas, el útero es mucho más grande de lo normal. Por otra parte, puede ser difícil palpar la parte superior del útero en mujeres que son muy obesas.

✔ **La enfermera o el médico escuchan y cuentan los latidos del corazón del bebé.** En general, el corazón late entre 120 y 160 veces por minuto. Casi siempre se utiliza un estetoscopio Doppler para escucharlo. Con este sistema, los latidos del corazón del bebé sonarán como un galope de caballos dentro del útero. Por lo general se empieza a distinguir con claridad a partir de la semana 10 o 12. Antes de que existiera el Doppler se utilizaba un estetoscopio especial, llamado *fetoscopio*, que permitía escuchar el corazón del bebé a partir de la semana 20. Hay una tercera forma de escuchar el corazón del bebé; es mediante una ecografía, que permite hacerlo hacia la sexta semana.

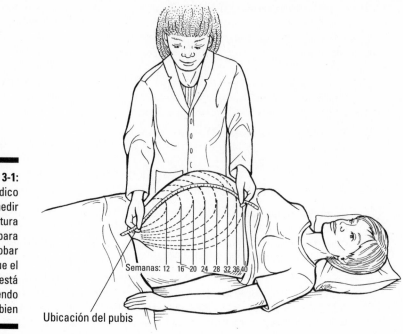

Figura 3-1:
El médico
podría medir
la altura
uterina para
comprobar
que el
bebé está
creciendo
bien

Semanas: 12   16   20 24 28 32 36 40

Ubicación del pubis

En algunos consultorios, una enfermera se ocupa de ciertas tareas, como controlar tu tensión arterial; en otros, lo hace el propio médico. No te preocupes por ver qué profesional se encarga de las cuestiones técnicas de la consulta; siempre tendrás la oportunidad de comentarle al médico todas tus dudas antes de irte del consultorio.

Prepararse para los cambios físicos y psicológicos

Cuando se está embarazada, el cuerpo cambia constantemente. Vas a experimentar nuevas sensaciones, como por ejemplo cambios en el estado de ánimo, calambres en las piernas y estrés. Seguramente has experimentado estas cosas antes, sólo que tal vez en menor grado. Los siguientes apartados tratan sobre algunos de estos problemas, para que sepas lo que te espera. Pídeles a tus familiares y amigos que los lean. Después ya pueden darse por advertidos.

Los cambios anímicos

Las variaciones hormonales, que ya conocen las mujeres que sufren de síndrome premenstrual, suelen afectar al estado de ánimo. Sin embargo, las variaciones hormonales que vienen con el embarazo son seguramente las más intensas que va a experimentar una mujer en toda su vida, así que no es extraño que los altibajos emocionales estén a la orden del día. La fatiga, que también acompaña al embarazo, potencia a su vez los cambios anímicos. Si a esta mezcla bioquímica se le añaden los nervios normales que siente una embarazada, preocupada por la salud de su bebé y por su capacidad como madre, se obtiene el combustible ideal para que los estados anímicos se comporten como una montaña rusa.

Recuerda que no estás sola. Los cambios de humor forman parte de tu embarazo y no eres la primera mujer que los siente, así que no te culpes. Tu familia y tus amigos te comprenderán.

Los cambios pueden ser especialmente acusados durante el primer trimestre, porque el cuerpo se está adaptando a su nuevo estado. Quizá te descubras reaccionando de forma exagerada ante pequeñas cosas. Un anuncio de televisión puede hacerte llorar. Que se te pierda la agenda puede causarte pánico. Si en el supermercado aplastan el pan que estás comprando, tal vez se enfrentarán a tu ira. No te preocupes, es que estás en estado. Respira hondo, sal a pasear o sencillamente cierra los ojos y tómate un descanso. Estos sentimientos suelen pasar pronto.

Los calambres en las piernas

Los calambres en las piernas son muy comunes en el embarazo, y se volverán probablemente más frecuentes a medida que pasen los meses. Se deben a una tensión repentina en los músculos, que puede producirse por varios motivos, entre otros la falta de líquidos, una distensión o una posición mantenida durante mucho tiempo. Algunos médicos creían que los calambres estaban relacionados con niveles bajos de calcio o potasio en la dieta, aunque se ha demostrado que no es así. Algunos estudios sugieren que los suplementos de magnesio por vía oral pueden reducir los calambres.

Para reducir los calambres en las piernas, prueba lo siguiente:

✔ Aplica calor en las pantorrillas.

✔ Bebe muchos líquidos.

✔ Evita estar en la misma posición durante mucho tiempo.

✔ Estira las piernas y los pies.

Haz estiramientos todas las noches antes de acostarte. Dirige los dedos de los pies hacia el techo para asegurarte de que estiras bien las pantorrillas. Repite este movimiento unas diez veces. Por la mañana, acostúmbrate a hacer estos estiramientos al menos un par de veces, si es posible incluso antes de abrir los ojos. Procura no estirar los pies la primera vez que te levantas para que no te dé una contractura.

✔ Da un pequeño paseo.

✔ Pídele a tu pareja que te dé un masaje en los pies o en las piernas.

El flujo vaginal

Durante el embarazo, el flujo vaginal suele aumentar, hasta el punto de que algunas mujeres acaban utilizando protectores todos los días. Este flujo tiende a ser claro, blanco y prácticamente inodoro. El lavado local no es recomendable, porque puede alterar la capacidad de la mujer a la hora de combatir las infecciones.

Si tu flujo vaginal adquiere un tono café, amarillo o verdoso, o si empieza a desprender un fuerte olor o te produce picores, informa a tu médico. (Usa tu sentido común para saber si es una emergencia, y si es el tipo de situación que justifica una llamada al médico a las tres de la madrugada.)

El embarazo no es incompatible con una infección vaginal; de hecho, y debido a los altos niveles de estrógeno en la sangre, puedes estar predispuesta a contraer una candidiasis. Este tipo de infección por hongos generalmente produce un flujo espeso, entre blanco y amarillento, que a veces causa enrojecimiento y escozor. Las pomadas vaginales tópicas deberían resolver el problema, y no representan un peligro para el feto. La mayoría de las pomadas vienen en dosis para uno, tres o siete días de uso y son totalmente seguras para el bebé. Si sufres una candidiasis persistente, consulta a tu médico la posibilidad de tomar fluconazol por vía oral, un medicamento seguro durante el embarazo.

Los dolores de espalda

Los dolores de espalda son un síntoma común del embarazo. Lo usual es que se presenten hacia el final, aunque a veces también aparecen antes. El cambio que experimenta el centro de gravedad del cuerpo puede ser una de las causas. Otra puede ser un cambio en la curvatura de la columna a medida que el bebé crece y el útero se expande. Puedes encontrar algo de alivio dejando descansar los pies de vez en cuando, aplicando calor local moderado y tomando paracetamol. Nuestras pacientes nos preguntan muchas veces sobre el uso de una faja especialmente diseñada para el embarazo, que han visto anunciada o les ha recomendado una amiga; algunas mujeres dicen que la faja les ayuda, otras opinan lo contrario.

Algunas mujeres sienten un dolor que se extiende desde la región lumbar hasta los glúteos y luego baja por una de las piernas. Este dolor, sumado a una pérdida de sensibilidad –aunque es menos común–, se denomina *ciática*. Cuando se produce, se está presionando el nervio ciático, uno de los nervios principales, que se ramifica desde la espalda a través de la pelvis, pasa por las caderas y baja por las piernas. La ciática leve se mejora con descanso en la cama, baños tibios o paños calientes. Si padeces un episodio grave, quizá necesites hacer reposo durante un tiempo prolongado o ejercicios especiales.

En ocasiones, un parto prematuro puede presentarse como una lumbalgia. No obstante, en este caso, el dolor tiene más componentes de calambre o de cólico y, en vez de ser constante, es intermitente.

El estrés

Muchas mujeres se preguntan si el estrés puede perjudicar el desarrollo del embarazo. La pregunta no es fácil de contestar, porque el estrés es un concepto de difícil definición. Todos sabemos qué es el estrés, pero cada uno parece controlarlo de forma diferente y nadie puede medir su intensidad. Sí sabemos que el estrés crónico –día tras día y sin alivio– puede aumentar los niveles en sangre de la hormona que lo provoca. Muchos médicos piensan que niveles elevados de estrés pueden llevar a un parto prematuro o causar problemas de tensión arterial durante el embarazo, pero pocos estudios han podido demostrarlo.

Intenta ser feliz y sentirte satisfecha mientras estés embarazada. Cada una tiene una forma personal de relajarse: recibir un masaje, ver una película, cenar con los amigos, darse una ducha caliente o un baño de espuma, o sencillamente sentarse con los pies en alto. Tómate el tiempo que necesites para permitirte pequeños caprichos.

Efectos de los medicamentos, el alcohol y las drogas sobre tu bebé

El alcohol y las drogas atraviesan la placenta y entran en el sistema circulatorio del bebé; lo mismo hacen ciertos medicamentos. Algunas de estas sustancias son totalmente inofensivas, mientras que otras pueden causar problemas. Es crucial saber cuáles pueden utilizarse sin riesgo y cuáles deben evitarse para velar por la salud del bebé. En las siguientes secciones nos centramos en este tema.

Los medicamentos

Durante el embarazo seguramente sufrirás un par de dolores de cabeza y, ocasionalmente, acidez estomacal. Es lógico que te preguntes si puedes tomar analgésicos, antiácidos y otros medicamentos de venta sin receta. Muchas mujeres prefieren no tomar nada, porque piensan que pueden hacer daño a su bebé. Pero lo cierto es que casi ningún medicamento a la venta sin receta (e incluso muchos de los que la requieren) es peligroso para el embarazo. Durante la primera consulta prenatal, comenta con tu médico qué medicamentos puedes tomar durante el embarazo, tanto los que van sin receta como los que te haya prescrito otro médico. Si otro médico está tratándote por alguna enfermedad, cuéntale enseguida que estás embarazada, por si es necesario hacer algún cambio.

No dejes de tomar los medicamentos que te han recetado ni cambies la dosis sin consultar primero al médico.

Muchos medicamentos contienen una leyenda que recomienda "no tomarlos durante el embarazo"; se trata de productos que aún no han sido estudiados en mujeres embarazadas, por lo que se desconocen sus posibles efectos. No obstante, esta advertencia no significa necesariamente que produzcan efectos adversos o que no puedan utilizarse. Siempre que tengas alguna duda sobre un medicamento determinado, pide la opinión de tu médico. No te extrañes si los criterios de varios médicos no coinciden, sobre todo entre los obstetras y los profesionales de otra rama. Estos últimos, por ejemplo, podrían mostrarse indecisos a la hora de recetarte algún medicamento; algo que probablemente no le sucederá a tu ginecólogo.

Algunos problemas médicos, como la hipertensión arterial, suponen un mayor peligro para el feto que los medicamentos que se toman para tratarlos. Incluso un dolor de cabeza, si es lo suficientemente intenso como para hacer que te pases un semáforo en rojo al conducir, puede ser más peligroso que un poco de paracetamol, que, de hecho, no plantea ningún riesgo si se toma dentro de las dosis terapéuticas. Muchas mujeres embarazadas sufren sin ninguna necesidad algunas molestias comunes que podrían tratarse con medicamentos que son completamente inofensivos para el bebé.

En el capítulo 1 hemos incluido una lista con muchos de los compuestos y principios activos que son seguros para casi todas las mujeres embarazadas. También hablábamos de algunos de los fármacos que tienen *efectos teratógenos* (es decir que pueden causar anomalías congénitas o problemas de desarrollo).

Si has tomado algún medicamento teratógeno antes de saber que estabas embarazada (o antes de saber que podía ser problemático), no te asustes. En muchos casos estos medicamentos no hacen ningún daño; todo dependerá de cuándo se tomaron y en qué cantidades. Algunos pueden causar problemas en el primer trimestre y ser totalmente seguros en el tercero, o viceversa. De hecho, hay pocas sustancias con un efecto teratógeno demostrado, e incluso en este caso no siempre provocan anomalías. Cuéntale siempre a tu médico los medicamentos que estás tomando.

El tabaco

A no ser que hayas vivido en Marte durante los últimos diez años, seguro que te ha quedado claro que el tabaco es una amenaza para tu salud. Fumar incrementa el riesgo de padecer cáncer de pulmón, enfisema y cardiopatías, entre otras dolencias. Durante el embarazo, el tabaco también supone un riesgo para el bebé.

El monóxido de carbono presente en el humo del tabaco reduce la cantidad de oxígeno que recibe el bebé, y la nicotina restringe la circulación sanguínea del feto. En consecuencia, las mujeres que fuman corren un mayor riesgo de dar a luz bebés de bajo peso, lo que puede acarrear problemas médicos. De hecho, se calcula que los hijos de mujeres fumadoras pesan 250 gramos menos de media que los de madres no fumadoras. La variación del peso al nacer depende de cuánto fume la madre. Las fumadoras pasivas también se exponen a este riesgo.

Además de los problemas de peso, fumar durante el embarazo se asocia con un mayor riesgo de parto prematuro, aborto, placenta previa, desprendimiento prematuro de la placenta, ruptura prematura de la bolsa de las aguas e incluso muerte súbita del lactante. Consulta el capítulo 16 si quieres más información.

Dejar de fumar puede ser extremadamente difícil. Ten presente, sin embargo, que reducir el número de cigarrillos que fumas puede beneficiarlos tanto al bebé como a ti.

Si dejas de fumar durante los tres primeros meses de embarazo, felicítate y piensa que tu bebé va a nacer con un peso normal y menos problemas de salud.

Algunas mujeres utilizan parches, chicles, pastillas o inhaladores de nicotina para dejar de fumar. La nicotina de estos productos pasa al torrente sanguíneo y puede llegar al feto, pero al menos el monóxido de carbono y otras toxinas presentes en el cigarrillo se eliminan. La cantidad total de nicotina que se absorbe como consecuencia del uso intermitente de chicles o inhaladores puede ser inferior a la que aporta el parche, que se utiliza sin interrupción.

No se han estudiado exhaustivamente los efectos del bupropión en el desarrollo del feto, pero un minucioso estudio demostró que las fumadoras embarazadas a las que se administraba este fármaco tenían muchas más probabilidades de superar su adicción que aquellas que no lo tomaban.

El alcohol

Las mujeres embarazadas que abusan del alcohol corren el riesgo de que su bebé sufra una fetopatía alcohólica. Este síndrome se caracteriza por provocar una amplia variedad de anomalías congénitas, incluyendo problemas de crecimiento, cardiopatías, retraso mental y anomalías en la cara y las extremidades. El problema reside en que la medicina aún no ha definido qué nivel de consumo se considera seguro durante el embarazo. Los datos demuestran que beber diariamente o caer en un exceso, aunque sea esporádico, puede producir graves complicaciones, pero no hay ningún estudio que indique qué efectos tiene una copa ocasional. De todas maneras, lo mejor es siempre usar la prudencia y hablar con tu médico.

Si crees que tienes un problema con el alcohol, no dudes en comentárselo a tu médico. Con un cuestionario especial tu médico detectará si tu consumo de alcohol supone un riesgo para ti y para el feto. En caso de que efectivamente tengas un problema con la bebida, comentar este cuestionario con el médico es crucial para velar por tu salud y la de tu bebé.

Las madres embarazadas preguntan...

Las preguntas sobre el consumo de alcohol durante el embarazo son muy comunes, así que responderemos a algunas de las más frecuentes.

P: Durante mis vacaciones en el Caribe, me tomé varias piñas coladas en la playa. No me enteré de que estaba embarazada hasta dos semanas después. ¿Nacerá el bebé con anomalías congénitas?

R: No hay pruebas que demuestren que un único exceso con el alcohol tenga efectos adversos en el embarazo. Ahora que sabes que estás embarazada, evita el alcohol.

P: ¿Son los licores peores para el bebé que el vino o la cerveza?

R: Se considera que las tres tienen el mismo riesgo. Una lata de cerveza, una copa de vino y un combinado de licor contienen aproximadamente la misma cantidad de alcohol.

P: El médico me sugirió que tomara una copa de vino la noche siguiente a mi amniocentesis. ¿Hay algún problema?

R: El alcohol es un *tocolítico*, lo que básicamente significa que relaja el útero. Después de la amniocentesis, muchas mujeres sienten calambres en el útero. El alcohol presente en una copa de vino reduce las molestias sin hacer daño al bebé.

Las drogas

Muchos estudios han evaluado los efectos del consumo de drogas durante el embarazo. Desgraciadamente los estudios pueden ser confusos, porque tienden a agrupar a toda clase de consumidores, independientemente de las drogas que consumen y de la cantidad. El estilo de vida de la madre también influye en el grado de riesgo para el bebé, lo que complica aún más el tema. Por ejemplo, es más probable que las mujeres que abusan de las drogas estén peor nutridas que otras; también suelen pertenecer a grupos socioeconómicos de menor poder adquisitivo y suelen presentar una mayor incidencia de enfermedades de transmisión sexual. Todos estos factores, por separado o combinados con el consumo de drogas, pueden provocar problemas en el embarazo y el bebé.

Los cambios en el estilo de vida

Tu estilo de vida cambiará durante el embarazo. Quizá te preguntes qué actividades, de las que realizas habitualmente, vas a poder seguir practicando y cuáles no. Este apartado proporciona información sobre ciertas tareas, como por ejemplo teñirse el pelo, utilizar una bañera de hidromasaje o un sauna, viajar y seguir trabajando.

Mimarse con tratamientos de belleza

Cuando tus amigos y parientes se enteren de que estás embarazada, seguramente te dirán que estás más linda o que proyectas una bonita aura maternal. Y quizá tú también te sientas más linda, aunque a algunas mujeres les pasa justo lo contrario. No te preocupes si no te gustan los cambios físicos que está sufriendo tu cuerpo. De cualquier forma, si eres como casi todas nuestras pacientes, te preguntarás si puedes continuar con tus tratamientos de belleza sin poner en peligro al feto. En este apartado los analizamos uno a uno y evaluamos los posibles riesgos:

✔ **Botox:** No se sabe cuál es el nivel de seguridad del Botox durante el embarazo y la lactancia. ¿Nuestro consejo? Disfruta de la belleza que te transmite tu aura de embarazada y deja el Botox para más adelante.

✔ **Rellenos inyectables:** Los rellenos cutáneos inyectables se utilizan para alisar las arrugas y hacer que los labios sean más carnosos. Normalmente se fabrican a partir de colágeno o ácido hialurónico. En la actualidad, no existen datos fiables que documenten la seguridad de los rellenos durante el embarazo. Pero tienes suerte: ¡la retención de líquidos durante la gestación puede reducir las arrugas!

✔ **Quimioabrasión:** Los alfahidroxiácidos son los principales ingredientes utilizados en la quimioabrasión. Los productos químicos funcionan tópicamente, pero el sistema absorbe pequeñas cantidades. No hay datos que confirmen que la quimioabrasión es segura durante el embarazo; probablemente lo sea, pero es mejor que comentes el tema con tu médico.

✔ **Mascarillas y limpiezas faciales:** Quizá notes que tu cutis ha cambiado en los últimos meses, porque a veces las hormonas del embarazo afean la piel. Los tratamientos faciales pueden brindar buenos resultados, o tal vez no. Si quieres hacerte una mascarilla, no lo dudes y disfruta del momento. ¡Relájate! (Lee el párrafo anterior sobre la quimioabrasión.)

✔ **Tintes:** Probablemente no pase nada si te tiñes el pelo durante el embarazo. No hay pruebas que den a entender que los tintes provoquen anomalías congénitas o abortos. Hace años, algunas contenían formaldehído y otras sustancias químicas potencialmente dañinas para el bebé, pero los nuevos tintes no los contienen. Los médicos tienden a estar en desacuerdo en este punto. Quizá tu médico te recomiende que durante el embarazo utilices solamente tinturas naturales, mientras que el médico de tu amiga podría opinar que no hay ningún problema.

✔ **Depilación con cera:** Al depilar las piernas o las ingles se aplica cera caliente y luego se retira con el vello. La cera no es dañina para el bebé, así que puedes seguir depilándote con este método mientras estás embarazada.

✔ **Depilación con láser:** El láser que se utiliza para eliminar el vello funciona transmitiendo calor al folículo piloso para impedir que crezca de nuevo. A veces, antes del procedimiento, se aplican cremas anestésicas. Aunque no hay información concreta sobre la depilación con láser durante el embarazo, no conocemos ninguna razón por la cual este tratamiento, aplicado localmente, deba evitarse.

✔ **Manicure y pedicure:** Otra pregunta frecuente es: "¿Puedo hacerme el manicure o el pedicure o ponerme uñas de porcelana durante el embarazo?". La respuesta, de nuevo, es sí. El sentido común da a entender que si se acude a un salón de belleza donde se limpia el equipo y se trabaja con buena ventilación, el riesgo se reduce a cero.

✔ **Masajes:** No existe ningún problema con los masajes, y descubrirás que los hay especiales para el embarazo, concebidos para relajar el abdomen. Para las etapas más avanzadas del embarazo se utiliza a veces una camilla especial con un hueco en el centro, que permite acostarse boca abajo.

✔ **Permanentes capilares:** No existen pruebas científicas que demuestren que los productos químicos de los permanentes sean nocivos para el desarrollo del bebé. Sin embargo, generalmente contienen grandes cantidades de amoníaco y, por tu propia seguridad, debes utilizarlos en lugares donde haya buena ventilación.

✔ **Alisado capilar:** También conocido como *alisado japonés*. Es un método bastante reciente para alisar el pelo de forma permanente. Se aplica una serie de productos químicos y luego se utiliza una plancha para alisar el pelo. No hay investigaciones científicas sobre los efectos de esta técnica sobre el embarazo. Algunos de los productos químicos que se utilizan son similares a los que se emplean para los permanentes. Conclusión: posiblemente este tratamiento no presenta problemas para el embarazo, pero no disponemos de datos concluyentes.

✔ **Cremas antiarrugas:** Hoy en día son muy populares las cremas antiarrugas fabricadas con tretinoína, un derivado de la vitamina A. Numerosos estudios sugieren que los medicamentos orales con derivados de la vitamina A pueden causar anomalías congénitas, pero la información disponible sobre ciertos preparados tópicos no señala ningún problema. Sin embargo, dados los efectos perjudiciales de los preparados orales, muchos médicos desaconsejan el uso de medicamentos, tanto orales como tópicos, que contengan estos compuestos.

Relajarse en bañeras de hidromasaje, saunas o baños turcos

Las bañeras de hidromasaje, los saunas y los baños turcos pueden ser dañinos durante el embarazo por sus altas temperaturas. En animales de laboratorio, la exposición a altas temperaturas durante el embarazo ha causado en ocasiones anomalías congénitas o abortos. Los estudios con humanos sugieren que las mujeres embarazadas cuya temperatura corporal central se eleva considerablemente durante las primeras semanas del embarazo pueden correr un mayor riesgo de aborto o dar a luz un bebé con anomalías congénitas del tubo neural (espina bífida, por ejemplo).

No obstante, los problemas suelen producirse cuando la temperatura de la madre llega a superar los 39 grados centígrados durante más de diez minutos en las primeras siete semanas del embarazo.

En general, darse un relajante baño de agua tibia carece de riesgo. Simplemente asegúrate de que la temperatura del agua no sea demasiado alta, por las razones mencionadas.

El sentido común indica que un uso ocasional de las bañeras de hidromasaje, saunas o baños turcos durante menos de diez minutos, y pasado el primer trimestre, probablemente no implica ningún riesgo. Pero recuerda tomar líquidos suficientes para evitar la deshidratación.

Los viajes

El principal problema de viajar durante el embarazo es que te alejas del médico encargado de tus cuidados. Si se acerca la fecha probable del parto o si el embarazo se considera de alto riesgo, seguramente no deberías viajar muy lejos. La decisión dependerá de cuáles sean exactamente los factores de riesgo. Si padeces diabetes, pero estás bien controlada, a lo mejor puedes viajar tranquila. Pero si estás embarazada de trillizos no es una buena idea ir hasta Tombuctú. Si el embarazo no presenta complicaciones, puedes viajar sin problemas durante el primer trimestre, el segundo y el comienzo del tercero.

Viajar en auto no conlleva ningún riesgo especial, aparte de que implica estar mucho tiempo sentada. En recorridos largos, haz una pausa cada dos horas y camina un poco. Ponte el cinturón de seguridad: te mantendrá segura y no dañará al bebé, aunque sufras un accidente. Por otra parte, el líquido amniótico que envuelve al feto lo protege contra la opresión del cinturón. Es mucho más peligroso no utilizar el cinturón de seguridad; de hecho, hay estudios que demuestran que la principal causa de muerte fetal en accidentes de tránsito es la muerte de la madre.

Ponte el cinturón por debajo del abdomen, no por encima, y mantén la tira del hombro en su lugar habitual.

La mayoría de compañías aéreas permiten volar a las mujeres embarazadas de menos de 36 semanas. Puede ser una buena idea llevar un certificado médico que especifique que no hay ninguna razón que te impida viajar en avión. De hecho, los viajes en avión no presentan problemas, especialmente si tienes en cuenta lo siguiente:

✔ **Levántate del asiento cada cierto tiempo en los vuelos más largos y camina por el avión.** Estar sentada durante mucho tiempo puede hacer que la sangre se te acumule en las piernas. Si caminas, favoreces la circulación sanguínea.

✔ **Lleva agua embotellada y bebe seguido.** El aire de los aviones es siempre muy seco. Un piloto nos contó que la humedad relativa de los aviones es, por regla general, inferior a la del desierto del Sahara. Los aviones no pueden llevar agua suficiente para mantener alta la humedad, porque genera un peso adicional excesivo. Como el aire del avión es tan seco, puedes deshidratarte fácilmente durante los vuelos largos.

Si bebes más agua de lo habitual, tendrás que levantarte con frecuencia para ir al baño, lo que previene la acumulación de sangre en las piernas.

No te preocupes por los detectores de metales de los aeropuertos –o de cualquier otro lugar–, porque no utilizan radiación ionizante y, por lo tanto, no conllevan ningún riesgo para el feto. En cambio, sí se utiliza este tipo de radiación en la cinta que transporta el equipaje, así que te recomendamos que no te subas al mostrador y te abalances sobre la máquina.

Si tiendes a marearte en los viajes y sueles solucionar el problema tomando dimenhidrato, puedes consumirlo en dosis normales durante el embarazo.

Si piensas viajar a países tropicales, en los que hay ciertas enfermedades endémicas, a lo mejor debes vacunarte. Pregúntale a tu médico si las vacunas que te pondrás son seguras durante el embarazo. (Para obtener más información sobre las vacunas, consulta el capítulo 1.)

El cuidado de los dientes

Por regla general, la gente va al dentista para hacerse limpiezas periódicas cada seis o doce meses. Esto significa que seguramente deberás ver a tu dentista por lo menos una vez durante la gestación. En sí mismo, el embarazo no debería afectar a tu salud dental, pero debes tener cuidado de que las caries mal cuidadas no se te infecten. Algunos estudios recientes han mostrado que las mujeres que sufren de *enfermedades periodontales*, es decir, inflamación e infección de las encías, tienen un mayor riesgo de dar a luz bebés prematuros o pequeños. Este dato es una buena razón para dar prioridad a tu salud e higiene dental.

El embarazo produce un aumento de la circulación sanguínea en las encías. De hecho, aproximadamente la mitad de las mujeres embarazadas padecen una enfermedad llamada *gingivitis gravídica*, que consiste en un enrojecimiento de las encías. Cuando se produce, las encías tienden a sangrar con facilidad, así que trata de cepillar los dientes y usar el hilo dental con suavidad.

Si deseas que tus dientes parezcan más blancos y brillantes, cuentas con numerosos productos a tu disposición, como pasta de dientes blanqueadora, geles, bandas, férulas y otros sistemas de venta sin receta. Aunque la mayoría de estos tratamientos se suelen utilizar durante el embarazo, ningún estudio documenta su seguridad. Las pastas de dientes blanqueadoras contribuyen a eliminar las manchas superficiales sin la ayuda de decolorantes. No existe ningún motivo para pensar que pueden suponer un problema. La mayoría de bandas, geles y sistemas blanqueadores de venta sin receta están hechos a partir de peróxido de hidrógeno y no se han estudiado específicamente durante el embarazo. Sin embargo, puede deducirse la seguridad del peróxido a partir de otros estudios. En uno de estos estudios, se añadió un 10% de peróxido de hidrógeno a la dieta de un grupo de ratas embarazadas y no se detectó ningún problema en sus crías. Asimismo, se determinó que el peróxido contenido en las tinturas para el pelo tampoco causa anomalías congénitas. Los tratamientos más profesionales consisten en la aplicación de un producto blanqueador sobre los dientes y el uso de calor o láser para agilizar el proceso. Muchos odontólogos no llevan a cabo estos procedimientos en mujeres embarazadas porque no se ha estudiado su seguridad.

Si tienes que ir al dentista para hacerte un tratamiento –empastes, extracciones, colocación de coronas–, no te preocupes: la anestesia local y casi todos los analgésicos son seguros. Algunos dentistas también utilizan antibióticos durante los tratamientos. La mayoría de los antibióticos que recetan los odontólogos son seguros durante el embarazo, pero conviene que lo verifiques con tu médico. Incluso las radiografías dentales no suponen un problema, siempre y cuando cubran tu abdomen con un delantal de plomo.

Las relaciones sexuales

Para la mayoría de parejas las relaciones sexuales durante el embarazo no representan ningún peligro. De hecho, algunas comentan que el sexo durante el embarazo es mejor que nunca. No obstante, hay ciertos aspectos que debes tener en cuenta.

En la primera mitad del embarazo, como el cuerpo no ha cambiado considerablemente, las relaciones sexuales pueden continuar como antes. Quizá notes que tus pechos son especialmente sensibles al tacto, lo que puede resultarte algo molesto. Más adelante, a medida que crece el útero, algunas posiciones resultan incómodas y es preciso ser más creativos. Si las posturas habituales pasan a ser demasiado incómodas, hay otras formas de satisfacerse sexualmente que a lo mejor les pueden servir.

Muchas mujeres nos preguntan si pueden mantener relaciones sexuales hacia el final del embarazo, aunque el cuello uterino esté algo dilatado. No hay ningún problema, siempre y cuando las membranas no se hayan roto; es decir, si no se ha roto la fuente.

Evita las relaciones sexuales en el tercer trimestre si existe riesgo de parto prematuro o si tienes placenta previa (consulta el capítulo 16). Los médicos suelen recomendar a las mujeres que se abstengan de mantener relaciones sexuales por dos razones:

✔ La relación sexual podría introducir una infección en el útero.

✔ El semen contiene sustancias que hacen que el útero se contraiga.

Otro aspecto muy importante que debes tener en cuenta es cómo se sienten respecto al sexo durante el embarazo. Algunas mujeres experimentan un aumento de la libido. Muchas veces se tienen vívidos sueños sexuales y el orgasmo se magnifica. Otras veces, sin embargo, puede ocurrir que tu interés por el sexo disminuya, posiblemente porque te sientes menos atractiva por los cambios físicos que has experimentado, lo que es perfectamente normal. El deseo sexual de tu pareja también puede cambiar debido a la ansiedad que le puede provocar la perspectiva de ser padre y al temor infundado de que las relaciones afecten al bebé o de que, de alguna manera, se dé cuenta de lo que están haciendo sus padres.

El trabajo durante el embarazo

En los últimos cincuenta años, el número de mujeres que trabajan fuera de casa ha aumentado progresivamente. En la actualidad, más del 75% de las mujeres trabajan durante el tercer trimestre y más de la mitad lo hacen hasta unas semanas antes del parto. Muchas mujeres se sienten felices y ocupadas al trabajar hasta el final del embarazo, lo que las ayuda a no obsesionarse con sus molestias. Además, muchas mujeres no tienen la opción de escoger, puesto que son la principal fuente de ingresos de la familia o sienten que su carrera profesional es una prioridad. Aunque trabajar durante el embarazo casi nunca representa un problema para el bebé, puede haber algunas excepciones.

El estrés durante el embarazo, ya esté relacionado con el trabajo o con las situaciones domésticas, no ha sido muy estudiado. Algunos médicos creen que unos altos niveles de estrés pueden aumentar el riesgo de padecer preeclampsia o parto prematuro, aunque ningún estudio lo ha confirmado (consulta el capítulo 16). Un estrés fuera de lo común puede aumentar el riesgo de sufrir depresión tras el parto. Es evidente que demasiado estrés no es bueno para nadie. Haz todo lo posible para reducir el estrés que sufres en tu vida diaria y habla con tu médico si sueles sentir tristeza o ansiedad.

Los riesgos laborales

Puede ser que tu trabajo no te exija estar mucho rato de pie ni caminar, o que te permita trabajar una cantidad razonable de horas y no te genere estrés. Si éste es tu caso y no tienes problemas médicos, puedes saltarte este apartado (¡y, por favor, cuéntanos cuál es ese trabajo!). Pero si eres como casi todos nosotros, sigue adelante con la lectura.

Existen profesiones físicamente muy exigentes que pueden llegar a ser problemáticas. Casi todos los trabajos están a medio camino entre el sedentarismo y el agotamiento, pero cada persona lo vive de forma diferente. Si tu embarazo transcurre sin complicaciones, seguramente podrás seguir trabajando hasta el final. No obstante, puede que surjan algunas complicaciones que hagan aconsejable reducir la carga laboral o suspenderla por completo. Por ejemplo, si corres el riesgo de tener un parto prematuro, el médico seguramente te aconsejará que dejes de trabajar. Otras circunstancias que quizá justifiquen una reducción de la actividad física son la hipertensión o los problemas en el desarrollo del bebé.

Si trabajas frente a una computadora, quizá te inquiete estar expuesta a algún elemento perjudicial. No te preocupes, porque no hay pruebas que demuestren que los campos electromagnéticos que emiten sean dañinos.

Ciertos estudios sugieren que las mujeres que tienen trabajos físicamente agotadores, como levantar objetos pesados, hacer labores manuales o realizar esfuerzos extremos, pueden correr un riesgo ligeramente mayor de parto prematuro, hipertensión arterial, preeclampsia o pueden dar a luz a un bebé de bajo peso. Por otro lado, no se ha demostrado que trabajar muchas horas aumente las probabilidades de parto prematuro. Otros estudios han revelado que los trabajos en que hay que estar mucho tiempo de pie (más de ocho horas al día) causan dolores de espalda y de pies, problemas circulatorios y un riesgo ligeramente mayor de parto prematuro. Por suerte, las medias de compresión, aunque no son especialmente atractivas, ayudan a prevenir la aparición de várices.

Recuerda que tu salud y la de tu bebé son prioritarias. No te sientas débil porque te toca cuidar de tu embarazo. Algunas mujeres tienen la impresión de que sus superiores las infravalorarán si se quejan de ciertos síntomas o si encuentran tiempo, en medio de una apretada agenda, para comer o ir al baño. No te sientas culpable por tus necesidades durante este tiempo, y no permitas que tu trabajo te lleve a desatender determinados síntomas. Si necesitas tiempo libre para atender ciertas complicaciones, pídelo. Las personas que nunca han estado embarazadas no entienden del todo las exigencias físicas a las que estás sometida.

Aspectos legales del embarazo

Dedica un tiempo a familiarizarte con tus derechos y a entenderlos. En muchos países existe una legislación específica que protege a las mujeres embarazadas cuando ya tienen un empleo o han iniciado un proceso de selección. Esto significa que un empresario no puede descartar a una posible empleada simplemente por estar embarazada, siempre y cuando pueda realizar todas las funciones principales que el cargo requiere. Si en algún momento una mujer embarazada no puede realizar alguna tarea, el empresario debe tratarla con la misma consideración que tendría con otras personas que sufren alguna limitación temporal; es decir, concederle la baja o asignarle temporalmente otras funciones. Es posible que te veas incapacitada por las náuseas o por unos vómitos frecuentes, por complicaciones durante el embarazo (hemorragias, parto prematuro o hipertensión) o incluso por la exposición a situaciones peligrosas. Si tu médico considera que el embarazo te incapacita, debe emitir un parte para tu superior donde deje clara su opinión.

Si en tu empresa tienen una obra social, la cobertura que ofrece para enfermedades asociadas al embarazo probablemente será similar a la que contempla para el resto, siempre y cuando se incluyan los servicios de obstetricia. Ten en cuenta que las leyes de muchos países prohíben a las compañías aseguradoras ver el embarazo como una enfermedad preexistente, lo que significa que no pueden negarte la cobertura si cambias de trabajo y de seguridad social.

Capítulo 4

Dietas y ejercicios para la madre gestante

A lo largo de los tiempos, las mujeres han recibido toda clase de consejos sobre qué y cuánto deben comer durante el embarazo. Las tradiciones culturales, las creencias religiosas y el pensamiento científico han dicho la suya y han ejercido su influencia. Hasta hace una generación, más o menos, a las mujeres se les decía que limitaran al máximo lo que comían y bebían para aumentar de peso lo menos posible. En otras épocas, se las animaba a comer alimentos ricos en grasa, porque se creía que los bebés serían más saludables si ellas ganaban peso. Actualmente, el consejo del médico dependerá de las costumbres de cada mujer y de su peso al iniciar el embarazo. Si el embarazo es múltiple, se espera que el aumento de peso sea superior a la media.

Es evidente que tener una buena salud es algo más que el simple hecho de comer bien. El ejercicio es tan importante durante el embarazo como antes, aunque su tipo y su intensidad pueden cambiar a medida que transcurre la gestación. Este capítulo te ofrece toda la información que necesitas para que tu bebé y tú se alimenten bien y para que puedas seguir practicando ejercicio de forma segura.

Un saludable aumento de peso

Empezar el embarazo con un peso ideal e ir subiendo de forma moderada a lo largo de la gestación contribuye a garantizar que el bebé crecerá y se desarrollará normalmente y que tú, como madre, también mantendrás tu salud. ¿Pero qué se considera saludable? Este apartado trata en profundidad las cuestiones relacionadas con el peso y el embarazo.

Cuánto es suficiente

La mejor manera de conocer el peso ideal es fijarse en el *índice de masa corporal* (IMC), un valor que tiene en cuenta tanto la altura como el peso.

Establece tu índice de masa corporal con la ayuda de las medidas de la figura 4-1. Coloca tu peso en kilogramos en la línea vertical y tu altura en centímetros en la línea horizontal (superior). El lugar en el que se cruzan estas dos líneas en el cuadro es tu índice de masa corporal (sigue la línea diagonal más cercana a ese punto para encontrar el valor de tu IMC).

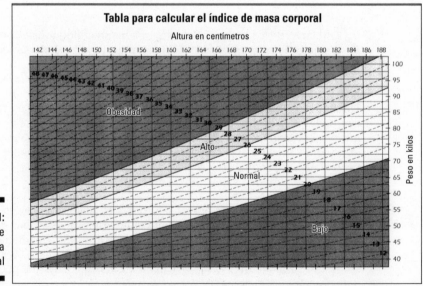

Figura 4-1: Índice de masa corporal

Fuente: Nutrition During Pregnancy and Lactation, The National Academies Press, 1992

Después de calcular tu índice de masa corporal, puedes establecer tu peso ideal durante el embarazo consultando la tabla 4-1. (¡Pero no olvides que este dato se aplica a las mujeres que llevan en el útero un solo bebé!)

Tabla 4-1 Establece tu aumento ideal de peso

Índice de masa corporal	*Aumento de peso recomendado*
Menos de 19.8 (por debajo de lo normal)	De 12.5 a 18 kilos
De 19.9 a 26 (peso normal)	De 11.5 a 16 kilos
De 26 a 29 (exceso de peso)	De 7 a 11.5 kilos
29 o más (obesidad)	6 kilos o menos

Estas cifras se refieren al aumento de peso total durante el embarazo, así que sólo sabrás si has alcanzado la meta el día del parto. Las distintas investigaciones científicas no han determinado cuál es el patrón óptimo de aumento de peso durante el embarazo. El hecho de engordar muy poco al principio (quizá cuando estés sufriendo las peores náuseas del embarazo) puede afectar menos al crecimiento fetal que un escaso aumento de peso en el segundo y tercer trimestres. En algunas mujeres el aumento de peso es fluctuante, de modo que engordan mucho al principio y luego menos. Este tipo de patrón no es necesariamente malo para la salud.

No te obsesiones con el peso

Utiliza los cuadros anteriores como una guía, pero no te obsesiones demasiado con el peso. Incluso en el caso de que tu aumento esté un poco descontrolado, no tienes por qué preocuparte si el médico te dice que el bebé crece con normalidad. Las mujeres que engordan más que la media pueden tener bebés sanos, así como las que engordan menos de lo recomendado.

Si tu aumento de peso se sale de lo normal, el médico puede revisar el crecimiento del bebé midiendo la altura uterina (consulta el capítulo 3) o programando una ecografía. Si te desvías significativamente del peso recomendado, lo más probable es que el médico evalúe tu dieta. Quizá te remita a un nutricionista o dietista que te aconsejará concretamente sobre qué y cuánto comer.

Lo fundamental es hacer todo lo necesario para lograr que el bebé crezca y se desarrolle de manera óptima, pero no a costa de tu salud mental.

Cómo aumenta de peso el bebé

Aunque el aumento de peso de la madre puede seguir un patrón independiente, el bebé tiende a aumentar de peso de forma lenta al principio, luego acelerarse hacia la semana 32 y frenarse otra vez en las últimas semanas. En la semana 14 o 15, por ejemplo, el bebé aumenta de peso 5 gramos al día, mientras que entre la semana 32 y 34 aumenta entre 30 y 35 gramos al día (lo que equivale más o menos a 0.23 kilos cada semana). Después de la semana 36, el crecimiento fetal se vuelve más lento (115 gramos a la semana), y hacia la semana 41 o 42 –a estas alturas, ya has superado la fecha probable de parto– es mínimo o nulo. En el capítulo 7 encontrarás más información sobre el crecimiento del bebé.

Además de la dieta y de tu aumento de peso, los siguientes factores afectan al crecimiento del feto:

✔ **El tabaco.** Fumar puede reducir el peso del bebé al nacer cerca de 200 gramos.

✔ **La diabetes.** Si la madre sufre diabetes, el bebé puede ser demasiado grande o demasiado pequeño.

✔ **La genética o los antecedentes familiares.** En otras palabras, los jugadores de básquet no suelen tener hijos que de mayores sean jinetes profesionales.

✔ **Una infección fetal.** Algunas infecciones afectan al crecimiento, otras no.

✔ **El consumo de drogas.** El consumo de drogas puede frenar el crecimiento del bebé.

✔ **Los antecedentes personales de la madre.** Ciertas dolencias, como la hipertensión o el lupus, pueden afectar al crecimiento fetal.

✔ **Los embarazos múltiples.** Los mellizos o trillizos generalmente son más pequeños que el bebé que se gesta solo.

✔ **El funcionamiento de la placenta.** Si la circulación sanguínea en la placenta es inferior a la normal, el crecimiento del bebé puede ser más lento.

Tu médico controlará el crecimiento del feto midiendo la altura uterina y valorando el aumento de peso. Si engordas fuera de lo normal, si los resultados de la medición de la altura uterina se salen de lo habitual o si tus antecedentes apuntan a que el crecimiento del feto podría estar en peligro, lo más probable es que el médico te haga una ecografía para estudiar la situación.

¿Cómo se distribuye el peso?

La buena noticia es que el peso que se gana durante el embarazo no termina necesariamente en tus muslos. Ahora bien, tampoco va todo al bebé. Por lo general, la grasa corporal de una mujer embarazada aumenta ligeramente. Sin embargo, es un mito que pueda determinarse el sexo del bebé por la forma en que se distribuye el peso adquirido. (Consulta en el capítulo 2 otros mitos sobre la forma de establecer el sexo de los bebés.)

Fíjate en esta visión realista del aumento de peso (partiendo de que sean unos 12 kilos, una buena media general):

Bebé	3180 g
Placenta	455 g
Líquido amniótico	910 g
Útero	910 g
Senos	455 g
Depósitos de grasa	3180 g
Líquido corporal	1820 g
Sangre adicional	1360 g

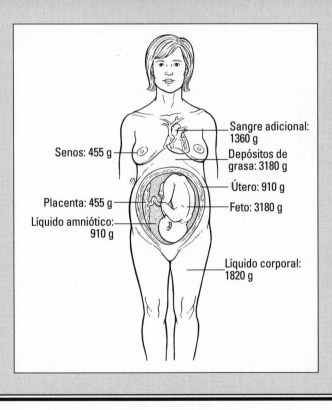

Senos: 455 g

Placenta: 455 g

Líquido amniótico: 910 g

Sangre adicional: 1360 g

Depósitos de grasa: 3180 g

Útero: 910 g

Feto: 3180 g

Líquido corporal: 1820 g

Una dieta equilibrada

Ceñirse a una dieta bien equilibrada, baja en grasas y rica en fibra es importante para el bebé y también para ti. Es fundamental que consumas las proteínas adecuadas, ya que son las responsables de poner en marcha un buen número de funciones corporales. La fibra en la dieta ayuda a prevenir o reducir el estreñimiento y las hemorroides. Si limitas el consumo de grasas, ayudas a mantener tu corazón sano y evitas esos kilos de más que luego pueden ser difíciles de perder. Si logras no engordar excesivamente, también reduces las probabilidades de tener estrías en la piel. (Para obtener más información sobre las estrías, consulta el capítulo 7).

Si tu dieta es equilibrada y no depende demasiado de los azúcares o las grasas, no es necesario modificar drásticamente la alimentación. Durante el embarazo, debes consumir de media unas 300 calorías más al día. Esto quiere decir que si tienes un peso saludable e ingieres 2100 calorías al día, durante el embarazo debes aumentar la cantidad a una media de 2400 (quizá un poco menos durante el primer trimestre y un poco más durante el tercero).

La necesidad de aumentar la ingesta de calorías no significa que debas comerte un helado de chocolate todos los días. Es fundamental satisfacer estas necesidades con alimentos nutritivos. El médico seguramente te aconsejará que tomes un aporte complementario de minerales y vitaminas. Sigue leyendo para saber qué alimentos y suplementos son los más adecuados para ti.

La pirámide de los alimentos

Ningún alimento puede satisfacer todas tus necesidades nutritivas. La pirámide de los alimentos (consulta la figura 4-2) es una guía general que ilustra las raciones que deberías comer de cada grupo.

La pirámide incluye varios grupos de alimentos, como ilustra la imagen de izquierda a derecha:

✔ **Cereales:** Se incluyen aquí los alimentos fabricados a partir de trigo, arroz, avena, maíz o cebada. Los alimentos integrales contienen todo el grano del cereal, incluido el salvado (la cáscara externa que protege el grano) y el germen (la pequeña parte de la que germina cada grano). Puedes encontrar numerosos cereales integrales, como trigo, *bulgur* (trigo partido), copos de avena, maíz y arroz. Los cereales refinados han sido sometidos a un proceso que desecha el salvado y el germen, con lo que también se elimina gran parte de la fibra y

Figura 4-2:
Para
alimentarte
de forma
sana durante
el embarazo,
guíate por la
pirámide de
los alimentos

Cereales   Hortalizas Fruta Aceite Leche Carne y
legumbres

algunos nutrientes, como las vitaminas B y E. Entre los productos refinados se encuentran la harina blanca, el pan blanco, el arroz blanco y muchos tipos de pasta.

Durante el embarazo, una mujer normal necesita ingerir al día entre 170 y 225 gramos de cereales. Se recomienda consumir al menos la mitad de esta cantidad en productos integrales. Esto significa que debes tomar entre 85 y 115 gramos al día de pan, pasta o cereales integrales.

✔ **Hortalizas:** Se dividen en cinco grupos, en función de su contenido en nutrientes. La siguiente lista recoge las hortalizas ordenadas de más nutritivas (las de hoja verde) a menos, con ejemplos de cada categoría:

- **Verduras de hoja verde:** Espinacas, lechuga de hoja verde oscuro, lechuga romana, brócoli y berros.

- **Verduras de color naranja:** Zanahorias, camote y diferentes variedades de calabaza.

- **Legumbres:** Frijoles, garbanzos, soja, chícharos secos, lentejas y tofu.

- **Hortalizas ricas en hidratos de carbono:** Papas, maíz, chícharos y habas de Lima.

- **Otras hortalizas:** Repollo o col, coliflor, lechuga iceberg, chauchas, apio, pimiento rojo y verde, hongos, cebollas, tomates, espárragos, pepinos y berenjena.

Las mujeres embarazadas deben tomar de 2 ½ a 3 raciones de hortalizas al día. Para conseguirlo pueden consumir cualquiera de las anteriores, así como un jugo / licuado de verduras natural. Sin embargo, se recomiendan las verduras de hoja verde, las de color naranja y las legumbres, ya que su contenido de nutrientes es mayor. Sin embargo, también es importante que la dieta incluya hortalizas variadas.

✔ **Fruta:** Cuando estás embarazada, es fundamental que consumas diferentes tipos de fruta. La fruta no sólo es una fuente óptima de vitaminas y minerales, sino que además aporta fibra, algo que te hará mucha falta durante el embarazo para reducir el estreñimiento. La fruta contiene una cantidad saludable de vitaminas A y C, además de potasio.

Las mujeres embarazadas deben tomar de 2 a 2 ½ raciones de fruta al día. Puedes tomar fruta fresca, congelada, enlatada o seca. Sin embargo, no debes abusar de los jugos de frutas, porque contienen mucha azúcar.

✔ **Aceites (y grasas):** Los aceites son grasas que se conservan en estado líquido a temperatura ambiente. Entre ellos, el aceite de oliva, el de girasol y el de maíz. Se trata en su mayor parte de grasas no saturadas, las más saludables que puedes consumir. Los alimentos como los frutos secos, los aguacates, el pescado y las aceitunas tienen un alto contenido de grasas no saturadas. Las grasas sólidas son aquellas que se conservan en este estado a temperatura ambiente, como la manteca, la margarina y la grasa de vaca o de cerdo. Estos alimentos tienen un alto contenido de grasas saturadas. Las grasas *trans* son un tipo concreto de grasas saturadas muy habituales en alimentos procesados y que se asocian con la obesidad y las cardiopatías.

Lo ideal es que entre el 20 y el 35% de las calorías totales que ingieres procedan de las grasas; de éstas, menos del 10% deben ser grasas saturadas, mientras que las *trans* deben desaparecer de tu dieta.

✔ **Leche (productos lácteos):** Entre los alimentos de este grupo se incluyen la leche, los yogures y el queso, importantes fuentes de calcio. Es mejor consumir lácteos descremados o semidescremados, siempre que sea posible. Una mujer normal necesita tres vasos de leche o tres raciones de lácteos al día.

✔ **Carne y legumbres:** La carne roja, el pollo, el pescado, las legumbres y los frutos secos entran en esta categoría. Debes centrarte en los productos magros y bajos en grasa y variar las opciones. La manera más saludable de cocinarlos consiste en hacerlos al horno, a la parrilla o a la plancha. Durante el embarazo, debes consumir al día entre 150 y 200 gramos de alimentos de esta categoría.

Durante el primer trimestre son muy comunes las náuseas (consulta el capítulo 5). Si las náuseas te impiden seguir una dieta equilibrada, es posible que te preguntes si estás recibiendo los nutrientes suficientes. En realidad, es posible pasarse varias semanas sin seguir una dieta óptima y que no afecte al bebé. A lo mejor descubres que los únicos alimentos que toleras son los de alto contenido en fécula o hidratos de carbono. Si lo único que tienes ganas de comer son papas, pan y pasta, adelante. Es mejor lograr retener algo en el estómago que pasar hambre.

A medida que el embarazo sigue su curso, tu cuerpo necesita más líquidos. Al principio, las mujeres que no toman suficientes líquidos se sienten débiles o mareadas. Más adelante, la deshidratación puede producir contracciones prematuras. Asegúrate de tomar agua o leche en cantidades más que suficientes; entre seis y ocho vasos al día, y un poco más si se trata de un embarazo múltiple.

Complementos a la dieta

Si llevas una dieta sana y equilibrada, ya recibes de forma natural casi todas las vitaminas y minerales que necesitas, excepto hierro, ácido fólico y calcio. Para asegurarte de que ingieres una cantidad suficiente de estos

---

¿La cafeína es peligrosa durante el embarazo?

Aunque algunas personas piensan que el único alimento que contiene cafeína es el café, otras bebidas como el té, algunas gaseosas, el cacao y el chocolate también la contienen. No hay pruebas de que la cafeína produzca anomalías congénitas. Sin embargo, si la consumes en grandes cantidades, puedes incrementar el riesgo de aborto.

La mayoría de estudios sugieren que se necesitan más de 200 miligramos de cafeína al día para que el feto se vea afectado. Una taza media de café (recuerda, se trata de una taza corriente, no una de cortado) contiene entre 100 y 150 miligramos de cafeína. El té tiene algo menos de cafeína —entre 50 y 100 miligramos— y las gaseosas contienen unos 36 miligramos por cada 33 centilitros. Por eso, beber hasta dos tazas de café al día (o su equivalente en otras bebidas o alimentos) no suele ser un problema durante el embarazo. Muchas mujeres preguntan sobre el contenido en cafeína del chocolate; tu pasión por el dulce está a salvo, pues una tableta normal de chocolate o una taza de chocolate caliente tienen apenas unos 6 miligramos de cafeína.

Recuerda que el consumo de cafeína también puede incrementar los paseos al baño, que ya de por sí son frecuentes. Si te molesta tener que orinar con frecuencia, quizá te convenga reducir el consumo de cafeína. Además, te darás cuenta de que en el último trimestre es casi imposible dormir de un tirón, ya sea por la dificultad de encontrar una posición adecuada o porque tienes que levantarte varias veces para ir al baño. Si bebes café o té por la noche, puede que aún sea más complicado descansar.

nutrientes, y para protegerte de algunos hábitos poco adecuados, el médico seguramente te recomendará vitaminas prenatales. En el caso de las vitaminas, más no significa necesariamente mejor; tómate cada día la dosis recetada. En el mercado hay diversas marcas de vitaminas prenatales, pero todas suelen ser muy parecidas. Algunas se toleran mejor que otras, por lo que si descubres que las que tomas no te caen bien, puedes probar con otra marca. Hoy en día, muchas contienen suplementos de ácidos grasos omega 3. Algunos datos sugieren que los suplementos de omega 3 pueden reducir el riesgo de parto prematuro y resultar beneficiosos para el cerebro del bebé, pero no se ha demostrado con seguridad.

Si un día te olvidas de tus vitaminas, no te preocupes. No te pasará nada. Durante los primeros meses es posible que las vitaminas te produzcan náuseas, y no le va a pasar nada al bebé si no las tomas hasta que te sientas mejor. Recuerda que el bebé todavía es muy pequeño y que no tiene grandes necesidades nutricionales. Si estás al principio del embarazo (de cuatro a siete semanas), puedes tomar únicamente el suplemento de ácido fólico, que a veces es más fácil de tolerar. Si más adelante contraes algún virus estomacal y no puedes tomarte las vitaminas durante un tiempo, no hay razón para preocuparse: el bebé obtiene lo que necesita, aun a expensas de la madre (¡una tendencia que continúa toda la vida!).

Si las vitaminas te producen náuseas, come unas galletitas saladas antes de tomártelas, o déjalas para antes de acostarte.

Hierro

Durante el embarazo necesitas más hierro porque tanto tú como tu bebé están fabricando nuevos glóbulos rojos todos los días. En promedio se requieren 30 miligramos más de hierro todos los días, que es lo que contienen la mayoría de vitaminas prenatales. Los análisis de sangre que te hagas pueden reflejar un descenso en los valores durante el embarazo, ya que el cuerpo fabrica cada vez más *plasma* (líquido) y relativamente menos glóbulos rojos, lo que se conoce como *anemia por hemodilución*. Si padeces anemia, quizá debas tomar suplementos de hierro.

Los alimentos ricos en hierro son el pollo, el pescado, la carne roja, las verduras de hoja verde, el pan integral o enriquecido y los cereales. Puedes aumentar el contenido en hierro de los alimentos si los cocinas en ollas y sartenes de hierro fundido.

Calcio y vitamina D

Mientras estés embarazada, necesitas unos 1200 miligramos de calcio y 2000 unidades de vitamina D al día. Sin embargo, casi todas las mujeres ingieren una cantidad menor. Si cuando empiezas tu embarazo sufres una deficiencia de calcio y vitamina D, las necesidades del bebé durante el proceso de crecimiento agudizarán esa carencia. El feto puede extraer suficiente calcio de la madre, aunque sea a costa de sus huesos. Por esta razón, esa dosis extra de calcio y vitamina D necesaria durante el embarazo está básicamente destinada a proteger tu salud. Además, la vitamina D te ayuda a almacenar el calcio.

Las vitaminas prenatales apenas contienen 200 o 300 miligramos de calcio (una cuarta parte de lo recomendado), por lo que debes buscarlo también en otras fuentes.

Es posible recibir el calcio suficiente a través de la dieta si prestas atención a lo que consumes. Puedes obtener todo lo que necesitas si ingieres de tres a cuatro raciones de alimentos ricos en calcio, como leche, yogur, queso, verduras de hoja verde y pescado en conserva (si tu estómago lo tolera). En los supermercados también venden alimentos especiales sin lactosa y con un alto contenido de calcio. La siguiente lista indica las cantidades que equivalen a una ración (es decir, 300 miligramos de calcio):

✔ **Un vaso grande de leche.**

   Consejo: opta por leche semidescremada o descremada.

✔ **115 gramos de brócoli cocido.**

✔ **115-140 gramos de salmón en conserva.**

✔ **40-60 gramos de queso.**

   El queso fresco tiene menos calcio que otros tipos de queso.

✔ **Un yogur.**

Si tu dieta es baja en calcio, toma un suplemento. Muchos antiácidos contienen bastante calcio y a la vez sirven para aliviar el ardor de estómago que suele aparecer con el embarazo.

Determinar qué alimentos son seguros

Cuando nuestras pacientes nos hacen consultas sobre nutrición y los alimentos que deben evitar, ciertas cuestiones siempre se repiten. Algunos alimentos deben evitarse, mientras que otros probablemente no hagan ningún daño. Este apartado identifica los alimentos potencialmente dañinos y desmonta algunos mitos populares sobre la alimentación.

La listeria

La *listeria*, una bacteria que puede provocar un parto prematuro y otras complicaciones, se encuentra primordialmente en quesos sin pasteurizar, pero también está presente en otros alimentos, como algunos patés, salchichas y carnes procesadas, o en ensaladas envasadas que se han contaminado con tierra que contenía la bacteria.

Como la listeria está presente en muchos alimentos, es imposible evitar todos los que puedan contenerla. Lo bueno es que la posibilidad de contraer una infección por listeria durante el embarazo es poco común (0.12%). Puedes tomar ciertas medidas para reducir aún más el riesgo, como comer los alimentos mientras están calientes, inmediatamente después de cocinarlos. Entre los alimentos que se consideran totalmente libres de listeria se incluyen el chocolate, la mermelada, las galletitas y las zanahorias, manzanas y tomates crudos. De modo que, si quieres evitar una infección por listeria, puedes prepararte un sándwich de mermelada, zanahoria cruda y galletitas. Hablando en serio, si consumes de forma involuntaria algún alimento que podría contener listeria, no te asustes; el riesgo de infección sigue siendo bajo, y el problema es relativamente poco común.

Alimentos potencialmente dañinos

Si tienes buena salud, probablemente puedas comer con tranquilidad casi todo lo que quieras. No obstante, la siguiente lista detalla algunos alimentos que pueden suponer un peligro potencial y que creemos que conviene mencionar:

✔ **Quesos hechos a partir de leche cruda o sin pasteurizar:** Pueden contener ciertas bacterias, como la *Listeria monocytogenes*, la salmonela y la *Escherichia coli*. La listeria, en particular, se ha asociado con ciertas complicaciones en el embarazo, como el parto prematuro e incluso el aborto.

✔ **Carne cruda o muy poco hecha:** El *steak tártar* o la carne muy poco cocida de ternera o de cerdo pueden contener bacterias como la listeria o parásitos como el toxoplasma. Una cocción adecuada elimina tanto las bacterias como los parásitos. En otras palabras, lo mejor es que los alimentos que consumas estén hechos o muy hechos.

✔ **Hígado:** Como contiene altísimas cantidades de vitamina A (más de diez veces la cantidad recomendada para una mujer embarazada), el hígado que se consume al comienzo del embarazo puede causar, en teoría, anomalías congénitas. Un estudio encontró una correlación entre el consumo de más de 10.000 UI de vitamina A al día (la dosis diaria recomendada para las mujeres embarazadas es de 2500 UI) y la incidencia de anomalías congénitas. Los científicos no han comprobado este peligro con total certeza, pero puede ser recomendable encontrar un sustituto ante un posible antojo de hígado encebollado durante el primer trimestre. Y mira bien la etiqueta de tus vitaminas para estar segura de no estar tomando un exceso de vitamina A.

Algunos mitos populares

Muchos alimentos que en el pasado se consideraban peligrosos para las mujeres embarazadas probablemente no implican ningún riesgo ni para la madre ni para el bebé. Aunque no tienes que evitar los siguientes alimentos, debes consumirlos con moderación, sobre todo los productos procesados (en contraposición a los naturales):

✔ **Aspartamo:** Este ingrediente común en alimentos y bebidas bajos en calorías es un aminoácido, es decir, una sustancia que el cuerpo tolera bien porque forma parte de todas las proteínas. No existen pruebas médicas que demuestren que pueda causar problemas al bebé.

✔ **Sucralosa:** Es uno de los edulcorantes bajos en calorías más recientes del mercado, con menos de dos calorías por cucharadita. Se trata de un tipo de azúcar, pero mucho más potente que el común, por lo que sólo se necesita una pequeña cantidad para endulzar los alimentos (con lo que se consumen menos calorías). Como es un tipo de azúcar, no debería afectar negativamente al bebé.

✔ **Quesos:** Casi todos los expertos piensan que los quesos procesados y pasteurizados no solamente son seguros, sino que además representan una maravillosa fuente de proteínas y calcio. Consulta el apartado "Alimentos potencialmente dañinos" para encontrar más información sobre los quesos sin pasteurizar.

✔ **Pescado:** Es una gran fuente de proteínas y vitaminas, y también es bajo en grasa. De hecho, sus altos niveles de proteínas, ácidos grasos omega 3, vitamina D y otros nutrientes hacen del pescado un alimento excelente para mujeres embarazadas. No obstante, ciertos pescados –tiburón, caballa y pez espada, entre otros– contienen altos niveles de mercurio. Todavía no se ha demostrado que el mercurio sea la causa de ciertos retrasos en el desarrollo, pero se recomienda evitar durante el embarazo el pescado que contenga niveles altos de este metal pesado.

Se aconseja consumir hasta 350 gramos (dos raciones) a la semana de pescado y marisco con bajo contenido en mercurio, como salmón, abadejo, bacalao, lenguado y gambas, o bien un máximo de 175 gramos de atún a la semana. Estas limitaciones se deben a que ni siquiera las variedades con un bajo contenido en mercurio están completamente libres de este elemento, por lo que un consumo excesivo podría hacer que se acumularan cantidades perjudiciales. Sin embargo, esto no debe llevarte a eliminar el pescado de tu dieta, ya que dos estudios recientes demostraron que las mujeres que lo consumían tenían menos probabilidades de parto prematuro que aquellas que no lo tomaban; además, sus hijos podrían tener un cociente intelectual más alto.

- **Sushi:** Con el pescado crudo, exceptuando el marisco, existe un riesgo muy reducido de contraer una parasitosis, tanto si estás embarazada como si no. El riesgo es de aproximadamente una infección por cada dos millones de raciones; de hecho, el riesgo es menor que el que implica consumir pollo. El embarazo no incrementa el peligro, y es poco probable que el feto sufra daños por culpa de este tipo de infección. Lo más importante es asegurarse de que el pescado proviene de una fuente fiable y de que ha sido almacenado adecuadamente.

- **Carnes y pescados ahumados:** Muchas mujeres embarazadas se preocupan porque han oído decir que estos alimentos contienen un alto nivel de nitratos o nitritos. Aunque es cierto que contienen estas sustancias, no le harán daño al bebé si los consumes con moderación.

Necesidades nutritivas especiales

Por más que te empeñes en seguir las normas que definen una alimentación saludable, quizá tengas que enfrentarte a ciertos problemas digestivos, como el estreñimiento o el ardor de estómago; o quizá necesites adaptar estas reglas a tus costumbres personales, por ejemplo si eres vegetariana. En este apartado abordamos algunos asuntos de interés para aquellas mujeres que deben tener en cuenta cuestiones especiales relativas a su alimentación y para las que sufren problemas digestivos.

Comer bien al estilo vegetariano

Si eres vegetariana, no te preocupes: puedes dar a luz a un bebé perfectamente sano sin comerte un churrasco. Pero tendrás que planificar con cuidado tu dieta. Las verduras, los cereales integrales y las legumbres son ricos en proteínas, pero la mayoría carecen de proteínas completas. Es decir, no contienen todos los aminoácidos esenciales que el cuerpo no puede producir por sí mismo. Para procurarte la cantidad necesaria de proteínas, puedes combinar cereales integrales con legumbres o nueces, arroz con porotos o incluso crema de maní con pan integral. La combinación no tiene que hacerse en la misma comida; basta con que lo hagas el mismo día. Sea como sea, deberías ingerir proteínas con cada comida.

Si no consumes ningún producto animal, incluidos la leche y el queso, tu dieta podría carecer de la cantidad necesaria de seis importantes nutrientes: vitamina B_{12}, calcio, riboflavina, hierro, zinc y vitamina D. Habla sobre este asunto con tu médico; también puede ser conveniente que hables de tu dieta con un nutricionista.

Combatir el estreñimiento

La progesterona, una hormona que circula libremente por el cuerpo durante el embarazo, puede ralentizar el tránsito del sistema digestivo y, por lo tanto, causar estreñimiento. El hierro adicional que contiene la vitamina prenatal también empeora la situación. Las mujeres que deben guardar reposo, debido a complicaciones en el embarazo, sufren además un especial riesgo de estreñimiento causado por la inactividad.

El estreñimiento puede contrarrestarse tomando muchos líquidos, ingiriendo una buena cantidad de fibra (contenida en frutas, verduras, legumbres, salvado y otros productos integrales) y, si es posible, haciendo ejercicio todos los días. Ten presente, no obstante, que algunas mujeres sufren de malestar abdominal, hinchazón o gases debido a un alto consumo de fibra. Quizá debas ir probando diferentes alimentos ricos en fibra para establecer cuáles toleras mejor. Si el estreñimiento te molesta, el médico puede recomendarte un regulador del tránsito intestinal.

Controlar la diabetes

Si sufres de diabetes o si la padeces durante el embarazo, adapta tu dieta para que incluya cantidades específicas de proteínas, grasas e hidratos de carbono, con el fin de mantener un nivel normal de glucosa en la sangre. En el capítulo 17 hablaremos más extensamente de la diabetes.

Ejercicio para dos

Las campañas que promueven la práctica del ejercicio no se han olvidado de las mujeres embarazadas. Las vemos corriendo en los parques, haciendo sus estiramientos en el gimnasio o asistiendo a clases de yoga. Durante el embarazo, el ejercicio ayuda al cuerpo de muchas formas: mantiene el corazón fuerte, los músculos tonificados y alivia las molestias básicas del embarazo (las náuseas, el estreñimiento y el dolor de piernas y espalda). Cuanto antes empieces a hacer ejercicio regularmente, más cómoda te sentirás a lo largo de las 40 semanas. El ejercicio regular puede incluso contribuir a que tengas un parto más rápido.

Si gozas de buena salud y no corres el riesgo de padecer complicaciones médicas, sigue adelante con tu programa de ejercicios, a menos que incluya escalar el Aconcagua, participar en una pelea de boxeo u otras actividades extremas. Revisa tu programa de ejercicios con tu médico, de modo que sepa qué estás haciendo y pueda resolver tus dudas al respecto.

A pesar de los beneficios que comporta el ejercicio, no se lo aconsejamos a todas las mujeres embarazadas. Si padeces alguna de las dolencias que se mencionan en la siguiente lista, harás bien si dejas de lado el deporte durante una temporada, al menos hasta que hables con tu médico (consulta los capítulos 15, 16 y 17 para obtener más detalles):

✔ Hemorragias.

✔ Cuello uterino incompetente.

✔ Restricción del crecimiento intrauterino.

✔ Bajo volumen de líquido amniótico.

✔ Placenta previa (en la última fase del embarazo).

✔ Hipertensión gestacional.

✔ Parto prematuro o ruptura prematura de la bolsa de agua.

✔ Embarazo de trillizos o más.

La adaptación a los cambios físicos

Aunque el nivel de ejercicio sea moderado, recuerda que el embarazo provoca que el cuerpo experimente una serie de cambios físicos que pueden afectar a tu fortaleza, resistencia y rendimiento. La siguiente lista describe algunos de estos cambios:

✔ **Cambios cardiovasculares:** La cantidad de sangre que el corazón bombea aumenta durante el embarazo. Este aumento de volumen sanguíneo generalmente no repercute en el ejercicio. Algunas mujeres sienten los latidos del corazón en los oídos como consecuencia de dicho aumento de volumen. Además, si te acuestas boca arriba, especialmente después de la semana 16 de embarazo, a lo mejor te sientes mareada o débil, incluso con náuseas. Esto se conoce como *síndrome de hipotensión en decúbito supino*, una especie de mareo que se produce cuando el útero agrandado presiona los principales vasos sanguíneos que bombean la sangre al corazón, con lo que el gasto cardíaco disminuye. Existe una mayor propensión a padecer este síndrome si el embarazo es múltiple, puesto que el útero es más pesado.

Si haces cualquier ejercicio que requiera acostarse sobre la espalda (o si estás acostumbrada a dormir así), pon una pequeña almohada o una cuña de espuma bajo la cadera derecha o bajo el lado derecho de la espalda. La almohada produce una inclinación lateral que descomprime los vasos sanguíneos, al liberarlos del peso del útero.

✔ **Cambios respiratorios:** El cuerpo consume más oxígeno que de costumbre para darle vida al bebé. A la vez, respirar cuesta más que antes porque el útero expandido presiona hacia arriba, en el diafragma. A algunas mujeres les resulta más difícil el ejercicio aeróbico a causa de esta circunstancia.

✔ **Cambios estructurales:** Los cambios en la forma del cuerpo –abdomen y senos más grandes– hacen que el centro de gravedad se desplace, lo que afecta al equilibrio. Lo notarás especialmente si practicas actividades en las que el equilibrio es importante, como bailar, ir en bicicleta, montar a caballo, esquiar o hacer surf (¿o quizá funambulismo?). Además, las hormonas del embarazo producen cierta laxitud en las articulaciones, lo que también puede incidir en el equilibrio y aumentar el riesgo de lesiones.

✔ **Cambios metabólicos:** Las mujeres embarazadas queman los hidratos de carbono más rápidamente que las que no lo están, lo que quiere decir que corren un mayor riesgo de sufrir *hipoglucemia* (bajo nivel de glucosa en la sangre). El ejercicio puede ayudarte a reducir y controlar la glucemia, pero también aumenta la necesidad de recibir hidratos de carbono. Por eso, si haces ejercicio, debes asegurarte de consumirlos en cantidad suficiente.

✔ **Efectos sobre el útero:** Un estudio realizado entre mujeres que habían llegado a la fecha probable de parto demostró que las contracciones aumentaban después del ejercicio aeróbico moderado; por su parte, otro estudio indicó que el ejercicio se asocia con un menor riesgo de parto prematuro. No obstante, casi todos los estudios han demostrado que el ejercicio no tiene ningún efecto sobre el útero y que, en mujeres sanas, no conlleva un riesgo de parto prematuro.

✔ **Efecto sobre el peso al nacer:** Algunos estudios han indicado que las mujeres que hacen ejercicio muy intenso durante el embarazo tienen bebés de bajo peso. El mismo efecto parece producirse en aquellas mujeres que realizan un trabajo físico y vigoroso, a menudo de pie, durante el embarazo. Sin embargo, esta disminución del peso al nacer parece deberse realmente a una disminución de la grasa subcutánea del recién nacido. En otras palabras, practicar más ejercicio no incide en el crecimiento normal del feto.

Ejercicio sin excesos

Tu cuerpo, sometido a constantes cambios, te exigirá algunas modificaciones en tu rutina de ejercicios. No te sorprendas si descubres que tu embarazo te lo pone más difícil a la hora de realizar los ejercicios a los que estabas acostumbrada. Modifica la rutina según sea necesario.

Haz caso a tu cuerpo. Si levantar pesas hace que te duela la espalda, relájate un poco. Quizá sea más conveniente realizar ejercicios que no impliquen levantar pesos, como nadar o utilizar la bicicleta estática. Sea cual sea tu serie de ejercicios, ten presentes ciertas reglas elementales:

✔ Si sueles hacer ejercicio moderado, mantenlo. Si has sido más bien sedentaria, no inicies de repente una rutina intensa; empieza lentamente para no exigirle demasiado a tu cuerpo.

Recuerda que ceñirse a un plan moderado es mejor que realizar grandes esfuerzos esporádicos, que implican un mayor riesgo de sufrir lesiones.

✔ Evita el calor excesivo, especialmente durante las primeras seis semanas de embarazo.

✔ Evita hacer ejercicio acostada sobre la espalda durante mucho rato; podría reducirse la circulación sanguínea al corazón.

✔ Evita deshidratarte, y si te sientes cansada, mareada, débil o con náuseas, para de inmediato. En días muy cálidos o húmedos, no hagas ejercicio al aire libre.

✔ Evita cualquier ejercicio que conlleve un riesgo de golpearse el abdomen, como ir en bicicleta.

✔ Evita los ejercicios en los que el cuerpo rebota con gran impacto y que exigen demasiado a tus articulaciones; ahora son menos sólidas.

✔ A lo largo de los nueve meses, los ejercicios de bajo o moderado rendimiento son más adecuados que los muy intensos.

✔ En todas tus sesiones de ejercicio, lleva contigo una botella de agua para mantenerte bien hidratada.

✔ Sigue una dieta equilibrada que incluya la ración adecuada de hidratos de carbono (consulta "Una dieta equilibrada" al principio de este capítulo).

✔ Habla con tu médico sobre cuál debe ser la frecuencia cardíaca máxima durante el ejercicio. Muchos médicos sugieren 140 pulsaciones por minuto como máximo. Mídela con regularidad en el momento más intenso de la rutina de ejercicios para asegurarte de que estás dentro del nivel seguro.

✔ Deja de hacer ejercicio y llama al médico si sientes cualquiera de los siguientes síntomas:

- Falta de aire continuada o desproporcionada con respecto al ejercicio que estás realizando.

- Hemorragia vaginal.

- Aceleración de la frecuencia cardíaca (es decir, más de 140 pulsaciones por minuto).

- Mareo o debilidad.

- Cualquier dolor considerable.

Diferentes tipos de ejercicio

Parece claro que el embarazo no es el mejor momento para tratar de ganar el premio al "cuerpo mejor tonificado", lo que no quiere decir que no puedas hacer ejercicio. Como tu cuerpo te exige tomar ciertas precauciones, debes elegir con cuidado los ejercicios que vas a realizar.

Ejercitar el corazón: el ejercicio aeróbico

Los ejercicios que implican sostener tu propio peso, como correr, caminar, hacer aeróbic, subir escaleras y utilizar la bicicleta elíptica, son maravillosos siempre y cuando no te excedas; estos ejercicios te obligan a sostener todo tu peso, que está aumentando. Como las articulaciones se relajan y el centro de gravedad cambia durante el embarazo, corres un riesgo ligeramente mayor de lesionarte. Realiza solamente los ejercicios habituales y evita probar otros nuevos, que podrían ser demasiado exigentes.

El método Pilates es un programa de entrenamiento físico y mental que se centra en el refuerzo de los músculos internos, en especial aquellos que son importantes a la hora de mantener el equilibrio y sostener la columna vertebral. En general, puedes seguir asistiendo a clases de Pilates durante el embarazo, siempre y cuando evites permanecer recostada sobre la espalda durante periodos prolongados.

Si decides empezar a practicar aeróbics o Pilates, busca clases específicas para mujeres embarazadas. Si no las hay, habla con el profesor para modificar los ejercicios que no sean adecuados.

Quizá te resulte más fácil, especialmente hacia el final del embarazo, realizar ejercicios en los que no tengas que cargar con el peso de tu cuerpo. De este modo, como tu peso tiene un apoyo, hay menos probabilidades de lesión y no fuerzas las articulaciones. Si estás empezando a practicar deporte, unos ejercicios de baja intensidad en la piscina o un poco de bicicleta estática resultan ideales.

Al esquiar y al montar a caballo podrías caerte y darte un fuerte golpe, por lo que corres el riesgo de lesionarte a ti misma o al bebé. Si bien estas actividades pueden ser adecuadas al principio del embarazo, debes hablar con tu médico antes de practicarlas en el segundo o tercer trimestre. El esquí de fondo es menos arriesgado, especialmente si tienes experiencia.

Fortalecer los músculos

El levantamiento de pesas, el yoga y el culturismo no mejoran el rendimiento del corazón, pero pueden reforzar el tono muscular y la flexibilidad, lo que puede serte útil en las horas previas al parto (y durante el mismo).

Las máquinas son más recomendables que las pesas sueltas, porque así tienes la seguridad de que no se te caerán sobre el abdomen. Utiliza las pesas sueltas con extremo cuidado, preferiblemente con la ayuda de un entrenador o de un amigo que sea un experto. Si tienes un entrenador personal, puede indicarte cuál es la forma correcta de inspirar y espirar al levantar pesas. Es importante que respires correctamente, porque así evitas un aumento de presión en la zona que podría reducir la circulación sanguínea, aumentar la tensión arterial y hacer que el corazón realice un esfuerzo excesivo (lo que se conoce como la *maniobra de Valsalva*, un método para aumentar la presión abdominal).

Evita el uso de pesas con demasiados kilos, porque podrías hacerte daño en las articulaciones o en los ligamentos.

Practicar yoga de forma segura

El yoga es una forma maravillosa y muy relajante de hacer ejercicio durante el embarazo, pero sólo si lo practicas con precaución. Ten en cuenta los siguientes consejos:

✔ Si no has practicado yoga anteriormente, asiste a una clase para principiantes; así facilitarás tu adaptación a estos nuevos ejercicios.

✔ Ten cuidado con las posturas que estiran demasiado los músculos. Debido a los altos niveles de progesterona y relaxina que corren por tu cuerpo mientras estás embarazada, es fácil pasarse a la hora de estirar los músculos y ligamentos.

✔ Al doblarte hacia delante, trata de hacerlo desde las caderas, no desde la espalda. Procura también levantar el pecho para no añadir más presión al abdomen.

✔ Cuando llegues a mediados del segundo trimestre, intenta evitar las posturas en las que tienes que estar acostada de espaldas mucho tiempo, ya que la presión del útero ensanchado puede reducir el retorno de la sangre al corazón y al bebé.

✔ Como regla general, si sientes cualquier tipo de molestia o dolor, para y descansa.

El yoga es una maravillosa opción para mujeres embarazadas. No solamente es un ejercicio excelente, sino que también puede servirte para dominar las técnicas de respiración y relajación. Es especialmente útil para fortalecer los músculos lumbares y abdominales, y además aumenta la resistencia física, lo que te ayuda a sobrellevar mejor los dolores del embarazo.

Cada vez se ven más centros de yoga en el país, y muchos ofrecen clases específicas para mujeres embarazadas. Consulta el recuadro "Practicar yoga de forma segura" para saber más sobre esta opción.

El *bikram* yoga es una variedad especial que está ganando mucha popularidad en todo el mundo. Consiste en realizar yoga en una sala a unos 40 grados centígrados y con una humedad relativa del 60 o 70%. Aunque algunos médicos opinan que este tipo de yoga es seguro en el primer trimestre, creemos que no es recomendable exponerse de forma prolongada a temperaturas tan altas durante el periodo inicial del embarazo, porque se corre el riesgo de que se produzcan anomalías en el tubo neural. (Consulta el capítulo 8 para saber más sobre las anomalías del tubo neural, como la espina bífida.)

Parte II
El embarazo, obra en tres actos

The 5th Wave   **Rich Tennant**

—QUIZÁ YO NO SEPA NADA DE GENÉTICA, PERO SÍ SÉ QUE YA HE CUMPLIDO Y QUE SON LOS DE TU FAMILIA LOS QUE SIEMPRE LLEGAN TARDE.

En esta parte...

Si actúas como una amplia mayoría de mujeres, seguramente ahora mismo estarás muy pendiente del calendario. Son 40 semanas. Son nueve meses (y pico). Pero quizá la mejor forma de afrontar el embarazo es fragmentarlo en tres trimestres, como han hecho siempre los médicos. Esta división no es casual, porque tanto el crecimiento del bebé como los cambios que se producen en el cuerpo de la madre pasan por tres etapas bien diferenciadas. En esta parte vamos a describir lo que seguramente va a suceder en cada trimestre: cómo se desarrolla el bebé, cómo te sentirás y cómo te atenderá el médico. También hemos incluido un capítulo que resume lo que sucede semana a semana, para que puedas consultarlo a medida que vas avanzando en tu embarazo. También te explicaremos todo lo que necesitas saber sobre las pruebas prenatales.

Capítulo 5

El primer trimestre

- -

En este capítulo

▶ Comprender cómo se desarrolla el bebé durante el primer trimestre

▶ Prepararse para los síntomas físicos iniciales del embarazo

▶ Abordar las cuestiones genéticas que pueden afectar al bebé

▶ Realizar las pruebas habituales para comprobar tu salud y la del bebé

▶ Aprender a reconocer las señales que indican que no todo va sobre ruedas

▶ El papel del padre en el embarazo

- -

*E*l primer trimestre del embarazo es una época emocionante, llena de cambios para ti y para el bebé, quien, en apenas doce breves semanas, deja de ser una simple célula y se convierte en un pequeño ser, con un corazón que late y riñones que ya funcionan. Si tienes en cuenta los cambios que experimenta el feto, puedes imaginarte los que se producirán en tu propio cuerpo, y que van desde el cansancio y las náuseas hasta ver cómo tus senos aumentan de tamaño y se vuelven más voluptuosos (¡hurra!), pero bastante delicados al tacto. A lo largo de todo este proceso, es importante que sepas qué cambios son normales y cuáles justifican una llamada a tu médico. Después de leer este capítulo sabrás todo lo que puedes esperar.

Se forma una nueva vida

El embarazo se inicia cuando el óvulo y el espermatozoide se unen en las trompas de Falopio. En esta fase, el óvulo y el espermatozoide forman lo que denominamos un *cigoto*, es decir, una sola célula. El cigoto se divide muchas veces para dar forma a un conjunto de células llamado *blastocisto*, que desciende por las trompas de Falopio hacia el útero, como ilustra

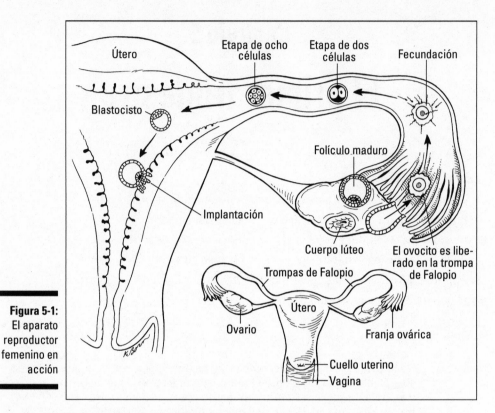

Figura 5-1:
El aparato
reproductor
femenino en
acción

la figura 5-1. Cuando llega al útero, la madre y el feto empiezan a experimentar grandes transformaciones.

Al quinto día de desarrollo, más o menos, el blastocisto se implanta en las paredes del útero, altamente irrigadas, durante un proceso llamado, precisamente, *implantación*. Una parte del blastocisto se convierte en el *embrión,* el bebé en las primeras ocho semanas de desarrollo, y la otra se convierte en la *placenta,* el órgano que se implanta en el útero para proporcionar al feto oxígeno, nutrición y eliminar los desechos.

El bebé crece dentro del *saco amniótico,* en el útero, que está lleno de un líquido transparente conocido como *líquido amniótico*. Esta bolsa está compuesta de dos membranas delgadas llamadas *corion* y *amnios,* conocidas en su conjunto como las *membranas*. Cuando se dice que a una mujer "se le ha roto la fuente", lo que de verdad se ha roto son estas dos membranas, que recubren las paredes interiores del útero. El bebé "nada" en este líquido y está unido a la placenta por el cordón umbilical. La figura 5-2 muestra el diagrama de la fase inicial del embarazo, incluyendo el

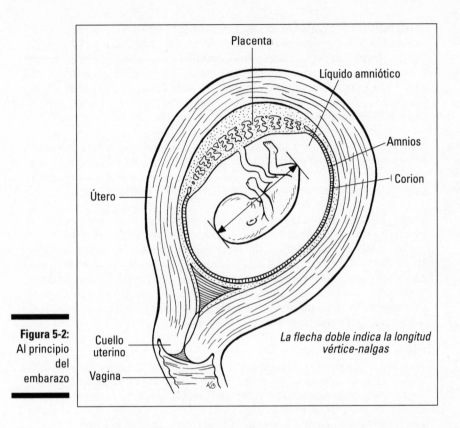

Placenta

Líquido amniótico

Amnios

Corion

Útero

Cuello
uterino

Vagina

*La flecha doble indica la longitud
vértice-nalgas*

Figura 5-2:
Al principio
del
embarazo

feto en desarrollo y el *cuello uterino*, que es la abertura del útero. El cuello
uterino se abre, o *dilata*, cuando se inicia el parto.

La placenta empieza a formarse poco después de que el embrión se implanta en el útero. En la placenta, los vasos sanguíneos maternos y fetales
se encuentran muy cerca los unos de los otros, lo que permite que varias
sustancias, como los nutrientes, el oxígeno y los desechos, pasen de un
lado a otro. La sangre de la madre y la sangre del bebé están muy próximas, pero en realidad no se mezclan.

La placenta crece como un árbol, formando ramas que a su vez se dividen
en otras más pequeñas. Los brotes más pequeños se denominan *vellosidades coriónicas,* y en su interior se forman los pequeños vasos sanguíneos del feto. Tres semanas después de la fecundación, estos vasos sanguíneos se unen para formar el sistema circulatorio del bebé y su corazón
empieza a latir.

A partir de la octava semana de embarazo, el embrión en desarrollo se denomina *feto*. Aunque parezca increíble, a estas alturas ya se han formado casi todas las estructuras y los órganos principales del bebé. Durante las 32 semanas restantes las estructuras del feto crecen y maduran. Por otro lado, el cerebro, aunque también se forma muy pronto, todavía no ha alcanzado la madurez cuando se produce el parto y sigue desarrollándose al comienzo de la infancia.

Cuando nos referimos a *semanas* estamos hablando de *semanas menstruales*, que se cuentan a partir del último periodo menstrual, y no de semanas contadas a partir de la concepción. Así que en la semana 8, el bebé realmente tiene seis semanas, contadas desde la concepción.

Hacia el final de la octava semana, comienzan a formarse los brazos, las piernas y los dedos de las manos y de los pies. De hecho, el embrión empieza a realizar movimientos ligeros y espontáneos. Si durante el primer trimestre te haces una ecografía, podrás ver en pantalla estos movimientos. El cerebro crece rápidamente y aparecen las orejas y los ojos. Se forman también los genitales externos, y a finales de la semana 12 ya se distinguen los masculinos de los femeninos, aunque las diferencias todavía no pueden detectarse con una ecografía.

Hacia el final de la semana 12, el feto mide unos 5 centímetros y pesa alrededor de 28 gramos. La cabeza se ve grande y redonda y los párpados están sellados. Los intestinos, que hacia la semana 10 se proyectaban dentro del cordón umbilical, ya están bien ubicados en el interior del abdomen. Aparecen las uñas y empieza a crecer pelo en la cabeza del bebé. Los riñones empiezan a funcionar durante el tercer mes. Entre la semana 9 y 12, el feto comienza a producir orina, que puede verse en la ecografía dentro de la pequeña vejiga.

Adaptarse a los cambios físicos

El bebé no es el único que está creciendo y cambiando durante el embarazo; no creemos que haga falta recordártelo. Tu cuerpo también tiene que adaptarse y los ajustes que hace no siempre resultan cómodos. Si estás preparada para lo que se avecina te sentirás más tranquila; por eso en los siguientes apartados te contamos qué te sucederá durante el primer trimestre.

Cambios en los pechos

Uno de los primeros y más asombrosos cambios que se producen en tu cuerpo tiene lugar en los senos. Durante el primer mes de embarazo, casi todas las mujeres notan un aumento considerable en su tamaño y una especial sensibilidad. Los pezones y las *areolas* (las áreas alrededor de los pezones) también crecen y posiblemente se oscurecen. Los cambios en los pechos están provocados por el estrógeno y la progesterona que se producen durante el embarazo. Estas hormonas hacen que las glándulas de los senos crezcan y se ramifiquen, preparándose para la lactancia. El aporte de sangre a los pechos también se incrementa notablemente. Es posible que notes la aparición de vasos sanguíneos con un tono azulado.

Prepárate para usar varios talles diferentes de corpiño durante el embarazo, y no ahorres en los nuevos que te compres. Un buen soporte ayuda a reducir el estiramiento de la piel y la posterior flaccidez. Algunas mujeres disfrutan del nuevo tamaño de sus nuevos pechos, mientras que otras se sienten incómodas. Muchas mujeres han pasado por la misma situación, así que no sientas vergüenza.

Fatiga

Durante el primer trimestre, seguramente sentirás un cansancio agotador. Esta fatiga es un efecto colateral de todos los cambios físicos que se producen en tu cuerpo, incluyendo el espectacular aumento en los niveles de hormonas. Este agotamiento desaparecerá cerca de la semana 12 o 14 del embarazo. A medida que disminuya la fatiga, seguramente te sentirás con más energía y como si no hubiera pasado nada; así hasta la semana 30 o 34, cuando es posible que te canses de nuevo. Mientras tanto, recuerda que la fatiga es la señal que te envía la naturaleza para decirte que descanses más. Si puedes, trata de hacer una siesta corta durante el día y acuéstate por la noche más temprano que de costumbre.

Náuseas a cualquier hora

Para algunas mujeres, las náuseas que se presentan durante el primer trimestre son peores por la mañana, tal vez porque a esa hora del día el estómago está vacío. Pero si le preguntas a una mujer que ha pasado por la experiencia, te dirá que pueden presentarse en cualquier momento. Muchas veces comienzan durante las semanas 5 o 6, es decir, tres o cuatro semanas después de la primera falta (en el capítulo 2 te explicamos cómo calculan los médicos las fechas del embarazo), y desaparecen, o

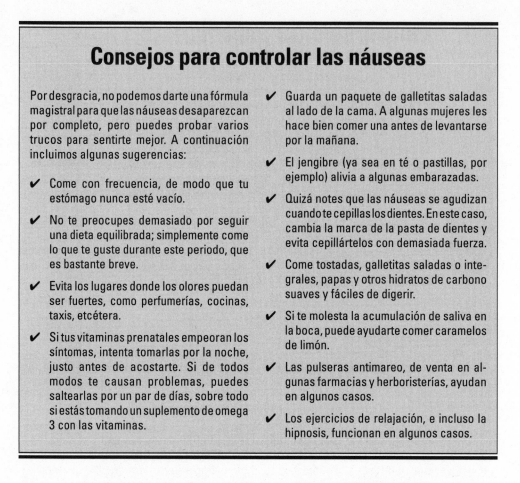

Consejos para controlar las náuseas

Por desgracia, no podemos darte una fórmula magistral para que las náuseas desaparezcan por completo, pero puedes probar varios trucos para sentirte mejor. A continuación incluimos algunas sugerencias:

✔ Come con frecuencia, de modo que tu estómago nunca esté vacío.

✔ No te preocupes demasiado por seguir una dieta equilibrada; simplemente come lo que te guste durante este periodo, que es bastante breve.

✔ Evita los lugares donde los olores puedan ser fuertes, como perfumerías, cocinas, taxis, etcétera.

✔ Si tus vitaminas prenatales empeoran los síntomas, intenta tomarlas por la noche, justo antes de acostarte. Si de todos modos te causan problemas, puedes saltearlas por un par de días, sobre todo si estás tomando un suplemento de omega 3 con las vitaminas.

✔ Guarda un paquete de galletitas saladas al lado de la cama. A algunas mujeres les hace bien comer una antes de levantarse por la mañana.

✔ El jengibre (ya sea en té o pastillas, por ejemplo) alivia a algunas embarazadas.

✔ Quizá notes que las náuseas se agudizan cuando te cepillas los dientes. En este caso, cambia la marca de la pasta de dientes y evita cepillártelos con demasiada fuerza.

✔ Come tostadas, galletitas saladas o integrales, papas y otros hidratos de carbono suaves y fáciles de digerir.

✔ Si te molesta la acumulación de saliva en la boca, puede ayudarte comer caramelos de limón.

✔ Las pulseras antimareo, de venta en algunas farmacias y herboristerías, ayudan en algunos casos.

✔ Los ejercicios de relajación, e incluso la hipnosis, funcionan en algunos casos.

por lo menos se reducen, hacia la semana 11 o 12. Sin embargo, pueden durar más, especialmente en mujeres embarazadas de mellizos.

Si sientes náuseas, nos solidarizamos contigo. Aunque no lleguen al punto de hacerte vomitar, pueden ser muy incómodas y dejarte exhausta. Ciertos olores, como el de algunos alimentos, perfumes o el de humedad, las agudizan. En el recuadro "Consejos para controlar las náuseas" encontrarás algunos consejos para intentar reducirlas al mínimo. Si el malestar y las náuseas son incontrolables –por ejemplo, si adelgazas, no consigues retener alimentos o te sientes mareada o débil– no dudes en llamar al médico.

Si las náuseas te molestan de verdad, comenta con el médico la posibilidad de tomar algún medicamento para controlar el problema. Puede recomendarte o prescribirte alguno de los siguientes:

✔ **Vitamina B$_6$:** Algunos estudios afirman que 50 miligramos de vitamina B$_6$ tres veces al día pueden reducirlas.

También puedes aliviarlas con una combinación de vitamina B$_6$ y un antihistamínico, la doxilamina. Por lo general, se toma una pastilla por la noche, pero consúltalo con el médico porque su composición puede variar según el medicamento. Esta combinación, sin embargo, se parece mucho a la de un medicamento que fue retirado del mercado en Estados Unidos; se decía, sin ningún tipo de prueba, que incrementaba las anomalías congénitas. Aunque ya no está a la venta, en la actualidad los científicos no creen que sea *teratógeno,* es decir que provoque anomalías congénitas. Consulta a tu médico la posibilidad de tomar vitamina B$_6$, ya sea con o sin doxilamina. Recuerda que la doxilamina se vende como una ayuda para conciliar el sueño, y seguramente te producirá somnolencia.

✔ **Ondansetrón:** Algunas mujeres consiguen aliviar las náuseas con este medicamento. Aunque el ondansetrón no ha sido extensamente estudiado durante el embarazo, no conocemos ningún informe que hable de un aumento de las anomalías congénitas.

✔ **Metoclopramida:** El médico puede administrarte este compuesto usando un sistema de infusión continua bajo la piel, con un aparato que se conoce como bomba subcutánea. La forma más habitual de administración por vía intravenosa es el goteo mediante suero. La ventaja de este método es que supone una gran ayuda para aquellas mujeres que, a causa de las náuseas, ni siquiera pueden tragar una pastilla. Otra forma de administración oral es mediante jarabe.

En algún caso, las náuseas y los vómitos son tan agudos que se desarrolla un cuadro clínico llamado *hiperemesis gravídica.* Los síntomas incluyen deshidratación y pérdida de peso. Si padeces hiperemesis gravídica, quizá deban suministrarte líquidos y medicamentos por vía intravenosa.

Si estás de menos de seis semanas, puedes tomar solamente ácido fólico y dejar para más adelante las vitaminas prenatales. El ácido fólico es el principal suplemento que se necesita al comienzo de la gestación, y probablemente te provoque menos molestias estomacales que las vitaminas que suelen tomarse durante el embarazo. Consulta con tu médico cuál es la dosis correcta.

Es posible que alguien te haya comentado que las náuseas indican que estás teniendo un embarazo normal, pero se trata de un mito (al igual que la afirmación contraria). Si no tienes náuseas, o si desaparecen de repente, no te preocupes: tu embarazo es normal. Dedícate a disfrutar de tu buena suerte. También podrías haber oído que la intensidad de las náuseas revela si vas a tener un niño o una niña. Se trata de otro mito, por lo que te aconsejamos que no compres todavía ropa rosa o azul (consulta en el capítulo 2 más mitos sobre la forma de determinar el sexo del bebé).

Sobre todo, no agraves el problema preocupándote por el tema. Las náuseas no provocan daños, ni a ti ni a tu bebé. Piensa que el aumento de peso óptimo en los tres primeros meses de embarazo es solamente de un kilo. Incluso si adelgazas, es probable que no pase nada.

Hinchazón

Antes de que el bebé sea lo suficientemente grande como para hacer que te crezca el abdomen, probablemente sentirás que el cinturón te aprieta y tu abdomen parecerá hinchado. Este efecto colateral de los cambios hormonales empieza inmediatamente después de la concepción. La *progesterona*, una de las dos hormonas clave del embarazo, te hace retener líquidos. Además, ralentiza el movimiento de los intestinos, lo que aumenta su tamaño y, por lo tanto, el del abdomen. El *estrógeno*, la otra hormona crucial del embarazo, hace que el útero se expanda, lo que contribuye a que el abdomen parezca más grande. Muchas veces este efecto es más pronunciado en segundos y terceros embarazos, porque el primero ya ha hecho que los músculos abdominales se expandan.

Necesidad de orinar frecuentemente

Desde el principio del embarazo, tendrás la sensación de que te pasas la vida en el baño. Son varias las razones por las cuales necesitas orinar con mayor frecuencia. Al principio, el útero está dentro de la pelvis, pero hacia el final del primer trimestre (cerca de la semana 12) se expande lo suficiente como para elevarse en la cavidad abdominal. El útero empieza a comprimir la vejiga, con lo que su capacidad disminuye y la sensación de tener que orinar aumenta. Además, el volumen sanguíneo también crece notablemente, lo que aumenta el ritmo de trabajo de los riñones.

No es mucho lo que puede hacerse al respecto, excepto utilizar el sentido común. Lo mejor es ir al baño antes de salir de viaje, para así vaciar la vejiga y evitarte la situación de tener que volver a ir en medio de ninguna parte. Toma suficientes líquidos durante el embarazo para evitar la deshidratación, pero trata de beber más durante el día y menos por la noche, de modo que no tengas que pasarte la noche yendo al baño. El café y el té contienen cafeína y teína, un *diurético* que aumenta el flujo de orina, y pueden agravar la situación, así que intenta disminuir su consumo (más información sobre la cafeína en el capítulo 4).

Si tienes la impresión de que la cantidad de orina es más alta que de costumbre, si sientes molestias o ardor o si aparece sangre, habla con el médico. Durante el embarazo, aumentan las probabilidades de que las bacterias presentes en la orina produzcan una infección urinaria (consulta el capítulo 17).

Dolores de cabeza

Muchas mujeres embarazadas comentan que sienten más dolores de cabeza que de costumbre. Estos dolores de cabeza son el resultado de las náuseas, la fatiga, el hambre, el descenso normal de la tensión sanguínea, el estrés e incluso la depresión. Los analgésicos comunes como el paracetamol, en las dosis recomendadas, suelen ser el mejor tratamiento para los dolores de cabeza, incluidas las migrañas (otra opción podría ser la codeína). Un poco de cafeína también alivia los dolores de cabeza a algunas mujeres. De hecho, algunas sienten alivio tomando paracetamol y cafeína. Aunque puedes recurrir a esta combinación de vez en cuando, no debes utilizarla de forma habitual.

La comida y el descanso generalmente curan los dolores de cabeza provocados por las náuseas, la fatiga y el hambre, así que procura comer y dormir un poco más. Si ninguna de estas tácticas funciona, seguramente los dolores de cabeza están provocados por otro factor.

Si los medicamentos sin receta no te alivian el dolor, habla con tu médico acerca de la posibilidad de tomar un calmante suave o un fármaco contra la migraña. La decisión de utilizar medicamentos contra la migraña debe supeditarse a la intensidad del problema. Si los dolores son crónicos o recurrentes, quizá necesites tomar medicamentos, a pesar de los efectos que puedan tener sobre el feto. Como siempre, consulta a tu médico antes de hacerlo.

Evita tomar ácido acetilsalicílico (aspirina) con frecuencia, a menos que te lo recomiende el médico. Las dosis para adultos pueden afectar la actividad normal de las plaquetas, importantes para la coagulación.

Si los dolores de cabeza son graves, sobre todo si va acompañado de alteraciones visuales, o no te dejan en paz, quizá necesites una revisión médica exhaustiva o que te deriven a un neurólogo. Cuando tu embarazo esté más avanzado, el dolor de cabeza puede ser un síntoma de la preclampsia, sobre la que hablaremos en el capítulo 16. En ese caso, tu dolor de cabeza puede estar acompañado de una hinchazón en manos y pies, así como de hipertensión. Si sufres dolores de cabeza agudos cuando entres en el segundo o tercer trimestre, llama al médico.

Estreñimiento

Aproximadamente la mitad de las embarazadas se quejan de estreñimiento. Quizá se presenta durante el embarazo debido a los altos niveles de progesterona que circulan por la sangre, que ralentizan la actividad del aparato digestivo. El hierro presente en las vitaminas prenatales puede agravar las cosas. Para tratar este problema, sigue estas sugerencias:

✔ **Consume suficientes alimentos ricos en fibra.** Los cereales con salvado, las frutas y las verduras son buenas fuentes de fibra. A algunas mujeres les hace bien comer pochoclo, pero elige la variedad baja en grasa, sin manteca ni aceite añadidos. Comprueba el contenido de fibra que figura en los paquetes y opta por los alimentos que la contienen en mayores cantidades.

✔ **Bebe mucha agua.** Estar bien hidratada sirve para mantener en movimiento la comida y los desechos a lo largo del tubo digestivo. Algunos jugos naturales son buenos, especialmente el de ciruela, mientras que otros pueden agravar el problema, como el de manzana.

✔ **Toma reguladores del tránsito intestinal.** Un regulador del tránsito intestinal no es propiamente un laxante: su única función es suavizar la consistencia de la deposición. Estos productos no son peligrosos durante el embarazo y puedes tomarlos dos o tres veces al día. Los laxantes, en cambio, pueden provocarte retortijones y, en ocasiones, contracciones uterinas. Cualquier persona, embarazada o no, haría bien en evitar su uso crónico. Sin embargo, si sufres de estreñimiento agudo y no corres el riesgo de un parto prematuro, quizá quieras consultar con tu médico la posibilidad de utilizar a corto plazo un laxante suave, como por ejemplo un supositorio de glicerina o leche de magnesia.

✔ **En lo posible, practica ejercicio regularmente.** El ejercicio mejora el estreñimiento, incluso si sólo consiste en caminar.

Cólicos

Durante el primer trimestre, es posible que sientas una vaga sensación de cólico menstrual; es un síntoma muy común. Los cólicos seguramente están relacionados con el ensanchamiento del útero.

Sin embargo, si la sensación de cólico va acompañada de hemorragia vaginal, llama al médico. Aunque casi todas las mujeres que sangran y tienen cólicos siguen adelante con embarazos perfectamente normales, a veces la conjunción de estos dos síntomas se asocia a una amenaza de aborto. Los simples cólicos, sin hemorragia, probablemente no sean un problema.

Tu primera consulta prenatal

Después de descubrir la buena nueva, gracias seguramente a una prueba casera de embarazo, pide una cita con tu médico. Las visitas al médico deben ser una práctica habitual durante el embarazo, porque son la mejor forma de velar por tu salud y la del bebé. Es posible que en esta primera consulta conozcas al médico que te orientará a lo largo del embarazo. Si aún no has elegido a tu médico, consulta el capítulo 2, donde encontrarás información sobre las opciones disponibles y varios consejos para elegirlo. Puede ser que conozcas desde hace tiempo a tu ginecólogo y que ya hayas hablado con él muchos de los temas que se tratan en la primera consulta.

Si es posible, acude a esta primera consulta acompañada del futuro padre. También son importantes sus antecedentes familiares y sus raíces étnicas. Además, debería tener la oportunidad de hacer preguntas, deshacerse de sus preocupaciones y descubrir qué es lo que va a ocurrir en los próximos meses.

La primera consulta prenatal generalmente dura entre 30 y 40 minutos, o incluso más, porque el médico tiene que comentarte un montón de cosas; las consultas posteriores suelen ser mucho más breves, de unos 5 o 10 minutos. La frecuencia de las consultas depende de tus necesidades particulares, como los factores de riesgo que puedas presentar, pero lo más normal es que se produzcan más o menos cada cuatro semanas durante el primer trimestre. Durante estas consultas, la enfermera o el médico examinan tu orina, tensión arterial, peso y el latido del corazón del bebé.

Entender la consulta

En la primera cita, el médico hablará contigo sobre tus antecedentes personales y ginecológicos. Te hará unas cuantas preguntas sobre tu salud y tu estilo de vida, en especial sobre aquellos aspectos que pueden afectar al embarazo.

Estilo de vida

El médico te preguntará por tu trabajo, para saber si es sedentario o activo. Querrá saber si estás mucho tiempo parada o levantando objetos pesados, o si trabajas por las noches o en turnos largos. También te hará preguntas sobre tu estilo de vida en general, como, por ejemplo, si fumas, si bebes alcohol en exceso, si sigues alguna dieta o si haces ejercicio.

Fecha del último periodo menstrual

El médico querrá saber qué día empezó tu última menstruación para determinar la fecha probable del parto. Si no sabes exactamente cuándo empezó tu último periodo, intenta recordar la fecha exacta de concepción. Si no estás segura de ninguna de las dos, lo más seguro es que el médico programe una ecografía para establecer cuánto tiempo llevas embarazada. (Encontrarás más información para calcular la fecha probable en el capítulo 2.)

Antecedentes obstétricos y ginecológicos

Si no pediste cita con tu médico antes de la concepción (consulta el capítulo 1), en esta primera consulta querrá conocer tus antecedentes ginecológicos y obstétricos, incluyendo embarazos previos, fibromas, infecciones vaginales y otros problemas ginecológicos. Tus antecedentes pueden ayudar a determinar cómo controlar mejor el embarazo. Por ejemplo, si tienes antecedentes de parto prematuro (capítulo 16) o diabetes gestacional (capítulo 17), el médico estará preparado para actuar si se repiten estos problemas.

El embarazo después de un tratamiento contra la esterilidad

Cuéntale a tu médico si has recibido un tratamiento contra la esterilidad; en caso afirmativo, habrá varios puntos que conviene tener en cuenta. La consecuencia más común de estos tratamientos son los embarazos múltiples. En general, los bebés nacidos de parejas que se han sometido a un tratamiento de fecundación in vitro son tan sanos como los que fueron concebidos de forma natural. Recientemente ha aparecido una cierta polémica en algunas publicaciones médicas, que hablan de una mayor incidencia de ciertas anomalías congénitas en los niños concebidos in vitro; también destacan una mayor posibilidad de sufrir alteraciones cromosómicas después de recibir una inyección intracitoplásmica de espermatozoides. Aunque algunos estudios sugieren que esa incidencia puede ser ligeramente superior, otros no ven ninguna diferencia.

Problemas médicos

El médico también te preguntará sobre tus problemas de salud e intervenciones quirúrgicas, aunque no sean de naturaleza ginecológica, ya que ciertas enfermedades pueden afectar al embarazo. También te preguntará si eres alérgica a algún medicamento. Cuéntale todo lo que deba saber sobre tu estado de salud.

Antecedentes familiares

Tus antecedentes familiares y los del padre del bebé son muy importantes. En primer lugar, permiten que el médico identifique procesos hereditarios recurrentes relacionados con el embarazo, como tener mellizos o bebés excepcionalmente grandes. Por otro lado, se ponen sobre la mesa algunos problemas graves habituales en tu familia y que el bebé puede heredar. Algunos de ellos pueden descubrirse con un análisis de sangre, como la fibrosis quística, por ejemplo. Si en tu familia hay antecedentes de retraso mental o dificultades de aprendizaje, consulta a tu médico la posibilidad de realizar un análisis para diagnosticar el *síndrome del cromosoma X frágil*. Dicho síndrome es la causa hereditaria más común de retraso mental, consecuencia de una anomalía en el cromosoma X. Si tus antecedentes familiares así lo recomiendan, tu médico te realizará unas pruebas para detectar un posible síndrome del cromosoma X frágil.

Raíces étnicas

Aunque tus antecedentes familiares y los de tu pareja estén libres de problemas, las raíces étnicas son importantes, ya que ciertas anomalías genéticas se producen con mayor frecuencia en determinadas razas. Las personas judías con antepasados en Europa del Este, por ejemplo, tienen diez veces más probabilidades de ser portadoras de un raro gen que causa la *enfermedad de Tay-Sachs*, una dolencia del sistema nervioso que suele ser mortal en la infancia. Los francocanadienses y los cajunes (de Luisiana, en los Estados Unidos) también tienen más probabilidades de ser portadores de este gen. En la mayoría de casos, un simple análisis de sangre es suficiente para detectar esta enfermedad.

La enfermedad de Tay-Sachs se hereda de forma *recesiva*, lo que quiere decir que ambos progenitores deben ser portadores del gen para que el bebé corra el riesgo de padecerla. El hecho de ser portador no quiere decir que se sufra la enfermedad, sino simplemente que se tiene el gen que la causa. La mayoría de expertos en genética recomiendan que ambos miembros de la pareja se realicen análisis de sangre para determinar si son portadores o no, ya que a menudo hay que esperar varias semanas para obtener los resultados. Si uno de los dos se hace la prueba después de descubrir que su pareja es portadora del gen, el proceso completo puede llevar mucho tiempo. En ocasiones, ya es demasiado tarde para hacer ciertas pruebas diagnósticas prenatales, como la obtención de muestras de las vellosidades coriónicas o la realización de una amniocentesis, explicadas más adelante en este capítulo y en el 8.

Aunque la enfermedad de Tay-Sachs y otras patologías genéticas son más frecuentes entre la población judía, los miembros de otros grupos étnicos también pueden ser portadores de estos genes, aunque es menos habitual. Por esta razón, si un miembro de la pareja es judío, lo mejor es que ambos se hagan las pruebas. A continuación incluimos una lista de las enfermedades genéticas habituales en las personas con ascendencia judía, para las que existen pruebas de diagnóstico específicas:

✔ Enfermedad de Tay-Sachs.

✔ Fibrosis quística.

✔ Enfermedad de Canavan.

✔ Disautonomía familiar.

✔ Enfermedad de Gaucher.

✔ Enfermedad de Niemann-Pick.

✔ Mucolipidosis de tipo IV.

✔ Anemia de Fanconi.

✔ Síndrome de Bloom.

✔ Hiperinsulinemia familiar.

✔ Deficiencia de lipoamida deshidrogenasa.

✔ Enfermedad de la orina con olor a jarabe de arce.

✔ Glucogenosis de tipo 1.

✔ Miopatía nemalínica.

✔ Síndrome de Usher.

Otra enfermedad étnicamente selectiva es la *anemia drepanocítica*, una hemopatía presente sobre todo en personas con ascendencia africana o hispana. También es recesiva, por lo que ambos miembros de la pareja deben ser portadores para que el bebé corra el riesgo de heredarla.

Las personas que tienen antepasados procedentes de Italia, Grecia y otros países mediterráneos tienen más probabilidades de padecer –y

La fibrosis quística

La fibrosis quística es una de las enfermedades genéticas más comunes en países como Estados Unidos, donde hay un caso cada 3.500 personas. Es también un trastorno recesivo, como la enfermedad de Tay-Sachs (consulta el apartado "Raíces étnicas"). Se han asociado más de 1250 mutaciones genéticas diferentes a la fibrosis quística. En la actualidad, los obstetras y los ginecólogos aconsejan que se ofrezca a todas las mujeres embarazadas la posibilidad de realizarse pruebas para su detección. Dado que las poblaciones judías askenazíes y caucásicas tienen más probabilidades de ser portadoras del gen, si uno de los miembros de la pareja pertenece a estos grupos étnicos debe hacerse un análisis de sangre para determinar si padece la enfermedad. Las pruebas que detectan las 23 mutaciones más comunes permiten descubrir entre el 57 y el 97% de las personas portadoras del gen, en función de su origen étnico. Por ejemplo, detecta el 97% de portadores en la población judía askenazí, el 80% de portadores en la población caucásica del norte de Europa y el 57% de portadores en la población hispanoamericana. En la primera consulta, habla con tu médico sobre la posibilidad de someterte a las pruebas de detección de la fibrosis quística.

transmitir a sus hijos– los genes de una hemopatía conocida como *talasemia beta*, también llamada *anemia de Cooley*. Entre los asiáticos, se encuentra una hemopatía análoga, la *talasemia alfa*. Ambos trastornos producen anomalías en la hemoglobina (la proteína de los glóbulos rojos que transporta el oxígeno) y, en consecuencia, causan diferentes grados de anemia. Al igual que en la enfermedad de Tay-Sachs o en la anemia drepanocítica, ambos progenitores deben ser portadores del gen para que su hijo corra el riesgo de padecerla.

La posibilidad de padecer una enfermedad hereditaria afecta a diferentes grupos étnicos o geográficos. Los genes se transmiten de una población a otra cuando los progenitores pertenecen a diferentes grupos étnicos. Por tu ascendencia, por lo tanto, puedes deducir si corres el riesgo de tener los genes de ciertas enfermedades.

Algunas personas no conocen sus raíces étnicas o sus antecedentes familiares, quizá porque fueron adoptadas o porque nunca tuvieron mucho contacto con su familia biológica. Si es tu caso, no te preocupes. Las probabilidades de que sean portadores del gen de una enfermedad en particular son muy escasas.

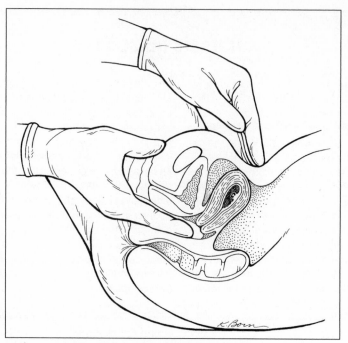

Figura 5-3:
Una
exploración
ginecológica
típica

La exploración física

En tu primera consulta prenatal, el médico te examinará la cabeza, el cuello, los pechos, el corazón, los pulmones, el abdomen y las extremidades. También te practicará un tacto vaginal (consulta la figura 5-3). En esta exploración, evalúa el útero, el cuello uterino y los ovarios; y, si es necesario, realizará una *prueba de Papanicolaou* o citología vaginal, para detectar lesiones precancerosas o cáncer de cuello uterino. Si existe la posibilidad de que hayas contraído una enfermedad de transmisión sexual, coméntaselo a tu médico, porque una citología vaginal no puede detectarlas todas.

Después de la exploración, habla con tu médico sobre tu manera de vivir el embarazo y coméntale los posibles problemas que pudiera haber. Pregúntale también qué medicamentos puedes tomar, cuándo debes solicitar ayuda y qué pruebas va a realizarte a lo largo del proceso.

Las pruebas habituales

Debes estar preparada. Durante la primera consulta prenatal, seguramente te clavarán una aguja y te pedirán que orines en un frasco. A continuación analizaremos los procedimientos habituales, como el análisis de orina y el de sangre.

Prepárate para el pinchazo: el análisis de sangre

En tu primera consulta prenatal, el médico te extraerá una muestra de sangre para hacer una serie de análisis, que indicarán tu estado de salud general y si eres inmune a ciertas infecciones. Lo normal es que te realicen las siguientes pruebas:

✔ **Análisis para establecer el grupo sanguíneo, el factor Rh y el estado de los anticuerpos.** El grupo sanguíneo muestra si tu sangre es de tipo A, B, AB o 0, y si eres Rh positivo o negativo. La prueba de anticuerpos está diseñada para saber si la sangre presenta ciertos anticuerpos especiales a determinados antígenos (como el antígeno Rh). En el capítulo 16 encontrarás más información sobre el factor Rh y las incompatibilidades sanguíneas.

✔ **Hemograma completo.** Esta prueba detecta la *anemia*, es decir, un descenso de la hemoglobina en sangre. También evalúa el número de *plaquetas* (un componente de la sangre importante para la coagulación).

✔ **Prueba de reagina plasmática rápida o de diagnóstico serológico de la sífilis.** Estas pruebas corroboran o descartan la presencia de *sífilis*, una enfermedad de transmisión sexual. Son muy precisas, pero en ocasiones pueden producir un falso positivo si el paciente presenta otras enfermedades, como lupus o síndrome antifosfolipídico (consulta el capítulo 17). Las pruebas no son específicas, por lo que es necesario llevar a cabo análisis de sangre más detallados para confirmar el diagnóstico de sífilis. Como es fundamental tratar la sífilis de la forma adecuada, asegúrate de que te realizan la prueba. De hecho, en muchos lugares es obligatoria. Por desgracia, los casos de sífilis han aumentado en algunos países del mundo.

✔ **Prueba de la hepatitis B.** Se realiza para constatar la presencia de los virus de la hepatitis. Pueden presentarse de varias formas, y el de la hepatitis B no necesariamente lo hace con síntomas. De hecho, a algunas mujeres se les diagnostica la enfermedad cuando se hacen un análisis de sangre como el que se practica para el embarazo.

✔ **Prueba de la rubeola.** El médico también constata si la madre es inmune a la rubeola. Casi todas las mujeres han sido vacunadas contra esta enfermedad o tienen los anticuerpos porque ya la han padecido, por eso es tan difícil contraerla durante el embarazo. Casi todos los médicos realizan la prueba de la rubeola durante la primera consulta prenatal. A las mujeres que no son inmunes se les aconseja no entrar en contacto con personas que la padezcan. También se les recomienda vacunarse contra el virus después del parto, para que no sean vulnerables en embarazos posteriores.

✔ **Prueba del VIH.** En algunos lugares el médico está obligado a ofrecer a la madre la posibilidad de realizarse la prueba del VIH, el virus que causa el sida. Como ya hay medicamentos que reducen el riesgo de transmisión al bebé, además de ralentizar la enfermedad en la madre, es muy importante que conozcas tu situación. El médico suele hacer esta prueba simultáneamente al resto de análisis de sangre.

A veces los médicos necesitan realizar otras pruebas durante la primera consulta. Entre éstas se incluyen las siguientes:

✔ **Prueba de glucosa.** Generalmente se lleva a cabo entre la semana 24 y la 28, pero a veces se hace en el primer trimestre si la madre corre el riesgo de padecer *diabetes gestacional*. Consulta el capítulo 6, donde encontrarás más detalles sobre cómo se realiza la prueba, y el capítulo 17, donde se explica por qué es tan importante tratar la diabetes gestacional.

✔ **Prueba de la varicela.** Quizá el médico te solicite esta prueba para determinar tu inmunidad a la varicela. Si sabes que no la has padecido o si no estás segura, informa al médico para que puedan hacerte la prueba de inmunidad. Puedes consultar información más detallada en el capítulo 17.

✔ **Prueba de la toxoplasmosis.** El médico también comprobará tu inmunidad a la *toxoplasmosis*, un tipo de infección parasitaria. En algunos lugares, como Estados Unidos, esta prueba sólo se realiza si corres el riesgo de padecer la enfermedad. Esto ocurre, por ejemplo, si sueles dejar a tu gato en libertad y te encargas tú misma de limpiar la caja de la arena. En Francia, donde hay una mayor incidencia de toxoplasmosis, los médicos suelen recomendar a todas las embarazadas la realización de esta prueba. Encontrarás información más detallada en el capítulo 17.

✔ **Prueba del citomegalovirus.** Las pruebas para identificar una infección por citomegalovirus, que es común en la infancia, no son habituales durante el embarazo. No obstante, si tienes mucho contacto con niños en edad escolar que puedan padecer esta infección, el médico te pedirá que te hagas la prueba. Tal y como ocurre con la toxoplasmosis, el análisis de sangre busca indicios de contagio reciente o anterior. Puedes consultar más información en el capítulo 17.

Una rápida visita al baño: el análisis de orina

Cada vez que vayas al médico durante el embarazo, desde la primera consulta a la última, te pedirán una muestra de orina. El médico utiliza esta muestra para detectar la presencia de glucosa, que podría indicar una posible diabetes, y de proteínas, que revelarían un caso de preeclampsia.

La primera imagen del bebé: la ecografía

Las *ecografías* emplean ondas sonoras para crear una imagen del útero y del feto. No utilizan radiación, por lo que el procedimiento es seguro, tanto para ti como para el niño. Posiblemente el médico sugiera hacer una ecografía en el primer trimestre. Muchas veces esta ecografía se hace de forma transvaginal, lo que quiere decir que se inserta una sonda en la vagina. La ventaja de esta técnica es que la sonda está más cerca del feto, por lo que la imagen que se obtiene es mucho más precisa que la producida con una ecografía transabdominal normal.

A algunas mujeres les preocupa que la sonda insertada en la vagina lastime a su bebé. Aunque esta preocupación es comprensible, no existe motivo de alarma; es totalmente segura.

Durante la ecografía del primer trimestre se examinan los siguientes aspectos:

✔ **La precisión de la fecha probable de parto:** La ecografía muestra si el feto tiene un tamaño mayor o menor de lo que cabría esperar teniendo en cuenta la fecha de tu última menstruación. La *longitud vértice-nalgas* (que mide el feto desde el vértice de la cabeza hasta la parte más sobresaliente de las nalgas; consulta la figura 5-2) proporciona una aproximación a la fecha del parto; si difiere tres o cuatro días respecto a tu fecha probable, es posible que el médico haga un ajuste. Para confirmar o determinar la fecha probable de parto, una ecografía realizada en el primer trimestre es mucho más precisa que cualquier ecografía posterior.

✔ **La viabilidad fetal:** A las cinco o seis semanas de embarazo, la ecografía detecta el latido del corazón del feto. Cuando se ha identificado, el riesgo de aborto desciende considerablemente (alrededor del 3%). Antes de las cinco semanas, el feto quizá no sea visible; por ello, la ecografía suele limitarse a mostrar el saco gestacional.

✔ **Anomalías fetales:** Aunque antes de la semana 20 no suele hacerse una ecografía completa para detectar anomalías estructurales en el feto, es posible distinguir algunos problemas a partir de la semana 11 o 12. Gran parte del cerebro, la médula, las extremidades, el abdomen y las vías urinarias pueden verse mediante una ecografía transvaginal. Además, la presencia de un engrosamiento en la nuca del feto (conocida como *aumento de la translucidez nucal*) puede indicar un mayor riesgo de padecer ciertos trastornos genéticos o alteraciones cromosómicas (consulta el capítulo 8).

✔ **El número de fetos:** La ecografía muestra si estás embarazada de más de un feto. La aparición de una membrana que los separa, así como la localización de las placentas, indica si los bebés la comparten o no. Hablaremos sobre este tema de forma más detallada en el capítulo 15.

✔ **El estado de los ovarios:** Una ecografía también puede revelar anomalías o quistes en los ovarios. A veces muestra un pequeño quiste, llamado *quiste del cuerpo lúteo*. Se trata de un quiste que se forma en el lugar donde fue liberado el óvulo. En el transcurso de tres o cuatro meses, desaparece de forma gradual. Otras dos clases de quistes, llamados *quistes dermoides* y *quistes simples*, no están relacionados con el embarazo y aparecen a veces en la ecografía. La necesidad de retirarlos y el momento indicado para hacerlo dependen de su tamaño y de los síntomas que presenten.

✔ **La presencia de fibromas uterinos:** Un *fibroma* es un crecimiento excesivo y benigno del músculo del útero. Encontrarás más detalles en el capítulo 17.

✔ **La ubicación del embarazo:** En ocasiones, el embarazo puede estar localizado fuera del útero, lo que se conoce con el nombre de *embarazo ectópico*. Consulta el apartado correspondiente más adelante en este mismo capítulo.

Reconocer los motivos de preocupación

En cada trimestre, pueden producirse distintas situaciones que representen algún problema más o menos grave. Los siguientes apartados describen algunos de los problemas que pueden aparecer durante el primer trimestre del embarazo.

Hemorragia

Al principio del embarazo, cuando notas la primera falta, es normal que experimentes ligeras hemorragias vaginales. La cantidad de sangre suele ser inferior a la de la menstruación y dura uno o dos días. Es la llamada *hemorragia de implantación*, y se produce cuando el óvulo fecundado se sujeta a las paredes del útero. La hemorragia que se produce por la implantación no tiene por qué preocuparte, pero muchas mujeres se confunden y creen que se trata del periodo.

También puede presentarse alguna hemorragia más adelante, en el primer trimestre, pero no indica necesariamente una amenaza de aborto. Cerca de un tercio de las mujeres sangra durante el primer trimestre, y la mayoría acaba por tener bebés perfectamente sanos. Las hemorragias son comunes en las mujeres embarazadas de varios fetos y, también en este caso, casi todas tienen embarazos normales. Una hemorragia de color rojo vivo suele indicar que se está sangrando en ese momento, mientras que una mancha oscura es señal de que la sangre ha estado retenida y que se abre paso por el cuello uterino y la vagina. La ecografía casi nunca muestra de dónde proviene la hemorragia, pero a veces revela una acumulación de sangre llamada *hemorragia* o *acumulación subcoriónica* o *retroplacentaria*, lo que apunta a un sangrado detrás de la placenta. Generalmente esta sangre tarda varias semanas en ser reabsorbida. Durante este tiempo, una cierta cantidad de sangre oscura sigue siendo expulsada por el cuello uterino y la vagina.

En ocasiones, una hemorragia puede ser el primer síntoma de un aborto inminente (más información en el siguiente apartado). En este caso, la hemorragia suele ir acompañada de una sensación de cólico. Recuerda, no obstante, que casi todas las mujeres que sangran acaban teniendo embarazos totalmente normales y es poco lo que puede hacer el médico en esta situación.

Si notas una hemorragia, comunícaselo a tu médico. Si sangras poco y no sientes un intenso dolor abdominal, no es una emergencia. Si sangras profusamente, mucho más que si se tratara de la menstruación, llama al médico en cuanto puedas. Querrá hacerte una ecografía y una exploración ginecológica para determinar la causa de la hemorragia, con el fin de comprobar si el embarazo todavía es viable y si está localizado dentro del útero. Por lo general, es poco lo que el médico puede hacer ante las hemorragias. Algunos médicos quizá te sugerirán que descanses unos días y que te abstengas de mantener relaciones sexuales y de hacer ejercicio. No hay ninguna prueba científica que apoye estas recomendaciones, pero, dado que no existe otra alternativa, no pasa nada por probar y seguro que no te hacen ningún daño.

Aborto espontáneo

Casi todos los embarazos transcurren normalmente, pero uno de cada dos o tres acaba en un aborto espontáneo, muchas veces antes de que la mujer se dé cuenta de que estaba en estado. Si el aborto se produce al principio del embarazo, puede confundirse con una menstruación normal. Alrededor del 90% de las veces, el aborto está causado por anomalías cromosómicas del embrión. En un 20% de los casos, el embrión puede tener defectos estructurales demasiado pequeños para ser detectados por la ecografía o por un examen anatomopatológico.

Nota: Que hayas tenido un aborto espontáneo no significa que tengas más probabilidades de sufrirlo de nuevo. Asimismo, no existe ninguna actividad cotidiana que pueda provocar un aborto.

Un aborto puede producir cólicos y hemorragia. Quizá sientas un dolor abdominal más fuerte que el de la menstruación y expulses tejido fetal o placentario. En los casos en que se expulsan todos los tejidos, el médico no debe hacer nada más. Muchas veces, sin embargo, queda una parte de tejido dentro del útero, por lo que es posible que te recete algún medicamento para facilitar su expulsión, o bien que lo limpie él mismo con un procedimiento llamado *dilatación y legrado*. Con la ayuda de instrumentos quirúrgicos, el médico dilata con suavidad el cuello uterino y limpia los restos que quedan. Este procedimiento puede realizarse en la consulta del médico o en un quirófano, en función de quien te atienda, de la edad gestacional y de las posibles dolencias que padezcas.

A veces no se presenta ningún signo evidente del aborto. Quizá el médico descubra durante una consulta prenatal periódica que el feto ya no está vivo, lo que se conoce como un *aborto retenido*. Si esto ocurre al principio del embarazo, quizá el proceso de dilatación y legrado no sea necesario. Pero si se produce cuando el primer trimestre está avanzado, podría hacer falta para reducir la posibilidad de que haya una hemorragia abundante o una expulsión incompleta de los tejidos. Según tus antecedentes y tu deseo de intentar establecer la causa del aborto, puedes pedir que se haga un análisis genético de los tejidos (para saber si los cromosomas eran normales o no).

Desgraciadamente, la mayoría de abortos no pueden prevenirse. Muchos, por no decir la mayoría, son simplemente la manera en que la naturaleza trata un embarazo anómalo. No obstante, sufrir un aborto no significa que después no puedas tener un embarazo normal. De hecho, incluso en mujeres que han tenido dos abortos consecutivos, las probabilidades de que el siguiente embarazo tenga éxito sin necesidad de ningún tratamiento especial son muy altas (cerca del 70%).

Si una mujer sufre dos o tres abortos consecutivos, es probable que padezca una dolencia que pueda identificarse y tratarse. Para encontrar las causas, debe realizarse una exploración física completa y someterse a unas pruebas especiales. Algunas mujeres, aunque hayan sufrido un solo aborto, quizá deseen que el médico las explore.

Embarazo ectópico

Un *embarazo ectópico* se produce cuando el óvulo fecundado se implanta fuera del útero, ya sea en una de las trompas de Falopio, en el ovario, el abdomen o el cuello uterino. Este tipo de embarazo constituye una grave amenaza para la salud de la madre; por suerte, las ecografías permiten detectarlo al principio del embarazo.

La existencia de un embarazo ectópico puede provocar síntomas tan notables como hemorragia, dolor abdominal, sensación de mareo y debilidad. Quizá no presentes ningún síntoma, en cuyo caso el médico identificará el problema basándose en la ecografía. El médico puede tratar el problema de diversas maneras, según la localización del embrión o feto, lo avanzado que esté el embarazo y los síntomas que presentes. Por desgracia, el médico no puede trasladar el embrión al útero para que el embarazo prosiga de forma normal.

Para el futuro padre: la reacción ante la noticia

"Querido, creo que estoy embarazada!" Cuando escuchas estas palabras, que millones de hombres antes que tú han oído, te sientes feliz y emocionado. O quizá no. Probablemente te sentirás también un poco preocupado, e incluso asustado por el futuro. Ten la seguridad de que estos sentimientos son completamente normales. Es probable que te preocupe cómo la paternidad cambiará la relación que mantienes con tu pareja, o incluso tu vida en general. A lo mejor te inquieta que tú y tu pareja no puedan mantener económicamente a la familia, o que no seas un buen padre. Pero ten presente que los sentimientos de tu pareja ante la perspectiva de tener un bebé no son muy diferentes de los tuyos. Lo más seguro es que ella también esté preocupada, por eso es conveniente que puedan expresar sus sentimientos.

No cabe duda de que el papel de la mujer en el embarazo es crucial pero, biológicamente, no puede encargarse de todo ella sola. Tu participación también es fundamental desde el primer momento. El ADN de tus espermatozoides no sólo representa la mitad del ADN del bebé, sino que determina su sexo. Si aportas un cromosoma X, será una niña; si aportas un cromosoma Y, será un niño. (El óvulo de la mujer siempre contiene un cromosoma X.)

Tus espermatozoides son sólo tu primera contribución al proyecto. El apoyo que le demuestres a la madre durante el embarazo será igualmente importante. Del mismo modo que el embarazo opera enormes cambios en el cuerpo de la mujer, también conlleva cambios emocionales tanto en el padre como en la madre, porque representa un momento de transición en la pareja: se da paso a la paternidad y a la maternidad. Si aceptas todo esto, te sentirás más cómodo a lo largo del proceso y representarás tu papel de padre de la mejor manera posible.

Cuando ambos se hayan recuperado de la sorpresa inicial, se enfrentarán a la realidad del embarazo durante el primer trimestre. Lo más probable es que tu pareja se sienta agotada y necesite orinar con mucha frecuencia. Además, seguramente tendrá náuseas (consulta el apartado "Náuseas a cualquier hora"). Puedes mostrarle tu apoyo de las siguientes maneras:

✔ **Asume más responsabilidades en el hogar.** Sí, esto significa limpiar la casa, poner el lavadora, lavar los platos e incluso cocinar.

✔ **Dale todo el tiempo que necesite para descansar.** Una siesta puede ayudar enormemente, pero a veces tu mujer tendrá que hibernar durante unas cuantas horas cuando no pueda con el cansancio.

✔ **No olvides que es muy molesto sentir náuseas continuamente.** No te enojes si no soporta el olor de la carne (que a ti te encanta) o de cualquier otro alimento.

✔ **Desvívete por ayudarla.** Si a medianoche te pide que vayas a comprarle pepinillos y salsa de tomate (el refrigerio favorito de Joanne durante el primer trimestre), sonríe y pregunta: "¿Enteros o en rodajas? ¿Normales o agridulces?"

✔ **Intenta hacer un hueco en tu agenda para acompañarla a su primera consulta con el médico.** Tu participación es importante, no sólo porque le transmites tu apoyo, sino porque además podrías tener que responder a algunas preguntas sobre tus antecedentes familiares. Además, así podrás comentarle tus dudas al médico.

Está en tus manos que las cosas sean un poco más fáciles para los dos. Los estudios demuestran que el embarazo y el parto son mucho más sencillos cuando el padre se involucra y presta todo su apoyo.

Capítulo 6

El segundo trimestre

*E*l segundo trimestre, que abarca los meses comprendidos entre las semanas 13 y 26, suele ser la etapa del embarazo que más se disfruta. Las sensaciones de náuseas y de agotamiento, tan comunes en el primer trimestre, desaparecen casi por completo, y te sientes mucho más cómoda y llena de energía. El segundo trimestre es una época emocionante, porque se perciben los movimientos del bebé dentro del vientre y los cambios que vas experimentando son perfectamente visibles. Durante este periodo, los análisis de sangre, las pruebas prenatales y la ecografía ya pueden confirmar que el bebé está sano y crece normalmente. Y, para muchas mujeres, es también el momento en que se dan cuenta de que pronto tendrán un bebé. El segundo trimestre suele ser la época en que empieza a difundirse la emocionante noticia entre la familia, los amigos y los compañeros de trabajo.

Descubrir cómo se desarrolla el bebé

El feto crece rápidamente durante el segundo trimestre, como puedes observar en la figura 6-1. Mide unos 8 centímetros de largo en la semana 13. Más adelante, en la semana 26, ya mide unos 35 centímetros y pesa cerca de 1000 gramos. En algún momento entre las semanas 14 y 16, las extremidades empiezan a alargarse y ya pueden reconocerse los brazos y las piernas. La ecografía también muestra que sus extremidades se mueven de forma coordinada. Entre las semanas 18 y 22, seguramente empezarás

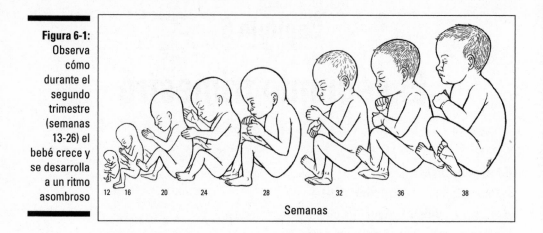

Figura 6-1: Observa cómo durante el segundo trimestre (semanas 13-26) el bebé crece y se desarrolla a un ritmo asombroso

Semanas

a sentir movimientos fetales, aunque no se producen de manera regular a lo largo del día.

La cabeza del bebé, que hasta ahora era muy grande en relación con el cuerpo, se vuelve poco a poco más proporcionada. Los huesos se solidifican y pueden identificarse en la ecografía. Hacia el comienzo del segundo trimestre, el feto recuerda un poco a un extraterrestre (imagínate a E.T.), pero hacia la semana 26 ya se parece mucho más a un bebé humano.

El feto también empieza a realizar numerosas actividades. No sólo es capaz de moverse, sino que además ya pasa por periodos regulares de sueño y vigilia, y puede oír y tragar. El tamaño de los pulmones aumenta notablemente entre las semanas 20 y 25. Sobre la semana 24, las células de los pulmones empiezan a secretar *surfactante,* una sustancia química que permite que estos órganos permanezcan expandidos. Entre las semanas 26 y 28, los ojos –que permanecían cerrados, con los párpados unidos– se abren; además, un vello llamado *lanugo* aparece en la cabeza y en el cuerpo. Se forman depósitos de grasa bajo la piel y el sistema nervioso central madura rápidamente.

En las semanas 23 y 24, el feto se considera *viable,* lo que quiere decir que, si naciera en ese momento, tendría posibilidades de sobrevivir, siempre que fuera atendido en un centro médico con una unidad para neonatos y con experiencia en el cuidado de prematuros. Un bebé prematuro que nace en la semana 28, casi tres meses antes de tiempo, y que es atendido en una unidad de cuidados intensivos tiene probabilidades de sobrevivir.

La ropa de embarazada

Gracias a Dios, la industria de la moda se ha dado cuenta de que las mujeres quieren mantener una imagen moderna y profesional cuando están en estado, y por fin ha desterrado de sus colecciones el *look* "bolsa de papas". Muchas mujeres se mueren de ganas de comprar ropa de embarazada, mientras que otras prefieren seguir usando su ropa de siempre el mayor tiempo posible. Ten presente que solamente vas a necesitar ropa de embarazada durante unos pocos meses, y que no es barata. He aquí algunas sugerencias al respecto:

✔ No hagas planes con demasiada antelación; compra ropa a medida que vayas necesitándola. Es difícil prever cuánto crecerá el abdomen, o si el bebé se colocará más arriba o más abajo. Cuando te decidas a comprar, adquiere prendas cómodas y amplias, que te dejen un margen para cuando aumentes de tamaño.

✔ Acepta la ropa de segunda mano que te regalen. Las mujeres rara vez gastan la ropa de embarazada, y a tus amigas les encantará que alguien aproveche la ropa que tienen.

✔ Busca negocios de saldos, de segunda mano y rebajas. Son los lugares ideales para encontrar ropa barata.

✔ Si te resulta difícil encontrar ropa de embarazada de tu estilo, recuerda que puedes pasarte gran parte del embarazo con los pantalones elásticos de siempre y con camisas y remeras grandes. (Joanne, por ejemplo, no tuvo que comprar ropa de embarazada.)

✔ Quizá lo más importante sea disponer de zapatos cómodos y brasieres más grandes. Lo más normal es que durante el embarazo aumente tu número habitual de zapatos y tu talle de corpiño.

✔ No tienes que usar ropa interior especial para el embarazo, a menos que te resulte especialmente cómoda. Muchas de las pantaletas comunes, especialmente las de tipo bikini, se acomodan bien debajo del protuberante vientre.

Casi todas las madres empiezan a sentir que sus bebés empiezan a moverse, aunque a veces es difícil identificar con seguridad la sensación. Muchas mujeres perciben los primeros movimientos fetales como si fueran un aleteo, entre las semanas 16 y 20. No todas se dan cuenta de que el feto es el responsable de esta sensación, y no son pocas las que confunden los movimientos con gases. Entre las semanas 20 y 22, los movimientos fetales son mucho más fáciles de identificar pero todavía no son regulares. En el transcurso de las cuatro semanas siguientes, adquieren un patrón más regular.

Cada bebé se mueve de forma diferente. Es posible que notes que tu bebé tiende a moverse más por la noche; a lo mejor para prepararte para lo que te espera después de que nazca o, simplemente, porque estás más quieta y es más fácil percibir lo que hace. Si ya has estado embarazada, podrías empezar a sentir los movimientos un par de semanas antes.

Si hacia la semana 22 no has notado todavía los movimientos del bebé, comunícaselo al médico. Posiblemente te recomiende hacerte una ecografía para comprobar el estado del feto, sobre todo si aún no te has hecho ninguna. Una explicación bastante común a esa aparente falta de movimiento es que la placenta se ha situado en la pared anterior (o frontal) del útero, entre el bebé y tu piel. De esta forma, la placenta funciona como un almohadón y complica un poco la percepción de los movimientos.

Entre las semanas 26 o 28, si dejas de sentir los movimientos del bebé con la frecuencia acostumbrada, avisa a tu médico. Hacia la semana 28, deberías sentirlos al menos seis veces una hora después de cenar. Si no estás segura de que todo va bien, acuéstate sobre el lado izquierdo y cuenta los movimientos. Si el bebé se mueve al menos seis veces durante una hora –cualquier gesto cuenta–, puedes tener la seguridad de que está bien. En cambio, si percibes que los movimientos son más esporádicos que de costumbre, llama al médico.

Comprender los cambios del cuerpo

Hacia la semana 12 del embarazo, el útero empieza a elevarse fuera de la pelvis. El médico puede palpar su parte superior a través de la pared abdominal. Hacia la semana 20, ya llega a la altura del ombligo. Luego, el útero crece cerca de un centímetro a la semana. El médico podría utilizar un metro para medir la distancia que hay entre el pubis y la parte superior del útero para determinar la *altura uterina* (consulta el capítulo 3) y cerciorarse de que todo va según lo previsto. En este momento, hacia la semana 16, una gran mayoría de mujeres ya parecen embarazadas, aunque esto varía enormemente. A algunas se les nota a partir de la semana 12, mientras que otras pasan más o menos desapercibidas hasta la 28.

La mayoría de cambios poco tienen que ver con el tamaño del vientre. Más bien tienen relación con el desarrollo del bebé y con la constante adaptación del cuerpo al embarazo. Podrías experimentar todos, algunos o ninguno de los síntomas descritos en este apartado.

Mala memoria y torpeza

Joanne nunca habría pensado que perder las llaves, tropezar con los muebles y dejar caer los más variados objetos podían ser efectos colaterales del embarazo. No conocemos su explicación médica, pero algunas mujeres se sienten distraídas y torpes. Si te sucede también a ti, no te preocupes. No es que estés perdiendo el juicio. Míralo de esta manera: ahora tienes una fantástica excusa si te olvidas del cumpleaños de tu mejor amiga. Cuando nazca el bebé volverás a ser la misma mujer brillante y coordinada de siempre.

Gases

Durante este trimestre, posiblemente descubras que adquieres el vergonzoso y molesto hábito de eructar y expulsar gases en momentos inoportunos. Si te sirve de consuelo, no eres la primera mujer embarazada que se encuentra con este problema. Por desgracia, es poco lo que puedes hacer al respecto. Procura evitar el estreñimiento (consulta el capítulo 4) porque puede agravar aún más las cosas. Evita también las comidas copiosas, que hacen que te sientas hinchada e incómoda, y los alimentos que pueden agravar el problema.

Crecimiento del pelo y las uñas

Durante el embarazo, las uñas suelen endurecerse y crecer a una velocidad inusitada. Ir a un salón de belleza para que te hagan el manicure no supone ningún problema si está limpio y es de confianza, y muchas veces te servirá para aliviar el estrés; así que siéntate y disfruta de unas preciosas uñas.

El embarazo también acelera el crecimiento del pelo. Desgraciadamente, a algunas mujeres también empieza a crecerles pelo en lugares poco comunes, como la cara y el abdomen. No pasa nada si te lo afeitas o lo eliminas con cera o pinzas, pero recuerda que las cremas depilatorias, hechas a partir de productos químicos, contienen sustancias que todavía no se han estudiado exhaustivamente. Como hay alternativas, te sugerimos que las evites. Consuélate pensando que el vello desaparecerá después del parto.

Ardor de estómago

El ardor o acidez de estómago se produce cuando los jugos gástricos ascienden por el esófago, algo muy común durante el embarazo. Tiene dos causas básicas, aunque ninguna corrobora el viejo mito que relaciona la acidez con el nacimiento de un bebé con mucho pelo. En primer lugar, los altos niveles de progesterona pueden ralentizar la digestión y

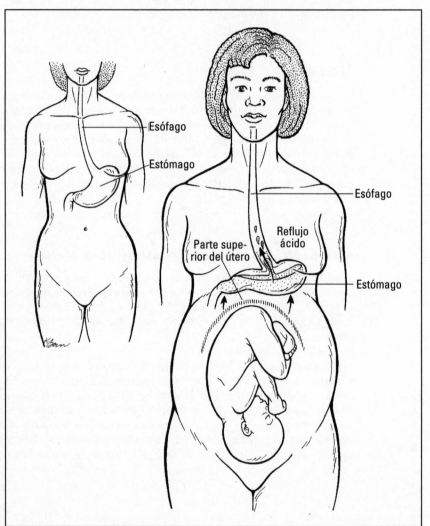

Figura 6-2:
A medida que el bebé crece, el útero se expande, presionando hacia arriba el estómago y el esófago, lo cual, a veces, produce ardor de estómago

relajar el esfínter que se encuentra entre el esófago y el estómago, que es el responsable de evitar el reflujo de los jugos gástricos. En segundo lugar, a medida que crece el útero va presionando el estómago hacia arriba, lo que hace que los jugos gástricos se dirijan al esófago (consulta la figura 6-2).

Tal vez consigas aliviar el ardor de estómago con una de estas sugerencias:

✔ Ingiere alimentos con frecuencia y en poca cantidad, en lugar de comer grandes raciones.

✔ Lleva un antiácido en el bolso.

✔ Lleva un paquete de galletitas saladas encima, para comer unas pocas cuando empieces a sentir acidez. Pueden neutralizar los gases.

✔ Evita las comidas muy condimentadas y grasas.

✔ Evita las bebidas con gas, con cafeína y el café.

✔ Evita comer justo antes de acostarte, porque el reflujo se produce con más facilidad si estás acostada. Procura también dormir con la cabeza levantada, sobre varias almohadas.

✔ Si el ardor de estómago se vuelve intolerable, habla con el médico para que te recete algo. Muchos tratamientos contra la acidez se consideran seguros durante el embarazo. Se ha estudiado el uso de la famotidina, la ranitidina y el omeprazol durante el primer trimestre y los científicos no han constatado un aumento del riesgo de sufrir anomalías congénitas, parto prematuro o problemas de crecimiento fetal. Recuerda que el primer trimestre es la etapa en la que se corren más riesgos, por lo que los medicamentos que se consideran seguros durante este periodo lo son también durante el resto del embarazo.

Dolor abdominal o inguinal

Entre las semanas 18 y 24 quizá sientas un dolor agudo cerca de la ingle, en un solo lado o en ambos. Puede ser que lo notes más al hacer movimientos bruscos o al ponerte de pie, y podría desaparecer al recostarte. Este dolor se llama *dolor del ligamento redondo*. Estos ligamentos son unas bandas de tejido fibroso que están a los lados del útero y que unen su parte superior con los labios vaginales. El dolor se presenta porque, a medida que el útero crece, los ligamentos se estiran. Puede ser bastante molesto, pero es muy normal; por fortuna suele desaparecer, o por lo menos disminuir considerablemente, después de la semana 24.

En ocasiones, a mediados del segundo trimestre, podrías sentir contracciones cortas y suaves o dolores cólicos. No debes preocuparte, ya que se trata de las *contracciones de Braxton-Hicks*. Casi siempre se notan más al caminar o realizar alguna actividad física, pero desaparecen cuando te sientas o te recuestas. Si se vuelven muy fuertes y regulares (más de seis por hora), llama al médico.

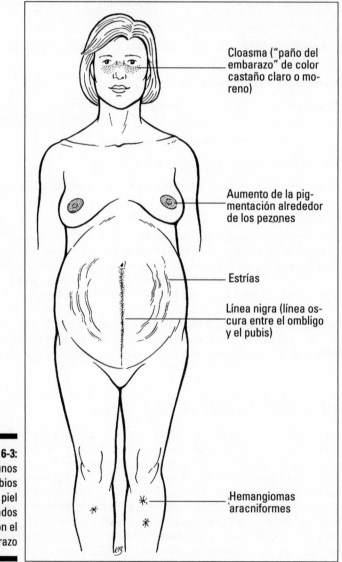

Cloasma ("paño del embarazo" de color castaño claro o moreno)

Aumento de la pigmentación alrededor de los pezones

Estrías

Línea nigra (línea oscura entre el ombligo y el pubis)

Hemangiomas aracniformes

Figura 6-3:
Algunos cambios de la piel asociados con el embarazo

Congestión nasal

El incremento de la circulación sanguínea que se produce durante el embarazo puede también ocasionar congestión nasal y cierta inflamación de las membranas mucosas de la nariz. Esto, a su vez, puede provocar un goteo retronasal y, eventualmente, una tos crónica. Una solución salina para la nariz quizá te aporte cierto alivio y su uso no comporta ningún riesgo. También es aconsejable que mantengas húmedo el aire de casa y el del lugar de trabajo. Los esprays nasales también funcionan, pero debes evitar utilizarlos más de un par de días seguidos. Es posible que descubras –más probablemente tu pareja– que has empezado a roncar. Este síntoma común también está relacionado con la congestión nasal. ¿Nuestro consejo? ¡Cómprale a tu pareja unos buenos tapones para los oídos!

Hemorragias nasales y en las encías

Como el volumen de sangre que circula por tu cuerpo aumenta, es posible que se presenten ligeras hemorragias en los pequeños vasos sanguíneos de la nariz y las encías. Suelen detenerse solas, pero puedes aliviarlas aplicando un poco de presión en el punto donde sangra. Si las hemorragias se vuelven especialmente abundantes o frecuentes, llama al médico.

Utiliza un cepillo de cerdas más suaves para reducir el sangrado que puedes provocar cuando te lavas los dientes.

Cambios en la piel

Las hormonas que circulan por tu cuerpo a toda velocidad pueden alterar el aspecto habitual de la piel. Estos cambios, ilustrados en la figura 6-3, no afectan a todas las mujeres. Si tienes la mala suerte de que te toque a ti, puedes estar tranquila: generalmente desaparecen después del parto.

✔ Quizá percibas una línea oscura, llamada *línea nigra,* en la parte inferior del abdomen y que va desde el pubis hasta el ombligo. Esta línea puede ser más notoria en mujeres de piel más oscura. Generalmente no aparece en las mujeres de piel muy blanca.

✔ Es posible que la piel de tu rostro se oscurezca, como si fuera una máscara, alrededor de las mejillas, la nariz y los ojos. Este oscurecimiento se llama *cloasma* o paño del embarazo. La exposición al sol lo agrava aún más, por lo que te conviene utilizar un protector solar.

✔ Las manchas rojas, llamadas *hemangiomas aracniformes,* pueden aparecer de repente en cualquier lugar del cuerpo. Si las presionas, seguramente se volverán blancas. Estas manchas aparecen porque los vasos sanguíneos tienden a concentrarse por los altos niveles de estrógeno que hay en tu cuerpo; con seguridad, desaparecerán después del parto.

✔ Algunas mujeres notan un enrojecimiento de las palmas de las manos. Este fenómeno se conoce como *eritema palmar,* y también es consecuencia de los altos niveles de estrógeno. Con el parto desaparecerá.

✔ También es frecuente que salgan *acrocordones,* unos pequeños tumores cutáneos benignos, aunque no se sabe a ciencia cierta por qué aparecen. Afortunadamente, dejarás de tenerlos después del parto. Como lo más probable es que todos estos signos desaparezcan con el paso del tiempo, no debes acudir a un dermatólogo a menos que se conviertan en una auténtica molestia.

Las consultas prenatales

En el segundo trimestre, seguramente verás a tu médico una vez cada cuatro semanas. En cada visita comprobará tu peso, la tensión arterial, la orina y la frecuencia cardíaca del bebé. Quizá quieras aprovechar para hacer preguntas sobre el movimiento fetal, las clases de preparación para el parto, el aumento de peso y cualquier otro síntoma.

Además, el médico te hará una serie de pruebas para establecer si corres el riesgo de sufrir complicaciones, como diabetes, anemia o anomalías congénitas. Es posible que también te realice una ecografía para comprobar si esperas mellizos, si el bebé crece normalmente y si hay suficiente líquido amniótico, entre otras cosas. En el capítulo 8 encontrarás más información sobre las pruebas prenatales del segundo trimestre.

Reconocer los motivos de preocupación

En este apartado abordamos ciertos problemas que pueden surgir durante el segundo trimestre y los síntomas que debes comentar con el médico.

Hemorragia

Algunas mujeres presentan hemorragias en el segundo trimestre. Las posibles causas incluyen una placenta ubicada muy abajo (*placenta previa*), el parto prematuro, un cuello uterino incompetente o el desprendimiento prematuro de la placenta (hablaremos del tema en el capítulo 16). Otras veces el médico no encuentra la causa. Una hemorragia no implica necesariamente una amenaza de aborto, pero debes llamar al médico. Lo más seguro es que te recomiende que te hagas una ecografía y una cardiotocografía para descartar la posibilidad de que haya contracciones. La hemorragia puede aumentar el riesgo de un parto prematuro, de modo que el médico podría recomendarte tomar precauciones especiales.

Anomalías fetales

Aunque la mayoría de embarazos se desarrollan con normalidad, entre el 2 y el 3% de los bebés presentan alguna anomalía al nacer. Muchas de estas anomalías son menores, pero otras implican problemas significativos para el recién nacido. Algunos de esos problemas están relacionados con los cromosomas, mientras que otros se deben a un desarrollo anómalo de órganos y estructuras. Por ejemplo, ciertos recién nacidos sufren cardiopatías o anomalías en los riñones, la vejiga o el tubo digestivo. Muchas de estas dolencias, si bien no todas, se pueden diagnosticar mediante una ecografía prenatal (consulta el capítulo 8). Si te enfrentas a un problema de este estilo, el primer paso, y el más importante, debe ser reunir toda la información existente sobre el tema; así sabrás lo que puedes esperar y qué tratamientos hay disponibles. Recuerda que en ocasiones ni siquiera los especialistas saben lo que puede suceder hasta que nace el bebé y analizan exhaustivamente su situación.

Cuello uterino incompetente

Durante el segundo trimestre, generalmente entre las semanas 16 y 24, algunas mujeres sufren un problema conocido como *cuello uterino incompetente*. El cuello del útero se abre y se dilata, aunque la mujer no siente contracciones; esta dolencia puede provocar un aborto, y de hecho se suele diagnosticar después de que la mujer haya perdido al bebé. En la mayoría de los casos, es imposible predecirlo con antelación. Las embarazadas que sufren de cuello uterino incompetente no suelen notar ningún síntoma, aunque en ocasiones comentan que sienten pesadez en la pelvis o una presión inusitada, o incluso una pequeña mancha de sangre. Por lo general, los casos de cuello uterino incompetente no tienen una causa identificable; sin embargo, algunos pueden deberse a uno de estos factores de riesgo:

✔ **Traumatismo en el cuello uterino:** Ciertos datos sugieren que haberse sometido a varios procedimientos de *dilatación y legrado*, o bien a una *conización del cuello uterino o escisión electroquirúrgica con asa* (es una técnica quirúrgica en la que se retira del cuello uterino un área en forma de cono para diagnosticar o tratar las anomalías presentes) puede desembocar en un cuello uterino incompetente. Un desgarro considerable del cuello uterino durante un parto previo también puede aumentar el riesgo de padecer este problema.

✔ **Gestaciones múltiples:** Algunos obstetras creen que un embarazo múltiple, especialmente de tres o más fetos, puede aumentar el riesgo de padecer de cuello uterino incompetente. El asunto es muy controvertido. Algunos obstetras recomiendan la colocación de un *cerclaje* (una sutura en el cuello del útero) en todas las pacientes embarazadas de trillizos, mientras que otros sólo lo realizan en aquellas pacientes que corren un mayor riesgo de padecer de cuello uterino incompetente. Algunas mujeres que se han sometido a un procedimiento llamado *reducción de embarazo multifetal* (consulta el capítulo 15) también tienen más probabilidades de padecer de cuello uterino incompetente, aunque en estos casos no se recomienda el cerclaje.

✔ **Antecedentes de cuello uterino incompetente:** Después de haber sufrido un problema de cuello uterino incompetente aumenta el riesgo de que se repita en embarazos posteriores.

En los casos en los que se diagnostica un cuello uterino incompetente antes de que se produzca el aborto, es posible cerrar el cuello uterino con un cerclaje. Por lo general, el cerclaje se coloca en la semana 12 o 14, aunque puede efectuarse como procedimiento de urgencia más adelante. El procedimiento suele practicarse en un hospital, con anestesia intradural o epidural, y casi siempre es ambulatorio.

Algunas mujeres a las que se les ha practicado un cerclaje notan que tienen mucho flujo a lo largo del embarazo. Si te hacen este procedimiento, consulta con tu médico cuál puede ser tu nivel de actividad cotidiano; es decir, si puedes mantener relaciones sexuales y cuánto ejercicio es aconsejable. Las complicaciones asociadas a un cerclaje de urgencia incluyen infecciones, contracciones, ruptura de la bolsa de las aguas, hemorragia y aborto. Pueden producirse estas mismas complicaciones en caso de cerclaje programado, pero son poco comunes.

Otros posibles problemas

La siguiente lista incluye los síntomas del segundo trimestre que requieren tu atención. Si presentas cualquiera de ellos, llama al médico:

✔ Hemorragia.

✔ Sensación inusual de presión o pesadez.

✔ Contracciones regulares o cólicos fuertes.

✔ Ausencia de movimiento fetal normal.

✔ Fiebre alta.

✔ Dolor abdominal grave.

Para el futuro padre: los cambios en la madre

"Querido, ¿me ves gorda y fea?" Seguramente empezarás a oír esta pregunta durante el segundo trimestre, cuando el cuerpo de tu pareja comienza a cambiar de verdad. La clave es tener muy claro que no es una pregunta con varias respuestas posibles. Lo único que tienes que contestar, y más vale que te lo aprendas de memoria, es lo siguiente: "En absoluto, mi amor. Eres la mujer más bonita que he visto en mi vida".

Ten mucho cuidado cuando hagas algún comentario sobre el tamaño de la panza de tu pareja. A lo mejor sólo estás haciendo una observación inocente, pero sin querer podrías desencadenar una reacción imprevisible.

Disfruta del segundo trimestre. Suele ser la parte más divertida del embarazo para ambos progenitores. Las náuseas desaparecen, la fatiga cede y tu pareja empieza a notar los movimientos del bebé en el vientre. Muchas veces, si pones las manos sobre el abdomen de la madre, puedes sentir tú mismo cómo se mueve el bebé.

Durante este trimestre, se suele hacer una ecografía para comprobar cómo se desarrolla la anatomía del bebé. Trata de acompañar a tu pareja cuando vaya a hacerse la ecografía (consulta el capítulo 21), porque se trata de una de las pruebas prenatales más agradables. Podrás ver las manos, los pies y la cara del bebé y comprobar cómo se mueve. Verás por primera vez con tus propios ojos a ese pequeño ser humano que vive, se mueve y crece en el vientre de tu pareja, y de repente todo te parecerá mucho más real.

Hacia el final del segundo trimestre, probablemente comenzarás las clases de preparación al parto. ¡No busques excusas! Debes acompañar a tu pareja. Las clases están pensadas para el padre y la madre, y en ellas aprenderás cómo puedes ser útil durante el parto. Además, tendrás la ocasión de hacer preguntas sobre lo que te espera y así aliviar tu nerviosismo.

Capítulo 7

El tercer trimestre

*F*inalmente estás lista para el tercer acto, el último trimestre del embarazo. A estas alturas, ya estás acostumbrada a la panza prominente, el malestar matutino ha quedado atrás y disfrutas de la agradable sensación que produce el bebé cuando se mueve y da patadas en el vientre. En este trimestre el bebé sigue creciendo y el médico continúa pendiente de su salud y de la tuya. También empiezas a hacer preparativos para su llegada, desde tramitar la licencia por maternidad en el trabajo hasta asistir a clases de preparación para el parto (u otros cursos alternativos para informarte sobre lo que sucederá durante el nacimiento).

El bebé se prepara para nacer

En la semana 28, el bebé mide cerca de 35 centímetros y pesa unos 1135 gramos. Pero al final del tercer trimestre –en la semana 40, la fecha probable de parto– mide cerca de 50 centímetros y pesa entre 2700 y 3600 gramos, más o menos. El feto se pasa la mayor parte del tercer trimestre creciendo, acumulando grasa y acabando de desarrollar varios órganos, especialmente el sistema nervioso central. Los brazos y las piernas se vuelven más grandes y la piel, más gruesa y suave.

Durante el tercer trimestre, el bebé es menos vulnerable a las infecciones y a los efectos adversos de los medicamentos, pero aun así algunos de estos agentes podrían afectar a su crecimiento. Generalmente, en los dos últimos meses ocupa gran parte del tiempo preparándose para pasar de la vida en el útero a la del mundo exterior. Los cambios son menos espectaculares, pero la maduración y el crecimiento que se producen son muy importantes.

Entre la semana 28 y la 34, el feto suele colocarse con la cabeza hacia abajo, en la llamada *presentación de vértice*, como en la figura 7-1. De esta forma, los glúteos y las piernas, que son las partes más voluminosas, ocupan el espacio más amplio del útero, la parte superior. En un 4% de los embarazos únicos, el bebé puede estar en presentación podálica o en posición transversal, es decir, atravesado en el útero. (Consulta más información sobre la presentación podálica en el apartado "Reconocer cuándo hay que preocuparse", más adelante en este capítulo.)

En la semana 36, el crecimiento aminora y el volumen de líquido amniótico alcanza su nivel máximo. Después de este momento, la cantidad de

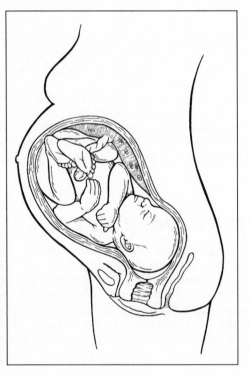

Figura 7-1:
El bebé
dentro
del útero
durante
el tercer
trimestre

líquido amniótico empieza a decrecer, seguramente porque la llegada de sangre a los riñones del bebé disminuye a medida que la placenta envejece, y por lo tanto el bebé produce menos orina –y menos líquido amniótico–. De hecho, la mayoría de médicos suelen comprobar durante las últimas semanas, ya sea con una ecografía o palpando el abdomen, que el líquido amniótico se mantiene a un nivel normal.

La patada: los movimientos fetales

Durante el tercer trimestre, si observas tu panza cuando el feto se mueve, tendrás la impresión de que hay un extraterrestre haciendo gimnasia dentro de ti. Aunque los movimientos no disminuyen, la frecuencia y las sensaciones sí que cambian. Hacia el final del embarazo serán menos parecidos a pinchazos y más semejantes a volteretas, y notarás periodos de tranquilidad más largos entre cada movimiento. El feto está adaptándose a la conducta que tendrá como recién nacido, con siestas más largas y periodos más prolongados de actividad.

Si no notas un nivel normal de actividad, háblalo con tu médico. Una buena regla es la que dice que deberías sentir cerca de seis movimientos durante la hora siguiente a la cena, mientras reposas. Cualquier movimiento cuenta, por ligero que sea. Algunas mujeres pasan por periodos en que sienten menos movimientos fetales, pero luego vuelven a aparecer. Esta situación es muy común y no tiene por qué preocuparte. No obstante, si notas una frecuencia de movimientos fetales decreciente o si no sientes absolutamente ninguno durante varias horas (a pesar de haber comido o descansado), llama a tu médico de inmediato.

Si presentas ciertos factores de riesgo o si necesitas más orientación para controlar los movimientos fetales, el médico quizá te proponga que los anotes a partir de la semana 28. Hay varias formas de llevar a cabo este seguimiento. Una de ellas consiste en recostarse sobre el lado izquierdo después de cenar para contarlos, anotando el tiempo que tardan en producirse diez movimientos. Otra es contar los movimientos del bebé mientras estás acostada, durante una hora cada día –no tiene que ser siempre a la misma– y anotar la información en un cuadro que te proporcionará el médico. Este método permite observar el patrón de movimientos del bebé.

La flexión de los músculos respiratorios

A partir de la semana 10, el feto experimenta lo que se conoce como *movimientos respiratorios rítmicos*, aunque son mucho más frecuentes durante el tercer trimestre. El feto en realidad no respira, pero el pecho, la pared abdominal y el diafragma se mueven con un ritmo que es característico de la respiración. Estos movimientos no son perceptibles para la madre, pero el médico puede verlos en la ecografía. Muchos médicos opinan que se trata de un indicio del bienestar del bebé. Durante el tercer trimestre, especialmente después de las comidas, aumentan las ocasiones en las que el bebé realiza estos movimientos respiratorios.

Hipo en el útero

En ocasiones sentirás movimientos fetales rítmicos y rápidos, a intervalos de segundos. Seguramente están causados por el hipo. Algunas mujeres los sienten varias veces al día, y otras casi nunca. Incluso podrías ver que el bebé tiene hipo mientras te realizan una ecografía. Este hipo es completamente normal. Aunque la sensación te parezca extraña e incómoda, ponerse boca abajo y beber agua, que según se dice es la manera de hacerlo pasar, no es nada recomendable en este momento.

Sobrellevar los cambios en el cuerpo

A medida que el bebé crece, también lo hace el abdomen de la madre. Aunque la imagen es muy bonita, puede llegar a ser incómodo. Quizá notes que el útero te presiona las costillas y sientas patadas en un lugar en particular, probablemente donde se encuentran las extremidades del bebé, ya sean los pies o los brazos. Si estás embarazada de mellizos, la incomodidad es todavía mayor. Las mujeres con embarazos múltiples pueden sentir que un bebé se mueve más que el otro, lo que suele estar relacionado con la posición de los fetos; por ejemplo, uno puede tener los brazos y las piernas orientados hacia fuera y el otro hacia dentro. Más allá de la cantidad de niños que lleves en el vientre, seguro que ya te has dado cuenta de que moverte como antes es cada vez más difícil.

Si te resulta difícil levantarte de la cama y no tienes a nadie para que te ayude, intenta ponerte primero de medio lado y luego apóyate en el brazo hasta quedar sentada (consulta la figura 7-2).

Accidentes y caídas

El embarazo seguramente te ha vuelto más cautelosa, lo que no impedirá que tropieces o tengas otro tipo de accidentes. Si te caes, no te preocupes.

Lo más probable es que el bebé continúe bien protegido dentro del útero y el saco amniótico, un excelente amortiguador natural. Pero es mejor ser prudente, así que informa a tu médico. Quizá quiera asegurarse de que el bebé está bien.

Si te caes y después experimentas un dolor abdominal intenso, contracciones, hemorragia o pérdidas del líquido amniótico, o bien si notas una disminución de los movimientos fetales, llama al médico inmediatamente o acude al hospital. Si por culpa del accidente recibes un golpe directo en el útero, por ejemplo si el volante del auto te da en el abdomen, el médico seguramente querrá monitorear al bebé durante un tiempo.

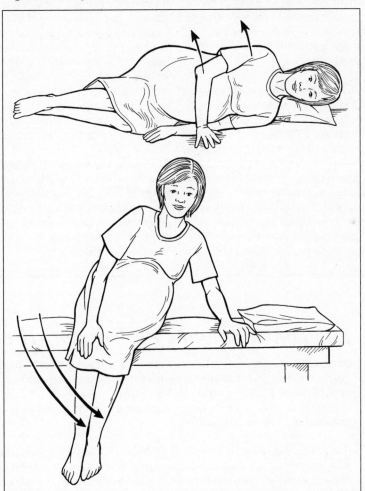

Figura 7-2:
Ayuda a tu espalda. Antes de intentar incorporarte, ponte de medio lado y luego empuja hacia arriba a la vez que dejas caer las piernas

Para la mujer embarazada no existen los extraños

Seguramente descubrirás que tu abdomen se ha convertido en una propiedad pública. Es posible que un perfecto desconocido te ponga la mano sobre la panza y te diga lo feliz que se siente de que vayas a tener un bebé. Aunque algunas mujeres perciben este tipo de comportamiento como un gesto de cariño y apoyo, a otras les resulta irritante, molesto o incómodo. No pasa nada si le pides a alguien educadamente que no te toque la panza si intuyes que va a hacerlo.

Muchas personas pensarán que es perfectamente adecuado hacer comentarios sobre tu apariencia. Quizás opinen que estás demasiado gorda o demasiado delgada, que el embarazo te ha ensanchado o que te ha desarmado el trasero. A lo mejor te dicen que es señal de que vas a tener un niño o una niña. O exclamarán cosas como "¡qué panza!" o "¡estás enorme!". Procura, si puedes, no prestar atención a estos comentarios. El mejor consejo que podemos darte es que no dejes que te vuelvan loca. Seguramente tienen buenas intenciones, pero pocas veces se dan cuenta de lo mucho que pueden afectarte esos comentarios.

A nuestras pacientes les recomendamos que nos comenten sus preocupaciones, así que no dudes en hablar con tu médico si alguno de esos comentarios te ha causado inquietud. Pero no olvides lo que sabes: si alguien te dice que tienes una panza pequeña, respóndele que tu médico te mide en cada consulta y que su tamaño aumenta según lo previsto. Piensa también que si hace poco te hiciste una ecografía y las dimensiones del feto eran correctas, no tienes de qué preocuparte. Si tienes alguna duda, habla con tu médico; seguramente te tranquilizará diciéndote que el tamaño de tu panza es normal.

Muchas mujeres sentirán la necesidad de torturarte con historias espeluznantes sobre sus embarazos. Si les prestas demasiada atención, vas a sufrir innecesariamente. Hazles saber con amabilidad que preferirías que no te contaran ese tipo de cosas; a menos, claro está, que no te afecten en absoluto.

Las contracciones de Braxton-Hicks

Hacia el final del segundo trimestre, o a principios del tercero, el útero puede endurecerse durante unos instantes o dar la sensación de que te aprieta. Seguramente se trata de las *contracciones de Braxton-Hicks*. No son el tipo de contracciones que se experimentan en el parto; se parecen más a unas contracciones "de prueba".

Por lo general, las contracciones de Braxton-Hicks son indoloras, pero a veces se vuelven incómodas; suelen producirse con más frecuencia cuando estás activa y disminuyen cuando descansas. Las mujeres que ya han tenido hijos son más propensas a percibirlas. Quizá te cueste trabajo distinguirlas de los movimientos fetales, especialmente si es tu primer embarazo. Hay casos en que pueden volverse molestas y hacerte pensar en un falso inicio de parto.

Si estás de menos de 36 semanas y experimentas contracciones persistentes, regulares y cada vez más dolorosas, llama al médico para asegurarte de que no se trata de un parto prematuro.

El síndrome del túnel carpiano

Si sientes adormecimiento, cosquilleo o dolor en los dedos y en la muñeca, seguramente tienes el *síndrome del túnel carpiano*. Se produce cuando una hinchazón de la muñeca presiona el *nervio mediano*, que está situado a lo largo del túnel carpiano, desde la muñeca hasta la mano. Puede presentarse en una mano o en ambas, y el dolor podría empeorar por la noche o al despertarte. El síndrome del túnel carpiano es más común entre las mujeres gestantes, debido a la hinchazón típica que se produce durante el embarazo.

Si este síndrome se vuelve persistente o molesto, coméntaselo al médico. En algunas farmacias y establecimientos de productos ortopédicos venden muñequeras que pueden aliviar el problema. No desesperes si el problema no mejora durante el embarazo, ya que suele solucionarse por sí solo después del parto, muchas veces de forma espectacular.

Fatiga

La fatiga que experimentaste al principio del embarazo vuelve a aparecer en el tercer trimestre. Seguramente te sientas como si te movieras en cámara lenta. Todo el tiempo estás cansada, cada vez cargas con más peso, no estás cómoda casi nunca y quizá tengas la sensación de que no logras hacer todo lo que deberías. Para algunas mujeres el segundo y el tercer embarazo son más agotadores que el primero, ya que tienen hijos a su cargo.

Intenta ser realista acerca de lo que puedes hacer y no te sientas culpable por lo que no consigas. Nadie espera que seas una supermujer. Date tiempo, descansa todo lo posible y delega. Deja que otros te ayuden con las tareas domésticas y el resto de responsabilidades. Haz todo lo posible para aprovechar los momentos de tranquilidad. Descansa al máximo, porque después del parto el trabajo será agotador.

Hemorroides

Nadie quiere hablar de las *hemorroides* –venas dilatadas e hinchadas alrededor del recto–, pero son un problema muy común entre las mujeres embarazadas. El útero causa las hemorroides porque, al aumentar de tamaño, presiona los vasos sanguíneos principales, lo que hace que la sangre se acumule y, en consecuencia, que las venas se agranden y se hinchen. Además, la progesterona relaja las venas, con lo que la hinchazón aumenta. Por si fuera poco, el estreñimiento todavía empeora más las hemorroides; cuando te esfuerzas para defecar, se ejerce más presión sobre los vasos sanguíneos, que aumentan de tamaño y acaban sobresaliendo por el recto.

En ocasiones, las hemorroides sangran. Esta hemorragia no afecta al embarazo, pero, si se vuelve frecuente, debes hablar con tu médico y consultar, si es necesario, a un especialista. Si las hemorroides son dolorosas, quizá debas contemplar la necesidad de tratarlas. Mientras tanto, puedes probar lo siguiente:

- ✔ **Evita el estreñimiento (consulta el capítulo 5).** Si tienes que esforzarte, puedes agravar las hemorroides.

- ✔ **Haz ejercicio.** La actividad incrementa el movimiento intestinal, de manera que las deposiciones no se endurecen tanto.

- ✔ **Siéntate cuando puedas.** Hacerlo alivia la presión sobre las venas.

- ✔ **Aplícate medicamentos tópicos, de venta sin receta.** Muchas mujeres sienten alivio con estos remedios.

- ✔ **Date baños tibios de dos a tres veces al día.** El agua tibia puede aliviar los espasmos musculares que casi siempre son la causa del dolor.

- ✔ **Utiliza toallitas especiales para las hemorroides (o toallitas que contengan hamamelis para limpiar y tratar la zona).** Muchas veces proporcionan una sensación de alivio y frescor.

Si tienes que empujar durante el parto, seguramente empeorarás las hemorroides o las harás aparecer donde antes no estaban. Como consuelo, piensa que las hemorroides casi siempre desaparecen después del parto.

Insomnio

Durante los últimos meses de embarazo, muchas mujeres tienen problemas para dormir. No es fácil encontrar una posición cómoda cuando se está de ocho meses. Te sentirás como una ballena varada en la playa. Y levantarse cinco veces cada noche para ir al baño tampoco ayuda. No obstante, quizá puedas encontrar un poco de alivio con los siguientes consejos:

✔ **Toma leche caliente con miel.** La leche, cuando se calienta, libera *triptófano*, un aminoácido natural que da sueño. A su vez, la miel hace que produzcas insulina, lo que también incrementa la somnolencia. Sin embargo, si padeces diabetes gestacional, evita tomar miel (consulta el capítulo 17).

✔ **Haz ejercicio durante el día.** La actividad hará que te canses, lo que te ayudará a la hora de quedarte dormida.

✔ **Acuéstate un poco más tarde que de costumbre.** Pasarás menos tiempo intentando quedarte dormida.

✔ **Limita la ingestión de líquidos después de las seis de la tarde.** No la limites, sin embargo, hasta el punto de deshidratarte.

✔ **Cómprate una buena almohada para el cuerpo.** Puedes colocarla alrededor del cuerpo en diversos lugares, hasta que te resulte más fácil encontrar una postura cómoda.

✔ **Date un baño caliente y relajante antes de acostarte.** A muchas mujeres un baño caliente les da sueño.

La sensación de que el bebé se ha "encajado"

Durante el mes previo al parto, percibirás un descenso del abdomen y sentirás que, de repente, es más fácil respirar. Esta sensación se debe a que el bebé se ha "encajado", lo que quiere decir que ha descendido hacia la pelvis. Este fenómeno suele producirse dos o tres semanas antes del parto en mujeres primerizas. Las mujeres que han dado a luz previamente suelen experimentar esta sensación cuando empiezan a dilatar.

Cuando el bebé se encaja, te sentirás mucho más cómoda de inmediato. El útero ya no presiona el diafragma y el estómago como antes, la respiración se hace más fácil y disminuye la acidez. Sin embargo, al mismo tiempo podrías sentir más presión en la zona vaginal. Muchas mujeres tienen una sensación de pesadez; otras sienten punzadas a medida que la cabeza del bebé se mueve y presiona la vejiga y el suelo pélvico. Que el bebé se encaje no significa que haya empezado la dilatación.

Es posible que no te des cuenta de que el bebé se ha encajado. Durante la consulta, el médico podrá decirte, tras una exploración externa o un tacto vaginal, cuánto ha bajado la cabeza y si ya se ha encajado. Esto quiere decir que la cabeza del feto ha llegado al nivel de las *espinas ciáticas*, los puntos de referencia que pueden palparse durante un tacto vaginal (consulta la figura 7-3).

Cuando la cabeza fetal llega a esta altura, se dice que está en *posición cero*. Casi todos los médicos dividen la pelvis en posiciones descendientes de –5 a +5 (aunque algunos utilizan la clasificación de -3 a +3). A menudo, cuando comienza la dilatación, la cabeza puede estar en posición -4 o –5; es decir, más bien alta, en lo que se llama *cabeza libre*, porque todavía está flotando en la cavidad amniótica. La dilatación continúa hasta que la cabeza desciende todo el trayecto hasta +5, momento en el que el parto está a punto de empezar.

Si la cabeza del bebé ha encajado antes de la dilatación, tendrás más probabilidades de dar a luz por vía vaginal –aunque tampoco es seguro al 100%–. De forma parecida, aunque una cabeza libre no es el sueño de ningún obstetra, tampoco significa que no puedas tener un parto completamente normal.

Si antes ya has estado embarazada, la cabeza del bebé quizá no encaje hasta que el parto esté bien avanzado.

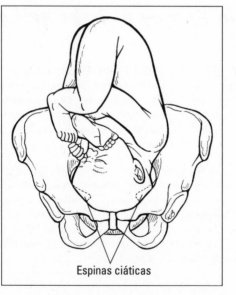

Figura 7-3:
La cabeza del bebé llega a las espinas ciáticas de la pelvis de la madre y allí se encaja

Espinas ciáticas

Pruritos y erupciones cutáneas

Las embarazadas están expuestas a las mismas erupciones cutáneas que las mujeres que no lo están. Sin embargo, existe una erupción cutánea específica del embarazo, que recibe el nombre de *pápulas y placas urticariformes pruriginosas del embarazo*. Aunque suena muy mal, en realidad es más una molestia que otra cosa, y sólo produce un ardor intenso. Aparece con mayor frecuencia en el primer embarazo y en aquellas mujeres con embarazos múltiples –cuantos más fetos haya, más probabilidades de padecerla–.

Suele aparecer hacia el final del embarazo y se caracteriza por unas ronchas rojizas que salen en las estrías del abdomen y se extienden por las piernas, los brazos, el pecho y la espalda; por suerte, casi nunca aparecen en la cara. Aunque esta dolencia no representa una amenaza para el bebé, es posible que el médico te haga un análisis de sangre para asegurarse de que no hay otra enfermedad asociada.

La única forma garantizada de eliminar estas pápulas es dar a luz; de hecho, hay mujeres que afirman que la picazón desaparece por completo unas horas después del parto. Si todavía faltan varias semanas para el gran día, a veces va bien bañarse con una solución de avena coloidal. Las cremas que contienen difenhidramina también pueden ser de ayuda, pero estos productos a veces resecan la piel, lo que empeora el prurito. Algunas mujeres se sienten mejor al tomar difenhidramina por vía oral, pero debes consultar a tu médico antes de hacerlo. Finalmente, en casos muy graves –y poco comunes–, el médico puede recetar un tratamiento con corticoesteroides.

Aunque no veas ninguna erupción cutánea, es posible que sientas mucho escozor, especialmente en los lugares donde tienes estrías. Es algo muy común y generalmente se debe al estiramiento de la piel a medida que el bebé crece.

Cerca de un 2% de las embarazadas contraen *colestasis del embarazo*, un trastorno que se caracteriza por un aumento de los ácidos biliares en la sangre y que produce picazón. Si se trata de un prurito suave, es posible tratarlo con cremas hidratantes, medicamentos tópicos o antihistamínicos orales, como la difenhidramina. Si la picazón es intensa, el médico podría recomendarte medicamentos orales para disminuir la concentración de ácidos biliares en el torrente circulatorio. Algunos estudios sugieren que si la madre tiene esta molestia, es necesario controlar el bebé con una cardiotocografía en reposo (consulta el capítulo 8), porque la colestasis se asocia a un mayor riesgo de complicaciones. El prurito desaparece poco después del parto, pero quizá vuelva a aparecer en embarazos posteriores.

Prepararse para la lactancia

Si estás planteando dar el pecho, es aconsejable que tomes algunas medidas para endurecer la piel alrededor de los pezones y así evitar que se agrieten y se inflamen cuando des de mamar a tu bebé. Los pezones estriados producen dolor, pero si los preparas con antelación puedes reducir el malestar. Puedes darles un masaje suave entre los dedos, exponerlos al aire, frotarlos suavemente con una toalla o ponerte un corpiño de lactancia con las copas abiertas para que los pezones rocen contra la ropa. Las cremas y los aceites tienen el efecto contrario, así que no los utilices en los pezones.

Algunas mujeres creen que sus pechos no son los más adecuados para dar de mamar, pero lo cierto es que no hay ningún pecho que "no sea adecuado". No importa que sean grandes o pequeños; todos pueden producir suficiente cantidad de leche. Las mujeres con pezones retraídos o invertidos pueden hacerse masajes para que sobresalgan más y así facilitar la lactancia (consulta el capítulo 14). En algunos negocios venden unas pezoneras especiales que, mediante una técnica de aspiración, consiguen que los pezones sobresalgan más.

Muchas mujeres notan desde el comienzo del embarazo que sus pechos secretan un líquido amarillento. Es el *calostro*, y es lo que el bebé recién nacido come los primeros días, antes de que aparezca la leche. El calostro tiene un contenido más alto en proteínas y más bajo en grasas; pero lo más importante es que contiene anticuerpos del sistema inmunitario de la madre que ayudan a proteger al bebé contra ciertas infecciones.

No te preocupes si no produces calostro durante el embarazo. Esto no significa que no vayas a producir una cantidad suficiente de leche más adelante. Cada mujer es diferente; a algunas les sale durante el embarazo, y a otras no. Aunque no lo veas, tu bebé se alimentará con calostro las primeras veces que lo amamantes.

Ciática

Algunas mujeres sienten un dolor que se extiende desde la región lumbar hasta los glúteos y luego baja por una de las piernas. Este dolor, unido a una pérdida de sensibilidad –aunque es menos común–, se denomina *ciática*. Se origina cuando se presiona sobre el nervio ciático, uno de los principales del cuerpo, que se ramifica desde la espalda a través de la pelvis, luego pasa por las caderas y baja por las piernas. Los casos leves de ciática pueden aliviarse con reposo en la cama –cambiando de un lado a otro para encontrar la postura más cómoda–, baños tibios o paños calientes sobre la zona del dolor. Si padeces un episodio grave, quizá necesites hacer reposo durante un tiempo prolongado o ejercicios especiales. Pregunta a tu médico.

Dificultad para respirar

Posiblemente descubras que, a medida que avanza el embarazo, te falta el aire. La progesterona es la culpable, puesto que puede causar dificultades para respirar. Además, a medida que el útero crece y presiona el diafragma hacia arriba, los pulmones tienen menos espacio para expandirse con normalidad. (Cuando Joanne estaba embarazada de su segundo bebé, tenía tantas dificultades para respirar que los únicos libros que podía leerle a su hija eran los que tenían frases muy breves. Los más elaborados tuvieron que esperar en el librero hasta que dio a luz.)

En la mayoría de casos la dificultad para respirar es perfectamente normal. Pero si se presenta de repente y con dolor en el pecho, debes llamar al médico.

Estrías

Las estrías son prácticamente inevitables, aunque algunas mujeres consiguen librarse de ellas. Cuando la piel se estira para acomodar el útero en expansión, se producen las estrías. Algunas mujeres también tienen una predisposición genética a padecerlas. Suelen aparecer como rayas rosáceas a lo largo del abdomen y los senos, pero varios meses después del parto se vuelven de un color grisáceo brillante o blancuzco. El color exacto depende del tono de la piel; por ejemplo, son más marrones en las mujeres de piel oscura.

Ninguna crema es totalmente efectiva para prevenir las estrías. Muchas personas creen que frotar aceite con vitamina E sobre el abdomen sirve para prevenirlas o para hacerlas desaparecer, pero la efectividad de este remedio no ha sido probada. Lo mejor es evitar un aumento excesivo de peso y hacer ejercicio regularmente para mantener el tono muscular, ya que alivia la presión del útero sobre la piel que lo recubre.

Recientemente, algunos dermatólogos han empezado a utilizar un láser especial que puede servir para reducir las estrías después del parto. Por otro lado, hay especialistas que aconsejan tratar las estrías después del parto con una crema que contenga ácido retinoico. Sin embargo, no debes utilizar estas cremas durante el embarazo ni durante los meses en los que estés amamantando al bebé. Si las estrías son especialmente visibles, consulta a un dermatólogo algunos meses después de dar a luz.

Edema

La hinchazón (o *edema*) de manos y piernas es muy común en el tercer trimestre. Casi siempre se presenta después de haber estado de pie un buen rato, pero puede ocurrir en cualquier momento del día. El edema tiende a ser más común en zonas de clima cálido.

Contrariamente a lo que dice la sabiduría popular, no hay datos que demuestren que reducir el consumo de sal o beber mucha agua prevenga la hinchazón o la haga desaparecer.

Si bien la hinchazón es un síntoma normal del embarazo, en ocasiones puede ser una señal de preeclampsia (consulta el capítulo 16). Si notas un aumento repentino de la hinchazón, si engordas considerablemente de forma repentina (más de 2 kilos por semana) o si el edema va acompañado de un dolor de cabeza intenso o de molestias en el costado derecho, llama de inmediato a tu médico.

Si tus edemas son más o menos normales, prueba lo siguiente:

✔ Mantén las piernas en alto.

✔ Permanece en lugares frescos.

✔ Utiliza medias de compresión, o medias que no te aprieten a la altura de las rodillas.

✔ Cuando estés en la cama, procura no acostarte sobre la espalda; trata de hacerlo de medio lado.

Incontinencia urinaria de esfuerzo

En el embarazo, no es raro que se te escape un poco de orina cuando toses, te ríes o estornudas. Esta clase de *incontinencia urinaria de esfuerzo* se produce porque el crecimiento del útero presiona la vejiga. La relajación de los músculos del suelo pélvico acrecienta el problema hacia el final del segundo trimestre y durante el tercero. Y a veces el bebé te da una patada certera en la vejiga, provocando que se te escape el pis. Los *ejercicios de Kegel* –en los cuales se contraen varias veces los músculos del suelo pélvico, como tratando de retener la orina– pueden prevenir o reducir considerablemente el problema (consulta el capítulo 13). Algunas mujeres siguen padeciendo un poco de incontinencia después del parto, pero suele desaparecer al cabo de seis o doce meses.

Si el parto fue especialmente difícil y te obligó a empujar durante mucho tiempo, o si tuviste un bebé de gran tamaño, la incontinencia podría no desaparecer del todo. Estate atenta durante unos seis meses y, si el problema persiste, habla con tu médico para ver cómo puedes proceder.

Várices

Quizá notes que te sale un pequeño mapa de carreteras en la parte inferior de las piernas, y a veces incluso en la zona vulvar. Son venas dilatadas, las típicas *várices,* que aparecen por la presión del útero sobre los principales vasos sanguíneos; en particular, sobre los de la pelvis y sobre la *vena cava inferior,* la que devuelve la sangre al corazón. El embarazo también provoca que el tejido muscular del interior de las venas se relaje y que aumente el volumen sanguíneo, lo que acrecienta aún más el problema. Las mujeres de piel clara o con antecedentes familiares de várices son especialmente propensas a tenerlas. Muy a menudo, aunque no siempre, estas venas de color azulado o violeta desaparecen después del parto. Suelen ser indoloras, pero en ocasiones van acompañadas de malestar.

En algunos casos poco frecuentes se forma un coágulo en las venas superficiales de las piernas. Este trastorno, llamado *tromboflebitis superficial*, no es un problema serio; suele solucionarse con descanso, poniendo las piernas en alto, con paños tibios y medias especiales. Lo que sí es más grave es la formación de un coágulo en las venas profundas (consulta el capítulo 17, donde encontrarás más detalles sobre la *trombosis venosa profunda*).

No es posible prevenir las várices –ni luchar contra la herencia–, pero sí reducir la cantidad y la gravedad siguiendo estos consejos:

✔ Evita estar parada durante mucho tiempo.

✔ Evita llevar ropa que se ajuste a las piernas, como las medias con elásticos apretados, ya que actúan como un torniquete.

✔ Si tienes que permanecer relativamente quieta, mueve las piernas de vez en cuando para estimular la circulación.

✔ Pon las piernas en alto cada vez que puedas.

✔ Utiliza medias de compresión, o habla con el médico para que te
recete unas medias especiales.

Prepararse para el parto

Hacia el final del tercer trimestre, seguramente pensarás más en el parto
y te preguntarás cómo será. Muchas de nuestras pacientes quieren saber
cuándo empezará y si pueden hacer algo para que sea más corto. En este
apartado te ayudamos a planificar el parto, te informamos sobre las clases a las que puedes asistir para prepararte, te orientamos sobre lo que
debes comentarle a tu médico si te inclinas por una cesárea y te damos
algunas sugerencias para que nada te tome desprevenida.

Elaborar un plan

El *plan de parto* es una declaración en la que indicas tus preferencias para
el momento del parto. Es una forma de reflexionar sobre tus opciones y
tus sentimientos, que te ayuda a tenerlo todo más claro y evitar así que
tomes decisiones precipitadas. Para elaborarlo tendrás que decidir, entre
otras cosas, dónde deseas dar a luz, quién quieres que te acompañe durante el proceso y cómo prefieres que se trate el dolor que puedas sentir.
Basta con que comuniques tus preferencias verbalmente, aunque también
tienes la opción de ponerlas por escrito. No importa cómo desarrolles
tu plan de parto, pero debes comentarlo con tu médico con bastante antelación, ya que las prácticas obstétricas varían enormemente según el
médico y el hospital. Por ejemplo, algunos hospitales tienen unas normas
específicas sobre la cardiotocografía durante el parto. Lo más importante
de un plan de parto, tanto si lo comunicas por escrito como verbalmente, es
que te va a permitir hablar abiertamente sobre tus preferencias con tu
médico.

Si pones tu plan por escrito, te aconsejamos que no lo conviertas en un
manifiesto que busque anticipar todas las eventualidades que puedan
producirse durante el parto. Cuanto más breve sea, mejor; así no sólo
ahorras papel, sino que sobre todo le facilitas el trabajo al personal sani-
tario, dado lo imprevisible del proceso. Si en tu plan de parto incluyes la
opción de que te practiquen una cesárea, consulta más adelante el apartado "Solicitar una cesárea programada".

La vuelta al colegio: las clases de preparación

Quizá te interese asistir a clases de preparación al parto para informarte sobre las técnicas de respiración, relajación y masaje, lo que te ayudará a disipar el miedo, la ansiedad y el dolor asociados a ese gran momento. En la actualidad, la mayoría de padres primerizos también acuden a clases de preparación al parto; una formación que ha cambiado considerablemente la experiencia que la mujer vive en ese momento. Hoy en día, los partos no tienen nada que ver con los del siglo pasado, cuando las mujeres estaban totalmente anestesiadas y el único papel del padre era pasearse por la sala de espera hecho un manojo de nervios.

Ahora que se acerca el momento del parto, debes conocer los diferentes métodos existentes, para decidir las clases que mejor se adaptan a tus necesidades. A continuación te resumimos los principales:

✔ **Lamaze:** Este método de alumbramiento, el más conocido de todos, fue ideado en los años cuarenta por el obstetra francés Fernand Lamaze. Se basa en técnicas de respiración profunda y otros ejercicios para distraer a la mujer del dolor asociado al parto. Para obtener más información, consulta www.lamaze.org (en inglés).

✔ **Bradley:** Este método, desarrollado en los años cuarenta por el obstetra estadounidense Robert Bradley, apuesta por el parto natural, sin fármacos. Se basa en el uso de la respiración profunda y de otras técnicas para controlar los dolores y cuenta con la participación activa del padre. Si te interesa, puedes consultar el sitio web www.bradleybirth.com (en inglés).

✔ **Leboyer:** La piedra angular de este método consiste en reducir al mínimo el trauma que supone para el bebé la transición al exterior. Por eso, el bebé nace en una sala con una iluminación tenue y se entrega de inmediato a la madre, para así favorecer la vinculación afectiva.

✔ **Alexander:** Este método propugna una preparación intensiva del cuerpo para mejorar el equilibrio, la flexibilidad y la coordinación, lo que aumenta la comodidad de la madre durante el parto. Encontrarás más información en www.alexandertechnique.com/articles2/pregnancy (en inglés).

✔ **HypnoBirthing:** En 1944 el obstetra británico Grantly Dick-Read describió esta técnica por primera vez en un libro titulado *Childbirth without Fear* (*El parto sin temor*). Este método consiste en utilizar la hipnosis para romper el círculo vicioso "miedo-tensión-dolor", con lo que el parto resulta más fácil.

Si decides acudir a las clases, asegúrate de que te proporcionan información fiable y precisa. Pide a tu médico que te recomiende un buen curso o pregunta a aquellas amigas que tengan experiencia con el tema.

En la actualidad, la mayoría de clases de preparación al parto combinan varias de estas técnicas. Su principal ventaja es que te ofrecen la oportunidad de informarte sobre lo que sucederá. De este modo, conseguirás aliviar la ansiedad y los miedos que te asaltan cuando piensas en el gran acontecimiento. Entre otros beneficios de las clases destacan los siguientes:

✔ **Incorporas a tu pareja al proceso.** Si tu pareja no puede asistir siempre a las consultas con el médico, las clases pueden ofrecerle la oportunidad de informarse sobre lo que sucederá y hacer preguntas.

✔ **Conoces a otros futuros padres.** Quizás hagan amigos y, con el tiempo, consigan compañeros de juegos para el niño.

✔ **Conoces el hospital o lugar donde va a nacer el bebé.** Muchas veces es una gran ayuda conocer el lugar donde ocurrirá todo. Si tus clases no incluyen este tipo de visitas, pídele a tu médico que organice una.

No tienes que creer todo lo que oigas en las clases. Si quieres utilizar medicamentos o anestesia para reducir el dolor del parto y tu instructor te advierte de que son nocivos, no te dejes influir. No conseguirás nada convirtiéndote en una mártir durante el parto. Quédate con lo que te sea útil y olvídate del resto. En última instancia, es tu parto, y tienes que hacer lo que te resulte cómodo.

La educación para el parto no está pensada para todo el mundo; de hecho, algunas mujeres se ponen más nerviosas si tienen mucha información sobre lo que va a suceder. Por esta razón, cada mujer debe tomar sus propias decisiones al respecto. Si por cualquier motivo acabas dando a luz antes de acabar las clases, no te preocupes. Las parteras pueden enseñarte las técnicas básicas que debes saber.

Solicitar una cesárea programada

Es posible que te practiquen una *cesárea programada* si lo solicitas expresamente, aunque no haya razones médicas u obstétricas para hacerlo. En el caso de que desees tener un parto por cesárea, habla con tu médico con la suficiente antelación. Te comentará todas las ventajas e inconvenientes, para que así puedas tomar una decisión bien argumentada. Si

Estar preparados: reanimación cardiopulmonar pediátrica

A nadie le gusta pensar en la posibilidad de que un día el bebé no responda a los estímulos o tenga dificultades para respirar. Pero es algo que puede suceder, por lo que es recomendable estar preparado para salvarle la vida en caso de que se vea en esta angustiosa situación. Por esta razón, se recomienda que todos los padres y pediatras aprendan técnicas de reanimación cardiopulmonar aplicadas a bebés.

Todos los padres deberían estar familiarizados con este procedimiento. Muchas personas creen que hace falta una formación intensiva para dominar la técnica, pero se ofrecen cursos simplificados para que cualquiera pueda hacerlo con un mínimo de esfuerzo.

piensas tener muchos hijos, quizá no sea buena idea, ya que la posibilidad de sufrir ciertos problemas aumenta con cada parto por cesárea.

En la última década, cada vez es más frecuente que se practiquen cesáreas programadas a petición de la madre. De hecho, las estadísticas muestran que cerca del 2,5% de los partos que se realizan en los Estados Unidos son por cesárea programada.

Entre las principales ventajas de este tipo de partos destacan un menor riesgo de hemorragia puerperal (consulta el capítulo 11) y de sufrir incontinencia urinaria. Este último punto es válido durante el primer año, pero, una vez transcurrido este tiempo, el riesgo de sufrir incontinencia es el mismo entre las mujeres que han tenido un parto vaginal y las que han optado por una cesárea programada.

Los grandes inconvenientes de la cesárea son que debes estar más tiempo en el hospital, los problemas respiratorios pasajeros que sufre el bebé y un mayor riesgo de sufrir desgarro uterino y placenta adherida (también llamada *placenta acreta*) en embarazos posteriores; consulta en el capítulo 15 la información sobre el parto vaginal después de una cesárea.

Decidir quién asiste al parto

Las mujeres nunca han dado a luz solas, en ningún momento de la historia. De hecho, muchas culturas cuentan con rituales específicos para los partos, en los que participan otras mujeres para ayudar. En los últimos años, lo más frecuente es que participen el padre, miembros de la familia, amigos cercanos o profesionales perinatales. Por eso, antes de que llegue el momento de acudir al hospital, debes decidir quién quieres que te acompañe.

Algunos hospitales permiten que haya más de una persona cercana en la sala de partos, con la intención de que transmitan todo su apoyo a la madre. Quizá te interese que algunas de las siguientes personas asistan al parto:

✔ **El padre del bebé o tu pareja:** Se trata de una decisión muy lógica.

✔ **Tus padres:** A algunas mujeres les ayuda que sus padres estén presentes.

✔ **Tu hermana:** Una hermana o amiga íntima pueden darte todo el apoyo que necesitas.

✔ **Una monitora perinatal:** Algunas mujeres deciden contratar los servicios de una monitora perinatal (también llamada *doula*). Estas profesionales cuentan con una amplia experiencia en partos y prestan apoyo físico y emocional a lo largo de todo el proceso.

El *apoyo perinatal continuo* se refiere a la asistencia constante de carácter extramédico que recibe una mujer durante el alumbramiento. Entre otras cosas, incluye apoyo emocional a la paciente y a su pareja, atención a la comodidad física de la madre (masajes, ayuda para la colocación y aseo) y, a menudo, información y explicaciones sobre los diversos procedimientos y situaciones. Este tipo de asistencia reduce la necesidad de recurrir a una cesárea y el uso de medicamentos, acorta el tiempo del parto y lo convierte en una experiencia más positiva.

Algunas mujeres que ya tienen hijos desean que estén presentes en el nacimiento para vivir el momento en familia. Sin embargo, si estás pensando en hacerlo, debes valorar el grado de madurez de los hijos (o familiares) que te gustaría que asistieran y considerar si lo vivirán como una experiencia positiva o incómoda. Aunque la mayoría de los partos se desarrolla sin complicaciones, algunos pueden ser estresantes o más difíciles. Tenlo en cuenta cuando decidas quién asistirá al parto.

¿Cuándo comenzará el parto?

"¿Cuándo voy a tener el bebé?" Ésta es la pregunta que oímos con más frecuencia a medida que se acerca la fecha probable. Ojalá tuviéramos una manera de saberlo, pero lo cierto es que es imposible adivinarlo, ni con una bola de cristal. A veces una mujer que tiene un cuello uterino largo y cerrado se pone de parto doce horas después de un tacto vaginal, mientras que otras pueden andar por ahí varias semanas con el cuello uterino dilatado 3 centímetros. Hay algunos indicios que señalan que algo puede suceder pronto: la expulsión del *tapón mucoso*, que no es realmente un tapón, sino un moco espeso producido por el cuello uterino; un flujo hemorrágico, que es una secreción mucosa con algo de sangre; un aumento en la frecuencia de las contracciones de Braxton-Hicks; e incluso la aparición de diarrea. Pero ninguno de estos síntomas es un indicio totalmente fiable. La pérdida del tapón mucoso o el flujo hemorrágico pueden ocurrir horas, días o semanas antes del parto; incluso en algunos casos pueden llegar a no producirse. Esta dificultad para predecir el parto puede agravar el nerviosismo de la madre, pero también hace que el proceso sea más emocionante.

A lo largo de la historia, las mujeres han probado toda clase de trucos para inducir el parto: comida china, enemas, relaciones sexuales, té de frambuesa... Pero nada parece funcionar, excepto la inducción médica.

Estimular los pezones o masajearlos con vigor puede producir contracciones. Se trata de un procedimiento que no debe llevarse a cabo en casa, porque puede producir una hiperestimulación del útero, es decir, provocar contracciones demasiado frecuentes, lo que no es saludable ni para ti ni para el bebé. De todos modos, en cuanto se detiene la estimulación del pezón, las contracciones suelen terminar.

El masaje perineal

El *masaje perineal* ha despertado un gran interés en los últimos años. Este proceso consiste en usar un aceite o crema en el *periné* –entre la vagina y el recto– para masajear toda la zona como preparación al parto. Aunque ciertos estudios sugieren que esta práctica reduce la posibilidad de desgarros o la necesidad de hacer una *episiotomía* (cortar el periné para aumentar el espacio de salida del bebé; consulta el capítulo 11), todavía no hay constancia de que funcione en la mayoría de partos. Sin embargo, no hace ningún daño intentarlo. Si piensas que el masaje puede ayudarte y te resulta cómodo, adelante.

La recta final: las consultas prenatales en el tercer trimestre

Entre las semanas 28 y 36, el médico seguramente querrá verte cada dos o tres semanas, y luego todavía más seguido, cada semana, a medida que el parto se acerca. Comprobará lo habitual: la tensión arterial, el peso, la frecuencia cardíaca del bebé, la altura uterina y la orina. Estas consultas también son un buen momento para hablar con el médico sobre los asuntos relacionados con el parto.

Si el trabajo de parto no empieza en la fecha estimada, el médico querrá hacer una cardiotocografía en reposo (consulta los detalles en el capítulo 8) para valorar el bienestar fetal. Después de las semanas 40 o 41, el funcionamiento de la placenta y la cantidad de líquido amniótico pueden disminuir, por lo que hay que asegurarse de que cumplen adecuadamente sus funciones. Sobre la semana 41-42, los médicos recomiendan inducir el parto (consulta el capítulo 10), porque aumenta considerablemente el riesgo de que el bebé tenga problemas.

Reconocer los motivos de preocupación

Durante las semanas finales del embarazo, verás al médico con mucha más frecuencia que antes. Aun así, puede que se presenten algunos problemas entre consulta y consulta. Todo se acelera durante la etapa final del tercer trimestre, cuando tu cuerpo y el bebé están preparándose para el parto. A continuación indicamos algunas cuestiones que pueden justificar una llamada al médico.

Hemorragia

Si experimentas una hemorragia considerable, llama al médico de inmediato. Algunas hemorragias del tercer trimestre son inofensivas, tanto para la madre como para el bebé, pero en ocasiones pueden tener graves consecuencias. Es lógico que desees que el médico te examine para asegurarte de que todo está bien. Las posibles causas de una hemorragia en el tercer trimestre incluyen:

✔ **Parto prematuro:** Se reconoce por la aparición de contracciones y cambios en el cuello uterino antes de la semana 37.

✔ **Inflamación o irritación del cuello uterino, o ruptura de vasos sanguíneos superficiales del cuello uterino, sin consecuencias negativas:** Puede producirse como consecuencia de una relación sexual o de una exploración ginecológica.

✔ **Placenta previa o placenta baja:** Consulta el capítulo 16.

✔ **Separación o desprendimiento prematuro de la placenta:** Consulta también el capítulo 16.

✔ **Flujo hemorrágico:** La sangre expulsada suele ser inferior a la de un periodo menstrual normal, y muchas veces está mezclada con moco. Consulta el capítulo 10.

Presentación podálica

Se dice que un bebé está en *presentación podálica* cuando lo que está más cerca del cuello uterino son las nalgas o las piernas. Esto ocurre en un 3 y 4% de partos únicos. El riesgo de que el bebé se acomode de esta forma se reduce a medida que avanza el embarazo. La incidencia es de un 24% de la semana 18 a la 22, pero solamente del 8% de la semana 28 a la 30. En la semana 34, el riesgo desciende a un 7%, y entre la semana 38 y la 40, al 3%.

Si el médico ve que el bebé se encuentra en posición podálica durante el tercer trimestre, hablará contigo sobre las opciones disponibles, lo que incluye un parto vaginal en podálica –nada habitual en la actualidad–, una *versión cefálica externa* o una cesárea. Consulta en el capítulo 16 para obtener más detalles sobre esta posición.

Disminución del volumen de líquido amniótico

El término médico para la disminución del volumen de líquido amniótico es *oligohidramnios,* aunque anteriormente también se conocía como *parto seco.* A veces se descubre en una de las ecografías programadas o simplemente al palpar el útero. Este problema puede deberse a una causa desconocida, o bien puede estar asociado a la ruptura prematura de la bolsa de aguas, a una restricción del crecimiento intrauterino (como describimos en el apartado "Problemas con el crecimiento fetal") o a otras complicaciones. Por lo general, una leve disminución del líquido amniótico no es motivo de preocupación. Sin embargo, el médico iniciará un control más estricto, con cardiotocografías en reposo y ecografías, para asegurarse de que no haya complicaciones. Si estás muy cerca de la fecha probable de parto, a lo mejor conviene adelantar el momento. Por otro lado, si solamente estás de 30 semanas, la mejor opción puede ser el reposo y un control riguroso. Evidentemente, la forma en la que se trate el problema también dependerá de la causa. Consulta en el capítulo 16 los problemas relacionados con el líquido amniótico.

Disminución de los movimientos fetales

Si sientes que la cantidad de movimientos fetales disminuye, coméntaselo a tu médico. El movimiento fetal es uno de los aspectos a los que hay que prestar mayor atención a medida que se acerca la fecha del parto. Consulta el apartado "La patada: los movimientos fetales" unas páginas atrás, en este mismo capítulo.

Problemas con el crecimiento fetal

Es posible que en alguna revisión el médico te diga que el tamaño de tu útero es demasiado pequeño o demasiado grande. Este diagnóstico no es motivo de alarma. A menudo, en estas circunstancias, el médico sugiere una ecografía para ver mejor el estado del bebé. Entre otras cosas, la ecografía mide el tamaño de la cabeza del bebé, la circunferencia del abdomen y la longitud del fémur. El médico introduce estas medidas en una ecuación matemática que calcula el peso fetal; con este valor, traza una curva que señala la edad del bebé con respecto al peso, y que representa el crecimiento medio de miles de fetos en cada edad gestacional (consulta la figura 7-4).

El médico comprobará entonces en qué lugar de la curva se ubica el peso del bebé y qué percentil le corresponde. Si su peso se encuentra entre los percentiles 10 y 90, se considera normal. Recuerda que no todos los bebés se ubican justo en medio, en el percentil 50, y que el percentil 20 sigue siendo perfectamente normal y no es motivo de preocupación.

Ten en cuenta que aunque la ecografía es una excelente herramienta para evaluar el crecimiento fetal, no es perfecta. No es lo mismo evaluar el peso del feto a partir de una ecografía que poner al bebé sobre una balanza. Los pesos calculados en el tercer trimestre pueden variar hasta en un 10 o un 20%, debido a modificaciones en las estructuras fetales; así que si el bebé está fuera del intervalo normal, no te preocupes.

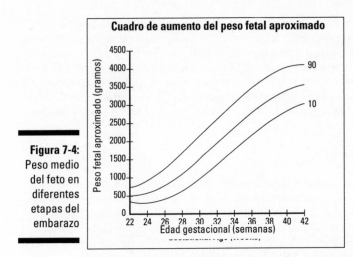

Cuadro de aumento del peso fetal aproximado

Figura 7-4:
Peso medio
del feto en
diferentes
etapas del
embarazo

Si el bebé mide más de la cuenta (*macrosomía*), el médico te recomendará que te hagas una prueba de glucosa para establecer si padeces diabetes gestacional (consulta el capítulo 16). En cambio, si el bebé parece demasiado pequeño (*restricción del crecimiento intrauterino*, o RCIU), te sugerirá que te sometas a una cardiotocografía en reposo y que te hagas más ecografías para controlar más de cerca lo que está pasando. En el capítulo 16 nos centramos en los problemas relacionados con el crecimiento fetal y su tratamiento.

Pérdidas de líquido amniótico

Si tu ropa interior está mojada, puede deberse a varias razones: un poco de orina, flujo vaginal, el tapón mucoso –que se ha desprendido del cuello uterino– o un escape de líquido amniótico, lo que se conoce como *romper fuente*. Muchas veces puede detectarse la causa examinando el líquido. Una secreción mucosa tiende a ser espesa y pegajosa, mientras que el flujo vaginal es blancuzco y suave. La orina tiene un olor característico y no fluye continuamente sin esfuerzo. El líquido amniótico, en cambio, suele ser transparente y acuoso y a menudo se pierde intermitentemente. A veces, al romper bolsa, se produce un gran derrame, pero si la bolsa tiene sólo una pequeña abertura, el escape puede ser mínimo.

Si expulsas lo que parece ser líquido amniótico, llama al médico de inmediato o dirígete al hospital para una exploración. Si no se trata de un parto prematuro y el líquido amniótico es transparente, no se considera una emergencia. No obstante, casi todos los médicos te pedirán que les llames ante este tipo de situaciones para poder indicarte qué hacer. Si el líquido incluye sangre o tiene un color marrón verdoso, díselo al médico. Un líquido de color verdoso apunta a una deposición (*meconio*) del bebé dentro del útero. Un acontecimiento de esta naturaleza no constituye ningún problema, pero puede indicar que el bebé está sometido a un cierto estrés. El médico comprobará los latidos del corazón del bebé, probablemente mediante una cardiotocografía en reposo, y se asegurará de que esté bien.

Preeclampsia

La *preeclampsia* es una dolencia propia del embarazo que asocia la hipertensión arterial con un aumento de las proteínas en la orina, y a veces también con hinchazón en las manos, cara y piernas. También llamada *toxemia* o *hipertensión gestacional*, la preeclampsia es bastante común, ya que se presenta en un 6 a 8% de los embarazos. Puede ser muy leve o constituir una situación médica grave. En el capítulo 16 se incluye información sobre los signos y los síntomas de preeclampsia.

Por lo general, la preeclampsia se presenta de forma gradual. Quizá al principio el médico sólo note un ligero aumento de la tensión arterial. Podría recomendarte descansar más, recostarte de lado todo el tiempo posible y acudir a la consulta más seguido. Sin embargo, a veces se presenta de manera repentina.

Parto prematuro

Estrictamente hablando, el *parto prematuro* se produce cuando una mujer empieza a presentar contracciones y cambios en el cuello uterino antes de completar 37 semanas de embarazo. Muchas mujeres tienen contracciones, pero no experimentan cambios en el cuello uterino; en este caso no se trata realmente de un parto prematuro. No obstante, para descubrir si el cuello uterino está cambiando, es necesaria una exploración. El médico determinará también con cuánta frecuencia se presentan las contracciones con un monitor de contracciones uterinas parecido al que se utiliza para realizar una cardiotocografía en reposo (consulta el capítulo 8).

Las contracciones asociadas con el parto prematuro son regulares, persistentes y muchas veces molestas. Por lo general, empiezan como una sensación de dolor menstrual fuerte. Recuerda, en cambio, que las contracciones de Braxton-Hicks no son regulares ni persistentes, y no suelen causar molestias. El parto prematuro puede asociarse también con una mayor secreción mucosa, hemorragia o pérdida de líquido amniótico. Es fundamental diagnosticarlo cuanto antes. Los medicamentos que se utili-

¿Debo conservar la sangre del cordón umbilical?

A veces los padres deciden conservar la sangre del cordón umbilical del bebé por contener células madre. Son un tipo de células que pueden utilizarse para tratar algunas hemopatías que el bebé podría contraer al crecer, como una anemia grave. La decisión de guardar la sangre del cordón umbilical es muy personal y depende de numerosos factores. Entre otras cosas, debe tenerse en cuenta el gasto que conlleva y la importancia que esta decisión tiene para la familia.

Si se inclinan por esta opción, pueden utilizar dos tipos de bancos para almacenar la sangre del cordón umbilical:

✔ **Bancos públicos:** Almacenan de forma gratuita la sangre donada. Estos bancos guardan cientos de miles de muestras de sangre del cordón umbilical, lo que aumenta las probabilidades de que las personas que lo necesiten encuentren sangre compatible. Dado que estas muestras están disponibles para el público en general, los padres que las donan pierden sus derechos sobre ellas en el momento de la donación.

✔ **Bancos privados:** Este tipo de bancos cobra al donante (o a su familia) una cuota inicial por procesar las células y una cuota anual por su almacenamiento. Las células se conservan en el banco hasta que el donante o un miembro de la familia las necesite. Las investigaciones han demostrado que la probabilidad de que un donante o un miembro de la familia necesite las células es de 1 entre 2700.

No todos los hospitales disponen de instalaciones adecuadas para procesar la sangre del cordón umbilical. Si deciden no conservar la sangre o no pueden afrontar el gasto, no deben sentirse culpables. En absoluto. Algunas personas creen que invertir en otras cosas ese dinero puede aportar más beneficios al bebé que las células madre. Es muy importante que estudien las opciones antes del parto. Si optan por acudir a un banco privado, tendrán que llenar varios formularios, recoger el kit de extracción y llevarlo el día del parto. Asimismo, deben informar al médico de que desean almacenar la sangre del cordón umbilical para que esté preparado en el momento del parto.

zan para detener el parto prematuro funcionan mejor si el cuello uterino no se ha dilatado más de 3 centímetros. Si el parto se inicia después de la semana 35, el médico seguramente no intentará detener las contracciones, excepto en contadas ocasiones como, por ejemplo, en caso de padecer una diabetes mal tratada.

Si tienes contracciones regulares, dolorosas y persistentes –más de cinco o seis cada hora– y todavía no estás de 35 o 36 semanas, llama al médico. La única forma de saber si se trata de un parto prematuro consiste en realizar una exploración. También debes llamar al médico inmediatamente si crees que has roto aguas o si se produce una hemorragia. Consulta el capítulo 16 para encontrar información más detallada sobre el parto prematuro.

Cuando el bebé se retrasa

Durante casi 40 semanas, crees que el bebé llegará en una fecha determinada. Sin embargo, solamente un 5% de las mujeres da a luz en la fecha probable de parto; el 80% da a luz entre la semana 37 y la 42, lo que se considera *a término*. El 10% restante no se pone de parto antes de la semana 42; son los llamados *embarazos prolongados*. Antes, este desfase podía deberse a un cálculo erróneo de la fecha probable de parto. Sin embargo, en la actualidad, el uso de la ecografía permite calcular la fecha con bastante exactitud. Las ecografías que se realizan en el primer trimestre son especialmente precisas, con un margen de error de unos tres o cuatro días. En cambio, las ecografías realizadas en el tercer trimestre pueden equivocarse en dos o tres semanas.

Muchos médicos aconsejan inducir el parto si el embarazo llega a la semana 41-42. Si tu embarazo se prolonga más allá de esa fecha, el bebé probablemente estará bien, pero los riesgos para su salud aumentan. Consulta los detalles en el capítulo 10.

Los preparativos para el hospital

Hacia el final del tercer trimestre, el parto es tan inminente que conviene que estés completamente preparada para salir directa hacia el hospital. Seguramente no querrás preparar la maleta en el último minuto, ni tampoco tendrás tiempo para parar en un negocio a comprar la sillita del bebé. Si lo dejas todo a punto antes del parto, tendrás la mente libre para concentrarte en lo importante, como la enésima visita del día al cuarto de baño.

La maleta

Muchas mujeres están más tranquilas si saben que tienen lista la maleta para el hospital. Así pueden concentrarse en las señales que indican el comienzo del parto y, al mismo tiempo, evitan preocuparse innecesariamente.

Quizá quieras tener unas cuantas cosas a mano cuando llegue la hora del parto, incluidas las siguientes:

✔ **Una cámara fotográfica.** No olvides cargar la batería o las pilas y llevar una o varias tarjetas de memoria.

✔ **Un teléfono celular.** Lleva la agenda con los números de teléfono de la familia, los amigos y el trabajo.

✔ **Información de la institución social.** No olvides tu carnet del seguro social o del hospital elegido.

✔ **Medias.** Los pies seguramente se te enfriarán, así que sé previsora.

✔ **Anteojos.** Durante el parto, pueden ser más prácticos que los lentes de contacto.

✔ **Algo para comer para la persona que te acompaña.** No querrás que te abandone porque va a buscar algo a la cafetería.

✔ **Caramelos.** Tendrás que pasarte algún tiempo sin comer ni beber.

✔ **Un objeto que tu pareja pueda utilizar para hacerte masajes en la espalda durante el parto.** Algunas personas utilizan una pelota de tenis, un rodillo estrecho para pintar o un rodillo de cocina.

✔ **Un reproductor de CD o MP3, si la música te relaja.** No olvides llevar tu música favorita.

✔ **Dinero suelto para pagar en el estacionamiento, la cabina telefónica o las máquinas expendedoras.** Nunca se sabe cuándo puede ser útil.

Después del parto, hay algunos objetos que pueden hacer que tu estancia en el hospital sea más llevadera, cómoda o entretenida:

✔ Un refrigerio para después del parto.

✔ Champán para un brindis de celebración, si así lo deseas.

✔ Toallitas.

✔ Ropa interior resistente y de algodón, que se pueda manchar.

✔ Una muda para baño y una bata.

✔ Productos de aseo y belleza.

✔ Zapatos anchos para los pies hinchados.

✔ Ropa suelta y cómoda para volver a casa.

✔ Ropa para el bebé (¡o los bebés!).

✔ Una sillita para el auto, especial para el bebé.

Elegir (y utilizar) la sillita para el auto

Una de las compras más importantes y difíciles es la sillita para el auto. Existe tanta variedad de modelos que deben estar bien seguros de lo que buscan. En esencia, hay dos tipos de sillas:

✔ **Sillitas sólo para bebés:** Están diseñadas para niños de menos de un año de edad o con un peso inferior a los 9 kilos. Esta sillita es el modelo más pequeño y ligero. Es fundamental que el bebé vaya en posición contraria a la marcha, ya que de este modo su espalda, cuello y cabeza quedan más protegidos en caso de accidente. Este tipo de sillitas son muy prácticas porque, al ser tan ligeras, también pueden utilizarse como si fueran la parte superior del cochecito, como sillita para dar de comer al bebé o como mecedora.

✔ **Sillitas adaptables para bebés un poco mayores:** Este tipo de accesorio suele ser algo más grande que las sillitas destinadas únicamente a bebés. Puede utilizarse en posición contraria a la marcha hasta que el bebé cumpla un año o hasta que pese 9 kilos. Averigua qué es lo que dice el reglamento de tránsito, para estar segura de que estás al día de los últimos cambios. Algunos modelos permiten seguir llevando al bebé en esta posición hasta que pesa 13 o 14 kilos. La ventaja de estas sillitas es que con una sola compra resuelves la cuestión hasta que el niño cumple 3 años.

¿En qué debes fijarte cuando vas a comprar una sillita? En primer lugar, intenta encontrar un modelo fácil de utilizar. También es importante prestar atención al precio, porque no siempre las más caras son las mejores. Si adquieres un modelo adaptable, antes de tirar el *ticket* asegúrate de que cabe en el auto orientada hacia delante y hacia atrás, y cámbiala si no es así. Comprueba también que es fácil de instalar en el vehículo; no debería hacer falta ser ingeniero mecánico para poder armar la sillita. Ten en cuenta también las siguientes consideraciones:

✔ Debe integrar un arnés de seguridad con cinco puntos de fijación y ajuste frontal.

✔ Debe ofrecer buenos puntos de apoyo para la cabeza y el cuello.

✔ Debe ser fácil de limpiar.

Cuando hayas elegido la sillita, practica el armado, el desarmado y la instalación antes de sacar de paseo al bebé por primera vez. Recuerda que el bebé tiene que ir en una posición medio reclinada, en un ángulo de unos 45°, con el arnés bien ceñido al cuerpo.

Si quieres abrigar al bebé, colócale primero el arnés y luego tápalo con una mantita. Si le pones primero la manta o un abrigo grueso y luego cierras las correas, pueden quedar demasiado sueltas.

Si has tenido un parto prematuro, pregúntale al pediatra si el bebé debe probar la sillita antes de recibir el alta. Los bebés prematuros corren un mayor riesgo de sufrir periodos de *apnea* (interrupción de la respiración) o de descenso de la frecuencia cardíaca cuando están en la sillita del auto. Quizá debas ponerle toallas enrolladas o pañales a cada lado de la cabeza para evitar que se le caiga cuando duerma.

Para el futuro padre: cerca de la meta

Es muy posible que tu pareja empiece a sentirse incómoda por todos los cambios corporales que ha experimentado. A muchas mujeres les cuesta dormir en el tercer trimestre, lo que hace aún más complicado tolerar las incomodidades propias del embarazo. Tal y como sucede durante el primer trimestre, intenta asumir más tareas en el hogar para que ella tenga tiempo de descansar. Piensa en regalarle un "día de belleza" en su salón de estética preferido, o llévala a que le hagan un masaje o cualquier otra cosa que la haga sentirse especial. Tu pareja merece estar a gusto consigo misma y con los cambios que experimenta. Además, las cosas serán más fáciles para ambos si encuentran la forma de que ella acepte su cuerpo, se relaje y se tome las cosas con calma.

Cuando se acerque el final del tercer trimestre ambos empezarán a concentrarse en el parto. Tendrás miles de preguntas... ¿Estará bien el bebé? ¿De verdad quiero estar presente en el parto? ¿Cómo lo sobrellevará mi pareja? ¿Cómo viviré yo la experiencia? ¿Me marearé cuando esté dando a luz? Psicológicamente, el nacimiento de un hijo puede ser un auténtico reto para el padre. Estás muy implicado en los acontecimientos, pero, como no estás en el asiento del conductor y no puedes controlar la situación, no puedes evitar sentirte inquieto.

Al mismo tiempo, de repente te das cuenta de la inminencia de tu paternidad. La llegada de esta nueva responsabilidad puede causarte más ansiedad y agobiarte con más preguntas... ¿Seré capaz de darle a mi familia todo lo que necesite? ¿Seré un buen padre? ¿Seré capaz de cambiar un pañal? ¿Cómo haré para alzar al frágil recién nacido en brazos? Todas estas preguntas son normales. Recuerda que seguramente se parecen mucho a las que se hace la madre. La comunicación es fundamental: la mayoría de las parejas se dan cuenta de que, hablando, pueden superar los ataques de pánico.

Capítulo 8

Las pruebas prenatales

• •

En este capítulo

▶ Una mirada a las pruebas genéticas del primer trimestre

▶ Pruebas habituales durante el segundo trimestre

▶ La recta final: las pruebas del tercer trimestre

• •

Pasar el test casero de embarazo es sólo el principio. Los nueve meses que siguen están llenos de toda clase de pruebas destinadas a garantizar tu salud y la del bebé. El médico será quien recomiende la realización de muchas de estas pruebas, pero recuerda que algunas son opcionales y que sólo se harán si presentas ciertos factores de riesgo. Igual que con los exámenes escolares, quizá te sientas un poco nerviosa antes de una de estas pruebas. Pero puedes estar tranquila, ya que lo más seguro es que la superes con las mejores notas.

Pruebas diagnósticas en el primer trimestre

Dependiendo de tu edad, de tus antecedentes personales y de otros factores, quizá sea aconsejable que te sometas a una o varias pruebas diseñadas para detectar ciertos trastornos o enfermedades genéticas. Hay muchas pruebas distintas, como la obtención de muestras de las vellosidades coriónicas, la amniocentesis y los análisis de sangre del bebé. La prueba de las vellosidades y la amniocentesis son las únicas que pueden realizarse durante el primer trimestre.

Estas pruebas prenatales tienen como objeto analizar los cromosomas del bebé. Estos cromosomas contienen la información genética que determina

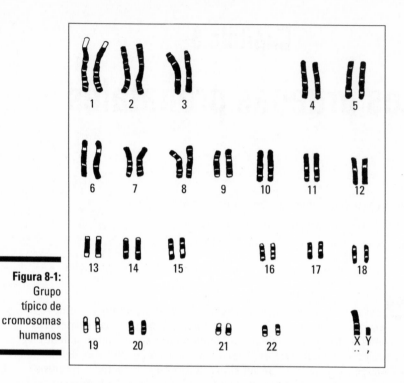

Figura 8-1:
Grupo
típico de
cromosomas
humanos

los rasgos de una persona, como el aspecto físico, la inteligencia y la personalidad. Generalmente, una persona tiene 46 cromosomas: 23 heredados de la madre y 23 del padre (consulta la figura 8-1). Los 23 cromosomas provenientes de cada progenitor forman pares dentro del núcleo de cada célula humana. De estos 23 pares, 22 forman lo que se conoce como *autoso-*

El factor que determina el sexo del bebé

Una mujer tiene dos cromosomas X, por lo que sólo puede darle uno de ellos a su bebé. En cambio, un hombre tiene un cromosoma X y un cromosoma Y, por lo que puede darle cualquiera de los dos. Como puedes ver, es el hombre el que determina el sexo del bebé, así que ya sabes quién tiene la culpa si no tienes el niño o la niña que tanto te hace suspirar.

mas, es decir, cromosomas que no se relacionan con el sexo. El par 23 está formado por cromosomas sexuales, y puede ser XX (niña) o XY (niño).

Ciertas anomalías en el número de cromosomas o en su estructura pueden causar problemas en el desarrollo del bebé. Por ejemplo, si el feto tiene una copia adicional del cromosoma 21 es posible que padezca *síndrome de Down*, una de las anomalías más comunes y que está asociada a un retraso mental grave. La amniocentesis, la prueba de las vellosidades coriónicas y otros análisis detectan estas anomalías en el número de cromosomas y en su estructura; para ello, se utiliza una imagen ampliada de los cromosomas de cada persona, llamada *cariotipo* (consulta la figura 8-1).

Si una pareja corre el riesgo de engendrar un bebé con un trastorno genético de origen familiar o étnico (como el Tay-Sachs o la fibrosis quística), el médico puede utilizar el material obtenido en estas pruebas para comprobar si son portadores o no de los genes causantes. No obstante, si una pareja no está claramente expuesta a sufrir una de estas raras enfermedades genéticas, el médico no va a incluir estas pruebas en los procedimientos habituales; simplemente revisará el número y la estructura de los cromosomas.

¿Quién debe realizarse las pruebas del primer trimestre?

Por lo general, la opción de someterse a pruebas diagnósticas para analizar los cromosomas del feto sólo se ofrecía a las mujeres de más de 35 años, porque a partir de esta edad el riesgo de anomalías cromosómicas aumenta considerablemente. A su vez, se consideraba que el riesgo de que el feto sufriera una anomalía a partir de dicha edad era prácticamente idéntico al riesgo de aborto después de una amniocentesis (1 de cada 200, por encima del valor normal). Sin embargo, investigaciones recientes han demostrado que el riesgo de sufrir un aborto después de una amniocentesis —o de la prueba de las vellosidades— es inferior a lo que se creía, probablemente de 1 de cada 1000, por lo que el límite de edad es bastante arbitrario.

De hecho, se aconseja abandonar la referencia de los 35 años para determinar qué mujeres deben someterse a pruebas de detección. En la actualidad, se recomienda que todas las mujeres, independientemente de su edad, tengan la opción de someterse a pruebas de detección, a pruebas diagnósticas —como la amniocentesis— o a ambas. Puedes consultar qué pruebas cubre tu obra social, porque podría ocurrir que lo que el médico te recomiende no esté cubierto. La diferencia entre una prueba de detección y una prueba de diagnóstico es que no existe ningún riesgo de aborto en las primeras, en las de detección (como un análisis de sangre o una ecografía). Sin embargo, estas pruebas no detectan el 100% de las anomalías cromosómicas, mientras que una prueba traumática para el diagnóstico prenatal sí lo hace.

Pruebas de detección del síndrome de Down en el primer trimestre

La prueba de las vellosidades coriónicas y la amniocentesis precoz son las únicas pruebas que pueden proporcionar información concluyente sobre los cromosomas del feto durante el primer trimestre. Sin embargo, los investigadores han creado una serie de pruebas no traumáticas que no ponen en peligro el embarazo y que sirven para determinar si el feto está expuesto a un mayor riesgo de sufrir ciertos problemas, sobre todo el síndrome de Down. Así pues, con una combinación de una ecografía especial (llamada *translucencia nucal*) y ciertos análisis de sangre, se pueden detectar entre el 80 y el 90% de los fetos afectados por alguna alteración en el cariotipo. Estas pruebas de detección del primer trimestre suelen realizarse aproximadamente desde las 10 semanas y 4 días hasta las 13 semanas y 6 días. A continuación se indica cómo funcionan:

✔ **Translucencia nucal:** En esta prueba se utiliza la ecografía para medir una zona especial de la nuca del feto. Solamente los médicos especializados deben llevar a cabo una ecografía de este tipo. Si se combinan las mediciones de la translucencia nucal con un análisis de sangre, aumenta la precisión de los resultados. Consulta el capítulo 21 para hacerte una idea de estas mediciones.

✔ **Análisis sérico:** Las pruebas que verifican los niveles de *proteína plasmática A asociada al embarazo* o PAPP-A, una sustancia que produce la placenta, y de *gonadotropina coriónica humana*, una hormona presente en la sangre de la madre, pueden servir para detectar el síndrome de Down en el primer trimestre. Generalmente esta muestra de sangre se recoge el mismo día en que se hace la ecografía para medir la translucencia nucal.

Hay muchas maneras de obtener resultados con estas pruebas. Tu médico podría optar por una en concreto, pero lo más conveniente es que conozcas las diversas posibilidades existentes:

✔ **Análisis combinado:** Con esta prueba, el laboratorio utiliza una combinación de las mediciones obtenidas en la translucencia nucal y el análisis de sangre (de proteína plasmática A asociada al embarazo y gonadotropina coriónica humana). Te mandarán los resultados a los pocos días. La ventaja de este análisis es que si los resultados indican un mayor riesgo de anomalías, puedes realizarte la prueba de las vellosidades coriónicas (consulta el apartado "Muestra de vellosidades coriónicas").

✔ **Cribado sérico del síndrome de Down:** Se realiza en el segundo trimestre, si no se ha hecho en el primero. Detecta el 65% de los casos de síndrome de Down y tiene un alto índice de falsos positivos (sobre el 10%).

Algunas mujeres que pueden sufrir problemas cromosómicos prefieren no someterse a ninguna prueba porque, por sus creencias, no quieren plantearse la posibilidad de tener que provocar un aborto. Sin embargo, aunque descartes la posibilidad de interrumpir el embarazo, el conocimiento previo de las anomalías fetales puede ayudarte a preparar con tiempo la llegada de un bebé con necesidades especiales. Si deseas someterte a pruebas específicas para detectar las anomalías cromosómicas, este apartado te explica las dos alternativas disponibles en el primer trimestre.

Muestra de vellosidades coriónicas

Las *vellosidades coriónicas* son unas formaciones de tejido similares a capullos diminutos y que se localizan en la placenta. Como se desarrollan a partir de células procedentes del óvulo fecundado, tienen los mismos cromosomas y estructura genética del feto. Al examinar una muestra de las vellosidades coriónicas, el médico puede comprobar si el número y la estructura de los cromosomas son normales, determinar el sexo del feto y detectar la presencia de ciertas enfermedades.

El médico realiza la prueba retirando tejido placentario, que contiene vellosidades coriónicas, mediante una aguja hueca que inserta por el abdomen (prueba *transabdominal*) o con una sonda flexible introducida por el cuello uterino (prueba *transcervical*, consulta la figura 8-2 de la página siguiente). Una u otra opción van en función de la ubicación de la placenta y de la forma general y la posición del útero. Durante el procedimiento, utiliza además una imagen generada por ecografía para orientarse. Para terminar, realiza un examen microscópico del tejido y un cultivo de las células.

Tal y como ocurre con la amniocentesis, la prueba de las vellosidades coriónicas incrementa ligeramente el riesgo de aborto; cerca de 1 por 1000, por encima del riesgo normal. De los dos métodos para tomar muestras de vellosidades, ninguno es más o menos peligroso que el otro. La persona encargada de realizar esta prueba debe tener una amplia experiencia, porque así se reduce el riesgo de aborto.

Por lo general, los resultados de la prueba están disponibles entre siete y diez días después, aunque algunos laboratorios pueden tener los resultados antes (con un recargo adicional). La principal ventaja de esta prueba, comparada con la amniocentesis, es que se puede hacer en una etapa más temprana del embarazo. El tiempo puede ser un factor crucial para aquellas mujeres que consideran válida la interrupción del embarazo cuando existen anomalías graves.

Figura 8-2:
En la prueba transcervical de vellosidades coriónicas, el médico introduce una sonda flexible en el cuello uterino para extraer un minúsculo trozo de tejido placentario. La ecografía se utiliza como ayuda para orientarse

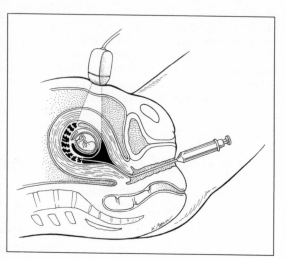

A diferencia de la amniocentesis, la muestra de vellosidades coriónicas no puede medir las alfa-fetoproteínas (consulta el apartado "Pruebas en el segundo trimestre"). No obstante, el médico puede medir estas proteínas analizando la sangre materna cuando el embarazo se encuentra entre las semanas 15 y 18.

Si eres Rh negativo (A negativo, B negativo, AB negativo o 0 negativo) y te sometes a esta prueba, deberías recibir una inyección de inmunoglobulina Rh después del análisis, para así evitar que contraigas la enfermedad del Rh (consulta el capítulo 16).

Amniocentesis precoz

Para hacerte la amniocentesis, el médico te inserta por el abdomen una aguja delgada y hueca que llega hasta el saco amniótico y extrae una muestra de líquido. Las células obtenidas se cultivan, y de allí se obtiene información sobre enfermedades genéticas y anomalías cromosómicas. Por lo general, se practica entre las semanas 15 y 20, pero puede realizarse una amniocentesis precoz entre las semanas 11 y 14.

La ventaja de adelantar la realización de esta prueba es que los resultados se obtienen antes; el inconveniente es que la tasa de abortos es mayor que con la amniocentesis habitual o con la prueba de las vellosidades coriónicas. Además, hace poco se han difundido unos estudios, llevados a cabo en

Canadá y en Gran Bretaña, que afirman que existe una mayor incidencia de pie equinovaro en bebés cuyas madres se sometieron a una amniocentesis precoz. Por estas razones, pensamos que la prueba de las vellosidades coriónicas es la mejor opción durante el primer trimestre y que hay pocas razones que justifiquen una amniocentesis precoz.

Pruebas en el segundo trimestre

A medida que el bebé crece, también lo hace la variedad y el alcance de las pruebas prenatales. En el segundo trimestre, seguramente te harán uno o dos análisis de sangre y una ecografía para comprobar la anatomía, el crecimiento y el bienestar del feto. A estas alturas, la ecografía ya puede revelar el sexo del bebé. Durante el segundo trimestre, también puede realizarse una amniocentesis. En este apartado te explicamos las diferentes pruebas a las que puedes someterte.

Análisis de sangre

Los análisis de sangre suelen arrojar resultados normales, pero si presentaran algún tipo de particularidad, podría ser necesario realizar más pruebas, como una ecografía. Ten presente, sin embargo, que esto no significa que algo vaya mal, sino que tu médico es prudente.

Prueba de detección de la alfa-fetoproteína

La *alfa-fetoproteína en suero materno* es una proteína producida por el feto que también circula por la sangre de la madre. Los médicos utilizan un análisis de sangre sencillo para verificar los niveles, por lo general entre las semanas 15 y 18. Los resultados del análisis se ven afectados por el peso, la raza y la diabetes preexistente, de modo que tiene que ajustarse a estos factores. Los niveles de alfa-fetoproteína se expresan como *múltiplos de la mediana* (MoM) y se consideran altos si son superiores a 2,0 o 2,5 MoM en mujeres con un solo bebé en el vientre, y de más de 4,0 o 4,5 en el caso de madres de gemelos. En madres de trillizos y cuatrillizos la medida no se ha estudiado exhaustivamente.

La alfa-fetoproteína generalmente indica si el embarazo corre el riesgo de sufrir determinadas complicaciones y puede sugerir:

✔ Un cálculo de la edad del feto por debajo de la real.

✔ La presencia de gemelos o más bebés.

✔ Una hemorragia previa en el embarazo.

✔ Anomalías del tubo neural (espina bífida, anencefalia y otros; consulta el recuadro "Las anomalías del tubo neural").

✔ Anomalías de la pared abdominal (protrusión del contenido abdominal del feto a través de una malformación de la pared abdominal).

✔ Enfermedad del Rh (consulta el capítulo 16) u otras enfermedades asociadas con el *edema fetal* (acumulación anómala de líquidos en el feto).

✔ Mayor riesgo de bajo peso al nacer, preeclampsia u otras complicaciones (consulta el capítulo 16).

✔ Una rara dolencia fetal conocida como *nefrosis congénita*.

✔ Muerte fetal.

✔ Otras anomalías fetales.

Recuerda que el test de la alfa-fetoproteína en suero materno es sólo una prueba de detección. La mayoría de las mujeres con niveles elevados de esta proteína tienen un feto normal y llevan hasta el final un embarazo sin complicaciones; sólo cerca de un 5% de las mujeres con un resultado positivo tiene un feto con alguna anomalía del tubo neural. Por otro lado, la prueba no es infalible y, por lo tanto, no puede identificar todos los fetos anormales. Para reducir el riesgo de que se trate de un falso positivo, es decir, que detecte una anomalía cuando en realidad el feto es normal, se recomienda repetir la prueba, especialmente si el resultado no es muy alto o si es inferior a 3,0 múltiplos de la mediana. Además, debería realizarse una ecografía para confirmar la edad del feto. Si la segunda prueba vuelve a mostrar unos valores altos, o si el resultado es superior a 3,0 múltiplos de la mediana, debe hacerse una ecografía de alta definición en busca de anomalías detectables.

Si el médico ha encontrado un resultado muy alto en una única prueba de la alfa-fetoproteína, unos valores fuera de lo normal tras realizarte dos, o bien unas observaciones dudosas en una ecografía que muestra anomalías de la columna vertebral y la cabeza, quizá desees realizarte una amniocentesis para evaluar el nivel de alfa-fetoproteína en el líquido amniótico; consulta más adelante en este capítulo el apartado "Pruebas mediante amniocentesis". El médico también querrá analizar el líquido amniótico en busca de una sustancia llamada *acetilcolinesterasa*, que estará presente si el feto sufre de tubo neural abierto (consulta el recuadro "Las anomalías del tubo neural"). En la mayoría de los casos, la prueba del líquido amniótico es negativa y el embarazo continúa normalmente. No obstante, algunos estudios sugieren que las mujeres que

Las anomalías del tubo neural

El sistema nervioso central del bebé nace como un pliego de células que se enrolla y se convierte en un tubo a medida que madura. La parte frontal del tubo, que se cierra más o menos el día 23 de vida, se convierte en el cerebro. El otro extremo, que se cierra alrededor del día 28, se convierte en la parte baja de la médula espinal. Si por alguna razón uno de los dos extremos se queda abierto –nadie sabe por qué a veces no se cierra–, se produce entonces una anomalía del tubo neural. Las anomalías más comunes del tubo neural son la *espina bífida* –una abertura en la columna vertebral–, *anencefalia* –falta de encéfalo– y *encefalocele* –una abertura en el cráneo–. Estas malformaciones provocan anomalías en el sistema nervioso, como parálisis, exceso de líquido en el cerebro o retraso mental. Los bebés con anencefalia generalmente no sobreviven más de unos pocos días al nacer.

Todo esto suena bastante angustioso, pero por fortuna estos problemas son bastante raros. Nos referimos a ellos porque en casi todos los países hay pruebas que permiten identificarlos y porque pueden seguirse

ciertas medidas para reducir la probabilidad de que aparezcan, como tomar ácido fólico antes de concebir (consulta el capítulo 1) y controlar el nivel de glucosa en la sangre si sufres de diabetes.

En los Estados Unidos, 1 de cada 1000 bebés presenta anomalías del tubo neural. En el Reino Unido la incidencia es mayor (de 4 a 8 casos por cada 1000 bebés), mientras que en Japón es relativamente baja (1 de cada 2000). Nadie sabe exactamente por qué se producen estas variaciones de un país a otro, pero la interacción entre el medio ambiente y la estructura genética tiene algo que ver. Si tú o el padre del bebé tienen antecedentes familiares de anomalías del tubo neural, cuéntaselo a tu médico en la primera consulta, porque se incrementan ligeramente las posibilidades de que el bebé presente uno de estos defectos. Si en un embarazo anterior se te diagnosticó una anomalía del tubo neural, o bien si tienes antecedentes familiares, debes aumentar la cantidad de ácido fólico que tomas al principio del embarazo a 4 miligramos al día. Y cuanto antes lo hagas, mejor.

obtienen un resultado anormal de alfa-fetoproteína en suero materno y, a continuación, un resultado normal en el líquido amniótico pueden correr un mayor riesgo de tener un parto prematuro, bebés de bajo peso al nacer o hipertensión. Si eres una de ellas, el médico probablemente querrá controlar muy de cerca tu estado y el del bebé, ya sea por medio de ecografías o con otras pruebas de bienestar fetal, como la cardiotocografía en reposo (consulta más adelante en este capítulo el apartado "Evaluar la salud del bebé"). Los protocolos específicos de las cardiotocografías varían según el médico.

La prueba doble, triple y ahora cuádruple para diagnosticar el síndrome de Down

Otra prueba que puede realizarse a partir de la muestra de sangre que se utilizó para medir la alfa-fetoproteína es una prueba de detección del síndrome de Down, la más común de las anomalías cromosómicas en bebés. Esta prueba también puede servir para identificar a aquellas mujeres que corren el riesgo de tener bebés con otras anomalías cromosómicas, como la *trisomía 18* o la *trisomía 13* (una copia adicional del cromosoma 18 o del cromosoma 13). Estos trastornos en particular están asociados a graves anomalías congénitas y, por lo general, son incompatibles con la vida.

El médico realiza esta prueba midiendo dos, tres o cuatro sustancias en la sangre:

✔ Alfa-fetoproteína en suero materno.

✔ GCH (gonadotropina coriónica humana).

✔ Estriol (una forma de estrógeno).

✔ Inhibina A (una sustancia segregada por la placenta).

El médico utiliza los resultados de estas pruebas para calcular el riesgo de que el bebé padezca síndrome de Down. En mujeres menores de 35 años, la prueba triple –de las tres primeras sustancias– detecta el síndrome de Down en un 60% de los casos. En otras palabras, si cien mujeres embarazadas de fetos con el síndrome de Down se hicieran la prueba, se diagnosticarían sesenta de los casos. Con la prueba cuádruple –midiendo las cuatro sustancias– la tasa de detección se incrementa hasta el 75 y el 80%. Esta prueba sirve sólo como detección, de modo que incluso cuando el resultado es anormal, el feto no presenta ninguna anomalía en la mayoría de los casos. Si el resultado no es normal, el médico hablará contigo sobre la posibilidad de realizarte una amniocentesis para analizar los cromosomas del bebé. La prueba cuádruple suele combinarse con las pruebas efectuadas en el primer trimestre para mejorar la detección del síndrome de Down. En la Argentina se realiza el cribado de primer trimestre combinado con la translucencia nucal y si no se ha realizado éste por lo que fuera, entonces se realizará el cribado sérico de segundo trimestre.

A diferencia de la prueba para establecer la presencia de anomalías del tubo neural, que muestra un alto nivel de alfa-fetoproteína en suero materno y que muchas veces se repite cuando no es normal, las pruebas realizadas para detectar el síndrome de Down no deben repetirse.

Hacerla dos veces sólo serviría para disponer de un resultado menos preciso.

Prueba de la glucosa

La *prueba de la glucosa* se realiza para identificar a las mujeres que pueden padecer diabetes gestacional. Para practicarte esta prueba, tu médico te pedirá que bebas una mezcla de glucosa de sabor dulcísimo (como una bebida gaseosa que ha perdido el gas) y, exactamente una hora después, te extraerá una muestra de sangre. A continuación, revisará el nivel de azúcar de la muestra. Unos niveles altos indican que corres el riesgo de padecer diabetes gestacional. En el capítulo 17 comentaremos las razones por las que ha de tratarse este tipo de diabetes.

La prueba, que dura aproximadamente una hora, suele realizarse entre las semanas 24 y 28, aunque algunos médicos la hacen dos veces, una vez al principio del embarazo y otra vez en el segundo trimestre. Cerca del 25% de los obstetras realiza la prueba únicamente a las mujeres expuestas a este riesgo. Los factores de riesgo son muchos, y cerca del 50% de las mujeres embarazadas cumple alguno de ellos:

✔ Edad materna por encima de los 25 años.

✔ Nacimiento previo de un bebé grande.

✔ Muerte fetal previa sin explicación.

✔ Embarazo previo con diabetes gestacional.

✔ Marcados antecedentes familiares de diabetes.

✔ Obesidad.

Si los resultados de la prueba de glucosa no son normales, no te preocupes: no tienes por qué sufrir de diabetes gestacional; sólo se trata de una prueba de detección. Aunque un 15% de embarazadas puede dar un resultado positivo, sólo el 5% tiene realmente diabetes gestacional. El médico te recomendará que te realices otra prueba, de unas tres horas de duración, para confirmar definitivamente los resultados. Para llevar a cabo la prueba, te extraerán sangre después de estar en ayunas durante más de doce horas; seguidamente te darán una bebida de glucosa y después te recogerán otras tres muestras de sangre a intervalos de una hora. Para preparar bien el cuerpo, algunos médicos recomiendan una dieta especial los tres días previos a la realización de la prueba; este proceso se conoce con el nombre de *carga de hidratos de carbono*.

La prueba se considera positiva –o anormal– si dos o más valores de los cuatro analizados se ubican fuera de los márgenes habituales. Si la prueba de la diabetes gestacional da positivo, el médico te obligará a seguir una dieta especial y controlará tus niveles de glucosa durante el resto del embarazo. Si a pesar de ceñirte a la dieta sigues teniendo unos niveles elevados de glucosa, es posible que tengas que inyectarte insulina o tomar un medicamento oral para mantener el azúcar bajo control. Consulta el capítulo 17 si necesitas más información sobre este tema.

Hemograma completo

Muchos obstetras piden un hemograma completo al hacer la prueba de glucosa para comprobar si has contraído una anemia u otros problemas menos comunes. La anemia, la carencia de hierro en la sangre, es común durante el embarazo, y por eso algunas mujeres necesitan tomar suplementos. El hemograma también muestra el conteo actual de plaquetas, un elemento fundamental para que la sangre se coagule perfectamente en caso de hemorragia.

"Observar" las ondas sonoras: la ecografía

La *ecografía* es una herramienta increíblemente útil que permite ver al bebé dentro del útero. En una ecografía, una sonda emite ondas sonoras que rebotan en el bebé y se convierten en una imagen que aparece en un monitor. Permite observar casi todas las estructuras del bebé, e incluso ver al propio feto realizando sus actividades cotidianas, como dar patadas o mover la mano. El mejor momento para observar la anatomía del bebé se produce entre las semanas 18 y 22. En el capítulo 21 puedes ver algunas fotos de ecografías.

La ecografía no duele en absoluto. El médico extiende un gel sobre el abdomen de la madre y luego desliza la sonda sobre el gel (consulta la figura 8-3). A diferencia de las ecografías que se realizan en personas que no están embarazadas, no es necesario tener llena la vejiga urinaria; el líquido amniótico que envuelve al feto es el medio perfecto para transmitir las ondas sonoras y crear una imagen detallada. La calidad de la imagen depende de la grasa de la madre, el tejido cicatricial y la posición del feto.

El profesional que realiza las ecografías suele ser un médico (obstetra, perinatólogo o radiólogo), pero también un técnico especializado en ecografías. En ocasiones, el técnico realiza la exploración inicial y a continuación un médico estudia las imágenes en pantalla o en papel.

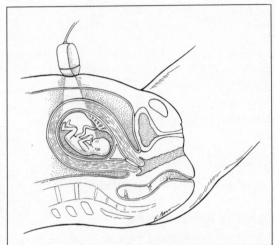

Figura 8-3:
Ecografía
del segundo
trimestre

¿Qué muestra una ecografía?

La ecografía puede proporcionar información sobre las siguiente características del feto:

✔ Número de bebés.

✔ Edad gestacional.

✔ Ritmo de crecimiento del feto.

✔ Posición, movimiento y ejercicios de respiración (el feto mueve el
pecho y el abdomen como si estuviera respirando).

✔ Frecuencia cardíaca del feto.

✔ Cantidad de líquido amniótico.

✔ Ubicación de la placenta.

✔ Anatomía fetal general, incluyendo la identificación de algunas anomalías congénitas.

✔ Sexo del bebé (después de las semanas 15 y 16), aunque no siempre
puede observarse.

Por lo general, el médico mide primero el feto y luego estudia su anatomía. El grado de detalle del examen varía según la mujer y el médico. Una
ecografía detallada puede analizar las siguientes estructuras:

✔ Brazos y piernas.

✔ Vejiga.

✔ Cerebro y cráneo.

✔ Cara.

✔ Genitales.

✔ Corazón, cavidad torácica y diafragma.

✔ Riñones.

✔ Columna vertebral.

✔ Estómago, cavidad abdominal y pared abdominal.

Razones para hacerse una ecografía

La necesidad y la frecuencia de las ecografías depende de tus factores de riesgo y de las preferencias del médico. Algunos profesionales recomiendan que todas las mujeres se hagan una ecografía hacia la semana 20; otros opinan que no es necesaria si no se corre ningún riesgo. Es posible que tengas que hacerte varias ecografías si presentas alguna de las siguientes situaciones:

✔ Estás embarazada de gemelos o más bebés.

✔ Tu médico sospecha que el bebé es demasiado pequeño o demasiado grande para su edad.

✔ Tu médico sospecha que tienes muy poco o demasiado líquido amniótico.

Las madres embarazadas preguntan...

P: ¿Es segura la ecografía?

R: Esta tecnología se ha utilizado durante más de 40 años, y una abrumadora mayoría de estudios han demostrado que no tiene ninguna consecuencia negativa para el bebé o para la madre. Además, la información que proporciona la ecografía tiene muchos beneficios comprobados para la salud. Por ejemplo, ciertos problemas, como una obstrucción de la uretra, pueden ser tratados durante el embarazo, mientras que el diagnóstico precoz de otros, como una cardiopatía congénita, permite planificar con tiempo el parto. La detección de problemas asociados al crecimiento fetal o al volumen de líquido amniótico permite al médico ejercer un control riguroso del embarazo.

✔ Corres el riesgo de parto prematuro o cuello uterino incompetente (consulta el capítulo 16).

✔ Sufres de diabetes, hipertensión u otras enfermedades subyacentes (consulta el capítulo 17).

✔ Estás sangrando.

✔ El médico quiere realizar un *perfil biofísico*, es decir, una evaluación del bienestar del bebé que analiza el movimiento, los ejercicios de respiración, el volumen de líquido amniótico y el tono fetal (la capacidad de flexionar los músculos).

Recientemente, los médicos también utilizan las ecografías para medir con precisión el cuello uterino –la abertura del útero– en mujeres con riesgo de parto prematuro o cuello uterino incompetente. Para realizar estas ecografías, sitúan la sonda en la vagina, miden la longitud del cuello uterino y observan la parte inferior del útero.

Pruebas mediante amniocentesis

La *amniocentesis* es una prueba que se realiza insertando una aguja delgada y hueca en el líquido amniótico para extraer una muestra (consulta la figura 8-4), y a partir de ahí pueden realizarse diversos análisis. Si el médico practica una *amniocentesis genética* para revisar los cromosomas del feto, generalmente lo hace a las 15 o 20 semanas. Es posible que, por

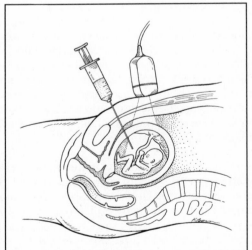

Figura 8-4:
Procedimiento
de
amniocentesis

La nueva frontera: ecografías en 3 y 4 dimensiones

Algunos centros de ecografía disponen ya de máquinas especiales con capacidad para mostrar imágenes tridimensionales del feto. Esta tecnología se conoce como ecografía en 3D. La ecografía en 4D es semejante, pero en lugar de mostrar una imagen estática en tres dimensiones, permite observar el movimiento del feto. Estos aparatos no están disponibles en todos los centros, y no hay datos médicos que indiquen que una ecografía en 3D o 4D sea más precisa a la hora de detectar problemas que la imagen habitual en dos dimensiones. No obstante, quizá se observen mejor ciertas características del feto, como la cara, las manos y los pies. Además, muchas mujeres experimentan un vínculo afectivo muy real con el feto al verlo en tres dimensiones. Si tienes la posibilidad de hacerte una ecografía en 3D o en 4D, seguramente disfrutarás de la experiencia. Si no, confórmate con la idea de que muy pronto tendrás a tu bebé, y en todas las dimensiones, en la vida real.

otras razones, practique otra amniocentesis más adelante para evaluar, entre otros factores, la madurez de los pulmones del bebé.

Durante el proceso de amniocentesis, estarás acostada de espaldas, sobre la camilla. Una enfermera te limpiará el abdomen con una solución de yodo. Tras detectar con una ecografía una zona alejada del feto, el médico insertará una aguja delgada a través del abdomen y el útero hasta el saco amniótico. Después de haber extraído suficiente líquido amniótico, generalmente entre 15 y 20 cm^3, retira la aguja.

Hay quien equivocadamente cree que la aguja se inserta por el ombligo, pero la verdad es que el punto exacto de inserción depende de la ubicación del feto, la placenta y el saco amniótico. Si te asustan las agujas, seguramente habrás oído que la que se utiliza es extremadamente larga. Piensa que la aguja debe llegar hasta el saco amniótico, y de ahí su longitud, pero esto no significa que el procedimiento sea más doloroso. Es el grosor lo que determina el nivel de incomodidad, y las agujas de amniocentesis son muy delgadas.

El procedimiento no dura más de uno o dos minutos, pero este breve lapso de tiempo puede parecerle una eternidad a una mujer que esté nerviosa. Lo cierto es que es ligeramente incómodo, pero no duele mucho. Muchas mujeres sienten un ligero cólico o un calambre cuando la aguja entra en el útero, y luego un extraño tirón cuando se extrae el líquido. A algunas pacientes les preocupa moverse demasiado durante la amniocentesis, pero no debes darle demasiadas vueltas a esta cuestión. Si estás demasiado inquieta, el médico te lo dirá. Muchas personas también creen erróneamente que durante la amniocentesis se corre el riesgo de que la aguja hiera al bebé. Tampoco debes preocuparte por esta cuestión. A veces, la aguja puede llegar a rozar al feto, pero no le causa ningún daño.

El procedimiento no está exento de dolor, pero casi todas las mujeres afirman que no es tan molesto como pensaban. Después de una amniocentesis el médico seguramente te aconsejará descansar, evitar actividades de mucho esfuerzo y detener las relaciones sexuales durante uno o dos días. Muchas mujeres sienten calambres el día en que se hacen la amniocentesis; es algo completamente normal.

Al hacer una amniocentesis genética se busca sobre todo que los 23 pares de cromosomas estén presentes y que su estructura sea normal. Hay que decir, que no es la prueba más habitual cuando se quieren buscar todas las enfermedades genéticas o anomalías congénitas posibles. Las células del líquido amniótico deben incubarse antes de que el médico pueda interpretar los resultados, que generalmente están disponibles en una o dos semanas.

Si los análisis de sangre prenatales muestran que eres Rh negativo, el médico te inyectará inmunoglobulina Rh (D) para prevenir la sensibilización al Rh (consulta el capítulo 16).

Riesgos y efectos secundarios de la amniocentesis

Después de una amniocentesis, no todas las pacientes sufren los síntomas que indicamos a continuación, pero alguno de ellos puede presentarse:

✔ **Cólico o calambre:** Algunas mujeres experimentan esta sensación varias horas después del pinchazo. El mejor tratamiento consiste en descansar. Algunos médicos recomiendan tomar una copa de vino para superar este malestar.

✔ **Ligera mancha de sangre:** Puede durar uno o dos días.

✔ **Pérdida de líquido amniótico:** Entre un 1 y un 2% de las pacientes afirma que ha tenido una pérdida de una o dos cucharaditas de líquido amniótico por la vagina. En la mayoría de casos, la membrana se sella de nuevo en las siguientes 48 horas; la pérdida se detiene y el embarazo continúa normalmente. Si la pérdida es muy cuantiosa o persistente, llama al médico.

✔ **Lesión al feto:** Es muy poco común, dada la orientación que proporciona la ecografía.

✔ **Aborto:** Aunque la amniocentesis se considera muy segura, no deja de ser un procedimiento traumático y está asociado con un ligero riesgo de interrupción del embarazo. Algunos estudios recientes demuestran que el riesgo de aborto después de una amniocentesis es inferior al 0,5% antes mencionado y que probablemente se acerca más a uno de cada mil.

La decisión de someterse al procedimiento debe tomarse tras sopesar los riesgos y los beneficios, que varían según la paciente. Por ejemplo, una mujer de 40 años con antecedentes de esterilidad quizá no quiera someterse a una prueba que incrementa el riesgo de aborto, a pesar de que tiene más probabilidades de estar gestando un feto con anomalías cromosómicas. En cambio, una mujer de 32 años especializada en medicina maternofetal, que todos los días recibe pacientes con multitud de problemas –como Joanne durante su primer embarazo–, quizás opte por la amniocentesis a pesar de que el riesgo de anomalía cromosómica es relativamente bajo. De hecho, este riesgo es inferior al de sufrir un aborto como consecuencia de la prueba.

Las amniocentesis que se realizan después de la semana 20 no conllevan el mismo riesgo de aborto. Tan sólo implican un pequeño riesgo de infección, ruptura de la bolsa de aguas o inducción del parto.

Razones para hacerse una amniocentesis

El médico quizá te recomiende una amniocentesis genética en las siguientes situaciones:

✔ Tendrás más de 35 años cuando llegue la fecha probable del parto; algunos médicos la recomiendan a todas las mujeres mayores de 35 años. Esta recomendación también depende del número de bebés que se estén gestando. Por ejemplo, si estás embarazada de gemelos, el médico quizá te sugiera que te hagas una amniocentesis aunque tengas 33 años.

✔ Presentas un alto valor de alfa-fetoproteína en suero materno (consulta el apartado "Prueba de detección de la alfa-fetoproteína" en este mismo capítulo).

✔ Obtuviste un resultado anormal en las pruebas de detección del síndrome de Down durante el primer o el segundo trimestre.

✔ Tu ecografía fue anormal; indicaba, por ejemplo, un bajo crecimiento fetal o posibles anomalías estructurales.

✔ Ya tuviste un bebé, o un embarazo previo, con anomalías cromosómicas.

✔ Estás expuesta a dar a luz a un bebé con una determinada enfermedad genética.

✔ Tu pareja y tú tienen algún motivo de preocupación y quieren confirmar que todo está bien.

Es posible que el médico también quiera practicarte una amniocentesis por otras razones, que incluyen las siguientes:

✔ **Parto prematuro:** Una infección del líquido amniótico puede causar un parto prematuro. El médico puede analizar el líquido en el laboratorio para tratar de confirmar el diagnóstico. Si se confirma la infección, el médico intentará que el bebé nazca inmediatamente para reducir el daño que pueden sufrir.

✔ **Otras infecciones:** Algunas pacientes corren un mayor riesgo de contraer infecciones como la toxoplasmosis, el citomegalovirus o la parvovirosis (consulta el capítulo 17). Es posible examinar el líquido amniótico para detectar estos problemas en pacientes de alto riesgo.

✔ **Estudios de madurez pulmonar:** A veces el médico necesita verificar si los pulmones del feto están lo suficientemente maduros para que nazca el bebé. Ciertas pruebas realizadas en el líquido amniótico pueden determinarlo.

Otras pruebas y procedimientos prenatales

Las pruebas incluidas en este apartado no se practican en todos los embarazos, sino que se suelen reservar para aquellos casos en los que se presenta un problema determinado. Si son necesarias, se llevan a cabo durante el segundo o el tercer trimestre, y siempre en centros especializados en medicina fetal. Quizá te asusten, pero conviene conocerlas por si fueran necesarias.

Muestra de sangre fetal

Para tomar una muestra de sangre fetal, una prueba que también se conoce como *muestra percutánea de sangre del cordón umbilical* o *cordocentesis*, el médico extrae sangre del cordón umbilical. Esta muestra permite realizar un rápido diagnóstico de los cromosomas del bebé cuando el factor tiempo es crucial. El médico puede diagnosticar infecciones fetales, detectar signos de anemia fetal o diagnosticar y tratar una enfermedad conocida como *hidropesía fetal*, que hace que el bebé acumule líquidos de forma anormal. El procedimiento lo realiza un especialista en medicina maternofetal, con la orientación de una ecografía.

Es semejante a la amniocentesis, pero el médico dirige la aguja hacia el cordón umbilical, y no hacia el líquido amniótico. Los riesgos son bajos pero incluyen infección, ruptura de la bolsa de aguas y pérdida del feto (de cerca de un 1%).

Algunos fetos padecen anemia. Un problema que puede tratarse en el útero con una transfusión sanguínea directamente al cordón umbilical. Los factores que pueden provocar la anemia incluyen ciertas infecciones como la parvovirosis, enfermedades genéticas e incompatibilidades de los grupos sanguíneos (consulta el capítulo 16).

Eco cardiografía fetal

Una *eco cardiografía fetal* es básicamente una ecografía enfocada al corazón del feto. Esta prueba la realiza un especialista en medicina maternofetal, un cardiólogo pediatra o un radiólogo. Quizá necesites una eco cardiografía fetal si tienes antecedentes de diabetes o de cardiopatías congénitas, o bien si la ecografía apunta a una anomalía cardíaca. A veces el médico recomienda la realización de una eco cardiografía fetal si percibe en la ecografía algún problema estructural, ya que las anomalías del corazón se asocian muchas veces con otros defectos congénitos.

Estudios Doppler

La ecografía puede utilizarse también para llevar a cabo estudios Doppler sobre la circulación sanguínea del feto y del cordón umbilical. Estos estudios sirven para analizar la circulación sanguínea de los diversos órganos y de la placenta. El estudio Doppler también se realiza para comprobar el bienestar de los fetos que tienen restricción del crecimiento intrauterino. Consulta en el capítulo 16 más información sobre este tema.

Pruebas en el tercer trimestre

A medida que el embarazo se acerca a su fin, el médico quizá quiera practicarte ciertas pruebas para asegurarse de que el bebé está lo más sano posible. Algunas pruebas, como los cultivos de *estreptococos del grupo B*, se hacen para evitar ciertos problemas. Otras pruebas, como la cardiotocografía en reposo o el perfil biofísico, se realizan para garantizar el bienestar fetal.

Cultivos de estreptococos del grupo B

Una de las pocas pruebas habituales en las últimas revisiones prenatales es el cultivo de *estreptococos del grupo B*, es decir, de las bacterias que normalmente se encuentran en la vagina y el recto. En la actualidad, muchos obstetras recomiendan que todas las mujeres se realicen la prueba hacia la semana 36 de embarazo, porque entre el 15 y el 20% de las mujeres son portadoras de este microorganismo. Si el cultivo es positivo en la semana 36, el médico puede recomendar la administración de antibióticos durante el parto para reducir el riesgo de transmisión al bebé. No sirve de nada tratar la bacteria antes, porque puede reaparecer en el momento del parto. Actualmente no hay todavía pruebas que ofrezcan resultados inmediatos, de modo que no es posible realizarte la prueba en el momento del parto; debe hacerse con anterioridad.

Evaluar la madurez pulmonar

Si van a practicarte una cesárea por segunda vez o inducirte el parto antes de la semana 37, es probable que el médico te recomiende una amniocentesis para establecer el grado de madurez pulmonar del bebé.

La prueba más común para determinar la madurez de los pulmones se conoce como *relación lecitina-esfingomielina,* dos sustancias que se encuentran en el líquido amniótico. Si la relación es de 2,0 o superior, o si se encuentra en el líquido amniótico una sustancia llamada *fosfatidilglicerol*, que producen las células pulmonares maduras, se considera que el sistema respiratorio del bebé ya puede funcionar correctamente.

Evaluar la salud del bebé

En ciertas ocasiones, el médico puede sugerir que se realicen varias pruebas al bebé. Estas pruebas, que también se conocen como *vigilancia fetal prenatal*, evalúan la salud del feto. Si hay motivos de preocupación, el médico puede pedirlas en cualquier momento a partir de las semanas 24 o 26; otra posibilidad es que las solicite después de la semana 41 si aún no has dado a luz. Hay varias pruebas diferentes, que describimos a continuación.

Cardiotocografía en reposo

Las *cardiotocografías en reposo* miden con una máquina especial la frecuencia cardíaca del feto, su movimiento y la actividad uterina. El médico conecta a la madre un aparato que detecta las contracciones uterinas y el latido del corazón del feto, y genera un informe sobre ambas variables. Es semejante a la máquina que se utiliza durante el parto para monitorizar las contracciones y el corazón del bebé, y cuenta con un botón que debes pulsar cada vez que percibas un movimiento fetal. Este control se hace durante unos 20 a 40 minutos. El médico luego estudia la información recopilada en busca de señales de *aceleración* en la frecuencia cardíaca del bebé. Si hay aceleraciones y se producen con suficiente frecuencia, la prueba se considera positiva, lo que indica que el feto está sano y tiene probabilidades de mantenerse así entre los siguientes tres y siete días. Conviene apuntar que en más del 99% de los casos el feto está sano. Incluso si las aceleraciones no son correctas y la prueba sale negativa, no tienes por qué alarmarte: en el 80% de los casos el feto está bien y se encuentra probablemente en la fase de sueño, por lo que se requiere una evaluación posterior.

El médico puede llevar a cabo esta prueba, que generalmente se repite una o dos veces a la semana, por diversas razones. En concreto, destacan las siguientes:

✔ Has superado la fecha probable de parto.

✔ El bebé no está creciendo como debería.

✔ El volumen de líquido amniótico ha disminuido.

✔ Tienes hipertensión.

✔ Tienes diabetes.

✔ Percibes menos movimientos fetales.

Cardiotocografía con contracciones

La *cardiotocografía con contracciones* es semejante a la cardiotocografía en reposo; la diferencia reside en que el latido del corazón se mide en relación con las contracciones uterinas. Aunque las contracciones a veces se presentan por sí solas, suelen inducirse con bajas dosis de oxitocina o por estimulación de los pezones.

No te estimules los pezones en casa para producir contracciones. Hazlo solamente bajo supervisión, porque el médico debe llevar un seguimiento y asegurarse de que el útero no se contrae demasiado.

Es preciso que se produzcan tres buenas contracciones en un periodo de diez minutos para poder interpretar la prueba. Si la frecuencia cardíaca del feto no disminuye después de las contracciones, la prueba se considera negativa y se supone que el bebé estará bien por lo menos otra semana más. Si la prueba es positiva y la frecuencia cardíaca del bebé disminuye después de las contracciones, el médico investigará más a fondo la situación. Todo dependerá de tu situación particular. Se te realizará una cardiotocografía con contracciones si los resultados de la cardiotocografía en reposo no son concluyentes, o si el médico quiere hacer más pruebas para comprobar el bienestar del feto.

La cardiotocografía con contracciones no debe hacerse en ciertas circunstancias, entre ellas que la madre tenga placenta previa (consulta el capítulo 16) o que corra el riesgo de parto prematuro.

Perfil biofísico

El *perfil biofísico*, que combina la ecografía con la cardiotocografía en reposo, se practica muchas veces cuando es necesario llevar a cabo más pruebas para determinar el estado de salud del feto. La prueba de perfil biofísico evalúa lo siguiente:

- ✔ Movimientos fetales, observados en la ecografía.
- ✔ Tono corporal fetal, observado en la ecografía.
- ✔ Movimientos respiratorios fetales durante 30 segundos seguidos (movimientos del pecho idénticos a los de la respiración), observados en la ecografía.
- ✔ Cantidad de líquido amniótico, observado en la ecografía.
- ✔ Cardiotocografía en reposo (consulta el apartado correspondiente, antes en este apartado).

El bebé recibe dos puntos por cada parámetro normal. Una puntuación perfecta sería por tanto un diez. Los bebés que obtienen un ocho o más se consideran sanos. Una puntuación de seis probablemente no es motivo de preocupación, pero se aconseja realizar pruebas de seguimiento. Una puntuación inferior a seis indica que es necesario seguir evaluando al bebé.

Estimulación vibroacústica

El médico puede efectuar una *prueba de estimulación vibroacústica* durante la cardiotocografía en reposo para observar la respuesta del feto a la estimulación por sonido o por vibraciones. El médico hace sonar un aparato especial sobre el abdomen de la madre, para que estos sonidos o vibraciones lleguen al feto. Normalmente, el latido del corazón del feto se acelera cuando recibe este tipo de estimulación. Muchas veces, la estimulación vibroacústica hace que disminuya el tiempo necesario para efectuar la cardiotocografía en reposo, ya que se perciben más rápidamente las aceleraciones de la frecuencia cardíaca. Suele llevarse a cabo si la cardiotocografía en reposo sigue sin ser positiva después de 20 o 30 minutos.

Velocimetría Doppler

El médico efectuará una *velocimetría Doppler* si sufres de hipertensión o si existen determinados problemas fetales, como una restricción del crecimiento intrauterino (consulta el capítulo 16). Básicamente, con esta prueba se realiza un tipo especial de ecografía que permite estudiar la circulación sanguínea en el cordón umbilical.

El embarazo semana a semana

*E*ste capítulo es la gran novedad de la tercera edición de *Embarazo para Dummies*. Lo hemos elaborado como respuesta a las peticiones de muchas lectoras que nos pidieron que incluyéramos una visión general de lo que sucede cada semana de embarazo. Como ya hemos comentado antes, suele decirse que el embarazo dura 40 semanas, aunque no es completamente cierto. El embarazo comienza en el momento de la concepción, que se produce dos semanas después del primer día del último periodo menstrual. Por lo tanto, si se cuenta a partir del momento de la concepción, el embarazo dura sólo 38 semanas, aunque los obstetras prefieren hablar de 40 porque muchas mujeres no saben cuándo concibieron o no recuerdan cuándo tuvieron el último periodo.

Muchas de las cosas que mencionamos en una semana en particular también podrían ser importantes en otros momentos del embarazo. Por ejemplo, que mencionemos las ecografías en la semana 20 no quiere decir que no puedan realizarse en otras semanas de gestación. No dudes en consultar específicamente la semana en la que te encuentras para informarte sobre las cuestiones concretas que te afectan.

Algunas observaciones que incluimos en este capítulo podrían no aplicarse a todas las mujeres. Sin embargo, preferimos mencionarlas para ser exhaustivos y para que estés bien informada cuando hables con tu médico. Por otra parte, la semana que asignamos a cada acontecimiento o prueba prenatal es una mera aproximación. No te preocupes si en tu caso las fechas varían un poco.

Semanas 0-4

Si crees que estás embarazada, lo más probable es que te sientas muy nerviosa y desees comprobarlo cuanto antes. Las primeras cuatro semanas son muy importantes, porque es cuando comienza el proceso de implantación que marca el inicio del embarazo.

A lo largo de estas semanas, deberás hacer lo siguiente:

✔ **Anota las fechas de tu último periodo menstrual.** De este modo, tu médico podrá calcular más fácilmente la *fecha probable de parto* (40 semanas a partir del último periodo). Si tus ciclos son irregulares, no olvides comentárselo.

✔ **Empieza a tomar vitaminas prenatales a diario, si es que todavía no lo haces.** Asegúrate de que contengan como mínimo 400 microgramos de ácido fólico.

✔ **Haz un seguimiento de la ovulación.** Algunas mujeres saben cuándo ovulan porque notan un dolor pélvico, típico del momento en que el óvulo se desprende del ovario, aproximadamente catorce días después del último periodo menstrual. Otras saben cuándo ovulan porque se produce un cambio en la mucosidad del cuello uterino o porque utilizan un kit para predecir la ovulación (consulta el capítulo 1).

La fecundación suele producirse en las trompas de Falopio. Inicialmente, el embrión es unicelular, pero en la primera semana se divide varias veces a medida que desciende por la trompa hacia el útero.

✔ **Hazte tu primera prueba de embarazo.** Las pruebas de embarazo buscan la presencia de una hormona llamada gonadotropina coriónica humana (GCH), que produce el embrión cuando se implanta en la pared del útero, por lo general entre cinco y siete días después de la concepción. Cuando notes una falta, unos diez días después de la concepción, el resultado de la prueba probablemente será positivo.

No te preocupes si detectas unas ligeras manchas en coincidencia con las fechas en las que deberías tener el periodo. Lo más probable es que estén causadas por la implantación del embrión en el útero; es lo que se conoce como *hemorragia de implantación*.

A finales de la semana 4, el feto tendrá una longitud de 5 milímetros.

Semanas 5-8

A estas alturas, el embarazo estará confirmado y empezarás a sentir los signos y síntomas típicos, como náuseas y cansancio. Es muy importante que introduzcas algunas modificaciones en tu estilo de vida, en caso de que todavía no lo hayas hecho; entre estos cambios, piensa en dejar de fumar o en hacer los ajustes necesarios en tu medicación.

A lo largo de estas semanas, programa las siguientes consultas con tu médico:

✔ **Agenda tu primera consulta prenatal.** La mayoría de médicos prefieren ver a la paciente antes de las semanas 8 o 10.

✔ **Coméntale a tu médico la posibilidad de programar una ecografía o un ecocardiograma Doppler para confirmar que todo va bien.** Las ecografías que se realizan en esta época son muy precisas a la hora de establecer la fecha probable de parto. Además, pueden revelar si estás embarazada de uno, dos o incluso más bebés.

En este momento es cuando empiezan a formarse la mayoría de los órganos del bebé. El primero que empieza a funcionar es el corazón. Es increíble pensar que comienza a latir cuando el feto sólo tiene cinco semanas, aunque no podrás percibir sus latidos en la ecografía hasta la semana 6. Los brazos y las piernas del bebé también empiezan a desarrollarse en este momento. Sin embargo, la parte más grande del embrión es la cabeza, ya que el cerebro es el órgano que a más velocidad crece en este periodo. (Consulta el capítulo 5 para saber qué más sucede durante el primer trimestre.) La placenta se desarrolla rápidamente y se convierte en el medio que proporciona los nutrientes y el oxígeno necesarios para el desarrollo del bebé.

✔ **Si estás tomando algún medicamento, habla con tu médico antes de las semanas 8-10.** Te conviene estar segura de que el tratamiento no afectará negativamente al bebé. Asimismo, si consumes algún medicamento de venta sin receta o recurres a la fitoterapia, debes comentárselo para asegurarte de que no es perjudicial para el feto.

A finales de la semana 8, posfecundación, el feto tendrá una longitud de 30 milímetros y el útero habrá alcanzado el tamaño de una media naranja.

Semanas 9-12

Aunque todavía no lo sientas, es en este momento cuando el bebé empieza a moverse. Si te realizan una ecografía por esta época, es probable que puedas ver los movimientos en la pantalla. Antes de la semana 10, los embriones masculinos y femeninos parecen iguales, pero a partir de este momento empiezan a desarrollarse los genitales externos, aunque el médico no podrá distinguir las diferencias en la ecografía hasta las semanas 14 o 15. A finales de la semana 10, ya se han formado todos los órganos del bebé. Sin embargo, el cerebro seguirá desarrollándose a lo largo de todo el embarazo, e incluso en la infancia.

A estas alturas, quizá desees realizar las siguientes consultas o pruebas:

- ✔ **Pide una cita con tu médico si tienes antecedentes familiares de problemas genéticos y quieres que te asesore.** El médico también puede proponértelo si se dan varios de estos factores.

- ✔ **Pide cita para que te realicen la prueba de detección del síndrome de Down en el primer trimestre.** Lo más recomendable es llevarla a cabo en las semanas 11 o 12 (consulta el capítulo 8).

- ✔ **Si estás pensando en someterte a la prueba de las vellosidades coriónicas, el mejor momento es entre las semanas 10 y 12.** Encontrarás información más detallada sobre esta prueba en el capítulo 8.

A finales de la semana 12, posmenstrual, el feto tendrá una longitud de 54 milímetros y pesará unos 14 gramos. El útero habrá alcanzado el tamaño de una naranja grande.

Semanas 13-16

¡Felicidades! Ya superaron el primer trimestre. Ahora empiezas a sentirte casi como antes, has recuperado tu energía y las náuseas se han reducido. Después de la semana 14, casi todo el líquido amniótico que rodea al bebé está compuesto de su orina. En la semana 15, es posible descubrir el sexo del bebé en una ecografía. En la semana 16, el feto ya tiene uñas y empieza a salirle un vello suave llamado *lanugo*.

Durante este periodo, debes tener en cuenta lo siguiente:

- ✔ **Entre las semanas 15 y 18, tendrán que hacerte un análisis de sangre para detectar tus niveles de alfa-fetoproteína.** Este análisis permite detectar ciertas anomalías en el feto, como la espina bífida.

✔ **Pide cita para una amniocentesis entre las semanas 16 y 18 si has pensado en hacerte una.** Consulta en el capítulo 8 los motivos que justifican esta prueba.

✔ **Considera la opción de comprar ropa de embarazada.** A muchas mujeres empieza a notárseles el embarazo a estas alturas. Si a ti no te pasa, no debes preocuparte, ya que hay cuerpos que disimulan mejor el embarazo.

A finales de la semana 16, el feto tendrá una longitud de 11.6 centímetros y pesará unos 100 gramos. El útero habrá alcanzado el tamaño de un pomelo grande.

Semanas 17-20

Entre las semanas 17 y 20, el feto empieza a acumular grasa y se parece más a un bebé de verdad. Su esqueleto, que al principio era básicamente cartílago, ya está formado por huesos. En ocasiones notarás una sensación semejante a un aleteo en el abdomen. Podrían ser gases, pero lo más seguro es que se trate de movimientos fetales. En la semana 20, la parte superior del útero (el *fondo uterino*) se encuentra a la altura de tu ombligo. Puedes estar contenta, ya que la semana 20 marca la mitad del camino. Las semanas que quedan por delante suelen pasarse volando.

Te conviene recordar lo siguiente:

✔ **Debes concertar una cita para la ecografía que estudia la anatomía fetal.** Esta prueba permite al médico comprobar que el bebé no presenta ningún problema anatómico y que está creciendo correctamente, rodeado del líquido amniótico.

✔ **Debes prestar atención a los movimientos fetales.** En esta época es cuando una mujer empieza a sentir que el bebé se mueve. Sin embargo, las madres primerizas no perciben los movimientos fetales tan pronto, por lo que no debes preocuparte si no notas nada.

En este periodo, el feto tendrá una longitud de 26 centímetros y pesará unos 300 gramos.

Semanas 21-24

No hay ninguna prueba o procedimiento específico que deba hacerse en esta época. Por su parte, las consultas prenatales habituales tienen lugar más o menos cada cuatro semanas. Durante este periodo, los pulmones del bebé están pasando por una fase de desarrollo muy importante: las paredes pulmonares se vuelven más finas para permitir el intercambio gaseoso. Quizá sientas molestias en la parte inferior del abdomen –cerca de la ingle–, en lo que se conoce como *dolor del ligamento redondo*; estos ligamentos redondos son los que unen la parte superior del útero y los labios mayores de la vulva. En esta época, muchas mujeres notan un molesto tirón que tiende a agudizarse cuando están de pie y a aliviarse cuando se sientan o se tumban. Por suerte, el dolor del ligamento redondo suele desaparecer después de la semana 24.

A estas alturas, el bebé ingiere grandes cantidades de líquido amniótico y excreta orina que regresa a la cavidad amniótica. Las uñas del bebé están casi completamente formadas y empiezan a aparecer las pestañas y las cejas. El lanugo, que antes tenía un color pálido, poco a poco se oscurece.

En la semana 24, el bebé se considera *viable*. Esto significa que podría sobrevivir fuera del útero, aunque necesitaría atención médica intensiva. La parte superior del útero suele encontrarse por encima del ombligo o más o menos a su altura. Cuando finalice este periodo, el feto tendrá una longitud de 30 centímetros y pesará unos 600 gramos.

Semanas 25-28

Los huesos del bebé siguen endureciéndose y las uñas, los dedos de los pies, las cejas y las pestañas se han formado por completo. En cambio, su piel todavía es bastante transparente, aunque empieza a adquirir un aspecto más opaco. Durante este periodo, tendrás que seguir viendo a tu médico aproximadamente cada cuatro semanas.

Ten en cuenta lo siguiente durante esta época:

✔ **Debes hacerte una prueba de glucosa.** El objetivo de este análisis de sangre consiste en detectar la diabetes gestacional. Para esta prueba, te pedirán que bebas 50 gramos de una mezcla de glucosa, que tiene el sabor de una gaseosa que ha perdido el gas, y, una hora después, te extraerán una muestra de sangre. Si el nivel de glucosa supera un valor determinado, tendrán que hacerte una prueba definitiva llamada *prueba de tolerancia a la glucosa*. Te pedirán que ayunes la noche anterior para poder determinar con la primera muestra de sangre el nivel de glucosa en ayunas. A continuación, te harán beber 100 gramos de una mezcla de glucosa y te extraerán sangre cada hora durante las tres horas siguientes. Para poder determinar definitivamente que padeces diabetes gestacional, son necesarios dos valores anómalos. El médico podría extraerte más sangre a lo largo del proceso para comprobar si presentas otras enfermedades, como una anemia.

✔ **Si tu grupo sanguíneo es Rh negativo (consulta el capítulo 16), te inyectarán inmunoglobulina Rh.** De este modo, se evitarán las posibles consecuencias de una incompatibilidad entre el bebé y tú.

La parte superior del útero se encuentra casi un centímetro por encima del ombligo. En la semana 28, el bebé pesará cerca de un kilo y medirá unos 35 centímetros.

Semanas 29-32

El bebé ya puede abrir los ojos. Ya ha desarrollado la dentición permanente y sus pulmones y aparato digestivo están casi maduros. Para llevar a cabo un seguimiento más estrecho de la salud de ambos, el médico aumentará la frecuencia de las consultas a una vez cada dos semanas.

Se recomienda lo siguiente durante esta época:

✔ **Si todavía no has asistido a clases de preparación al parto, te conviene empezar ahora.** Hay muchas alternativas, por lo que puedes consultar a tu médico o pedir información en el hospital en el que darás a luz. El capítulo 7 presenta algunas opciones. Si alguien va a ayudarlos en el cuidado del recién nacido, conviene que reciba formación sobre reanimación cardiopulmonar pediátrica (al igual que tu pareja y tú) para estar preparados en caso de que sea necesario.

✔ **Presta mucha atención a los movimientos fetales.** Aunque un feto se pasa la mayor parte del tiempo durmiendo, empieza a seguir claros ciclos de sueño y vigilia. Una buena regla general para comprobar el bienestar del bebé es que deberías sentir unos seis movimientos por hora. Esto no quiere decir que debas percibirlos necesariamente cada hora que pase. No obstante, si estás preocupada porque crees que no se mueve como antes, puedes acostarte y contarlos. Si notas que se mueve seis veces en una hora, puedes tener la seguridad de que el bebé está bien.

La naturaleza de los movimientos fetales también puede cambiar. En este periodo los movimientos dejan de parecerse a fuertes golpes y patadas y se vuelven más suaves, como volteretas.

✔ **Hazte una ecografía de seguimiento si el médico te lo aconseja.** Esta ecografía sirve para confirmar que el bebé crece con normalidad y que dispone de suficiente líquido amniótico. Asimismo, es probable que el médico te mida la altura uterina en cada consulta.

La parte superior del útero se encontrará a medio camino entre el ombligo y el esternón. En la semana 32, el bebé pesará 2 kilos y medirá 40 centímetros.

Semanas 33-36

Si estás embarazada de gemelos, debes estar preparada para su llegada, porque suelen nacer entre la semana 35 y la 36. En esta época, seguramente notarás muchos movimientos fetales rítmicos, que en realidad están producidos por el hipo del bebé. Es probable que el hipo continúe tras el nacimiento.

En este periodo debes tener en cuenta lo siguiente:

✔ **Te harán un cultivo de estreptococos del grupo B.** Tu médico pedirá un análisis para detectar la presencia de estas bacterias comunes, propias de la vagina y el recto. Si el cultivo da positivo, el médico te administrará antibióticos durante el parto para evitar que el bebé contraiga la infección. No sirve de nada tratar la bacteria antes, ya que puede reaparecer en el momento del parto.

✔ **Debes seguir prestando atención a los movimientos fetales.** Aunque ya estarás acostumbrada a los golpes del bebé, es normal que la intensidad de sus movimientos disminuya durante las últimas semanas del embarazo. Lo que importa no es la intensidad, sino el número de movimientos. El capítulo 7 incluye más información sobre los movimientos fetales en el tercer trimestre.

La parte superior del útero se encuentra ahora casi un centímetro por debajo del esternón. A partir de la semana 36, el médico querrá verte por lo menos una vez a la semana hasta que llegue el momento del parto. El bebé pesará entonces 2600 gramos y medirá 45 centímetros.

Semanas 37-40

¡Felicidades! En este momento se considera que has llegado *a término*. Aunque tu fecha probable de parto sea un poco más adelante, todos los bebés que nacen a partir de la semana 37 reciben el nombre de *recién nacidos a término*. Es posible que notes contracciones irregulares intermitentemente. El gran acontecimiento podría producirse en cualquier momento durante este periodo, por lo que debes estar preparada, tanto de día como de noche.

Los siguientes consejos te ayudarán a estar lista cuando llegue el gran día:

✔ **Ten el bolso preparado y el número de teléfono de tu médico a mano.** Si tienes más hijos, pídele a alguien que se encargue de su cuidado cuando empieces el trabajo de parto.

Recuerda que la aparición de un tapón mucoso, flujo hemorrágico o deposiciones sueltas es algo habitual en los días anteriores al alumbramiento, aunque no siempre indica que vaya a producirse el parto.

✔ **Si has programado un parto inducido antes de la semana 36-37, ya sea por vía vaginal o por cesárea, tendrán que hacerte una amniocentesis para comprobar la madurez pulmonar del feto.** Los riesgos de este procedimiento durante estas semanas son muy reducidos. Como mucho, puedes romper bolsa o ponerte de parto, aunque no suele suceder.

Un feto normal a término pesa unos 3.5 kilos, aunque hay muchas opiniones con respecto a lo que se considera "normal". La parte superior del útero debería encontrarse a la altura del esternón o justo por debajo. En la semana 40, un bebé normal mide entre 51 y 52 centímetros.

Semanas 40-42

No te preocupes, el final se acerca. Si todavía no has comenzado el trabajo de parto, lo más probable es que el médico lo induzca en la semana 42, ya sea por vía vaginal o por cesárea. Como después de la semana 42 los riesgos en el embarazo aumentan considerablemente, el bebé tendrá que nacer cuanto antes. Tu médico velará por la salud del feto en esta etapa de las siguientes maneras:

✔ **Te realizará una cardiotocografía en reposo para controlar el bienestar del feto.** Se trata de una forma no traumática de comprobar que el bebé tolera el entorno uterino. Busca más información en el capítulo 16.

✔ **Medirá el volumen de líquido amniótico para asegurarse de que es el adecuado.** El volumen tiende a disminuir después de la semana 36, por lo que no es extraño que esté un poco bajo. Un volumen reducido de líquido amniótico recomienda inducir el parto entre la semana 40 y la 42.

Parte III

El gran momento: dilatación, parto y recuperación

The 5th Wave   **Rich Tennant**

—¿QUÉ DICES? ¿QUE VAS A DAR A LUZ? PERO SI HOY SE JUEGA LA FINAL.

En esta parte...

Y ahora el momento que todos estaban esperando... Tal y como sucede con el embarazo, el parto puede resultar más sencillo si sabes lo que va a suceder. Así, tendrás un punto a tu favor si conoces las distintas formas de dar a luz o las opciones disponibles en cuanto a la anestesia. En los capítulos siguientes encontrarás todos los detalles sobre el parto, el cuidado de tu salud y la alimentación del recién nacido. No tenemos la intención de abrumarte, pero sí de ser claros y exhaustivos para prepararte bien ante la llegada del gran acontecimiento.

Capítulo 10

¡Querido, creo que empezó el trabajo de parto!

. . . .

. . . .

A pesar de los increíbles adelantos de la ciencia y la medicina, nadie sabe realmente qué es lo que hace que el parto comience. Es posible que el parto se inicie por una combinación de estímulos generados por la madre, el bebé y la placenta. O quizá empieza por los crecientes niveles de unas sustancias semejantes a los esteroides; o, tal vez, por otras sustancias bioquímicas que produce el bebé. Como nadie sabe exactamente por qué empieza el parto, tampoco nadie puede indicar con seguridad cuándo ocurrirá.

Este capítulo te ayuda a reconocer los signos que indican que estás por dar a luz y te explica lo que sucede en cada una de sus tres fases. Asimismo, trata otras cuestiones de gran importancia, como la inducción del parto, el tratamiento del dolor, la monitorización del bebé y los métodos alternativos para dar a luz.

Saber cuándo el parto es real y cuándo no lo es

Es bastante común no saber con seguridad si el parto ha comenzado. Incluso una mujer que espera su tercer o cuarto hijo puede tener dudas al respecto. Este apartado te ayuda a identificar con claridad si has empezado el trabajo de parto, aunque es probable que tengas que llamar a tu médico varias veces, o incluso hacer alguna que otra visita al hospital, para descubrir que en realidad no empezó.

Quizá experimentes algunos de los síntomas iniciales antes de que empiece de verdad. Estos síntomas no suelen indicar que el parto ha comenzado, sino más bien que puede ocurrir dentro de muy poco tiempo. Algunas mujeres notan los síntomas durante varios días o semanas, mientras que otras solamente durante unas horas. En la mayoría de ocasiones, el comienzo del parto no es tan dramático como se presenta en las películas y casi siempre se puede llegar a tiempo al hospital.

Si crees que empezó el trabajo de parto, no salgas corriendo al hospital. Llama primero al médico.

Los cambios antes del parto

A medida que te acercas al final del embarazo, puedes reconocer ciertos cambios que indican que tu cuerpo está preparándose para el gran momento. Quizá notes todos los síntomas que se mencionan a continuación, o tal vez sólo algunos. A veces los cambios son evidentes varias semanas antes del parto; otras, sólo unos días antes.

- ✔ **Flujo hemorrágico:** A medida que experimentas cambios en el cuello uterino, es posible que expulses por la vagina una secreción mucosa teñida de sangre. La sangre proviene de la rotura de pequeños capilares del cuello uterino.

- ✔ **Diarrea:** Generalmente, unos días antes del parto, el cuerpo libera *prostaglandinas*, sustancias que ayudan al útero a contraerse y que pueden provocar diarrea.

- ✔ **Descenso y encajamiento del bebé:** Especialmente en mujeres que van a dar a luz por primera vez, el feto suele descender hacia la pelvis unas semanas antes del parto (consulta el capítulo 7). Quizá sientas un aumento en la presión sobre la vagina y punzadas que se irradian a esta zona. También notarás que el útero ha descendido en

Las madres embarazadas preguntan...

P: Si nunca he tenido contracciones, ¿cómo voy a identificarlas?

R: Una contracción se produce cuando los músculos del útero aprietan y empujan al bebé hacia el cuello uterino. Generalmente las contracciones son incómodas y, por lo tanto, inconfundibles. Sin embargo, a muchas mujeres les preocupa no saber reconocerlas. Puedes identificar una contracción con un truco rápido y fácil.

Con las yemas de los dedos, tócate la mejilla, y luego tócate la frente. Finalmente, tócate la parte superior del abdomen, para sentir la parte superior del útero (el *fondo uterino*). El útero relajado es suave al tacto, como la mejilla, mientras que el útero contraído está duro, como la frente. Este ejercicio también es útil para establecer si se trata de un parto prematuro (consulta el capítulo 16).

el abdomen y que, de repente, te sientes más cómoda y puedes respirar mejor.

✔ **Aumento de las contracciones de Braxton-Hicks:** Es muy posible que percibas un aumento en la frecuencia e intensidad de las contracciones de Braxton-Hicks (consulta el capítulo 7). Estas contracciones pueden resultar algo incómodas, aunque no sean más fuertes o más frecuentes. Algunas mujeres sufren unas contracciones de Braxton-Hicks muy intensas durante semanas, antes del comienzo del parto.

✔ **Secreción mucosa:** Quizá segregues un moco espeso que se conoce como *tapón mucoso*. Durante el embarazo, esta sustancia tapona el cuello uterino para proteger el útero contra las infecciones. A medida que el cuello empieza a *borrarse* y a dilatarse preparándose para el parto, el tapón puede desprenderse y salir. Perder el tapón mucoso no significa que estés más expuesta a las infecciones, por lo que no debes preocuparte.

Distinguir un falso inicio del parto

No siempre es fácil distinguir el parto verdadero del falso, pero unos cuantos detalles pueden ayudarte a identificarlo.

En general, se trata de parto falso si las contracciones:

✔ Son irregulares y su frecuencia no va en aumento.

✔ Desaparecen cuando cambias de posición, caminas o descansas.

✔ No son especialmente incómodas.

✔ Se producen solamente en la parte baja del abdomen.

✔ No se vuelven cada vez más incómodas.

Por otro lado, probablemente estarás de parto si las contracciones:

✔ Son cada vez más frecuentes, intensas y molestas.

✔ Duran entre 40 y 60 segundos.

✔ No desaparecen cuando cambias de posición, caminas o descansas.

✔ Se producen cuando sientes una pérdida de líquido, como consecuencia de la ruptura de la bolsa de aguas.

✔ Dificultan o impiden hablar normalmente.

✔ Se extienden por la parte superior del abdomen o están localizadas en la espalda, irradiando hacia delante.

A veces la única forma de asegurarse es consultar al médico o ir al hospital. En el hospital te realizarán una exploración ginecológica para determinar si se ha iniciado el parto. El médico probablemente te monitoree para controlar con qué frecuencia se presentan las contracciones y vigilar la reacción del corazón del feto. En ocasiones se ve claramente que el parto comenzó, pero otras veces es necesario mantenerte en observación durante varias horas para comprobar la situación.

Se considera que el parto empezó si tienes contracciones regulares y el cuello uterino cambia rápidamente, borrándose, dilatándose o ambas cosas a la vez. Algunas mujeres pueden seguir con su vida durante algunas semanas con el cuello uterino parcialmente borrado o dilatado; en estos casos, no se considera que el parto empezó, porque los cambios se producen a lo largo de varios días, y no de horas.

Decidir cuándo llamar al médico

Si crees que el parto comenzó, llama al médico. No te avergüences si te dice que probablemente no sea así; no vas a ser ni la primera ni la última mujer que se confunde. Es una buena idea controlar el tiempo entre las contracciones durante varias horas antes de llamar, para ver si son cada vez más frecuentes; con esta información, el médico podrá establecer mejor si es hora de dar a luz. Si las contracciones se producen cada 5 o

10 minutos y son molestas, llama de inmediato. Si estás de menos de 37 semanas y sientes contracciones persistentes, no pierdas el tiempo contándolas, llama a tu médico en ese mismo instante.

Llama al médico si te encuentras en una de estas situaciones:

✔ Las contracciones son cada vez más seguidas y más molestas.

✔ Se ha roto la fuente. Puede que sólo pierdas un poco de líquido acuoso o, por el contrario, que tengas un gran derrame. Si el líquido es verde, pardo o rojo, díselo a tu médico de inmediato.

El *meconio,* la primera deposición del bebé, suele presentarse después del nacimiento, pero entre el 2 y el 20% de los recién nacidos lo expulsan durante el parto, sobre todo si nacen después de la fecha probable. Esto no indica que algo vaya mal, pero puede asociarse con cierto sufrimiento fetal.

✔ Si presentas una hemorragia cuantiosa y de color rojo vivo, más abundante que un periodo menstrual, o si expulsas coágulos, avisa a tu médico y dirígete al hospital cuanto antes.

✔ No sientes la cantidad adecuada de movimientos fetales (más información en el capítulo 7).

✔ Tienes un dolor abdominal constante y agudo que no se alivia entre contracciones.

✔ Sientes en la vagina una parte del feto o el cordón umbilical. En este caso, ¡corre al hospital!

Identificar el inicio del parto con un tacto vaginal

Para intentar determinar si el parto comenzó, el médico posiblemente te hará un tacto vaginal que evalúa diversos aspectos:

✔ **Dilatación:** Durante la mayor parte del embarazo el cuello uterino está cerrado, pero en el transcurso de las dos últimas semanas empezará gradualmente a dilatarse, en especial si no es tu primer bebé. Cuando el parto ya ha empezado, la dilatación del cuello uterino se acelera hasta alcanzar los 10 centímetros al final de la primera fase. Se considera que una mujer está de parto si la dilatación es de unos 4 centímetros o si el cuello uterino se ha borrado por completo.

✔ **Borramiento:** Se habla de *borramiento* cuando el cuello uterino se vuelve más fino y se acorta, un fenómeno que se produce durante el

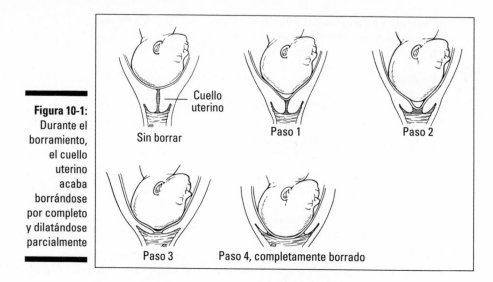

Figura 10-1:
Durante el borramiento, el cuello uterino acaba borrándose por completo y dilatándose parcialmente

Cuello uterino

Sin borrar

Paso 1

Paso 2

Paso 3

Paso 4, completamente borrado

parto. Como consecuencia, pasa de ser grueso –sin borrar– a estar borrado por completo. Consulta la figura 10-1.

✔ **Posición:** Durante el parto, el médico utiliza el término *posición* para describir la altura a la que ha descendido la cabeza del bebé, o la parte del cuerpo que esté bajando primero, en relación con las *espinas ciáticas*, unos pequeños huesos que sirven de guía en la pelvis; en el capítulo 7 encontrarás más información.

✔ **Colocación:** Cuando se inicia el parto, el bebé suele estar orientado hacia el lado izquierdo o derecho. A medida que el parto progresa, el bebé rota hasta colocarse hacia abajo, de modo que nace mirando hacia el suelo. A veces, el bebé rota en la dirección contraria y sale mirando hacia el techo.

El ingreso en el hospital

Independientemente de que el parto sea espontáneo o inducido y por cesárea, te instalarán en la planta de maternidad del hospital. Si ya estás registrada, tu historia clínica ya se encontrará en la planta de maternidad y tendrás una habitación asignada. Cuando llegues al hospital o centro de salud, debes pasar por el proceso de admisión para que te indiquen qué habitación te corresponde.

En la habitación del hospital

Aunque cada hospital o centro de salud tiene un sistema particular, el proceso de ingreso suele ser siempre el mismo:

✔ Una enfermera te pide que te pongas una bata.

✔ Una enfermera te hace preguntas acerca de tu embarazo, tu salud en general, tus antecedentes obstétricos y la hora de tu última comida. Si crees que ya has roto bolsa o sientes pérdidas de líquido, díselo.

✔ Una enfermera, partera o médico te hace un tacto vaginal para ver cuánto ha avanzado el parto.

✔ Monitorean las contracciones y la frecuencia cardíaca fetal.

✔ Posiblemente la enfermera te tome una muestra de sangre y te ponga una vía en el brazo para administrarte líquidos y medicamentos si fuera necesario.

✔ Te piden que firmes un formulario de consentimiento para el cuidado hospitalario habitual, el parto y una posible cesárea. Piensa que puede ser que necesites la cesárea de urgencia y no estés en condiciones de firmar en ese momento. Que firmes este consentimiento no quiere decir que limites las opciones de tratamiento.

Quizá sea buena idea que entregues tus objetos de valor a tu pareja o al familiar que te acompañe; o que sencillamente los dejes en casa.

Las instalaciones

Algunas mujeres dan a luz en la misma sala en la que pasan la fase de dilatación –o incluso en su habitación–, mientras que otras son trasladadas a una estancia diferente, la *sala de partos* o *paritorio*. La mayoría de las habitaciones de hospital incluyen lo siguiente:

✔ **Cama o camilla:** En las habitaciones concebidas como salas de dilatación y paritorios, la camilla está diseñada especialmente para que pueda convertirse en una mesa de partos. Algunos hospitales tienen salas especiales en las que se pasa la fase de dilatación, el parto e incluso la recuperación.

✔ **Estetoscopio o monitor Doppler:** En lugar del cardiotocógrafo, el médico o la enfermera utilizan estos aparatos portátiles para escuchar periódicamente el latido del corazón del bebé.

✔ **Cardiotocógrafo:** Este aparato tiene dos componentes, uno para controlar el latido del corazón del bebé y otro para controlar las

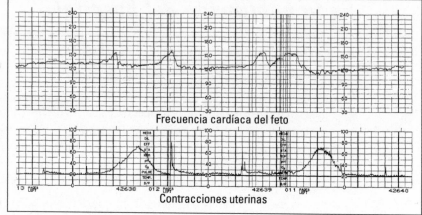

Figura 10-2: Seguimiento de la frecuencia cardíaca del feto y las contracciones uterinas

Frecuencia cardíaca del feto

Contracciones uterinas

contracciones de la madre. El cardiotocógrafo proporciona un gráfico del corazón fetal, que registra cómo aumenta y desciende la frecuencia cardíaca del bebé en relación con las contracciones (consulta la figura 10-2).

✔ **Cuna térmica:** El aparato dispone de una lámpara que evita que descienda la temperatura corporal del bebé.

✔ **Gotero:** Para evitar que te deshidrates, dispone de un tubo conectado a una bolsa de solución salina con una mezcla de glucosa. Asimismo, permite administrarte los medicamentos que necesites en caso de dolor o urgencia.

✔ **Asiento para el acompañante:** Suele haber una silla para tu pareja o para la persona que te acompañe.

El monitoreo del bebé

Mientras estás por parir, el médico verificará en todo momento que el bebé tolera bien el proceso. La mayoría de los médicos aconsejan monitorear la frecuencia cardíaca del bebé durante el parto. Aunque algunas pacientes de bajo riesgo quizá requieran sólo un control esporádico, otras necesitarán una vigilancia continua; a veces sólo es posible saberlo cuando se ha iniciado el parto y se comprueba cómo responde el bebé. Los siguientes apartados explican las diferentes maneras de observar al bebé.

Cardiotocografía

El inicio del parto constituye un factor de estrés tanto para la madre como para el bebé, pero gracias a la *cardiotocografía* es posible comprobar que el bebé lo tolera bien. Existen varias técnicas de control, que detallamos a continuación.

Cardiotocografía externa

La cardiotocografía electrónica utiliza dos cinturones o una banda elástica ancha que se coloca alrededor del abdomen. Un aparatito, acoplado a los cinturones o ubicado bajo la banda elástica, detecta el latido del corazón del bebé con una ecografía Doppler. Un segundo aparato detecta las contracciones mediante un medidor. Un monitor externo indica la frecuencia y duración de las contracciones, pero no proporciona información acerca de su intensidad. La cardiotocografía externa proporciona información sobre la respuesta del feto a las contracciones y registra la *variabilidad*, es decir, los cambios periódicos en la frecuencia cardíaca, para determinar si el bebé tolera bien el proceso.

Quizás oigas al médico describir el latido del corazón del bebé con alguno de los siguientes términos:

- ✔ **Normal:** Entre 110 y 160 latidos por minuto.

- ✔ **Bradicardia:** Disminución de la frecuencia cardíaca hasta quedar por debajo de 110 latidos por minuto durante más de diez minutos.

- ✔ **Taquicardia:** Aumento de la frecuencia cardíaca fetal hasta quedar por encima de 160 latidos por minuto durante más de diez minutos.

- ✔ **Aceleraciones:** Breve aumento de la frecuencia cardíaca por encima del valor de referencia, muchas veces después de un movimiento fetal. Las aceleraciones son buena señal.

- ✔ **Desaceleraciones:** Son disminuciones intermitentes por debajo del valor de referencia de la frecuencia cardíaca fetal. La importancia de las desaceleraciones depende de su repetición, el grado de disminución de la frecuencia cardíaca y el momento en que se producen en relación con las contracciones. Se clasifican en tempranas, variables o tardías, según el momento en que ocurren respecto a las contracciones.

Cardiotocografía interna

El médico utiliza un cardiotocógrafo interno para controlar al bebé de una forma más meticulosa. Esta técnica se usa cuando se quiere comprobar que el feto tolera bien el parto o cuando hay dificultades para detectar la

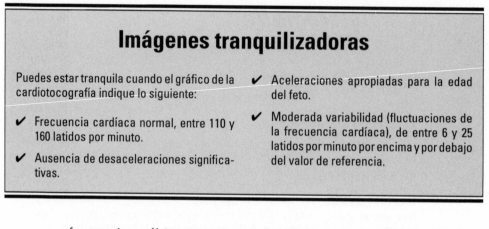

Imágenes tranquilizadoras

Puedes estar tranquila cuando el gráfico de la cardiotocografía indique lo siguiente:

✔ Frecuencia cardíaca normal, entre 110 y 160 latidos por minuto.

✔ Ausencia de desaceleraciones significativas.

✔ Aceleraciones apropiadas para la edad del feto.

✔ Moderada variabilidad (fluctuaciones de la frecuencia cardíaca), de entre 6 y 25 latidos por minuto por encima y por debajo del valor de referencia.

frecuencia cardíaca externamente; por ejemplo, si estás embarazada de más de un bebé. Durante el tacto vaginal, inserta el monitor a través del cuello uterino por medio de un tubo de plástico flexible; el procedimiento no es más molesto que una exploración ginecológica. El pequeño electrodo se adhiere al cuero cabelludo del bebé.

En ocasiones, se utiliza un cardiotocógrafo interno de contracciones para valorar mejor su intensidad. Este aparato consiste en un tubo delgado y flexible lleno de líquido, que se inserta entre la cabeza del feto y la pared uterina durante un tacto vaginal. A veces se utiliza este mismo dispositivo para introducir solución salina en el útero si se detecta falta de líquido amniótico o si el gráfico del corazón del bebé indica presión en el cordón umbilical.

Otras pruebas de salud fetal

Si la información de la cardiotocografía proporciona motivos de preocupación ambiguos o no es clara, el médico puede realizar otras pruebas para determinar cómo proceder en el parto.

Prueba del pH en el cuero cabelludo

Si al médico le preocupa el bienestar del bebé durante el parto, quizá quiera realizar una *prueba del pH en el cuero cabelludo*. El proceso consiste en tomar una muestra de sangre fetal a partir de un diminuto corte de su cuero cabelludo y medir el pH para establecer el grado de tolerancia del bebé al proceso del parto.

Estimulación del cuero cabelludo

La *estimulación del cuero cabelludo* es una sencilla prueba para comprobar cómo le está yendo al bebé. El médico simplemente le hace cosquillas en el cuero cabelludo durante un tacto vaginal. Si este contacto incrementa la frecuencia cardíaca del bebé, quiere decir que está bien.

Algunos médicos, y algunas madres, prefieren no vigilar al bebé. Sin embargo, casi todos los médicos opinan que los beneficios son muy superiores al riesgo de no monitorearlo.

Un empujoncito a la naturaleza: la inducción del parto

Inducir el parto significa que el médico obliga a que empiece, antes de que lo haga por sí solo. La inducción puede ser *programada,* por conveniencia de la paciente o del médico, o *indicada*, esto es, motivada por alguna complicación obstétrica, médica o fetal.

Inducción programada

Aunque a algunas mujeres les gusta la idea del parto programado, otras prefieren que se produzca de forma espontánea. Algunos médicos están de acuerdo con la inducción, mientras que otros se oponen. Una mujer puede optar por la inducción por varias razones, incluidas las siguientes:

✔ Por conveniencia familiar, ya que así puede organizar asuntos relacionados con sus otros hijos, el trabajo propio o el de la pareja.

✔ Para asegurarse de que un médico determinado, con quien mantiene una relación especial, sea quien la atienda en el parto.

✔ Para tener el bebé cuando estén de servicio el mayor número de profesionales de la planta de maternidad, especialmente si se corre el riesgo de sufrir ciertas complicaciones.

✔ Para reducir la ansiedad producida por los malos resultados de otros embarazos; en caso, por ejemplo, de *muerte fetal a término*.

✔ Para asegurarse de que llega al hospital a tiempo si vive muy lejos y tiene antecedentes de partos rápidos.

Algunos estudios sugieren que la inducción programada del parto puede incrementar la necesidad de practicar una cesárea. Si el cuello uterino no está dilatado ni borrado, o si la cabeza del feto no se ha encajado en la pelvis, el riesgo de una cesárea es probablemente más alto. Sin embargo, si todas las condiciones son favorables para una inducción, el riesgo de una cesárea no aumenta en absoluto. En cambio, el tiempo que la paciente pasa en el hospital aumenta ligeramente cuando el parto es inducido.

Si tienes menos de 39 semanas, puedes considerar una inducción programada del parto. Tú y tu pareja deben saber que se enfrentan a un riesgo ligeramente más elevado de que el desenlace sea una cesárea. Si tanto los padres como el médico asumen el riesgo, la inducción programada del parto puede ser una opción adecuada por razones personales, médicas, geográficas o psicológicas.

Inducción indicada por razones médicas

Una inducción está *indicada,* es decir, se convierte en una necesidad médica, cuando los riesgos de seguir con el embarazo son mayores que los riesgos de un parto prematuro, tanto para la madre como para el bebé.

Los problemas de la madre que pueden justificar una inducción incluyen:

✔ Preeclampsia (consulta el capítulo 16).

✔ La presencia de ciertas enfermedades, como diabetes (capítulo 17) o colestasis (capítulo 7), que pueden mejorar después del parto.

✔ Una infección del líquido amniótico, como una corioamnionitis.

Los riesgos potenciales para el bebé que pueden justificar una inducción incluyen:

✔ Prolongación del embarazo mucho más allá de la fecha probable: la tasa de muerte fetal aumenta considerablemente cuando la gestación supera la semana 41 o 42.

✔ La madre ha roto bolsa sin que el parto haya empezado, una situación que puede hacer que el bebé contraiga una infección.

✔ Restricción del crecimiento intrauterino (consulta el capítulo 16).

✔ Posible *macrosomía* (el feto pesa más de 4 kilos).

✔ Incompatibilidad del Rh con complicaciones (consulta el capítulo 16).

✔ Disminución del líquido amniótico (*oligohidramnios*).

✔ Las pruebas indican que el feto no está creciendo en el útero.

El proceso de inducción del parto

La forma de inducir el parto depende del estado del cuello uterino. Si no es favorable o aún no está maduro –corto, blando y dilatado–, el médico puede usar varios medicamentos y técnicas para hacerlo madurar. A veces esta práctica, por sí misma, puede provocar el inicio del parto.

El compuesto más utilizado para hacer madurar el cuello uterino es una especie de *prostaglandina*, una sustancia que ayuda a suavizar su tejido y provoca contracciones. Suele utilizarse misoprostol, un fármaco análogo a la prostaglandina E1, que viene en pequeños óvulos que se insertan en la vagina. Otra alternativa es la prostaglandina E2, que se administra por lo general en gel o en óvulos.

Las publicaciones científicas han revelado que el riesgo de desgarro uterino es superior en aquellas mujeres que tienen un parto inducido y a quienes se practicó una cesárea en embarazos anteriores. El riesgo de sufrir esta complicación parece muy superior si se administra prostaglandina para la inducción. Por esta razón, muchos médicos prefieren no realizar la inducción con prostaglandinas y optan por una *sonda de Foley*, un pequeño globo que se introduce en el cuello uterino a través de la vagina y se hincha con solución salina o con aire para que el cuello se abra.

Si el cuello uterino todavía no está maduro, no hay ningún remedio casero que pueda solucionar el problema. Seguramente te hospitalizarán por la noche y recibirás un medicamento a la hora de acostarte para que madure. Después, el médico ya podrá administrarte oxitocina, una hormona sintética similar a la que tu organismo libera durante el parto, para inducírtelo por la mañana.

Si el cuello uterino ya está maduro, te ingresarán por la mañana y te inducirán el parto administrando oxitocina de forma intravenosa o haciendo que se rompa la fuente. Para conseguirlo, el médico hace una *amniotomía*, es decir, rompe la fuente, con un pequeño gancho de plástico; este procedimiento no suele ser doloroso. Luego el médico indica a la enfermera que te administre oxitocina a través de un dispositivo intravenoso, que dispone de una bomba especial que ajusta y controla la dosis. Empieza administrando muy poca cantidad y aumenta el nivel a intervalos regulares, hasta que se produzcan las contracciones adecuadas. A veces el parto comienza unas cuantas horas después de haber iniciado la inducción, pero otras veces puede tardar mucho más, incluso hasta dos días.

Una idea muy común, pero totalmente equivocada, es que la oxitocina hace más doloroso el parto. No es cierto: la oxitocina es semejante a la hormona que el cuerpo libera naturalmente durante el parto, y se administra más o menos en las mismas dosis que en un alumbramiento normal.

Estimulación del parto

Los médicos pueden utilizar la oxitocina para acelerar un parto que ya está en curso si tus contracciones son inadecuadas o si está durando demasiado. Una vez más, las contracciones que se producen como resultado de esta aceleración no son ni más fuertes ni más dolorosas que las que se experimentan durante un parto natural.

Etapas y características del parto

El parto de cada mujer es, en cierta manera, único. La experiencia de una misma mujer puede variar incluso entre sus distintos embarazos. Cualquier persona que haya asistido a varios partos sabe perfectamente que siempre puede producirse alguna sorpresa. Como médicos, hemos visto de todo: desde un parto que parece rápido y acaba prolongándose más de la cuenta, hasta otro que de entrada parece interminable y que se resuelve en un santiamén. No obstante, para la mayoría de mujeres embarazadas el parto transcurre según un modelo predecible, con etapas claramente identificables y un ritmo bastante regular.

El médico puede controlar el progreso del parto con un tacto vaginal cada cierto número de horas. Que sea más o menos fácil va a depender de la velocidad a la que se dilata el cuello uterino, así como de la rapidez con la que el feto desciende por la pelvis y la vía del parto. El médico controla el progreso midiendo la dilatación del cuello uterino y la posición fetal anotando los resultados en un cuadro. Con un gráfico especial, llamado *curva de parto*, partograma, (consulta la figura 10-3), puede comparar cómo avanza todo el proceso en relación con una curva estándar que representa la media.

Los médicos empezarán a preocuparse si el parto es demasiado lento o si el cuello uterino deja de dilatarse y el feto no desciende. Tienen un sis-

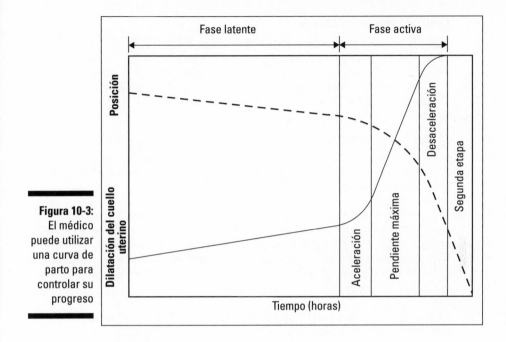

Figura 10-3:
El médico puede utilizar una curva de parto para controlar su progreso

tema abreviado para describir las variables que determinan el grado de dificultad del parto: son las tres P; de pasajero, pelvis y potencia. En otras palabras, los tres factores que determinan la dificultad son: el tamaño y la posición del bebé (el pasajero); el tamaño de la pelvis; y la fuerza de las contracciones (la potencia). Si el parto no progresa adecuadamente, podría ser necesario que el bebé necesitara una ayuda, ya sea con fórceps o una ventosa, o bien mediante cesárea.

Si es tu primer parto, lo más probable es que todo el proceso dure entre 12 y 14 horas; en partos posteriores, suele ser más corto (unas 8 horas). El parto se divide en las tres etapas que describimos a continuación.

La primera etapa

La primera etapa del parto arranca desde que empieza el proceso hasta la total dilatación del cuello uterino. Esta etapa es siempre la más larga, puesto que dura una media de 11 horas en el caso de un primer bebé y 7 horas en el caso de partos posteriores. Se divide en tres fases: la temprana (latente), la activa y la de transición. Cada fase tiene unas características únicas.

Fase temprana o latente

Durante la fase temprana de la primera etapa del parto, las contracciones se producen de cada 5 a 20 minutos y aumentan de frecuencia hasta que desciende a los 5 minutos entre cada una. Duran de 30 a 45 segundos al principio, pero, a medida que la fase continúa, se prolongan hasta los 60 o 90 segundos. El cuello uterino se dilata gradualmente 3 o 4 centímetros y se borra por completo.

La fase temprana de la primera etapa dura una media de 6 a 7 horas en el primer parto, y de 4 a 5 horas en los partos posteriores. Sin embargo, la duración del parto es impredecible porque resulta muy difícil establecer exactamente cuándo empieza.

Al principio de esta fase las contracciones se parecen a un dolor menstrual, con o sin dolor de espalda. La fuente puede romperse y se presenta un ligero flujo hemorrágico (consulta en este mismo capítulo el apartado "Los cambios antes del parto"). Si ya has ingresado al hospital, el médico utilizará un pequeño gancho de plástico para que se rompa la fuente y así favorecer el proceso.

Es posible que estés más cómoda en casa durante el comienzo de esta fase. Puedes intentar descansar o dormir, o quizá prefieras mantenerte activa. Algunas mujeres sienten el irrefrenable impulso de limpiar la casa. Si tienes hambre, come algo ligero, como sopa, jugo o pan, por si tienes que recibir anestesia más tarde. Es una buena idea controlar el tiempo entre las contracciones, pero tampoco debes obsesionarte.

Si empiezas a sentirte más incómoda, las contracciones son cada vez más frecuentes e intensas o se rompe la fuente, llama al médico o dirígete al hospital.

Muchas mujeres caminan durante la fase temprana del parto porque les alivia el dolor o las distrae; otras prefieren descansar en la cama. Pregúntale al médico si te permitirán caminar en el hospital durante el parto.

Fase activa

La fase activa de la primera etapa del parto es, por lo general, más corta y predecible que la fase temprana. En el caso del primer hijo, dura unas 5 horas de media; en el caso de otros bebés, dura unas 4 horas. Las contracciones se producen cada 3 o 5 minutos y duran entre 45 y 60 segundos; el cuello uterino se dilata de 4 a 9 centímetros.

Durante esta fase es probable que te sientas muy incómoda y dolorida, y quizá también notes molestias en la espalda. Algunas mujeres experimentan más dolor en la espalda que en el abdomen, lo que puede indicar que el bebé está mirando hacia delante y no hacia la espalda de la madre.

A estas alturas ya deberías estar en el hospital o en un centro de salud especializado. Algunas pacientes prefieren descansar en la cama y otras, caminar. Haz lo que te resulte más cómodo, a menos que el médico te pida que te quedes en la cama para poder controlarte de cerca. Ha llegado el momento de practicar los ejercicios de respiración y relajación que aprendiste en las clases de preparación al parto.

Si necesitas que te alivien el dolor, díselo al médico; tienes más información en el apartado "El control del dolor durante el parto", más adelante. Tu pareja puede ayudarte a controlar el dolor haciéndote un masaje en la espalda, quizá con una pelota de tenis o con un rodillo.

Fase de transición

Muchos médicos consideran el periodo de transición como parte de la fase activa, pero nosotros preferimos darle otro nombre. Durante la fase de transición, las contracciones se producen cada 2 o 3 minutos y duran unos 60 segundos. Las contracciones en esta fase son muy fuertes y el cuello uterino se dilata de 8 a 10 centímetros.

Además de sentir unas contracciones muy intensas, quizá notes un aumento del flujo hemorrágico y un incremento en la presión, especialmente en el recto, a medida que el bebé desciende. Es posible que sientas también ganas de hacer una deposición. No te preocupes, es una buena señal, pues indica que el feto va en la dirección correcta.

Si sientes que tienes ganas de pujar, díselo al médico. Puede que ya estés completamente dilatada, pero trata de no hacerlo hasta que el médico te lo indique. Si empujas antes de estar completamente dilatada, puedes aminorar el ritmo del parto o provocar un desgarro del cuello uterino.

Si te hacen bien, trata de practicar los ejercicios de respiración y las técnicas de relajación. Cuando necesites medicamentos para aliviar el dolor o anestesia epidural, comunícaselo al médico. Para elegir la opción más adecuada en tu caso, el médico analizará el progreso del parto y otros factores relacionados con tu salud y la del bebé.

Problemas potenciales durante la primera etapa del parto

La primera etapa del parto no suele ser problemática. Pero si lo fuera, la siguiente información te prepara para controlarla:

✔ **Fase latente prolongada:** La fase latente o temprana del parto se considera prolongada si dura más de 20 horas en una mujer que tiene a su primer hijo, o más de 14 horas en una mujer que ya ha dado a luz antes. El médico quizá no pueda determinar cuándo empezó realmente el parto, de modo que no siempre es fácil saber cuánto se ha prolongado.

Cuando el proceso está durando demasiado tiempo, hay dos alternativas. Una es utilizar medicamentos, como sedantes, para ayudar a que te relajes. El parto puede entonces aminorar la marcha, lo que significaría que se trató desde un comienzo de un falso inicio, o puede que empiece el parto activo. La otra alternativa es apurar un poco el parto haciendo una *amniotomía* (romper fuente) o administrando oxitocina. En este capítulo, unas líneas atrás, se habla en detalle de ambos procedimientos.

✔ **Prolongación del parto:** Se presenta cuando el cuello uterino se dilata con demasiada lentitud o la cabeza del bebé no desciende a un ritmo normal. Si es tu primer bebé, el cuello uterino debería dilatarse a un ritmo mínimo de 1,2 centímetros por hora y la cabeza del bebé debería descender un centímetro por hora. Si ya has dado a luz antes, el cuello debería dilatarse por lo menos 1,5 centímetros por hora y la cabeza del bebé debería descender unos dos centímetros por hora.

La prolongación puede estar causada por una *desproporción cefalopélvica*, lo que quiere decir que la cabeza del bebé es demasiado grande para la vía del parto de la madre. También puede producirse si la cabeza del bebé está en una posición poco favorable o si el número o la intensidad de las contracciones son inadecuados. En ambos casos, muchos médicos administran oxitocina para intentar mejorar el ritmo del parto.

✔ **Inercia uterina:** Este trastorno se presenta si el cuello uterino deja de dilatarse o si la cabeza del bebé deja de descender durante más de dos horas durante la fase de parto activo. Se asocia con frecuencia a la desproporción cefalopélvica (consulta el párrafo anterior), pero una inyección de oxitocina puede resolver el problema. Si la oxitocina no es la solución, es posible que deban practicarte una cesárea.

La segunda etapa

La segunda etapa del parto se inicia cuando la dilatación es completa (10 centímetros) y termina cuando nace el bebé. Esta fase se conoce con el nombre de *periodo expulsivo* y dura alrededor de una hora si es el primer parto, y entre 30 y 40 minutos en los partos siguientes. Esta etapa

puede durar más si te administran anestesia epidural. Describimos esta
etapa en detalle en el capítulo 11.

La tercera etapa

La tercera etapa se produce desde el momento del nacimiento del bebé
hasta la expulsión de la placenta, que generalmente no dura más de
20 minutos en todos los partos. Encontrarás más detalles en el capítulo 11.

El control del dolor durante el parto

Durante la primera etapa del parto, el dolor está causado por las contracciones del útero y la dilatación del cuello uterino. Al principio, puede
parecerse al que produce una menstruación dolorosa. Pero en la segunda
etapa del parto, el estiramiento de la vía del parto a medida que el bebé
desciende añade otro tipo de dolor, semejante a una fuerte presión sobre
la parte inferior de la pelvis o el recto. Sin embargo, gracias a los ejercicios de respiración y relajación y, en ocasiones, a la anestesia, el dolor no
tiene por qué hacerse insoportable.

La mayoría de los médicos reconocen que el parto es intrínsecamente
doloroso, incluso para las mujeres que se han preparado a conciencia.
El grado de dolor, y la disposición y capacidad para tolerarlo, varía de
una mujer a otra. Algunas prefieren controlarlo con ayuda de técnicas de
respiración y distracción practicadas en clase, una opción perfectamente
válida; otras piden calmantes, por muy preparadas que estén.

No sientas que te estás fallando a ti misma como madre perfecta o que
tu embarazo no es natural si necesitas calmantes para aliviar el dolor.
Cada persona reacciona ante el dolor de forma diferente, tanto emocional como fisiológicamente, por lo que el hecho de que tu mejor amiga, tu
hermana o tu madre no tuvieran que recurrir a medicamentos para aliviar
el dolor no significa que seas débil si te los administran. Míralo de esta
manera: las mujeres que sienten un dolor inaguantable generalmente no
respiran con regularidad; también tensan los músculos y, al hacerlo, quizá
están prolongando el parto.

Hoy en día, los calmantes para tolerar el dolor suelen administrarse por
dos vías diferentes: *sistémica,* es decir, por inyección intravenosa o intramuscular; o *local,* mediante el uso de la epidural u otro tipo de anestesia.

Medicamentos sistémicos

Los medicamentos de uso sistémico más comunes son los derivados de la morfina, como meperidina y fentanilo. Pueden administrarse cada 2 o 4 horas según sea necesario, ya sea de forma intravenosa o intramuscular.

Aunque no estés embarazada, cualquier fármaco que tomes tiene efectos colaterales, y los analgésicos utilizados durante el parto no son una excepción. Sin embargo, el médico hará todo lo posible por minimizar dichos efectos, muchas veces combinando medicamentos. Las náuseas, los vómitos, la somnolencia y el descenso de la tensión arterial son los efectos más comunes en la madre. El grado en que afecta al feto o al recién nacido depende de lo cerca que esté el momento del parto cuando se administra el medicamento. Si se administra una dosis alta en las dos horas previas al nacimiento, el recién nacido puede estar somnoliento. Aunque es poco probable que su respiración se debilite, el médico puede administrarle un medicamento que contrarreste inmediatamente el anterior. No hay pruebas que indiquen que estos medicamentos, en las dosis correctas y con un control adecuado, afecten al progreso del parto o a la incidencia de cesáreas.

Anestesia local

Los medicamentos sistémicos hacen efecto sobre todas las partes del cuerpo desde el torrente sanguíneo. Sin embargo, casi todo el dolor de la dilatación y el parto se concentra en el útero, la vagina y el recto, por lo que a veces se utiliza anestesia local para aliviar estas zonas específicas. Los medicamentos que se administran localmente pueden ser un anestésico local, como la lidocaína, un narcótico, como los citados en el apartado anterior, o una combinación de ambos. Las técnicas habituales para administrar analgésicos locales incluyen la anestesia intradural y la epidural, así como el bloqueo caudal, en silla de montar y pudendo.

Anestesia epidural

Cuando se trata de aliviar los dolores del parto, no hay nada como la epidural. Se trata quizá de la forma más popular de mitigar el sufrimiento de la madre. Por lo general, las mujeres a las que se les administra se preguntan: "¿Por qué no la habré pedido antes?" o "¿Por qué tenía tantas reticencias?". La epidural debe ser aplicada por un anestesista experto en la colocación del llamado *catéter epidural*, por lo que no todos los hospitales están preparados para ofrecer este tipo de analgesia.

La epidural se suministra a través de un diminuto catéter de plástico flexible, que se inserta con una aguja en la parte baja de la espalda y se introduce en el espacio situado por encima de la membrana que cubre la médula espinal. Antes de insertar la aguja, el anestesista insensibiliza la piel con anestesia local. En ese momento es posible que sientas una breve sensación de cosquilleo en las piernas, pero el proceso no es doloroso. Luego se administran por el catéter los medicamentos que insensibilizan los nervios que van desde la parte inferior de la columna vertebral hasta el útero, la vagina y el periné. El catéter –no la aguja– se mantiene en su lugar a lo largo de todo el parto para que pueda utilizarse en caso de que se necesite una *dosis de refuerzo*.

Una de las grandes ventajas de la anestesia epidural es que utiliza pequeñas dosis de analgésicos. Sin embargo, como los nervios sensitivos se encuentran muy cerca de los motores, si la dosis es demasiado elevada tu capacidad para mover las piernas puede verse afectada temporalmente.

La cantidad y clase de medicamentos necesarios pueden ajustarse en cada etapa del parto. Durante la primera etapa, el alivio del dolor se centra en las contracciones uterinas, mientras que en la segunda –cuando se empuja– se focaliza en la vagina y el periné, que están distendidos para que pase el bebé. La anestesia epidural también puede hacer que la reparación de un desgarro o una episiotomía sean mucho más llevaderas.

Hace unos años, los anestesistas no administraban la epidural porque inmovilizaba a las pacientes durante el resto del parto. Hoy en día, cada vez se utiliza más la *epidural ambulante*, que permite que las pacientes se muevan, gracias a que los medicamentos administrados apenas afectan las funciones motoras. Sin embargo, algunos anestesistas cuestionan la eficacia de este tipo de epidural a la hora de aliviar el dolor.

La epidural también puede mitigar el dolor de la cesárea, aunque en estos casos se utilizan dosis diferentes. Como le permite a la madre estar despierta durante el parto y vivir la experiencia del nacimiento del bebé, es muy popular en las cesáreas. Sin embargo, en los casos en que el procedimiento se presenta como una urgencia extrema o la madre tiene problemas de coagulación, no será posible aplicar una epidural.

Antes se pensaba que las epidurales, especialmente si se administraban demasiado pronto, alargaban el parto y aumentaban la necesidad de utilizar fórceps, ventosas o cesáreas. Por esta razón, muchos médicos eran reacios a recomendarlas. Hoy en día, sin embargo, la mayoría de los médicos aceptan que estos problemas son insignificantes si el parto está bien iniciado y si es un anestesista competente quien administra la epidural, y afirman que los beneficios son superiores al riesgo.

En ocasiones la epidural neutraliza la sensación que se siente cuando la vejiga está llena, así que es posible que se requiera una sonda para vaciarla. En otros casos puede bloquear nervios motores, hasta el punto que la paciente tenga dificultades para pujar. También podría experimentarse un rápido descenso de la tensión arterial, lo que supondría una caída en la frecuencia cardíaca del bebé.

En general, el control del dolor hace posible que tanto la madre como su pareja disfruten más de la experiencia del parto y el alumbramiento. Por todo lo anterior, estamos a favor de la anestesia epidural para aliviar el dolor. De hecho, cuando Joanne estaba embarazada, solía decir en broma que quería que le pusiesen la epidural en la semana 35, como medida preventiva para no sentir nada de dolor.

Anestesia intradural

La *anestesia intradural* o *raquídea* es semejante a la epidural, pero se diferencia en que los medicamentos se inyectan en el espacio situado por debajo de la membrana que cubre la médula espinal, en lugar de por encima. Esta técnica suele utilizarse en caso de cesárea, sobre todo cuando es de urgencia y no se ha administrado anestesia epidural durante el parto. La información que proporciona el apartado anterior acerca de la epidural –en lo que respecta a la cantidad de medicamentos y los riesgos implícitos– se aplica también a la anestesia intradural.

Bloqueo caudal y en silla de montar

El *bloqueo caudal* y el *bloqueo en silla de montar* consisten en administrar los anestésicos en la zona más baja del conducto raquídeo, para que afecten solamente a los nervios transmisores del dolor que van hacia la vagina y el periné (la zona entre la vagina y el ano). Estos métodos alivian el dolor rápidamente pero su efecto es breve.

Bloqueo pudendo

El médico puede colocar un *bloqueo pudendo* inyectando un anestésico en la vagina, en la zona próxima a los nervios pudendos. Esta técnica insensibiliza parte de la vagina y el periné, pero no contribuye a aliviar el dolor de las contracciones.

Anestesia general

Cuando se administra anestesia general, la paciente queda totalmente inconsciente. Hoy en día, los médicos casi nunca utilizan esta técnica para el parto, y rara vez para casos de cesárea, porque se asocia con un mayor

Oferta de técnicas epidurales

Por lo general, es el anestesista quien elige el método de administración de la epidural, basándose en sus conocimientos, preferencias personales y tu situación concreta –como la fase del parto en la que te encuentras o tus eventuales dolencias–. Entre las diferentes técnicas disponibles para la administración de la anestesia epidural, destacan las siguientes:

✔ **La inyección intravenosa intermitente** fue durante muchos años la forma más habitual de administrar la epidural. Con esta técnica, la paciente recibe dosis intermitentes de anestesia local a través de una sonda. Las inyecciones se administran en función del dolor que siente la paciente o a intervalos de tiempo establecidos. El inconveniente de este método es que, cuando el efecto del medicamento remite, el dolor reaparece y el anestesista debe intervenir de nuevo.

✔ **La infusión epidural continua** es una alternativa que proporciona un suministro continuo de analgésicos, lo que alivia el dolor en todo momento. Si es necesario, puede aumentarse la dosis.

✔ **La analgesia epidural controlada por la paciente** difiere de la infusión continua en que es la madre la que controla la cantidad de medicamentos que recibe. Algunos anestesistas sólo utilizan esta técnica, mientras que otros optan por una combinación de la infusión continua y el método controlado por la paciente.

✔ **La analgesia intradural-epidural combinada** inyecta una dosis en la zona medular para un alivio inmediato del dolor (de 5 a 10 minutos) y, al mismo tiempo, utiliza un catéter insertado en el espacio epidural para la infusión continua.

✔ **La epidural ambulante** es una técnica en la que se administran analgésicos que no afectan las funciones motoras de la paciente, aunque la verdad es que, por distintas razones, entre el 40 y el 80% de las mujeres no se mueven mucho durante el parto.

riesgo de complicaciones. La anestesia general, obviamente, también hace que estés dormida durante el nacimiento del bebé. Pero si durante la cesárea tienes un problema de coagulación que impide la inserción de la aguja en la médula espinal, o bien si la cesárea se produce de urgencia y no hay tiempo para poner la epidural, entonces debe usarse la anestesia general.

Alternativas para tratar el dolor

Mientras que los medicamentos sistémicos o las diferentes técnicas anestésicas tienen por objeto eliminar la sensación física del dolor, los métodos alternativos o no farmacológicos pretenden evitar el sufrimiento asociado con el parto. Esta aproximación al tratamiento del dolor subraya que se trata de un efecto colateral normal en el proceso y busca confortar, apoyar y orientar a las mujeres durante el parto, para que confíen en sí mismas y tengan una sensación de control y bienestar. Muchos hospitales ofrecen algunas de estas técnicas, aunque otras requieren de una formación especial y no están disponibles en todos los centros:

✔ **Apoyo perinatal continuo:** Consiste en ofrecer una asistencia no médica a la parturienta, por lo general de manos de una monitora perinatal –una *doula*– o una profesional experimentada (más información en el capítulo 7).

✔ **Movimiento y colocación de la madre:** En ocasiones, si la madre camina o se coloca en posturas diferentes, puede aliviar en parte el dolor del parto. El médico o la enfermera te recomendarán las posturas en las que puedes colocarte.

✔ **Caricias y masajes:** Esta técnica transmite apoyo, tranquilidad y cariño a la madre, lo que la ayuda a relajarse y alivia el dolor.

✔ **Acupuntura y digitopresión:** La acupuntura consiste en colocar agujas en varios puntos del cuerpo, mientras que la digitopuntura (o Shiatsu) se realiza ejerciendo presión con los dedos o con pequeñas cuentas sobre los puntos de acupuntura. Según algunos estudios, el uso de la acupuntura durante el parto ayuda a la relajación, pero no alivia la intensidad del dolor.

✔ **Hipnosis:** Por lo general, suele tratarse de autohipnosis, es decir, se enseña a la paciente a entrar en estado hipnótico. Los estudios han demostrado que el uso de la hipnosis reduce el uso de analgésicos y de anestesia epidural.

✔ **Estimulación nerviosa eléctrica transcutánea:** Esta técnica utiliza un generador portátil para transmitir impulsos eléctricos a la piel a través de electrodos de superficie. Durante el parto, los electrodos se sitúan cerca de la columna vertebral y la paciente controla la intensidad de la corriente. La sensación de cosquilleo que transmite este tipo de estimulación puede mitigar el dolor de las contracciones. La mayoría de estudios no han constatado una reducción real del dolor, aunque algunos sugieren que así se necesitan menos medicamentos y que la sensación de satisfacción es mayor.

✔ **Inyecciones intradérmicas de agua:** Esta técnica consiste en inyectar pequeñas cantidades de agua estéril en cuatro puntos de la región lumbar. Se ha comprobado que reduce el dolor agudo de esta zona de 45 a 90 minutos, aunque no alivia el dolor abdominal asociado al parto.

✔ **Aplicación de calor y frío:** Suele tratarse de una preferencia personal, ya que no hay datos científicos que sugieran que uno alivia el dolor mejor que el otro.

✔ **Música y audioanalgesia:** Este método se basa en la idea de que la música, el ruido blanco o los sonidos ambientales pueden ayudar a reducir la percepción del dolor. Aunque no se ha demostrado claramente que alivien el dolor, pueden aumentar la tolerancia de la paciente al mejorar su estado de ánimo o ayudarla a respirar de forma más rítmica (siempre y cuando no se recurra al rock pesado…).

✔ **Aromaterapia:** En los últimos años se recurre cada vez más a esta técnica. El único estudio que hemos encontrado sobre su eficacia afirma que la mitad de las mujeres que recurrieron a la aromaterapia sintieron que disminuía el dolor, la ansiedad y las náuseas, al mismo tiempo que potenciaba la sensación de bienestar.

Métodos alternativos para dar a luz

Cada vez son más las mujeres que se interesan por los métodos no tradicionales o alternativos para dar a luz, y cada vez aparecen más opciones sobre el tema. Es cierto que las alternativas que indicamos a continuación no son para todo el mundo, pero es bueno conocer los distintos métodos que existen.

Dar a luz sin anestesia

El *parto natural*, por regla general, es aquel en el que se decide dar a luz sin medicamentos o anestesia. Quizá no sea el término más correcto, ya que el uso de analgésicos no hace que el parto deje de ser un proceso natural. La teoría que respalda este concepto afirma que el nacimiento es un proceso saludable y natural, y que el cuerpo de la mujer está hecho para sobrellevarlo sin ayuda de medicamentos.

El parto natural permite a las mujeres ejercer un gran control sobre el proceso y sobre su propio cuerpo. Se hace hincapié en que las mujeres elijan las posiciones que les resulten más cómodas, el grado de movilidad que desean tener y las técnicas utilizadas para estar lo más relajadas posible. El parto natural puede tener lugar en un hospital, en un centro especializado e incluso en casa. Algunos médicos no son partidarios del parto natural porque no quieren sentirse limitados a la hora de tomar decisiones que consideran clínicamente necesarias. Habla con tu médico sobre lo que les resulta más cómodo, con la idea de que tu parto se convierta en la mejor experiencia posible.

Dar a luz en casa

El parto en casa todavía no es muy común en los países occidentales, pero algunas mujeres opinan que no hay mejor lugar para dar a luz. Estos partos generalmente son atendidos por una partera y siempre debe haber un obstetra pendiente por si se presentan problemas. En realidad, el parto en casa sólo debería plantearse en mujeres con un bajo riesgo de complicaciones. Aunque algunos estudios revelan que los partos en casa tienen un mayor riesgo para la madre y el bebé, otros demuestran que son tan seguros como los que se practican en el hospital, siempre en el caso de mujeres sanas que no corren riesgos.

Sin embargo, hay profesionales que no están de acuerdo con esta práctica y alegan que, aunque para muchas mujeres el parto transcurre sin problemas, es esencial hacer un seguimiento durante todo el proceso, ya sea en un hospital o en un centro especializado, porque de repente pueden surgir graves complicaciones, incluso en aquellos embarazos de bajo riesgo.

El parto en el agua

En este tipo de parto, la madre se pasa una gran parte del tiempo dentro del agua, con la opción incluso de dar a luz allí al bebé. Aunque en algunos hospitales hay bañeras especiales diseñadas para este fin, los partos en el agua se hacen generalmente en centros especializados, con la ayuda de una partera. La temperatura del agua se mantiene a un nivel semejante a la del cuerpo, y se lleva a cabo un seguimiento continuo de la temperatura de la madre durante todo el proceso. La mayoría de estudios no hablan de una reducción del dolor o del uso de la anestesia epidural. Aunque algunos médicos creen que el parto en el agua es un procedimiento seguro, otros tienen serias dudas acerca de su conveniencia para la paciente y los profesionales que la asisten.

Capítulo 11

Alumbramiento inmediato: la llegada del bebé al mundo

Al llegar al final de la segunda etapa del parto, ya estarás muy cerca del alumbramiento. Éste es el momento que tanto has esperado y para el que has estado preparándote. Ten presente que no debes preocuparte con demasiada antelación. Lo que sí puedes hacer es mentalizarte asistiendo a clases de preparación al parto y leyendo este libro, por ejemplo. Recuerda que tu médico, las enfermeras y las parteras de la sala te orientarán a lo largo del proceso; acepta esta ayuda, confía en ti misma y permite que este proceso natural transcurra paso a paso.

Básicamente, los bebés nacen de tres maneras: a través de la vía del parto, con los empujones de la madre; a través de la vía del parto, pero con un poco de ayuda, es decir, utilizando fórceps o una ventosa obstétrica; o mediante una cesárea. En cada caso, el método más indicado dependerá de muchos factores, incluyendo tus antecedentes médicos, la salud del bebé y el tamaño de tu pelvis en relación con el tamaño del bebé. No tengas miedo, en este capítulo te ponemos al tanto de los tres.

El parto vaginal

Casi todas las mujeres embarazadas se pasan gran parte de las 40 semanas pensando en el parto. Si es la primera vez que das a luz, el parto puede asustarte; e incluso si ya has tenido hijos, es normal que te preocupes un poco antes de ver al precioso bebé. Estar bien informada siempre jugará a tu favor y te ayudará a saber qué hacer ante cualquier eventualidad.

El más común para dar a luz es, desde luego, el parto vaginal (la figura 11-1 muestra el proceso). Seguramente vivirás lo que los médicos llaman un *parto vaginal espontáneo*, que ocurre como resultado de tus empujones y transcurre sin necesidad de mucha intervención externa. Si necesitas alguna ayuda, el médico se valdrá de unos fórceps o una ventosa obstétrica. Un parto que requiere del uso de una de estas herramientas es un *parto vaginal asistido*. En este capítulo nos referimos a ambos.

Durante la primera etapa del parto, el cuello uterino se dilata y la bolsa se rompe. Cuando el cuello uterino está totalmente dilatado, o sea, abierto

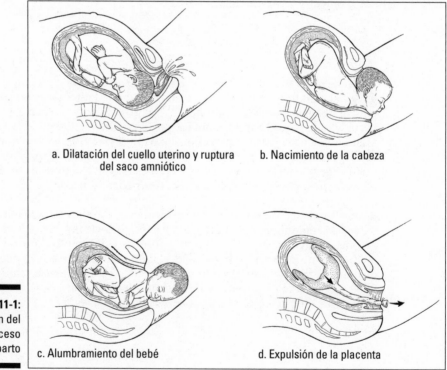

a. Dilatación del cuello uterino y ruptura del saco amniótico

b. Nacimiento de la cabeza

c. Alumbramiento del bebé

d. Expulsión de la placenta

Figura 11-1: Resumen del proceso de parto

10 centímetros, concluye la primera etapa del parto y la madre está lista para pasar a la segunda, que consiste en pujar para que el bebé descienda por la vía del parto –la vagina– y se produzca el nacimiento. Al final de la primera etapa quizá sientas una enorme presión sobre el recto, como si necesitaras defecar. Esta sensación, que será más fuerte durante las contracciones, la produce la cabeza del bebé al descender y al presionar los órganos cercanos.

Si te han puesto la epidural (consulta el capítulo 10), es posible que no sientas esta presión o que sea menos fuerte. Si la sientes, informa a tu enfermera o médico, porque indica que el cuello uterino está a punto de dilatarse por completo y quizá debas pujar. El médico confirmará la dilatación del cuello uterino con un tacto vaginal y te indicará si ya es hora de empezar a pujar.

La persona que te ayudará durante la fase expulsiva puede ser una enfermera, la partera o el médico, dependiendo de los protocolos del hospital y las costumbres de cada profesional. Lo importante es que alguien esté contigo para ayudarte en esta etapa.

A veces la dilatación es total, pero la cabeza del feto todavía está alta en la pelvis. En este caso, el médico te indicará que dejes de pujar hasta que las contracciones hagan descender más la cabeza.

Pujar para que salga el bebé

La fase expulsiva generalmente dura entre 30 y 90 minutos, aunque en ocasiones puede durar hasta tres horas. Todo dependerá de la colocación y el tamaño del bebé, de si te han puesto la epidural o de si ya has tenido antes otro hijo. Si éste no es tu primer parto, el cuello uterino puede empezar a dilatarse semanas antes de la fecha probable y, una vez completamente dilatado, quizá basten uno o dos empujones para dar a luz. La enfermera o el médico te dirán exactamente cómo pujar. Mientras estás pujando, el bebé avanza cada vez más en su descenso. Algunas mujeres empiezan a pujar cuando la cabeza del niño ha entrado en la pelvis. La duración de esta fase depende de lo avanzada que esté la cabeza cuando empiezas a pujar y de la eficacia de tus esfuerzos. A veces es difícil tomarle el ritmo. Cuando ya asoma la cabeza, el médico te dirá que dejes de pujar para que pueda limpiar las secreciones de la boca del bebé y comprobar si el cordón umbilical le rodea el cuello. Después, seguramente sólo tendrás que pujar una o dos veces para que salga el resto del cuerpo.

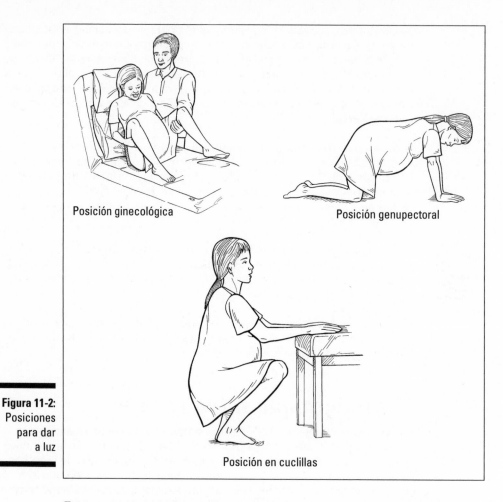

Posición ginecológica

Posición genupectoral

Posición en cuclillas

Figura 11-2:
Posiciones
para dar
a luz

Existen varias posiciones para pujar (consulta la figura 11-2). Te indicamos tres que podrían ayudarte:

✔ **Posición ginecológica:** Es la más común. En esta posición, te sientas recostada hacia atrás y acercas las rodillas al pecho. A la vez, doblas el cuello y tratas de acercar la mandíbula al pecho. La idea es que el cuerpo forme una C. Si bien no es la posición más elegante, sirve para alinear el útero y la pelvis de un modo que facilita el alumbramiento.

✔ **Posición en cuclillas:** La ventaja de ponerse en cuclillas es que la gravedad ayuda; el inconveniente es que quizá estés demasiado cansada para permanecer el tiempo suficiente en esa posición; además, puede resultar incómoda debido al equipo de monitorización y a la vía intravenosa.

✔ **Posición genupectoral:** Esta postura consiste en ponerse a gatas para pujar. Es útil si la cabeza del bebé se ha girado en la vía del parto, lo que dificulta pujar en la posición ginecológica o en cuclillas; sin embargo, puede ser incómoda para algunas mujeres.

RECUERDA

Quizá necesites ensayar un poco para saber cuál es la posición más cómoda para ti. Si sientes que el parto no avanza, trata de cambiar de postura.

Cuando empieces a sentir una contracción, la enfermera o el médico seguramente te dirán que inspires profundamente. Después, inhala otra vez a fondo, retén el aire y puja al máximo. Concentra los esfuerzos para pujar en el recto y el periné, procurando no tensar los músculos de la vagina y el recto. Puja como si estuvieras defecando. No te preocupes ni sientas vergüenza si mientras lo haces se te escapa algo de materia fecal; si esto sucede, una enfermera limpiará rápidamente el periné. Es más bien la regla que la excepción, y todas las personas que te están ayudando lo han vivido antes. De hecho, la presencia de una deposición indica que estás pujando correctamente, así que felicítate. Si intentas aguantarte, sólo conseguirás entorpecer tus esfuerzos para expulsar al bebé.

Puja cada vez durante unos diez segundos. Muchas enfermeras cuentan hasta diez o le piden a la persona que te acompaña que lo haga para ayudarte a ser consciente del tiempo. Cuando llegues a diez, suelta rápidamente el aire que habías estado reteniendo, respira hondo nuevamente y puja otra vez durante diez segundos, como antes. Seguramente pujarás tres veces con cada contracción, según su duración.

Mirar o no mirar

Algunos acompañantes quieren ver todo lo que sucede, mientras que otros se sienten incómodos por el mero hecho de estar presentes en la sala de partos. Asimismo, algunas mujeres quieren que sus acompañantes lo presencien todo, mientras que otras prefieren que no las vean en esta situación.

Comparte tus sentimientos con tu pareja o acompañante, de modo que ambos se sientan cómodos. Lo último que necesitas es que la persona que te acompaña sienta vergüenza durante una experiencia que debería ser una fuente de felicidad para ambos.

Entre una y otra, haz lo posible por relajarte y descansar, de modo que estés lista para la siguiente contracción. Si el médico no tiene inconveniente, pueden darte unos cubitos de hielo o humedecerte la frente con una toalla.

Si la cabeza del bebé ya ha descendido lo suficiente por la vía del parto, es posible verla mientras pujas. La primera aparición se llama *coronación*, porque el médico puede ver la corona de la cabeza. Algunas salas de parto tienen espejos para que la madre también pueda ver la cabeza del bebé, pero muchas mujeres prefieren no mirar. No te sientas mal o incómoda si es tu caso; ya tienes suficiente en qué pensar. Después de la contracción, la cabeza del bebé quizá vuelva a entrar en la vía del parto. Esta retracción es normal. Con cada empujón, el bebé bajará un poco y después retrocederá cada vez menos.

La episiotomía

Justo antes del nacimiento, la cabeza del bebé distiende el *periné* –la zona entre la vagina y el recto– y estira la piel alrededor de la vagina. A medida que desciende, puede ocasionar un desgarro en la parte posterior de la abertura vaginal, que a veces se prolonga hasta el recto. Para minimizar el desgarro de la piel circundante y de los músculos perineales, el médico puede practicarte una *episiotomía*, es decir, un corte en la parte posterior del orificio vaginal lo suficientemente grande como para permitir la salida de la cabeza del bebé con un desgarro mínimo, o para ampliar el espacio requerido. Si bien la episiotomía minimiza la probabilidad de un desgarro grave, no llega a impedirlo (es decir, el corte puede incluso agrandarse cuando salen la cabeza o los hombros del bebé).

El médico sólo sabe si la episiotomía es necesaria cuando el bebé asoma la cabeza. Algunos médicos la practican de manera habitual, otros sólo si es necesario. Las episiotomías son más comunes en las mujeres que están dando a luz por primera vez, porque el periné se estira más fácilmente cuando ya ha habido un parto anterior. Si tienes alguna preferencia específica con respecto a la episiotomía, coméntaselo a tu médico. Sin embargo, debes tener presente que algunos desgarros naturales son peores que una episiotomía.

El tipo de episiotomía que se practique dependerá de las características de tu cuerpo, de la posición de la cabeza del bebé y del criterio del médico. Los médicos pueden elegir entre dos tipos de episiotomía:

✔ **Media:** En línea recta entre la vagina y el ano.

✔ **Mediolateral:** En ángulo, alejándose del ano.

Las madres embarazadas preguntan...

P: ¿Realmente necesito una episiotomía?

R: La respuesta a esta pregunta depende de muchos factores, incluido el punto de vista de tu médico. Es un tema de debate frecuente entre los profesionales. Y como seguramente ya sabes, también es tema de debate entre las embarazadas. Muchos médicos creen que reparar un corte controlado es más fácil que arreglar un desgarro imprevisto en la piel y en los músculos del periné, que es lo que puede ocurrir si no se practica la episiotomía. Los partidarios de las episiotomías también opinan que tienden a curarse mejor. El médico suele ver mejor las capas de tejido en una episiotomía que en un desgarro, pero no existe acuerdo sobre las ventajas del procedimiento; además, es difícil saber antes del parto si la paciente lo precisará.

Durante el parto, la cabeza del bebé estira el orificio de la vagina a medida que la madre empuja. En ocasiones, la vía del parto se abre lo suficiente y no hace falta el espacio adicional que puede aportar una episiotomía, pero esto no sucede siempre. Puedes facilitar el proceso si eres capaz de mantener la cabeza del bebé en el periné para lograr que se estire algo más. Sin embargo, conseguirlo no es tan fácil como parece, porque la cabeza del bebé ejerce una enorme presión. Una de las ventajas de la epidural es que hace que la cabeza del bebé salga con más lentitud, lo que reduce la necesidad de practicar una episiotomía.

Si no te han puesto la epidural, el área puede insensibilizarse con anestesia local.

Una episiotomía media puede ser menos molesta y sanar más fácilmente (consulta el capítulo 13, donde hay más detalles sobre este tema). No obstante, hay una ligera probabilidad de que se extienda hacia el recto. En cambio, una episiotomía mediolateral puede resultar más molesta, pero tiene menos probabilidades de extenderse hacia el recto cuando salga la cabeza del bebé.

Muchos de los desgarros o laceraciones que se producen durante el parto tienen lugar en el periné o son extensiones de la episiotomía. Ocasionalmente, cuando el bebé es excepcionalmente grande o cuando se trata de un parto vaginal asistido, pueden producirse desgarros en otras áreas, como el cuello uterino, las paredes de la vagina, los labios vaginales o el tejido alrededor de la uretra. Tras el nacimiento del bebé, el médico examina cuidadosamente la vía del parto y sutura los desgarros que necesiten ser reparados; por lo general, sanan muy rápido y casi nunca ocasionan problemas a largo plazo. No te preocupes pensando en el momento en que tengan que quitarte los puntos, ya que la mayoría de los médicos utilizan suturas que se disuelven solas.

La prolongación de la segunda etapa del parto

Si se trata de tu primer hijo y permaneces en la segunda etapa del parto más de dos horas –o tres, si te han puesto la epidural–, el parto se considera *prolongado*. Si es tu segundo hijo o posterior, esta etapa también se considera prolongada si se acerca a la hora de duración –o dos, si te han puesto la epidural–.

Esta situación puede deberse a unas contracciones inadecuadas o a una *desproporción cefalopélvica*, lo que quiere decir que la cabeza del bebé es demasiado grande para la vía del parto (consulta el capítulo 10). A veces la cabeza del bebé está en una posición que impide el descenso. En ocasiones el médico puede inyectarte oxitocina o intentar girar la cabeza del bebé. Tú también puedes cambiar de postura para pujar más eficazmente. En ocasiones, los fórceps logran su objetivo si la cabeza del bebé ya está lo suficientemente baja en la vía del parto (consulta "Un empujoncito a la naturaleza: el parto vaginal asistido" más adelante en este capítulo). Si todo lo demás falla, el médico probablemente recomendará practicar una cesárea.

El gran momento: el nacimiento del bebé

Si la cabeza del bebé continúa visible entre contracciones, la enfermera te ayuda a ponerte en posición de dar a luz. Cuando el parto transcurre en la habitación, basta con retirar la plataforma que hay a los pies de la cama y disponer los soportes acolchados para las piernas. Si deben trasladarte al paritorio, más parecido a un quirófano, la enfermera te pondrá en una camilla junto a todos los monitores. La posibilidad de dar a luz en la habitación o en el paritorio depende de las instalaciones del hospital y de los factores de riesgo.

Ya en la posición de dar a luz, tienes que seguir pujando con cada una de las contracciones. El médico o la enfermera te limpian el periné, generalmente con una solución yodada, y te colocan sábanas sobre las piernas para mantener la región lo más limpia posible para el recién nacido. A medida que pujas, el periné se estira cada vez más. Solamente en el último minuto se sabrá si necesitas una episiotomía.

Con cada empujón, la cabeza del bebé desciende más y más hasta que, finalmente, sale por la vía del parto. Cuando ya asome la cabeza, el médico te dirá que dejes de pujar para poder limpiar las secreciones de la boca y la nariz del bebé, antes de que salga el resto del cuerpo.

A estas alturas puede ser muy difícil dejar de pujar por la intensa presión que sentirás sobre el periné; si jadeas, quizá te ayude un poco. Si te han puesto la epidural, es posible que la presión no sea tan intensa.

El médico también verifica que el cordón umbilical no esté enredado alrededor del cuello del bebé. El *circular de cordón*, como se denomina esta situación, es en realidad bastante común y no suele ser motivo de preocupación. El médico desenrolla el cordón para dejar libre el cuello antes de que termine de nacer el bebé.

Finalmente el médico te indica que debes pujar de nuevo para ayudar a que salga el resto del cuerpo del bebé. Como generalmente la cabeza es la parte más ancha, el alumbramiento del resto del cuerpo es más fácil. Cuando el bebé ya ha salido, le limpian de nuevo la boca y la nariz mediante aspiración.

Normalmente, después de que la cabeza del bebé haya asomado, los hombros y el resto del cuerpo salen con facilidad. Sin embargo, a veces los hombros se quedan atascados tras el pubis de la madre, lo que dificulta el progreso del parto. Esta situación se conoce como *distocia de hombros*. Si se presenta este problema, el médico puede realizar varias maniobras para extraer los hombros y facilitar el nacimiento del bebé, entre las que se incluyen las siguientes:

✔ Ejercer presión directamente sobre el pubis para mover el hombro atrapado.

✔ Flexionar las rodillas de la madre para que haya más espacio.

✔ Girar manualmente los hombros del bebé.

✔ Sacar primero el brazo posterior del bebé.

Aunque la distocia de hombros puede producirse en mujeres que no tienen ningún factor de riesgo, ciertas características la propician:

✔ Bebés muy grandes.

✔ Diabetes gestacional.

✔ Parto prolongado.

✔ Antecedentes de bebés grandes o de bebés con distocia de hombros.

La expulsión de la placenta

Cuando el bebé ha nacido, empieza la tercera etapa del parto: la expulsión de la placenta y demás membranas, también llamadas *secundinas* (consulta la figura 11-1). Esta etapa dura entre cinco y quince minutos. Seguirás teniendo contracciones, aunque mucho menos intensas, que te ayudan a separar la placenta de la pared del útero. Una vez se produzca esta separación y la placenta llegue al orificio de la vagina, es probable que el médico te pida que empujes suavemente una vez más. Muchas mujeres, emocionadas y agotadas por el parto, prestan poca atención a esta etapa del proceso y más adelante no la recuerdan.

Reparación del periné

Después de la expulsión de la placenta, el médico examina el cuello uterino, la vagina y el periné para comprobar que no haya daños o desgarros; luego procede a suturar la episiotomía o los desgarros que encuentre. Si no te han puesto la epidural y notas el periné, el médico podría utilizar anestesia local para insensibilizar la zona antes de coserla.

A continuación, la enfermera te limpia el periné, te ayuda a bajar las piernas de los soportes y te cubre con mantas. Probablemente todavía sientas contracciones suaves; son normales y, de hecho, ayudan a reducir la hemorragia.

Un empujoncito a la naturaleza: el parto vaginal asistido

Si la cabeza está lo suficientemente baja en la vía del parto y el médico considera que el bebé debe nacer de inmediato, o si no puedes dar a luz vaginalmente sin ayuda, puede que recomiende el uso de fórceps o de una ventosa obstétrica para ayudar. Cuando se emplea cualquiera de estos instrumentos, se habla de *parto vaginal asistido*. Este procedimiento suele indicarse cuando:

✔ Has pujado durante mucho tiempo y estás demasiado cansada para seguir aplicando la fuerza necesaria para dar a luz.

✔ Llevas pujando bastante tiempo y el médico piensa que no lograrás dar a luz vaginalmente, a menos que recibas este tipo de ayuda.

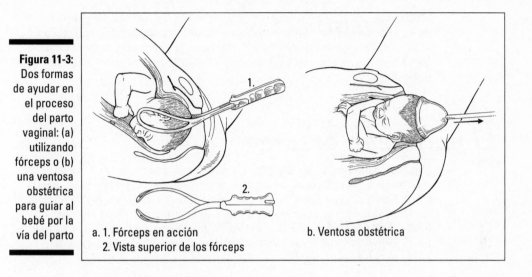

a. 1. Fórceps en acción
2. Vista superior de los fórceps

b. Ventosa obstétrica

✔ La frecuencia cardíaca del bebé indica que es necesario acelerar el nacimiento.

✔ La posición del bebé hace difícil que pujes sola.

La figura 11-3 muestra los *fórceps*, un instrumento curvo en forma de espátula que se coloca a cada lado de la cabeza del bebé para guiarlo por la vía del parto. La *ventosa obstétrica* es un elemento de aspiración que se coloca sobre el cuero cabelludo del bebé para permitir que el médico lo extraiga con suavidad por la vía del parto.

Ambas técnicas son seguras si el bebé ha descendido lo suficiente en la vía del parto y si los instrumentos se utilizan bien. De hecho, muchas veces ayudan a evitar la cesárea (aunque no siempre; consulta el siguiente apartado). La decisión de utilizar los fórceps o la ventosa obstétrica depende del criterio y la experiencia del médico, así como de la posición y la colocación del bebé.

Si no te han puesto la epidural, es posible que necesites anestesia local adicional en el caso de que se utilicen los fórceps o la ventosa; casi todos los médicos hacen también una episiotomía para dejar más espacio. Después de utilizar los fórceps o la ventosa, el médico te pedirá que sigas pujando hasta que aparezca la cabeza. Luego retirará el instrumental y el resto del bebé saldrá gracias a tus esfuerzos.

Muchas veces el bebé nace con las marcas de los fórceps en el lugar donde se aplicaron, pero estas señales desaparecen en un par de días. La ventosa también puede hacer que el bebé nazca con un sector de la cabeza ligeramente prominente, pero esta forma también desaparece al cabo de unos días.

El parto con cesárea

Muchas pacientes se preguntan si necesitarán una cesárea. A veces el médico sabe la respuesta antes de que se inicie el parto, como en los casos de placenta previa (consulta el capítulo 16) o si el bebé está atravesado horizontalmente en el útero, es decir, con la cabeza de lado en lugar de hacia abajo. Sin embargo, la mayoría de las veces ni el médico ni tú pueden saber si será necesaria la cesárea hasta ver cómo avanza el parto y cómo lo tolera el bebé.

Como una cesárea es un procedimiento quirúrgico, el médico debe practicarla en un quirófano en condiciones de esterilidad. Para ello, la enfermera coloca a la paciente una vía intravenosa y una sonda en la vejiga. Después, le limpia el abdomen con una solución antiséptica y se lo cubre con sábanas esterilizadas. Una de las sábanas se levanta para crear una pantalla que impida a los futuros padres ver la intervención. Aunque el nacimiento es una experiencia que debe vivirse en pareja, no deja de ser una intervención quirúrgica. Por eso, los médicos opinan que los padres no deberían presenciarla, ya que conlleva bisturís, sangre y exposición de los tejidos internos, algo que suele impresionar a la mayoría de las personas.

Muchos hospitales permiten que la pareja de la embarazada o su acompañante permanezcan en el quirófano durante la cesárea, pero esta decisión depende de la naturaleza del parto y de los protocolos del centro. Si se trata de una cesárea de urgencia, el médico y las enfermeras actuarán con rapidez para garantizar la salud de la madre y del bebé, por lo que la pareja o el acompañante tendrán que esperar fuera.

El lugar exacto del abdomen donde se hace la incisión depende de las motivaciones de la cesárea. Lo más común es que se haga una incisión baja, justo encima del pubis, en dirección transversal (perpendicular al tronco). Este corte se conoce como *incisión transversal del segmento uterino inferior*. Con menor frecuencia la incisión es vertical, en medio del abdomen.

Los orígenes de la cesárea

El parto por cesárea, en el que el bebé nace a través de una incisión practicada en el abdomen de la madre, no es una innovación médica reciente. Hay casos documentados en los primeros registros históricos. De hecho, muchas famosas obras de arte de la Edad Media y el Renacimiento representan partos abdominales.

El origen del término *cesárea* es motivo de controversia. Según la obra *Cesarean Delivery* ("Parto por cesárea"), escrita por los médicos Steve Clark y Jeffrey Phelan, parece ser que Julio César no nació en realidad de esta forma. En aquellos días era raro que una madre sobreviviera a este procedimiento. Sin

embargo, la madre de Julio César sobrevivió al parto y suele aparecer representada en las obras renacentistas que recrean la vida de César adulto.

Otra teoría sostiene que el nombre proviene de la *Lex Caesarea*, una ley del antiguo Imperio romano. Una de estas leyes ordenaba que cualquier mujer que muriera durante el embarazo fuera sometida a una cesárea, de modo que el bebé pudiera ser bautizado. Más adelante, esta regla se convirtió en derecho canónico de la Iglesia católica. Una tercera explicación posible del término *cesárea* es su relación con el término latino *cadere*, que significa 'cortar'.

Una vez practicada la incisión, el médico procede a separar los músculos abdominales y abre el recubrimiento interior de la cavidad abdominal, también llamada *cavidad peritoneal*, para llegar al útero. Luego hace una incisión en el propio útero, a través de la cual extraerá al bebé y la placenta. La incisión puede ser transversal –la más común– o vertical –a veces llamada *incisión clásica*–, en función de la razón por la que se practica la cesárea y de las operaciones abdominales previas de la paciente. Después del parto, el útero y la pared abdominal se suturan, capa a capa. Una cesárea puede durar entre 30 y 90 minutos.

La anestesia durante la cesárea

En una cesárea, se suele utilizar anestesia epidural o intradural; consulta el capítulo 10 para saber más sobre estos tipos de anestesia. Ambas técnicas te insensibilizan desde la mitad del tórax hasta los dedos del pie, pero te permiten permanecer despierta, de modo que puedas presenciar el alumbramiento. Quizá percibas cierto ajetreo dentro de tu abdomen durante la operación, pero no sentirás dolor. A veces el anestesista inyecta un calmante de liberación lenta en el catéter epidural o intradural antes de retirarlo, para prevenir o reducir al mínimo el dolor después de la operación.

Si el bebé tiene que salir de urgencia y no hay tiempo para poner la anestesia epidural o intradural, posiblemente se requiera anestesia general. En ese caso, estarás dormida durante la cesárea y no te enterarás del procedimiento. La anestesia general también podría ser necesaria en algunos casos debido a complicaciones en el embarazo que desaconsejan el uso de la epidural o intradural.

Razones que justifican una cesárea

Las razones por las que un médico decide hacer una cesárea son variadas, pero todas buscan que el bebé nazca de la forma más sana y segura posible, a la vez que intentan preservar el bienestar de la madre. Una cesárea puede ser programada –planificada con antelación–, requerida durante el parto –cuando el médico decide que el nacimiento vaginal no es seguro– o de urgencia –si la salud de la madre o del bebé corren peligro–.

Si el médico considera que es preciso efectuar una cesárea, discutirá contigo sus argumentos. Si la cesárea está programada o se hace porque el parto no avanza normalmente, tú y tu pareja tendréis tiempo de hacer preguntas. En los casos en los que el bebé está en posición podálica –sentado–, el médico y tú evaluaréis conjuntamente los pros y los contras de optar entre una cesárea programada o un parto vaginal en podálica (consulta el capítulo 16). Ambos conllevan riesgos, por lo que el médico te preguntará cuáles estás dispuesta a correr. Si la decisión de hacer la cesárea se toma en medio de una urgencia imprevista, la conversación con el médico probablemente sea muy rápida, mientras te llevan al quirófano.

Si todo parece ir muy rápido cuando vas de camino al quirófano para que te hagan una cesárea de urgencia, no te dejes llevar por el pánico: los médicos y las enfermeras saben cómo deben actuar ante este tipo de emergencias.

El médico quizá recomiende la cesárea por muchos motivos. La lista que presentamos a continuación describe los más comunes.

Las razones para practicar una cesárea programada son:

✔ El bebé está en una posición anormal; podálica o transversal.

✔ Placenta previa (consulta el capítulo 16).

✔ Has sufrido en el útero intervenciones quirúrgicas importantes, incluida una cesárea o la extirpación de fibromas uterinos. (Consulta el capítulo 15 para saber más sobre los partos vaginales después de un parto por cesárea.)

✔ Parto de trillizos o más bebés.

Las razones para practicar una cesárea no programada, pero no de urgencia, son:

✔ El bebé es demasiado grande en relación con el tamaño de la pelvis de la madre y no puede salir por la vagina sin que suponga un riesgo –lo que se conoce como *desproporción cefalopélvica*–, o bien la posición de la cabeza del bebé hace poco probable que pueda haber un parto vaginal.

✔ Las señales indican que el bebé no está sobrellevando bien el parto.

✔ Las enfermedades de la madre excluyen la posibilidad de un parto vaginal seguro; por ejemplo, una cardiopatía grave.

✔ El parto normal se detiene.

Las razones para practicar una cesárea de urgencia son:

✔ Una hemorragia excesiva.

✔ El cordón umbilical sale por el cuello uterino cuando se rompe la bolsa.

✔ Una reducción prolongada de la frecuencia cardíaca del bebé.

Ideas erróneas sobre el porcentaje de cesáreas

Algunas mujeres eligen al médico que las asistirá o el hospital donde darán a luz en función del número registrado de partos con cesárea –expresado como un porcentaje del número total de partos–. No obstante, esta cifra carece de sentido, a menos que también sepas a qué tipo de pacientes atienden en ese hospital. Por ejemplo, un especialista en medicina maternofetal que suele asistir a mu-jeres maduras, con problemas médicos o con embarazos múltiples, probablemente habrá practicado muchas más cesáreas que un médico o partera que se encargan de mujeres jóvenes y saludables. En realidad, lo que importa no es el porcentaje de cesáreas practicadas, sino el hecho de que se hayan llevado a cabo por los motivos adecuados.

Dejando de lado que el feto y la placenta salen por una incisión en el útero y no por la vagina, el parto por cesárea no supone mayor diferencia para el bebé. Los bebés que nacen con esta técnica antes de que se inicie el parto generalmente no tienen la cabeza en forma de cono, a menos que la madre haya estado mucho tiempo en labor de parto antes de que se le practique la cesárea. (Consulta más información sobre la *cabeza cónica* en el capítulo 12.)

Las mujeres que se han esforzado mucho en el parto y que luego se enfrentan a una cesárea a veces se sienten defraudadas, lo que es perfectamente comprensible. Se trata de una reacción muy natural. Si te sucede a ti, ten presente que en última instancia lo más importante es tu seguridad y la del bebé. Dar a luz por cesárea no significa que hayas fracasado o que no lo intentaras con suficiente ahínco. Entre el 20 y el 30% de las mujeres necesitan una cesárea por diferentes razones. Durante el progreso del parto, los médicos siguen unos estrictos protocolos con la única intención de alcanzar un desenlace normal y satisfactorio.

Todos los procedimientos quirúrgicos conllevan riesgos, y la cesárea no es una excepción. Por suerte, no es habitual que se presenten problemas. Los principales riesgos de la cesárea son:

✔ Fuertes hemorragias, aunque rara vez hasta el punto de requerir una transfusión de sangre.

✔ Posibilidad de contraer una infección en el útero, la vejiga o la incisión practicada.

✔ Lesiones en la vejiga, intestino u órganos cercanos.

✔ Formación de coágulos en las piernas o en la pelvis después de la operación.

La recuperación después de una cesárea

Cuando se termine la operación te llevarán a la sala de recuperación, donde permanecerás unas horas, hasta que los miembros del equipo que te atienden se aseguren de que estás estable. Muchas veces es posible ver y sostener al bebé durante este tiempo.

El tiempo de recuperación de una cesárea es más largo que el de un parto vaginal, dado que se trata de una intervención quirúrgica. Tendrás que quedarte entre dos y cuatro días en el hospital, o durante más tiempo si surgen complicaciones. Consulta en el capítulo 13 más detalles sobre la recuperación después de la cesárea.

¡Felicidades! ¡Lo has logrado!

Después de dar a luz, las mujeres sienten emociones de todo tipo. La variedad de sentimientos es verdaderamente infinita. Casi siempre se sienten muy felices cuando por fin nace el bebé tan esperado. Notarás un profundo alivio al ver que tu bebé parece sano y tiene buen aspecto. Si el bebé necesita atención médica adicional por alguna razón y no puedes tenerlo en brazos de inmediato, quizá te sientas disgustada o decepcionada. Piensa que pronto lo tendrás de nuevo contigo y podrás disfrutarlo el resto de tu vida. Algunas mujeres se sienten asustadas o abrumadas ante la idea de cuidar al bebé. Que no te remuerda la conciencia si tienes estos sentimientos, ya que son totalmente normales. Afronta tus preocupaciones una a una. Acabas de pasar por un acontecimiento único.

Temblor después del parto

Casi inmediatamente después del parto, las mujeres empiezan a temblar descontroladamente. Tu pareja pensará que tienes frío y te ofrecerá una manta. Las mantas ayudan a algunas mujeres, pero no estás temblando de frío. La causa de este fenómeno no está clara, pero es prácticamente universal, incluso entre las mujeres que dan a luz por cesárea. A causa del temblor, algunas se ponen nerviosas al pensar en sostener al bebé. Si éste es tu caso, pídele a tu pareja, o a la enfermera, que lo tenga en brazos hasta que te sientas capaz de hacerlo.

No te preocupes por este temblor. Generalmente desaparece unas horas después del parto.

La hemorragia puerperal

Después del parto –ya sea vaginal o por cesárea– el útero empieza a contraerse para cerrar los vasos sanguíneos y, de este modo, detener la hemorragia. Si el útero no se contrae normalmente, puede presentarse una hemorragia excesiva. Esta situación se conoce como *atonía uterina*. Puede ocurrir si has tenido gemelos o trillizos, si contraes una infección en el útero o si ha quedado dentro tejido tras una expulsión incompleta de la placenta. Sin embargo, hay casos en los que una hemorragia excesiva se presenta sin que exista una causa evidente. Si éste es tu caso, el médico o la enfermera te harán un masaje para ayudar a que se contraiga el útero. Si el masaje no resuelve el problema, quizá te den algún medicamento que ayude a la contracción, como oxitocina, metilergometrina o carboprost.

Si quedan restos de tejido placentario en el útero, es posible que tengan que retirarlos; por ejemplo, con un procedimiento de dilatación y legrado, que consiste en raspar el útero con algún instrumento. Casi siempre la hemorragia se detiene sin problemas. No obstante, si no se interrumpe con estos medicamentos y procedimientos, el médico hablará contigo sobre otras formas de tratamiento.

El primer llanto del bebé

Poco después del parto, el bebé toma aire por primera vez y empieza a llorar. Este llanto expande sus pulmones y ayuda a limpiar las secreciones más profundas. Al contrario de lo que se cree, casi ningún médico le da una palmada al bebé cuando nace, sino que utiliza algún otro método para estimular el llanto y la respiración, como frotarle enérgicamente la espalda o darle golpecitos en las plantas de los pies. No te sorprendas si el bebé no llora en el preciso instante en que nace. A menudo pasan varios segundos, o incluso minutos, antes de que empiece a emitir ese precioso sonido.

La evaluación del estado del bebé

Todos los bebés son evaluados según el *índice de Apgar*, que recibe su nombre en honor a la doctora Virginia Apgar, quien lo ideó en 1952. Este índice es una manera muy útil de evaluar el estado inicial del bebé para comprobar si necesita una atención médica especial. Se miden cinco factores: frecuencia cardíaca, esfuerzo respiratorio, tono muscular, reflejos y color de la piel, a cada uno de los cuales se asigna un valor de cero, uno o dos como máximo. El índice de Apgar se calcula entre el primer y el quinto minuto de vida. Un resultado de seis o más transmite tranquilidad. Como algunas de las características que se evalúan dependen parcialmente de la edad gestacional del recién nacido, los bebés prematuros suelen obtener un resultado inferior. Otros factores, como el grado de sedación de la madre, pueden incidir en la puntuación.

Muchos padres primerizos esperan ansiosamente los resultados de la prueba de Apgar. De hecho, la puntuación obtenida en ese primer minuto indica si necesita alguna práctica de reanimación, pero no sirve para predecir cómo será la salud del bebé a largo plazo. El resultado obtenido cinco minutos después puede indicar si las medidas de reanimación han sido efectivas. En ocasiones, un valor muy bajo en esta segunda medición puede reflejar una menor oxigenación del bebé, pero tampoco puede relacionarse con su salud futura. El objetivo del índice de Apgar es sencillamente ayudar al médico a identificar a aquellos recién nacidos que precisen de una mayor atención. En realidad, no puede indicar si el bebé será ingeniero o abogado.

Cortar el cordón umbilical

Cuando el bebé ha nacido, el paso siguiente es ponerle una pinza al cordón umbilical y cortarlo. Algunos médicos permiten que sea tu acompañante quien le corte el cordón, pero no es una obligación y no tiene que hacerlo si no quiere. Si para ti es importante disfrutar de esta oportunidad, comunícaselo al médico antes del parto.

Después de cortar el cordón, el médico puede ponerte el bebé sobre el abdomen, o dárselo a la enfermera para que lo ponga en una cuna térmica. La elección dependerá del estado del bebé, de las costumbres del médico y del protocolo del hospital donde se produce el parto (más información sobre el cuidado de los recién nacidos en el capítulo 12).

Capítulo 12

¡Hola, mundo! El recién nacido

. . . .

En este capítulo

▶ La primera impresión

▶ El papel del hospital en los primeros días de vida

▶ Cuestiones en las que se fija el pediatra

. . . .

Durante casi 40 semanas, tu bebé y tú han sido un solo cuerpo. Si todo el proceso ha seguido los cauces habituales, te habrás mantenido sana y te habrás preparado para dar a luz sin riesgos. Ahora, de repente, el bebé ya está en el mundo y por fin puedes verlo por primera vez. Es probable que te sorprenda en cierta manera, ya que los recién nacidos tienen un aspecto extraño. Pero recuerda que la cabeza cónica, las manchas rojas y, sobre todo, esa sustancia blanca y pegajosa pronto desaparecerán.

En este capítulo te damos una idea de lo que puedes esperar cuando te encuentres con tu pequeño tesoro. Asimismo, te explicamos el papel que desempeñan el hospital y el pediatra que examinará a tu bebé en sus primeras horas de vida.

La primera mirada al recién nacido

Inmediatamente después del parto, el médico te pone al bebé entre los brazos o sobre el abdomen, o bien se lo entrega a una enfermera para que lo limpie y lo seque concienzudamente antes de dártelo.

En esos primeros momentos, seguramente te sentirás embargada por sentimientos de amor. La conmoción y el alivio también pueden dejarte algo aturdida. Seguramente pensarás que tu bebé es lo más hermoso que has visto en la vida. O quizá no. La realidad no es como los cuentos de hadas que salen en las películas, y los bebés no siempre nacen limpios y con aroma a rosas. Lo más probable es que tu bebé esté cubierto parcialmente con sangre, líquido amniótico y una sustancia pegajosa blanca llamada *unto sebáceo*. Casi seguro tendrá manchas rojas en la piel y hasta algunos moretones a causa del parto. Por eso, debes demostrar un poco de amplitud de miras cuando lo veas por primera vez.

Sentirse un poco vacilante o abrumada ante la visión del recién nacido es un sentimiento frecuente. Muchas veces la madre tarda unos días en establecer una verdadera conexión o vínculo afectivo con el bebé. Si te sientes un poco distante, no te preocupes; a medida que las cosas se normalizan y empiezas a conocer al bebé, te sentirás mucho mejor.

Descubrirás algunos detalles que te habían pasado desapercibidos, como el muñón del cordón umbilical o las uñas de los pies y las manos, increíblemente largas. Y observarás su comportamiento, desde el llanto inicial hasta cómo se asusta por los ruidos fuertes. En este apartado nos centraremos en algunas de las características de tu recién nacido.

Unto sebáceo

Una sustancia espesa y blanca, con una textura parecida a la cera, cubre a los recién nacidos de la cabeza a los pies. El nombre científico de esta sustancia, tradicionalmente llamada *unto sebáceo*, es *vérnix caseosa*, un término de origen latino que significa "barniz de queso". El unto sebáceo es una mezcla de células que se han desprendido de las capas externas de la piel del bebé y de desechos del líquido amniótico.

Los expertos tienen varias teorías acerca de esta sustancia. Algunos consideran que funciona como un hidratante que protege la delicada piel del feto de la sequedad que puede producirle vivir en una bolsa de líquido amniótico. Otros creen que funciona como un lubricante para ayudar al bebé a salir por la vía del parto. Algunos bebés presentan más unto sebáceo que otros; otros ni siquiera lo tienen. En realidad, la cantidad no importa. Si tu bebé expulsó meconio mientras estaba dentro del útero (consulta el capítulo 7), el unto sebáceo puede tener un aspecto verdoso.

Independientemente de su aspecto, casi todo desaparece cuando la enfermera limpia al bebé. No hay ningún motivo para conservar el unto sebáceo sobre la piel. Si queda algún resto, seguramente lo absorberá en las 24 horas siguientes.

La forma de la cabeza

El término *caput succedaneum,* más conocido como *caput* o *tumor del parto,* hace referencia a una hinchazón circular que se localiza en la cabeza del bebé, en el lugar donde se ejerció más presión al atravesar la abertura del cuello uterino. La ubicación exacta de la hinchazón varía, en función de la posición en la que se encontraba la cabeza del bebé. El área hinchada puede oscilar de tamaño, desde unos milímetros de diámetro hasta varios centímetros. El *caput* generalmente desaparece entre 24 y 48 horas después del parto.

Los bebés que nacen de cabeza –*presentación en vértice*– muchas veces sufren un proceso llamado *amoldamiento*, ya que a medida que el bebé desciende por la vía del parto, va encajándose para hacerse espacio (consulta la figura 12-1). De hecho, el médico a veces puede sentir la cabeza del bebé amoldándose incluso antes de que nazca. El amoldamiento no provoca dolor; los huesos y las partes blandas de la cabeza del bebé están diseñados para que no pase nada. El resultado es que el bebé nace con la cabeza en forma de cono (consulta la figura 12-2). Sin embargo, el amoldamiento desaparece unas 24 horas después del parto y la cabeza queda redonda y lisa.

Algunas mujeres, especialmente aquellas que ya han dado a luz antes o que experimentan un parto rápido, tienen bebés sin amoldamiento. Los bebés que nacen en posición podálica o por cesárea tampoco presentan amoldamiento.

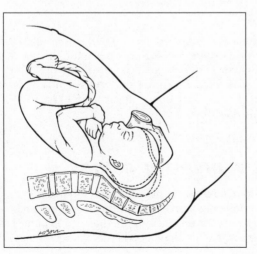

Figura 12-1: Muchas veces la cabeza del bebé se amolda para descender por la vía del parto

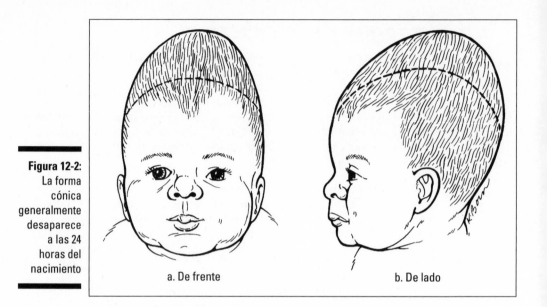

Figura 12-2: La forma cónica generalmente desaparece a las 24 horas del nacimiento

a. De frente

b. De lado

En ocasiones, durante el paso por la vía del parto, las orejas del bebé se doblan de una forma extraña. Lo mismo puede ocurrir con la nariz, de modo que al principio se ve asimétrica o torcida, pero no por eso debes ponerte a buscar un cirujano plástico; es algo temporal y desaparece después de unos días.

Moretones

Con cierta frecuencia, los bebés nacen con moretones en la cabeza como consecuencia del proceso de parto. Pueden producirse por la presión que se ejerce sobre la cabeza del bebé o como resultado del uso de fórceps o de una ventosa obstétrica. Los moretones no son una mala señal, solamente un reflejo de lo duro que puede llegar a ser el parto. Por lo general, desaparecen pocos días después.

Manchas, ronchas y demás

Casi todo el mundo piensa que la piel de un recién nacido es por definición perfecta, pero los bebés presentan toda clase de manchas y marcas, aunque suelen desaparecer en cuestión de días o, a lo sumo, semanas. Algunas de las marcas más comunes de la piel del recién nacido incluyen:

✔ **Piel seca:** Algunos bebés, sobre todo los que nacen después de la fecha prevista, tienen una capa exterior de piel que parece arrugada como una pasa y se cae poco después del parto. Puedes usar crema o aceite para bebés, si es necesario, para hidratarle la piel.

✔ **Hemangiomas:** Son una especie de manchas rojizas, grandes o pequeñas, que a lo mejor no aparecen hasta una semana después del parto. Pueden verse en cualquier parte del cuerpo del bebé. Aunque casi todas desaparecen en la infancia, otras persisten. Si llegan a ser una molestia, debido a su aspecto, pueden tratarse; habla con el pediatra acerca de las opciones de tratamiento.

✔ **Manchas mongólicas:** Son parches grisáceos o azulados que aparecen en la región lumbar, los glúteos y los muslos, especialmente comunes en bebés asiáticos, afroamericanos y del sur de Europa. Suelen desaparecer durante la infancia.

✔ **Acné neonatal:** Algunos bebés nacen con diminutos granos blancos o rojos alrededor de la nariz, los labios y las mejillas, mientras que en otros aparecen semanas o meses después. Estos granos son completamente normales y se denominan *acné neonatal* o *miliar*. No es preciso que acudas corriendo al dermatólogo, ya que desaparecen con el tiempo.

✔ **Manchas rojas:** Es una pigmentación rojiza de la piel, muy profunda y oscura, o bien clara y apenas visible, que es muy común en los recién nacidos. Casi todas estas pigmentaciones desaparecen o se aclaran, pero algunas persisten como marcas de nacimiento. Una en particular, conocida como *eritema tóxico*, puede extenderse. Tiene un aspecto semejante a una erupción grave, y aparece y desaparece durante los primeros días de vida del bebé.

✔ **Hemangioma capilar congénito:** Es posible que notes vasos sanguíneos rotos alrededor de la nariz o de los ojos del bebé, o bien en la zona de la nuca. Estas marcas reciben el nombre de *hemangioma capilar congénito* o *nevo flamígero*. Son corrientes en los recién nacidos y desaparecen con el tiempo, aunque a veces tardan semanas o meses.

El pelo del bebé

Algunos niños vienen al mundo totalmente calvos, mientras que otros casi necesitan un corte de pelo. La cantidad de pelo presente en el momento de nacer no sirve para predecir qué aspecto tendrá el bebé más adelante. Casi siempre acaba cayéndose y es reemplazado por pelo nuevo. A cada bebé le crece el pelo a un ritmo diferente: algunos tienen relativamente poco al cumplir el año, mientras que otros ya necesitarían ir a la peluquería.

Muchas veces, el cuerpo de los bebés está cubierto por una capa de vello suave y oscuro, que puede ser bastante notoria en la frente, los hombros y la espalda. Este pelo se llama *lanugo* y es muy normal, especialmente en bebés prematuros y en madres que han tenido diabetes. Se cae a las pocas semanas del parto.

Las extremidades

Los recién nacidos a menudo adoptan una posición similar a la que tenían dentro del útero, la llamada *posición fetal*. Quizá notes que a tu bebé le gusta enroscarse un poco, con los brazos y las piernas doblados y las manos cerradas como puños.

¡Cuidado! Las uñas de los recién nacidos pueden ser increíblemente largas y afiladas. En muchos hospitales le ponen al bebé un pijama con una especie de manoplas que cubren las manos e impiden que se arañe a sí mismo. Para reducir los riesgos, es mejor que mantengas las uñas del recién nacido relativamente cortas. Compra unas tijeras o un cortaúñas para bebés en la farmacia más cercana.

Un buen momento para cortarle las uñas es cuando está profundamente dormido y no se da cuenta de lo que haces.

Los ojos y las orejas

Al nacer, la visión del bebé es muy limitada. Los recién nacidos sólo pueden ver los objetos que están cerca, idealmente a una distancia de unos 20 centímetros. También reaccionan a la luz y parecen interesarse por los objetos que brillan.

Todos los recién nacidos tienen los ojos de color azul oscuro o castaños, independientemente de cómo sean los de sus padres. A los cuatro meses, cambian a su color definitivo. Al nacer, la parte blanca de los ojos tiene un tinte azulado, pero desaparece con el tiempo.

Muchas veces los ojos del bebé parecen algo hinchados. Esta hinchazón, provocada por el proceso del parto, es normal y desaparece rápidamente. También puede ser causada por el antibiótico que se le aplica en los ojos después del parto (consulta el apartado "El cuidado de los ojos del bebé" más adelante en este capítulo).

Los recién nacidos son capaces de oír desde el momento en que nacen, por lo que notarás que tu bebé reacciona con un sobresalto ante los ruidos fuertes o repentinos. Asimismo, pueden distinguir diferentes sabores y olores.

Los genitales y el pecho

Los bebés nacen muchas veces con los labios genitales o el escroto inflamados; el pecho también parece ligeramente agrandado. Las hormonas maternas que atraviesan la placenta son las que causan esta inflamación. A veces, los altos niveles de hormonas pueden hacer que las niñas segreguen un flujo blancuzco o rosáceo por la vagina, semejante a la menstruación, o por el pecho –denominado *galactorrea neonatal*–. Como ocurre con otro montón de cosas típicas de los recién nacidos, estas secreciones son a la vez normales y transitorias, y desaparecen al cabo de unas semanas.

El cordón umbilical

Seguramente habrá un pequeño broche de plástico en el muñón del cordón umbilical de tu bebé. Después del parto, el médico ocluye el cordón con ese broche y luego lo corta. Generalmente lo retira antes de que la madre y el bebé reciban el alta. Después, el muñón del cordón umbilical se seca y se encoge rápidamente, hasta que parece un trozo de cuerda duro y oscuro. Suele caerse cuando transcurren entre una y tres semanas. No intentes arrancárselo.

Para mantener limpio el cordón umbilical, puedes mojar un trozo de algodón en agua, alcohol o agua oxigenada y limpiar el contorno alrededor de la base. Algunos pediatras piensan que esta limpieza es innecesaria, a menos que haya mucha suciedad alrededor.

El tamaño del recién nacido

En general, los recién nacidos pesan entre 2700 y 3600 gramos y miden entre 46 y 56 centímetros. El tamaño exacto depende de la edad gestacional, es decir, del número de semanas que duró el embarazo, de la genética que ha heredado el bebé y de una amplia variedad de factores más, como, por ejemplo, si la madre padeció diabetes, si fumaba o si su dieta era saludable.

Quizá notes que la cabeza del bebé parece desproporcionadamente grande en comparación con el cuerpo. Esta característica es típica de todos los recién nacidos. Además, no puede sostener la cabeza y tardará un tiempo en desarrollar unos músculos lo suficientemente fuertes que le permitan hacerlo. También notarás unas zonas suaves en las partes trasera y superior de la cabeza del bebé. Son las *fontanelas*, los lugares donde se unen los huesos del cráneo. Las fontanelas permiten un rápido crecimiento del cerebro del bebé. En la parte de atrás se encuentra la fontanela posterior, que generalmente se cierra en unos meses, mientras que la fontanela anterior (en la parte de arriba) suele permanecer abierta hasta los diez meses o incluso el año.

La respiración del bebé

Muchas veces el bebé empieza a llorar espontáneamente después del parto, pero no todos lo hacen de inmediato. Un llanto a pleno pulmón es música para los oídos del equipo médico, porque se sabe que desencadena los primeros esfuerzos para respirar. Pero una respiración saludable puede empezar sin un llanto fuerte, y algunos bebés sólo emiten un débil gimoteo. Algunos tienen una respiración normal a pesar de no llorar a pleno pulmón.

Si tu bebé tarda en empezar a respirar espontáneamente, el médico, la enfermera o la partera podrían estimularlo frotándole la espalda, secándolo o dándole golpecitos en las plantas de los pies. En contra del mito popular, es poco probable que el médico sostenga al bebé boca abajo y le dé una palmada en las nalgas para provocar ese primer llanto.

Las pulseras son por seguridad, no coquetería

En el hospital, el bebé lleva puesta una pulsera identificativa para que se sepa que es el tuyo; del mismo modo, tú llevarás una pulsera con ese mismo número de identidad –en muchos hospitales ahora también se le exige al padre–. Cada vez que un empleado del hospital le lleva el bebé a la madre, se verifica que los números de identificación se correspondan. En muchos hospitales toman otras medidas de seguridad para evitar confusiones e impedir que personas no autorizadas entren en la sala de recién nacidos; muchas permanecen cerradas con llave y son cuidadosamente vigiladas.

Durante el embarazo, el feto recibe oxígeno a través de la placenta. Después del parto, el bebé asume la función respiratoria utilizando sus propios pulmones. Mientras está en el vientre de la madre, los pulmones del bebé están bañados en un líquido especial, que suele expelerse durante el parto. No obstante, en ocasiones el bebé necesita tiempo y ayuda adicional –mediante aspiración o estimulación– para expulsar este líquido.

Quizá notes que el bebé no respira como tú. La mayoría respiran entre 30 y 40 veces por minuto, y su ritmo también puede incrementarse con la actividad física. Los recién nacidos respiran a través de la nariz, y no de la boca; una maravillosa adaptación natural de gran ayuda mientras maman o toman el biberón.

Tal vez te parezca que el abdomen del bebé es muy protuberante, pero todos los recién nacidos tienen así la panza. Como al respirar sube y baja de manera muy notoria, y además se distiende un poco cuando el bebé toma aire, el efecto se hace aún más evidente. Este movimiento es completamente normal, porque los bebés utilizan el diafragma para respirar, no los músculos del pecho, como los niños más mayores y los adultos.

Saber qué sucederá en el hospital

Después de que la enfermera y el médico se hayan asegurado de que tu bebé está en perfecto estado, generalmente con ayuda de la prueba de Apgar (consulta más detalles en el capítulo 11), el personal que los asiste empezará a limpiar al bebé y a ayudarle a hacer una cómoda transición entre el vientre materno y el mundo exterior. Tal y como hacen las mariposas cuando salen de sus capullos, los recién nacidos deben adaptarse a un nuevo estado. De repente, por primera vez, respiran solos y ven el ancho mundo que los rodea. En este apartado te explicamos todo lo que sucede en el hospital después del nacimiento, con vistas a garantizar su buena salud y su seguridad.

Preparar al bebé para la vida fuera del útero

Muchos acontecimientos se suceden en las horas que siguen al nacimiento. El bebé ha experimentado un cambio radical y tendrá que adaptarse. El equipo médico actuará de inmediato para que su vida tenga el mejor comienzo posible.

Mantener al bebé seco y caliente

Como la temperatura corporal del bebé desciende rápidamente al nacer, es muy importante mantenerlo caliente y seco. Si los recién nacidos se enfrían, sus necesidades de oxígeno se incrementan. Por esta razón, la enfermera seca al bebé, lo pone en una cuna térmica y observa con atención su temperatura. Muchas veces lo arropa con una manta o le pone un gorro para reducir la pérdida de calor a través de la cabeza, la parte del cuerpo por la que se pierde más calor –como ya te dijo tu sabia madre–. Cuando la enfermera lo lleve a la sala de recién nacidos, seguramente le pondrá un pijama y lo envolverá en una manta.

El cuidado de los ojos del bebé

Por lo general, en la mayoría de hospitales se aplica una pomada antibiótica en los ojos del recién nacido, con el objetivo de reducir al mínimo las probabilidades de que contraiga una infección por haber atravesado la vagina de su madre, que podría padecer clamidia o gonorrea. El medicamento no parece ser molesto para los bebés y se absorbe en pocas horas.

Algunos padres piensan que esta pomada podría dificultar la visión del bebé y, por lo tanto, impedirles establecer un vínculo afectivo. Sin embargo, no es algo que deba preocuparte, porque la visión de los recién nacidos es borrosa (consulta más atrás el apartado "Los ojos y las orejas").

Aumentar las reservas de vitamina K

En casi todos los hospitales se inyecta vitamina K a los recién nacidos para reducir al mínimo el riesgo de hemorragia grave. La vitamina K es importante para la producción de sustancias coagulantes. Este nutriente no pasa fácilmente a través de la placenta hasta llegar al bebé, y como el hígado del recién nacido todavía no está maduro, produce muy poca cantidad. Los bebés suelen tener unos bajos niveles de esta vitamina, por lo que darles un refuerzo supone una buena medida preventiva.

Las huellas del bebé

Probablemente, una enfermera le tomará al bebé las huellas de las plantas de los pies para el registro permanente de su identidad. Las arrugas que pueden verse en las plantas de los pies son exclusivas de cada bebé y siguen presentes varios meses después del nacimiento. En algunos hospitales les regalan a los padres una copia de esta huella como recuerdo. Aunque en la mayor parte de los hospitales todavía se utiliza esta técnica de identificación, no todos la practican.

La vacuna contra la hepatitis B

En muchos hospitales es habitual administrar la vacuna contra la hepatitis B a los recién nacidos, mientras que en otros prefieren que sea el pediatra quien ponga la primera dosis, una vez que el bebé haya salido del centro. Las dos últimas se administran en el transcurso de los seis meses siguientes. Independientemente del momento en que se la administren, esta vacuna resulta útil para prevenir que el bebé contraiga la hepatitis B más adelante.

El aparato digestivo del bebé

Cuando el bebé tiene una semana, suele mojar el pañal de seis a diez veces al día. En cambio, la frecuencia de los movimientos intestinales dependerá de si toma el biberón o el pecho. Normalmente, el bebé que mama hace dos o tres evacuaciones al día, mientras que el bebé alimentado con leche en polvo tiene solamente una o dos.

No te sorprendas si la primera evacuación del bebé parece un engrudo pegajoso y oscuro. Es normal, se trata del *meconio*. El 90% de los recién nacidos produce esta primera evacuación en las primeras 24 horas de vida, mientras que el resto suele producirlo a las 36 horas. Más adelante, el color de la defecación se aclara y la textura se vuelve más normal. El bebé alimentado con leche en polvo, por lo general, produce heces semiformadas, entre amarillas y verdes, mientras que el bebé amamantado produce heces más sueltas, granulosas y amarillentas.

La mayoría de recién nacidos orinan en las primeras horas después de nacer, pero algunos no lo hacen hasta el segundo día. La expulsión del meconio y de la orina es una buena señal, ya que indica que el tubo digestivo y las vías urinarias del bebé funcionan bien.

La unidad de cuidados intensivos para recién nacidos

Durante la estancia en el hospital, casi todos los bebés permanecen con su madre o se quedan un tiempo en la sala de recién nacidos. No obstante, en ocasiones necesitan atenciones especiales, que solamente pueden proporcionarse en la unidad de cuidados intensivos para neonatos. En este lugar es probable que haya un sector especial para cuidados intensivos, con enfermeras con dedicación exclusiva, monitores sofisticados, respiradores y todo lo demás. Quizá también haya un sector intermedio para bebés que no necesitan cuidados intensivos, pero que tampoco están listos para ir a la sala de recién nacidos.

Si el pediatra piensa que tu bebé necesita cuidados intensivos neonatales, esto no quiere decir necesariamente que algo vaya mal. Muchas veces los médicos ponen a los bebés en salas especiales para observarlos durante un tiempo. Éstas son algunas de las razones más comunes que recomiendan una atención especial, aunque la lista está lejos de ser completa:

✔ El bebé nació prematuramente.

✔ No alcanza el peso mínimo establecido en ese hospital.

✔ Necesita antibióticos, por ejemplo porque la madre tuvo fiebre durante el parto o porque la bolsa se rompió mucho antes de dar a luz.

✔ Parece esforzarse para respirar. Ésta es la razón más frecuente para dejar al bebé en observación durante un tiempo.

✔ Tiene fiebre o convulsiones.

✔ Tiene anemia.

✔ Nació con ciertas anomalías congénitas.

✔ Requiere cirugía.

La primera revisión del bebé

Antes o después del parto, una persona del hospital te preguntará por el nombre de tu pediatra. El pediatra debe ser un médico que esté autorizado para trabajar en el hospital donde has dado a luz, aunque podría no ser el mismo que has elegido para que atienda a tu bebé después de recibir el alta. Si vives a cierta distancia del hospital y has elegido a un pediatra que vive cerca de tu casa, pero que no tiene acceso al centro, necesitas que otro profesional cuide a tu bebé mientras estén hospitalizados. Según la hora a la que des a luz, el pediatra verá al bebé el mismo día del parto o al siguiente.

Cuando el pediatra examina al bebé, evalúa su aspecto general, ausculta su corazón, palpa las *fontanelas* –las aberturas en el cráneo, donde se unen varios huesos–, examina las extremidades y las caderas y, en general, se asegura de que esté sano. Pedirá que se le realicen los habituales análisis de sangre y pruebas de detección. Las pruebas específicas varían según el país, pero suelen incluir la detección de enfermedades de la glándula tiroidea, fenilcetonuria –una dolencia en la que se tienen dificultades para metabolizar ciertos aminoácidos– y otros trastornos metabólicos hereditarios. Los resultados no suelen estar disponibles antes de que regreses a casa con el bebé, por lo que tendrás que esperar a la primera consulta con el pediatra. Si alguna de las pruebas da positivo, es probable que recibas una notificación por correo. No olvides preguntarle al pediatra cuándo será la siguiente consulta.

La frecuencia cardíaca y los cambios circulatorios

¿Recuerdas cuando el médico comprobaba la frecuencia cardíaca del feto durante las consultas prenatales? Te darías cuenta entonces de que el ritmo era muy veloz. En el útero, la frecuencia cardíaca del bebé es, de media, de 120 a 160 latidos por minuto, una velocidad que se mantiene durante todo el periodo posterior. Sus latidos se aceleran con la actividad física y se vuelven más lentos cuando duerme.

Cuando nace el bebé, se producen cambios importantes en su circulación. Mientras está en el útero, como no utiliza los pulmones para respirar, una estructura llamada *conducto arterial* deriva gran parte de la sangre de los pulmones. Normalmente, este sistema de derivación se cierra el primer día de vida. A veces se oye un soplo en los primeros días tras el nacimiento, lo que indica cambios en la circulación sanguínea. Este soplo, que se conoce como *conducto arterial persistente*, suele ser normal. No obstante, algunos soplos deben ser observados de cerca, concretamente con un *ecocardiograma*. Incluso si el cardiólogo descubre soplos por pequeños problemas estructurales –como un espacio pequeño en el tabique del corazón–, muchos desaparecen por sí solos. Si a tu bebé le diagnostican un soplo, háblalo con el pediatra o con el cardiólogo especializado en este tipo de casos.

Los cambios de peso

La mayoría de recién nacidos pierden peso durante los primeros días de vida –generalmente un 10% de su peso corporal–, o sea, 350 gramos si sólo pesa entre 3200 y 3600 gramos. El fenómeno es normal y se debe a la pérdida de orina, heces y sudor. Durante los primeros días de vida, el bebé recibe algo de alimento o agua para reponer la pérdida. Los bebés prematuros pierden más peso que los bebés a término y también pueden tardar más en recuperarlo. Por otra parte, los bebés que son pequeños para su edad gestacional suelen engordar rápidamente. Por lo general, casi todos los recién nacidos recuperan el peso que tenían a los diez días;

a los cinco meses seguramente ya lo habrán duplicado, y hacia el final del primer año lo habrán triplicado.

Para el nuevo padre: por fin en casa con la familia

En un hospital, el paciente suele ser el centro de atención; en el caso de un parto, lo son la madre y el bebé. Sin embargo, la estada en el hospital suele ser breve y, cuando por fin estén juntos en casa, vas a compartir protagonismo con ellos. De hecho, es probable que tú pases a ocupar el primer plano.

Si durante el embarazo, el inicio del parto y el alumbramiento no te diste cuenta de que tu vida estaba cambiando para siempre, lo comprenderás al llegar a casa con tu familia. Tu pareja y tú tienen ahora responsabilidades nuevas. Atrás quedaron los días en los que era normal que los hombres dieran por supuesto que la mujer llevaría toda la carga sobre sus hombros. Los hombres pueden ayudar a alimentar al bebé, a hacer las compras, a cambiar pañales –hoy en día empieza a haber cambiadores incluso en los baños de hombres– y a ocuparse de las tareas del hogar. Si la madre amamanta al bebé, y además se extrae la leche, el padre también puede alimentarlo con un biberón. De hecho, es aconsejable preparar regularmente biberones con leche materna para que el padre pueda darle de comer, porque así se fortalece el vínculo afectivo.

Tu pareja necesitará al menos seis semanas para recuperar la figura que tenía antes del embarazo. Durante los dos primeros meses, probablemente se sentirá agotada. A fin de cuentas, está recuperándose del parto. Lo más seguro es que a ambos les falten horas de sueño. Todo esto hace que cualquiera pierda la paciencia de vez en cuando. Sin embargo, deben tener en cuenta que se encuentran en circunstancias extraordinarias. Asegúrate de que tu pareja pueda descansar el tiempo necesario, e intenta dormir la siesta.

En esta situación tan estresante, y tan feliz a la vez, probablemente el sexo no sea una prioridad. Tómense el tiempo que les haga falta para recuperar la libido. Incluso después de que el médico dé luz verde para reanudar la vida sexual –por lo general, unas seis semanas después del parto– y ambos se sientan preparados, al principio deben tomar las cosas con calma y tranquilidad. A tu pareja todavía podría dolerle el tejido alrededor de la vagina y el periné, y que hayan pasado algunas semanas o meses desde la última relación sexual puede agravar la situación. Muchas parejas descubren que las primeras veces es práctico utilizar un lubricante fabricado a base de agua; sin embargo, algunas mujeres necesitan más de seis semanas de recuperación para sentirse cómodas.

Por último, no te sorprendas si no te sientes muy preparado para la paternidad, y crees que careces de las habilidades y de la comprensión necesarias para hacer un buen trabajo. A diferencia de los gatos, los perros o los animales de la selva, los humanos no nacen con unos instintos infalibles que les enseñan a ser padres perfectos. Necesitarán un tiempo para desarrollar las habilidades necesarias para educar a los bebés, niños y adolescentes… Mientras tanto, tendrán que ir tanteando el terreno. Deberán darse cuenta de esta situación y aceptarla. Procuren hablar sobre el tema siempre que puedan. Y abróchense los cinturones: están a punto de vivir una aventura increíble.

Capítulo 13

Cuidados después del parto

- -

En este capítulo

▶ Recobrar las fuerzas después del parto

▶ Recuperarse de una cesárea

▶ Los cambios puerperales

▶ Reanudar las actividades habituales

- -

Como suele decirse, una mujer tarda nueve meses en dar a luz y nueve meses en volver a la normalidad. En realidad, el tiempo de recuperación varía enormemente según el caso. Pero casi todos los cambios que experimenta el cuerpo de la mujer durante el embarazo se normalizan durante el *periodo puerperal* (también llamado *puerperio*), que empieza inmediatamente después de la expulsión de la placenta y dura entre seis y ocho semanas.

A medida que transcurre este periodo de cambio, te preguntarás qué puedes hacer para que la transición sea lo más fácil posible. En este capítulo te contamos cómo será la vida a medida que recuperes tu figura, reanudes las relaciones sexuales con tu pareja y te enfrentes a todos los retos físicos y psicológicos de la maternidad.

La recuperación después del parto

Normalmente la estada en el hospital después de un parto vaginal sin complicaciones es de uno o dos días. Después de una cesárea, la permanencia en el hospital puede prolongarse un poco más, entre dos y cuatro días. Por lo general, la madre pasa el periodo de recuperación en la misma habitación en la que dio a luz o en una unidad puerperal independiente. Las enfermeras revisan las constantes vitales de la madre –tensión arterial, pulso, temperatura y respiración– y se aseguran de que tenga el útero firme y bien contraído; asimismo, vigilan las constantes del bebé. Si es necesario, pueden administrarte calmantes para el dolor y, si es el caso, te ayudan a curar la episiotomía o la incisión de la cesárea.

Los siguientes apartados te explican la forma en que tu cuerpo empieza a recuperarse después del parto y todo lo que podría sucederte.

Sentirte como una mamá

Sólo en el cine y en la televisión las mujeres salen del hospital perfectas, idénticas a como eran cuando ni siquiera habían pensado en tener un bebé. El parto pasa factura, y aunque la mayoría de los cambios son pasajeros, te sentirás y verás diferente.

Después del parto, probablemente tendrás la cara hinchada, muy colorada y con manchas rojas. Algunas mujeres tienen incluso los ojos morados, o vasos sanguíneos rotos a su alrededor, como si acabaran de ganar un combate de boxeo. Todas esto es bastante de esperar, porque al pujar es normal que se rompan algunos vasos sanguíneos de la cara. Pero no te alarmes, en pocos días te verás como antes.

Mientras vas mejorando, es probable que tengas *entuertos,* unas contracciones que reaparecen esporádicamente después del parto. Estos dolores, semejantes a las contracciones que experimentaste durante el parto, desaparecen con el paso de los días. Quizá notes más los entuertos mientras das el pecho al bebé.

La hemorragia puerperal

Es perfectamente normal que tengas hemorragia vaginal después del parto, incluso si te practicaron una cesárea. En promedio, se pierden unos 500 mililitros de sangre tras un parto vaginal. Tras una cesárea, la pérdida de sangre es el doble, de aproximadamente un litro. Para reducir al mínimo la pérdida excesiva de sangre, muchos médicos administran oxitocina por vía intravenosa, o bien metilergometrina maleato en forma de inyección intramuscular. Estos medicamentos sirven para mantener contraído el útero. Cuando el útero se contrae, aprieta hasta cerrar los vasos sanguíneos del lecho placentario y se reduce la hemorragia. Si el útero no parece estar contrayéndose bien, el médico o la enfermera pueden masajearlo a través del abdomen para facilitar las contracciones.

La sangre que proviene de la vagina, denominada *loquios*, puede ser inicialmente de color rojo vivo y contener coágulos. Con el tiempo, adquiere un tono rosado y luego más pardo. Poco a poco irá disminuyendo de volumen, pero el flujo puede persistir durante tres o cuatro semanas después del parto. Quizá notes que la hemorragia aumenta cada vez que das el pecho. Esto se debe a que las hormonas que ayudan a producir la leche también hacen que el útero se contraiga, por lo que expulsa sangre y loquios. Muchas pacientes nos dicen que la hemorragia es más fuerte cuando han estado en la cama un tiempo, lo que tiene una explicación sencilla: mientras estás acostada, la sangre se acumula en el útero y en la vagina; cuando te levantas, sale por la gravedad. Es perfectamente normal.

Si la hemorragia es muy fuerte, presenta coágulos y persiste varias semanas después del parto, informa al médico.

La mejor manera de controlar la hemorragia puerperal es utilizar toallitas; las hay de diversos grosores en función del volumen del flujo. No utilices tampones, porque pueden producir una infección mientras el útero está recuperándose. Aunque la hemorragia suele ceder al cabo de dos semanas, algunas mujeres sangran incluso durante seis u ocho. En ocasiones, permanecen dentro del útero fragmentos del tejido placentario, lo que puede aumentar la hemorragia.

Antes, los médicos recomendaban a las mujeres que todavía sangraban no tomar baños de inmersión. Hoy en día, muchos médicos opinan que no hay ningún problema, y casi todos creen que los baños de asiento poco profundos son perfectamente aceptables. Si tu médico te recomienda que evites tomar baños hasta que la hemorragia ceda, seguramente considera que pueden predisponerte a contraer una infección uterina. La realidad es que no hay datos científicos sobre este tema, porque no se ha realizado ningún estudio que demuestre que hay un riesgo por tomar baños de cuerpo entero. Pregúntale a tu médico cuál es su opinión al respecto.

Si los loquios tienen un olor desagradable, díselo a la enfermera o al médico.

El dolor perineal

La intensidad del dolor que sientas en el periné –el área entre la vagina y el recto– depende en gran medida de lo difícil que haya sido el parto. Si el bebé salió fácilmente después de un par de empujones, si no tienes desgarros y tampoco te estás recuperando de una episiotomía, seguramente sentirás poco dolor. Si, por otro lado, empujaste durante tres horas y diste a luz a un bebé muy grande, seguramente tendrás más molestias.

El dolor aparece por varias causas. A medida que el bebé pasa por la vía del parto, provoca un estiramiento y una hinchazón de los tejidos que la circundan. Además, la episiotomía o las lesiones del periné duelen, como cualquier herida en otra parte del cuerpo. El dolor es más fuerte los dos primeros días después del parto. Después, mejora rápidamente y, por lo general, desaparece en el transcurso de una semana.

El periné puede estar inflamado, y si te han hecho una episiotomía, te lo habrán cerrado con puntos de sutura. A veces estos puntos son visibles desde fuera, aunque en ocasiones están debajo de la piel.

A muchas mujeres les preocupan los puntos de la episiotomía y los desgarros. No es necesario retirar estas suturas, porque se disuelven gradualmente en las siguientes dos semanas. Son lo suficientemente fuertes para resistir cualquier tipo de actividad, así que no te preocupes si estornudas, te esfuerzas al defecar o levantas al bebé; ninguno de estos ejercicios hará que la sutura se abra.

Para prevenir infecciones, es importante mantener limpia la zona del periné. No es habitual que se infecte, pero si notas un flujo que desprende un olor desagradable, o si el dolor y la sensibilidad de la zona van en aumento, especialmente si tienes más de 38 grados de fiebre, debes llamar al médico.

A continuación presentamos algunas formas de cuidar el periné después del parto:

✔ Mantén limpia el área perineal. Puedes utilizar un vaporizador con agua tibia para limpiar las áreas difíciles de alcanzar. La enfermera podría darte uno para que te lo lleves a casa cuando recibas el alta.

✔ Algunas mujeres sienten alivio con los *baños de asiento*. Un baño de asiento consiste en remojar las nalgas en una pequeña cantidad de agua tibia. En el hospital, hay unas palanganas especiales para este tipo de baños. En casa, puedes sentarte en la bañera o en el bidé. Si la inflamación del periné es considerable, el médico te recomendará sales para el agua que ayudarán a calmar la zona.

✔ Puedes humedecer gasas en agua de hamamelis y aplicarlas sobre la zona. Algunas mujeres enfrían primero el agua de hamamelis porque las alivia más. También puedes comprar gasas ya preparadas a tal efecto. Otras mujeres se aplican vaselina y dicen que sienten alivio porque mantiene la piel húmeda y suave, e impide que se adhiera a las toallitas.

✔ La aplicación de una bolsa de hielo durante las primeras 24 horas después del parto también sirve para reducir la hinchazón y la incomodidad.

✔ Los analgésicos de venta sin receta, como paracetamol o ibuprofeno, y otros de venta con receta también te aliviarán el dolor. Puedes consumir estos medicamentos aunque des de mamar al bebé.

✔ Evita estar de pie mucho tiempo, ya que puede agravar el dolor.

✔ Después de defecar, intenta no ensuciar la zona con el papel higiénico con el que te limpias. Limpia el ano con otro papel, pero no lo hagas de atrás hacia delante. Si la zona alrededor del ano o del periné está sensible, procura limpiarla sin frotar, de la forma más suave posible. Puede ser una buena idea utilizar toallitas húmedas para bebés, porque limpian muy bien los tejidos doloridos, no se deshacen y son suaves.

✔ No te introduzcas nada en la vagina –un tampón, por ejemplo– ni te hagas lavados vaginales durante las primeras seis semanas.

Es importante que de vez en cuando alivies la presión de la gravedad sobre el periné, así que a ratos descansa sentada o acostada. Puede ser difícil encontrar el tiempo para hacerlo, ya que estarás increíblemente ocupada cuidando del bebé, pero debes convertirlo en una prioridad. ¡Y anímate! Por lo general, en una semana, máximo dos, casi todo el dolor se va.

Si sientes un dolor extremo, puedes pedirle al médico que te recete algún calmante. Si ves que la región perineal está muy enrojecida o sensible, si tienes fiebre o si notas que el flujo desprende mal olor, informa al médico.

Si padeciste un desgarro cerca del recto, posiblemente deberás tomar un regulador del tránsito intestinal –no un laxante– para que las deposiciones no sean tan dolorosas. Asegúrate de beber muchos líquidos y de consumir fibra para que la deposición no sea tan dura. Cuando preveas que vas a defecar, tómate con antelación un analgésico (paracetamol, por ejemplo) o alguno de los llamados *antiinflamatorios no esteroideos*, como el ibuprofeno.

Sobrevivir al edema

Inmediatamente después del parto, sobre todo si ha sido vaginal, seguramente descubras que todo tu cuerpo parece hinchado. No te asustes, es normal. Durante las últimas semanas de embarazo muchas mujeres presentan una hinchazón que puede mantenerse días después del parto. El intenso esfuerzo necesario para dar a luz puede ser la causa de que tu cara y tu cuello se hayan hinchado, pero no debes preocuparte por el tema. Por lo general, el edema tardará unas dos semanas en desaparecer por completo.

No te subas a la báscula el día siguiente de dar a luz. A lo mejor descubres que has engordado, debido al líquido que se retiene durante el parto.

Muchas pacientes le preguntan al médico: "¿Puede recetarme algo para aliviar la hinchazón, como un diurético o algo por el estilo?" Lo más común es que no sea necesario recetar nada porque la hinchazón desaparece sola en unos días, cuando empieces a hacer vida normal. Ten paciencia, te aseguramos que volverás a tener tobillos.

La vejiga

Durante el embarazo, es posible que tuvieras la impresión de que lo único que hacías era orinar, ¿verdad? Ahora, después del parto, es posible que te resulte difícil hacerlo o que sientas ciertas molestias. Esto se debe a que, al pasar por la vía del parto, la cabeza y el cuerpo del bebé comprimieron la vejiga y la uretra. Los tejidos alrededor del orificio de la uretra suelen estar inflamados después del parto, lo que acentúa las molestias.

Algunas mujeres necesitan la colocación de una *sonda* después del parto para vaciar la orina. Se trata de un tubo plástico delgado y flexible que se inserta por la uretra hasta la vejiga. El problema es a veces más grave si te ponen la epidural, porque la anestesia puede permanecer varias horas en el sistema y dificultar temporalmente la evacuación. La vejiga recupera el tono normal unas cuantas horas después del parto, por lo que el malestar urinario se convierte en un problema de corta duración.

Si sientes ardor cuando orinas, informa al médico o a la enfermera, porque podrías tener una infección de las vías urinarias.

Algunas mujeres experimentan el problema contrario, es decir, descubren que no controlan bien el funcionamiento de la vejiga. Como resultado, sufren pérdidas de orina cuando se ponen de pie o se ríen, o tienen que correr para llegar a tiempo al baño. Si experimentas este tipo de incontinencia, no te preocupes demasiado; con el tiempo generalmente se soluciona. A veces tardarás unas semanas en recuperar el control.

Los ejercicios de Kegel pueden ser de gran ayuda (consulta "Los ejercicios de Kegel" más adelante en este capítulo). Otra buena estrategia consiste en hacer un esfuerzo consciente por ir al baño a intervalos regulares, para así vaciar la vejiga antes de que se convierta en una emergencia.

La batalla contra las hemorroides

Casi todos los esfuerzos por empujar durante el parto se concentran en el recto, algo que a muchas mujeres les provoca *hemorroides* (venas dilatadas que sobresalen del recto). Por desgracia, que no tengas problemas de hemorroides antes del parto no garantiza que no aparezcan después. Si tienes hemorroides durante el último tramo del embarazo, quizá se agraven después. En ocasiones, pueden ser más incómodas que la episiotomía, y la molestia perdura más. En el capítulo 7 encontrarás consejos para tratar el dolor provocado por las hemorroides.

Afortunadamente, el problema suele ser temporal. Las hemorroides del posparto desaparecen en unas pocas semanas; a veces no desaparecen del todo, pero no suelen ser molestas. Es posible que no te incomoden en absoluto durante unos cuantos meses y que luego las notes durante unos días, tras lo que mejorarán de nuevo.

Como mencionamos antes, podría ser recomendable que utilices un regulador del tránsito intestinal y te asegures de consumir suficientes líquidos y fibra. De esta forma, los movimientos intestinales no te producirán mucho dolor y no tendrás que hacer fuerza, lo que agrava las hemorroides. Lo más probable es que las hemorroides desaparezcan en una o dos semanas.

La actividad intestinal tras el parto

Muchas mujeres afirman que no defecan hasta unos días después del parto. Esta situación puede deberse a que no han comido mucho durante esos días o a que la epidural y otros calmantes frenan un poco la función intestinal. El sistema puede tardar unos cuantos días en volver a la normalidad.

Algunas mujeres temen hacer fuerza por miedo a dañar la sutura de la episiotomía, por lo que evitan ir al baño. Sin embargo, no es una buena idea. No hay por qué tener miedo, porque la episiotomía se repara en varias capas con fuertes suturas; es extremadamente difícil romperlas, especialmente al defecar.

A continuación indicamos algunos consejos que te ayudarán a ir al baño:

✔ Camina todo lo que puedas durante la recuperación tras el parto. De este modo, mejoras la circulación del intestino y contribuyes a la desaparición de las secuelas de la epidural.

✔ Usa reguladores del tránsito intestinal.

✔ Trata de no pensar mucho en el asunto. Cada cosa pasará a su debido tiempo.

Si padeces hemorroides o tienes un desgarro que llega hasta la zona del recto (consulta el capítulo 10), defecar puede ser doloroso. Es posible reducir el dolor con el uso de una crema anestésica local o con reguladores del tránsito intestinal. Además, puedes tomarte un analgésico cuando preveas que tendrás que ir al baño.

Continuar la recuperación en casa

Cuando te den de alta después de un parto vaginal, casi todo el dolor agudo habrá desaparecido. Al regresar a casa, no obstante, puedes experimentar cierto malestar. El área más molesta será el periné. Por muy fácil que haya sido el parto, esta parte del cuerpo fue sometida a un traumatismo y necesita tiempo para recuperarse.

Procura no desesperarte por el malestar que sientes. Ten presente el increíble milagro que acaba de experimentar tu cuerpo. Además de tener que lidiar con las molestias físicas asociadas al puerperio, necesitas adaptarte a un nuevo estilo de vida: levantarte continuamente por la noche, cambiar pañales y alimentar al bebé.

La recuperación después de la cesárea

Como mencionábamos antes, la estancia en el hospital después de una cesárea es de tres o cuatro días, algo más larga que en un parto vaginal. Te pondrán en una camilla inmediatamente después de la intervención y te llevarán a la sala de recuperación. Es posible que durante este recorrido puedas tener en brazos al bebé. Como ocurre después de cualquier intervención quirúrgica, los primeros días sentirás algunas molestias. Pero no te preocupes, porque la recuperación suele ser bastante rápida.

La sala de recuperación

En la sala de recuperación, la enfermera y el anestesista vigilan tus signos vitales. La enfermera te examina periódicamente el abdomen para asegurarse de que el útero esté firme y el vendaje sobre la incisión, seco; también está pendiente de cualquier indicio de hemorragia en el útero. Probablemente tendrás una sonda en la vejiga, que te dejarán puesta durante la primera noche para que no tengas que preocuparte por ir al baño. Te colocarán también una vía intravenosa para recibir líquidos y cualquier otro medicamento que el médico te recete. Si te administraron anestesia epidural o intradural, posiblemente notarás las piernas insensibles o pesadas; esta sensación se pasa en unas horas. Si te pusieron anestesia general, te sentirás algo aturdida cuando te lleven a la sala de recuperación. Como sucede con el parto vaginal, probablemente temblarás (consulta el capítulo 10). Si te sientes con fuerzas, puedes alimentar al bebé mientras estés en la sala de recuperación.

Lo más probable es que te administren analgésicos en el quirófano y que no necesites más mientras estés en la sala de recuperación. En algunos hospitales, si te ponen la epidural o la intradural, el anestesista inyecta un medicamento de larga duración en el catéter, lo que inhibe el dolor durante unas 24 horas. Sin embargo, si los analgésicos no parecen funcionar, comunícaselo a la enfermera.

Paso a paso

Podrás salir de la sala de recuperación unas dos o tres horas después del parto, cuando la enfermera y el anestesista consideren que tus signos vitales se han estabilizado y que te recuperas con normalidad de la anestesia. Después te llevarán en camilla a tu habitación, donde pasarás el resto de la recuperación.

El día del parto

El día de la cesárea te pasarás el día en la cama. Gracias a la sonda, no tendrás que preocuparte por ir al baño. Si la operación tuvo lugar por la mañana, temprano, es posible que te sientas con ánimo de levantarte por la noche, aunque sólo sea para sentarte en una silla. Pregúntale a la enfermera si hay algún problema, y asegúrate de que haya alguien cerca por si te mareas.

Aunque algunos médicos prefieren que las pacientes no coman inmediatamente después de la cesárea, son muchos los que ahora lo permiten. A menudo nos damos cuenta de que la paciente es la que mejor sabe lo que puede y no puede hacer. Si sientes náuseas, es mejor que no comas; pero si tienes hambre, no te hará daño tomar líquidos e ingerir pequeñas cantidades de alimentos sólidos.

Tal y como sucede en las mujeres que han tenido un parto vaginal, puede presentarse una ligera hemorragia vaginal –loquios– después de la cesárea. Considera que puede ser abundante en los días posteriores a la intervención (consulta "La hemorragia puerperal", antes en este capítulo).

Muchas mujeres que tienen puntos en la piel como consecuencia de una cesárea temen el dolor que sentirán cuando se los quiten. Pero no te preocupes: el procedimiento para quitarte los puntos es breve e indoloro.

El día después

El primer día después de la operación, el médico seguramente te animará a levantarte de la cama y a empezar a caminar. Las dos primeras veces te sentirás incómoda –probablemente notes dolor alrededor de la incisión abdominal–, y a la tercera quizá pidas un refuerzo analgésico unos 20 minutos antes de levantarte.

Asegúrate de que haya alguien contigo las primeras veces que te levantes, para evitar que te caigas.

Según tu necesidad de líquidos, el médico podría quitarte la vía intravenosa. Casi siempre es posible tomar líquidos desde el primer día, y muchos médicos también permiten ingerir alimentos sólidos.

Seguramente tendrás un vendaje sobre la incisión abdominal. A veces se cae el primer día, aunque algunos médicos son partidarios de dejarlo más tiempo.

Muchas mujeres preguntan si pueden tener al bebé en la habitación después de la cesárea, especialmente si han estado uno o dos días de recuperación. Es una buena idea que tengas al bebé contigo si estás dispuesta, pero no te sientas obligada. Ten presente que acabas de pasar por una cirugía abdominal y que quizá no seas físicamente capaz de atender al recién nacido durante los primeros días. Las enfermeras están allí para ayudarte, así que dedica toda tu energía a tu propia recuperación; de este modo tendrás más fuerzas para cuidar del bebé cuando llegues a casa.

El dolor después de una cesárea

Es posible que sientas una especie de ardor en el lugar de la incisión. Este dolor empeora cuando te levantas de la cama o cambias de postura. Llega un momento en que el ardor disminuye hasta convertirse en un cosquilleo y, una semana o dos después de la intervención, mejora enormemente.

Seguramente también sentirás el dolor de las contracciones uterinas posparto, las mismas que experimentan las mujeres que dan a luz por vía vaginal. Es muy probable que el médico te administre oxitocina durante las primeras horas del posoperatorio para estimular las contracciones y, por lo tanto, para reducir al mínimo la pérdida de sangre. El dolor de las contracciones disminuye al segundo día, aunque puede volver a aparecer cuando des el pecho; amamantar suele provocar contracciones.

Es muy probable que también sientas dolor en los tejidos internos; piensa que una cesárea no es un simple corte en la superficie del abdomen. El médico tiene que cortar varias capas de tejido para llegar al útero. Cada capa debe coserse, y cada una de las incisiones reparadas puede generar dolor, así que es totalmente normal que sientas un dolor en el interior del abdomen. Este dolor tarda entre una y dos semanas en desaparecer. Muchas mujeres nos dicen que sienten más dolor en un costado que en el otro, posiblemente porque los puntos están más apretados en un lado. Sea cual sea la razón, este dolor irregular es muy común y no debe preocuparte.

Muchas mujeres dicen que el peor dolor es el de los gases. Los intestinos acumulan gran cantidad de gases después de la cesárea, en parte por la manipulación que sufren durante la intervención, pero también debido a los medicamentos; es decir, por la anestesia que se utiliza durante la cirugía y los analgésicos administrados después. Los dolores causados por los gases empiezan el segundo o tercer día después del parto y mejoran cuando los expulsas. Levántate y camina cuanto puedas, porque esto hace que el tubo gastrointestinal trabaje.

Si tienes un parto por cesárea después de haber estado pujando durante horas, quizá también sientas un dolor perineal causado por los esfuerzos y por los tactos vaginales realizados. Este dolor desaparece poco después del parto.

El dolor posoperatorio

La intensidad del dolor que se siente después de una cesárea varía de una mujer a otra, según las circunstancias del parto y su tolerancia al dolor. El médico puede recetar analgésicos, pero seguramente especificará que algunos sólo deben administrarse si la paciente los pide. En ocasiones, depende del protocolo del hospital. Si quieres analgésicos, pídelos antes de que el dolor se vuelva insoportable. Solicita la medicación con suficiente antelación, cuando vayas a levantarte de la cama o cuando te corresponda tomar la siguiente dosis; por lo general, después de unas tres o cuatro horas.

En algunos hospitales disponen de una bomba acoplada a la vía intravenosa con la que las pacientes controlan los analgésicos que consumen. Cuando sientas que el dolor va en aumento, sólo tienes que pulsar un botón para liberar una pequeña dosis del medicamento, que entra directamente por la vía. Como lo recibes de forma intravenosa, sentirás los efectos de inmediato, y como lo utilizas cuando verdaderamente lo necesitas, el consumo total tiende a ser menor. La bomba tiene un control especial para impedir las sobredosis.

Prepararte para volver a casa

Después de la operación, cada día será más llevadero que el anterior. En el transcurso de tres días, cada vez te será más fácil salir de la cama y caminar. Empezarás otra vez a comer normalmente y también podrás darte una ducha; para muchas mujeres, esta primera ducha es un gran alivio. Pero ten presente que no solamente acabas de pasar por una operación quirúrgica, sino también por nueve meses de embarazo, y debes recuperarte de ambos. Algunas mujeres se recuperan rápidamente y quieren volver a casa en un par de días; otras necesitan mucho más tiempo para sentirse lo suficientemente fuertes para abandonar el hospital.

Tu estadía en el hospital puede estar condicionada por lo que diga tu seguro social o por la normativa sanitaria del país. En ocasiones, una infección posoperatoria u otra complicación prolongarán tu estancia. Sin embargo, lo normal es que puedas volver a casa en tres días.

A continuación, señalamos cuándo estás lista para irte a casa:

✔ Toleras la comida y los líquidos sin problema.

✔ Orinas normalmente sin dificultad.

✔ La actividad intestinal se está normalizando.

✔ No presentas síntomas de infección.

Continuar la recuperación en casa

Cuando te den el alta después de la cesárea, puedes tener la seguridad de que el proceso de recuperación va por buen camino. Sin embargo, tardarás más en recuperarte que después de un parto vaginal, así que tómalo con calma el primer par de semanas. Además, debes tener en cuenta los siguientes puntos durante el proceso de recuperación.

Cuidarse bien

Procura pedir a tu familia y a tus amigos la ayuda que necesitas. Si puedes asumir el gasto, piensa en la posibilidad de contratar a una enfermera durante las primeras semanas. También puede serte de gran ayuda en caso de que hayas tenido un parto vaginal. Procura reducir al mínimo las tareas del hogar y evita subir y bajar muchas escaleras. Invierte tu energía en cuidar del bebé y de ti misma. Y presta atención a tu cuerpo; te hará saber con claridad cuánta actividad toleras.

Algunos médicos recomiendan no manejar durante las dos primeras semanas. Esta restricción no es por la anestesia, puesto que sólo incide en los reflejos durante uno o dos días. El problema radica simplemente en que los dolores residuales pueden, en un determinado momento, impedirte mover el pie con la rapidez necesaria. Cuando el dolor desaparezca, podrás volver a manejar sin peligro.

La mayoría de médicos aconsejan aplazar cualquier ejercicio abdominal hasta después de la revisión de las seis semanas, para que las incisiones del abdomen tengan tiempo de sanar por completo.

Muchas mujeres se sienten bastante bien a las seis semanas, pero algunas necesitan hasta tres meses para recuperarse.

Cuando regreses del hospital ya deberías poder comer normalmente. Si perdiste una gran cantidad de sangre durante la intervención, pregúntale al médico si es necesario que tomes suplementos de hierro.

Cambios en la cicatriz

Al principio, la cicatriz de la cesárea es rojiza o rosácea. Con el tiempo, probablemente adquirirá un tinte púrpura o pardo, dependiendo, hasta cierto punto, del color de tu piel. Al cabo de un año, la cicatriz será menos notoria y, con el tiempo, adquirirá un color pálido; si tienes la piel oscura, se volverá parda. Casi siempre, la cicatriz de una cesárea es del grosor de un lápiz, o incluso menos. Después de la operación, cuando todavía tienes los puntos, la cicatriz parece muy prominente, pero en cuanto los retiren y hayan pasado unas semanas, verás que se vuelve más discreta.

Muchos factores condicionan el proceso de recuperación y, por lo tanto, determinan el aspecto de la cicatriz. Algunas mujeres tienden por naturaleza a formar una cicatriz más gruesa, llamada *queloide*. En estos casos, el médico no puede hacer nada para solucionarlo. Hay algunos productos de venta sin receta que en teoría ayudan a la cicatrización de las heridas, pero no se han demostrado sus beneficios.

Quizá notes que la zona alrededor de la incisión está un poco insensible. Esto ocurre porque, al hacer la incisión, el médico corta algunos de los nervios de la zona. No obstante, los nervios se regeneran; con el tiempo, la insensibilidad se transforma en un ligero cosquilleo y luego vuelve a la normalidad.

Algunas mujeres secretan un líquido manchado de sangre que proviene del centro o de un lateral de la incisión. Este drenaje se produce cuando la sangre y otros líquidos se acumulan bajo la incisión y se filtran. Si el escape es breve y luego se detiene, no hay problema. Puedes aplicar una ligera presión sobre la zona con un vendaje limpio.

Si notas que de la incisión sale un flujo amarillento o manchado de sangre, díselo al médico. En ocasiones, la incisión puede abrirse en el punto donde se produce el drenado. En ese caso, el médico podría recomendarte ciertos cuidados especiales para mantener limpia la herida, para que se cure sola.

Identificar los motivos de preocupación

Casi todas las mujeres que tienen un parto por cesárea se recuperan sin problemas. Sin embargo, en algunos casos, la herida no se cura tan rápidamente. Llama al médico si notas alguno de los siguientes síntomas:

- ✔ El dolor en la incisión o en el abdomen aumenta, en lugar de disminuir.
- ✔ La incisión está drenando sangre o flujo con sangre.
- ✔ Tienes una fiebre superior a 38 grados centígrados.
- ✔ La incisión se abre.

Más cambios puerperales

Muchas de las características del posparto son idénticas tanto si has dado a luz vaginalmente como si lo has hecho por cesárea. Ahora que ya no estás embarazada, el cuerpo empieza a volver a su estado previo, por lo que de nuevo te enfrentas a una serie de cambios. Este apartado resume los principales.

Sudoración excesiva

Si consigues dormir un poco por las noches, quizá descubras que te despiertas bañada en sudor. Incluso durante el día, probablemente notes que sudas más de lo normal. Esta sudoración es muy común y se cree que tiene algo que ver con las fluctuaciones hormonales que se producen en el cuerpo a medida que regresa al estado previo al embarazo. Se parece mucho a los sudores nocturnos y a los sofocos que experimentan las mujeres en la menopausia, debido a un descenso en los niveles de estrógeno. Siempre y cuando el sudor no esté asociado con fiebre, no hay ningún problema; desaparece más o menos en un mes.

Congestión mamaria

Por lo general, los senos de una mujer empiezan a congestionarse –o llenarse de leche– entre tres y cinco días después de dar a luz. ¡Ya verás cómo te sorprende el tamaño de tus senos! Si estás dando el pecho, el bebé solventa el problema a medida que aprende a mamar, cuando descubre cómo sacar más leche y establece su pauta de alimentación. (Consulta el capítulo 14, que contiene más información acerca de la lactancia.)

Si no das el pecho, tus senos pueden permanecer congestionados entre 24 y 48 horas, lo que puede ser muy doloroso. Quédate tranquila, porque luego empezarás a sentirte mejor. Utiliza un corpiño bien ajustado y que te proporcione un buen soporte para estar menos incómoda. Una bolsa de hielo sobre los senos ayuda a que la leche "se seque"; también son útiles las duchas frías. El frío contrae los vasos sanguíneos de los senos, lo que disminuye la producción de leche; en cambio, el calor los dilata y estimula la producción. Otra manera de suprimir la lactancia o evitar tener la subida de la leche es la administración de fármacos que inhiban la prolactina como son la bromocriptina, durante 14 días, o bien la cabergolina durante uno o dos días.

Caída del cabello

Una de las características más extrañas del posparto es la caída del cabello. Unas semanas o meses después de dar a luz, casi todas las mujeres notan que pierden pelo en cantidades alarmantes. Sin embargo, es normal. La culpa la tiene el estrógeno que corre por el cuerpo durante el embarazo. Es un problema común que se normaliza unos nueve meses después del parto.

Todos los folículos pilosos pasan por tres fases en su desarrollo: una fase de reposo, una de transición y una final de caída. Durante el embarazo, los elevados niveles de estrógeno inmovilizan el pelo en la fase de reposo y, unos meses después del parto, comienza la fase de caída. Por eso verás cómo tu pelo se queda en el cepillo o se acumula en la coladora.

Sensación de melancolía

La mayoría de las mujeres –hasta el 80%, según muestran los estudios– sufren una etapa de melancolía durante los primeros días o semanas después del parto. Empezarás a sentirte un poco alicaída unos días después de dar a luz, y quizá sientas una vaga tristeza, incertidumbre, decepción y descontento emocional durante unas cuantas semanas. A muchas mujeres les sorprende este sentimiento, ya que han esperado ilusionadas el nacimiento y están seguras de que serán felices en su condición de madres.

Nadie sabe con seguridad por qué las mujeres sienten melancolía tras el parto, pero puede explicarse por varias razones. En primer lugar, la variación de los niveles hormonales que tiene lugar después del parto puede afectar al estado de ánimo. Además, cuando se acaba el embarazo, una madre debe cambiar todos sus hábitos. Después de haber estado concentrada en el nacimiento durante tantos meses, de repente se encuentra con que el gran suceso ya pasó y siente un gran vacío. Además, la maternidad trae consigo una tremenda ansiedad, especialmente para una madre primeriza. No es raro que una mujer se sienta abrumada por toda la responsabilidad que conlleva ser madre. Si a esto se le añade el malestar físico –la episiotomía, la sensibilidad de los senos, las hemorroides, la fatiga y todo lo demás–, lo lógico sería preguntarse cómo hay madres que evitan sentirse un poco melancólicas.

Afortunadamente, la melancolía tiende a desaparecer entre dos y cuatro semanas después del parto. Ten presente que es extremadamente común y que no significa que no quieras a tu bebé o que no seas una madre fabulosa. Mantén una actitud abierta al respecto y permite que tu pareja, tus parientes y tus amigos sepan cómo te sientes, porque necesitas su amor y su apoyo.

Si te embarga la melancolía, recuerda que no eres la primera mujer que se siente así; este sentimiento es tan normal como el embarazo mismo. Y anímate: quienes ya se han enfrentado al problema han encontrado una serie de estrategias para aliviarla. He aquí algunas de las mejores:

✔ La falta de sueño agrava la melancolía tras el parto. Todo es peor cuando uno está físicamente cansado. La cantidad de estrés que puede soportarse cuando se ha descansado bien es mucho mayor que si no duermes lo suficiente. Si el bebé está durmiendo la siesta, acuéstate y duerme un poco también.

✔ Acepta la ayuda que te ofrezcan los demás. En la mayoría de casos, no tienes que cuidar al bebé totalmente sola. Eres una gran madre, incluso si dejas que tu hermana o tu madre le cambien el pañal y lo ayuden a eructar.

✔ Habla acerca de lo que sientes con otras madres, parientes cercanos y amigos. Lo más probable es que descubras que sintieron exactamente lo mismo que tú. Pueden ofrecerte su apoyo para salir adelante.

✔ Si es posible, trata de invertir tiempo en ti misma. Muchas veces, los padres se sienten abrumados al darse cuenta de que su tiempo ya no les pertenece. Sal de casa, si puedes. Pasea, lee, ve una película o haz ejercicio. Cena con tu pareja o con tus amigos.

✔ Permítete un manicure o un pedicure, una visita a la peluquería o un masaje. Muchas veces la melancolía se agrava por el hecho de que tu cuerpo no es el que solía ser. Así que puede ayudarte mucho realizar alguna actividad que te haga sentir bien.

Si no empiezas a mejorar en tres o cuatro semanas, informa al médico. Algunas mujeres pasan de la melancolía a una depresión posparto. Consulta más información en el siguiente apartado.

La depresión posparto

La verdadera depresión posparto no es tan común como la melancolía, pero sí afecta a más mujeres de las que te imaginas. Entre un 10 y un 15% de mujeres padecen depresión en los seis meses siguientes al parto. Los síntomas incluyen:

✔ Tristeza aguda.

✔ Incapacidad para disfrutar de la compañía del bebé (o de la vida en general).

✔ Falta de interés en el cuidado del bebé.

✔ Insomnio.

✔ Falta de apetito.

✔ Incapacidad para realizar las tareas cotidianas.

✔ Extrema ansiedad o ataques de pánico.

✔ Ideas relacionadas con autolesionarse o hacer daño al bebé.

Aunque la melancolía tras el parto es generalmente leve y transitoria, una depresión puede ser grave y de larga duración. A pesar de la gravedad de los síntomas, la depresión posparto muchas veces pasa inadvertida, o la madre atribuye el problema a otra cosa.

Nadie sabe exactamente por qué se produce la depresión posparto, pero ciertas características hacen que una mujer se exponga a un mayor riesgo de sufrirla. Estos factores incluyen:

✔ Antecedentes de depresión posparto.

✔ Antecedentes de depresión en general.

✔ Sensación de ansiedad antes del parto.

✔ Estrés diario.

✔ Falta de apoyo.

✔ Insatisfacción matrimonial.

✔ Embarazo no planificado.

✔ Insatisfacción con el parto.

Si notas melancolía tras el parto y ésta no desaparece en tres o cuatro semanas, si la sensación parece empeorar o si aparece más de dos meses después del parto, habla con el médico. Es posible que la melancolía se haya transformado en una depresión en toda regla.

El tratamiento para este tipo de depresión incluye consulta psicológica –psicoterapia de grupo o individual–, antidepresivos y, rara vez, hospitalización. Estudios recientes indican que en algunos casos puede ser útil administrar pequeñas dosis de estrógeno bajo la lengua. Evidentemente, no debes seguir este tratamiento si no es bajo supervisión médica. El médico quizá quiera examinarte para establecer si tienes una enfermedad puerperal de la glándula tiroidea que pueda confundirse con una depresión. Habla de todo esto con el médico.

La primera consulta posparto con el médico

Si el embarazo y el parto no tuvieron complicaciones, casi todos los médicos piden a sus pacientes que se hagan una revisión unas seis semanas después. Si te practicaron una cesárea o tuviste alguna complicación, es posible que te digan que acudas antes.

Durante la revisión posparto, el médico realiza un reconocimiento completo –incluyendo un tacto vaginal y una exploración de senos– y una citología. En la mayoría de casos, la revisión de las seis semanas sirve como revisión ginecológica anual. El médico seguramente también hablará contigo sobre los métodos anticonceptivos. Pregúntale cuánto tiempo debes esperar antes de quedarte embarazada de nuevo (consulta el capítulo 15) y qué precauciones deberías adoptar para el próximo, como tomar ácido fólico.

La vuelta a la vida "normal"

El cuerpo tarda entre seis y ocho semanas en recuperarse de los cambios experimentados durante el embarazo, lo que significa que, después del parto, necesitas un tiempo para ponerte en forma y retomar las actividades cotidianas –lo que incluye el ejercicio vigoroso y el sexo–. Este apartado se centra en lo que puedes hacer para que la transición sea un poco más fácil.

Ponerse en forma de nuevo

Después del parto, es importante que todas las madres hagan del ejercicio una prioridad. Una buena forma física aporta beneficios para el cuerpo y la mente, y puede ayudarte a superar el estrés del embarazo. Además, contribuirá a que te sientas de mejor humor y más a gusto contigo misma.

Reanuda el ejercicio poco a poco. Naturalmente, la cantidad de ejercicio que puedes soportar dependerá de tu estado físico antes de quedarte embarazada.

Después del parto, es especialmente importante que recuperes el tono de los músculos abdominales. En algunas mujeres, el embarazo hace que los músculos rectos del abdomen se separen un poco, como se muestra en la figura 13-1. El término médico que define esta separación es *diástasis*. Es importante hacer ejercicios abdominales para fortalecerlos y ayudarlos a unirse de nuevo.

En el transcurso de dos semanas, según cómo te sientas, puedes aumentar gradualmente la intensidad y la duración del ejercicio, hasta que estés totalmente activa de nuevo. Quizá no sea fácil incorporar el ejercicio a tu agenda, pero vale la pena intentarlo. Cuidar a tu recién nacido puede hacerte sentir como si acabaras de correr una maratón, pero lo que tu cuerpo necesita es ejercicio de verdad. De hecho, como mejora la sensación general de bienestar, el ejercicio puede hacer que sea más fácil enfrentarse al desafío de cuidar de un recién nacido.

Caminar es un ejercicio maravilloso para casi todo el mundo. Durante las dos primeras semanas después del parto, tómalo con calma. Pero después quizá descubras que una caminata larga y a buen ritmo es lo mejor tanto para ti como para tu bebé, además de una maravillosa forma de hacer ejercicio.

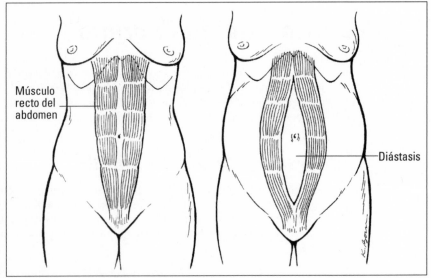

Figura 13-1:
Después del embarazo, es posible que los músculos abdominales se separen un poco

Músculo recto del abdomen

Diástasis

Adelgazar

Es posible que sientas deseos de saltar a la balanza en cuanto nazca el bebé para ver lo que has adelgazado. Pero cuidado. Algunas mujeres adelgazan mucho en cuanto dan a luz, pero otras engordan por la retención de líquidos. Ten la seguridad de que pronto pesarás menos que cuando diste a luz, seguramente unos 7 kilos, pero piensa que tardarás una o dos semanas en perderlos.

Observa atentamente la tabla 12-1 para ver la pérdida inicial de peso.

Tabla 12-1: Pérdida de peso después del parto	
Bebé	De 3 a 4 kilos
Placenta	De ½ a 1 kilo
Líquido amniótico	De ½ a 1 kilo
Líquidos maternos	De 2 a 4 kilos
Útero de menor tamaño	½ kilo

El útero sigue encogiéndose durante varias semanas. Inmediatamente después del parto, todavía se extiende hacia arriba y llega cerca del ombligo, el mismo punto que había alcanzado hacia la semana 20 de embarazo. El exceso de piel que tienes seguramente hará que todavía parezcas embarazada cuando te pones de pie. ¡Que no te deprima tu aspecto! El útero seguirá contrayéndose y la piel irá recuperando el tono hasta que, unos dos meses después del parto, el abdomen adopte el mismo tamaño de antes.

La mayoría de mujeres necesitan entre dos y tres meses para recuperar el peso normal, aunque el tiempo varía en función de lo que hayan engordado durante el embarazo. Si has engordado 23 kilos y estabas embarazada de un solo bebé, no confíes en ponerte la bikini seis semanas después del parto. A veces se necesita todo un año para estar de nuevo en forma. Una dieta sana y ejercicio regular te ayudarán a perder peso.

Trata de alcanzar el peso que tenías antes del embarazo, o tu peso corporal ideal, tan pronto como sea posible (consulta el capítulo 4). No permitas que un embarazo se traduzca en un aumento de peso permanente. Si te dejas llevar y con cada embarazo engordas un poco más, a la larga tu salud puede verse afectada.

La dieta posparto

Cualquier mujer que acaba de tener un bebé necesita revisar de nuevo su dieta. Si estás dando el pecho, debes asegurarte de que ingieres una combinación saludable de alimentos, que aporta los nutrientes necesarios para ti y para el bebé, así como líquidos suficientes. (Más información sobre dietas nutritivas y equilibradas en el capítulo 4.)

La mejor manera de adelgazar consiste en la combinación de ejercicio con una dieta equilibrada, baja en grasas y con una buena mezcla de proteínas, hidratos de carbono, frutas y verduras.

Tomar vitaminas

Independientemente de si estás dando el pecho, sigue tomando las vitaminas prenatales al menos durante seis u ocho semanas después del parto. Si estás amamantando al bebé, sigue tomándolas hasta que dejes de hacerlo. Quizá te resulte difícil seguir una dieta equilibrada por los múltiples cuidados que requiere el bebé, y es posible que la experiencia del parto te haya provocado una anemia. Si perdiste una cantidad abundante de sangre durante el parto, el médico podría sugerirte que tomes suplementos de hierro para restablecer los niveles de hemoglobina. El calcio también es muy importante para cualquier mujer, especialmente si está amamantando, porque mantiene los huesos fuertes. Es una buena idea tomar un suplemento de calcio o aumentar su ingestión en la dieta.

Los ejercicios de Kegel

Los ejercicios de Kegel son unos movimientos de contracción muscular destinados a fortalecer los músculos del suelo pélvico que rodean la vagina y el recto. Estos músculos sirven de apoyo para la vejiga, el recto, el útero y la vagina. Su fortalecimiento es clave para reducir los efectos adversos del embarazo y el parto sobre esta parte del cuerpo. Si los músculos del suelo pélvico se debilitan, aumentan las probabilidades de padecer *incontinencia urinaria de esfuerzo* –una pérdida de orina al toser, estornudar, reírse o saltar– y *prolapso* o *protrusión* del recto, la vagina y el útero –desplazamiento de estos órganos por debajo del suelo pélvico–.

El embarazo añade un peso adicional sobre los músculos del suelo pélvico, mientras que el parto vaginal los estira y ejerce sobre ellos más presión. El resultado es un debilitamiento general. Algunas mujeres consiguen mantener de forma natural un tono muscular excelente en el suelo pélvico después del parto. Otras, sin embargo, notan síntomas de debilidad, como incontinencia urinaria, una sensación de que la vagina está suelta o presión sobre el suelo pélvico debido a que el útero, la vagina o el recto se han descolgado. Los ejercicios de Kegel permiten fortalecer los músculos del suelo pélvico para reducir y evitar estos síntomas.

Para realizar estos ejercicios, se aprietan los músculos alrededor de la vagina y el recto. Una manera muy sencilla de aprender a hacerlo correctamente es intentar detener el chorro de orina en mitad del proceso, o bien introducirte un dedo en la vagina y tratar de apretar los músculos alrededor suyo; si estás haciendo los ejercicios correctamente, el dedo siente el apretón. Estas técnicas te enseñan a apretar los músculos, pero no te indican cómo hacer los ejercicios.

Cuando estés practicando los ejercicios de Kegel por primera vez, aprieta los músculos durante unos diez segundos y luego relájalos. Aprieta de cinco a diez veces por sesión, y trata de hacer tres o cuatro series al día. Según vayas avanzando, podrás apretar sin problema durante diez segundos y hacerlo hasta 25 veces por sesión. Sigue haciendo los ejercicios de Kegel unas cuatro veces al día. Puedes hacerlos sentada, de pie o recostada, e incluso mientras realizas otras actividades, como bañarte, cocinar, hablar por teléfono, ver la televisión, manejar o esperar tu turno en el supermercado.

Reanudar las relaciones sexuales

Si eres como una amplia mayoría de mujeres en etapa puerperal, lo último que tienes en mente son las relaciones sexuales. Muchas mujeres sienten que su interés por el sexo disminuye considerablemente durante los primeros meses después del parto. Pero llega un momento en que la fatiga y el estrés emocional de haber tenido un bebé se reducen y tus pensamientos se vuelven más apasionados. Para algunas mujeres –y sus afortunadas parejas–, el interés sexual vuelve rápidamente. En otros casos, puede tardar de seis a doce meses.

Los drásticos cambios hormonales que se producen después del parto afectan a los órganos sexuales. La caída en picado de los niveles de estrógeno reduce la lubricación de la vagina y la congestión de los vasos sanguíneos; recuerda que el aumento de la circulación sanguínea en la vagina es un elemento crucial para la excitación sexual y el orgasmo. Por esta razón, las relaciones sexuales después del parto pueden ser dolorosas y no muy satisfactorias. Con el tiempo, las hormonas vuelven a los niveles previos al embarazo y el problema tiende a corregirse solo. Entre tanto, puede serte de ayuda el uso de un lubricante específico para estos casos.

En muchas mujeres, el agotamiento que supone cuidar al bebé contribuye a reducir aún más el deseo sexual. Seguramente tu atención –y la de tu pareja– estará más centrada en el bebé que en la relación. Reserva algo de tiempo para estar a solas con tu pareja; estos ratos de intimidad no tienen que incluir sexo, basta con que se abracen y se expresen lo que sienten.

La mayoría de los médicos recomiendan que las mujeres se abstengan de mantener relaciones sexuales durante cuatro o seis semanas después del nacimiento, para que la vagina, el útero y el periné tengan tiempo de curarse y ceda la hemorragia. En la revisión de las seis semanas, consulta con tu médico la posibilidad de reanudar las relaciones sexuales.

Los anticonceptivos

Muchas personas creen que si una mujer está dando el pecho no se quedará embarazada. Aunque es cierto que la lactancia generalmente aplaza la reanudación de la ovulación –y, por lo tanto, los periodos–, algunas mujeres que están dando el pecho ovulan y conciben de nuevo (consulta el capítulo 14). A lo mejor no ovulas durante toda la lactancia, o quizá empieces de nuevo a las dos semanas de dar a luz. Si no amamantas a tu bebé, la ovulación suele reanudarse diez semanas después del parto, aunque hay casos en que ocurre a las cuatro semanas. Si das de mamar menos de 28 días, la ovulación volverá a comenzar a las diez semanas.

Por esta razón, es importante que analices las diferentes opciones anticonceptivas antes de mantener relaciones sexuales de nuevo. Casi todas las mujeres pueden escoger entre una gran variedad de métodos anticonceptivos, tanto si dan el pecho como si no, pero algunas tienen complicaciones médicas o creencias religiosas que les impiden utilizar ciertos sistemas. Comenta este tema con el médico en la primera consulta tras el parto.

Capítulo 14

La alimentación del bebé

*U*na de las primeras decisiones importantes que deben tomar los padres consiste en elegir el tipo de alimentación del bebé: darle de comer leche materna o utilizar leche artificial y biberones. Aunque la mayoría de padres optan hoy en día por la lactancia, la decisión no es fácil. Si te cuesta decidirte, piensa que ambas opciones son válidas. En este capítulo exponemos los pasos elementales que debes dar, sea cual sea la dirección.

Elegir entre el pecho y el biberón

Casi todo el mundo a quien preguntes –el ginecólogo, el pediatra, tus amigos e incluso desconocidos– te aconsejará dar el pecho. La mamadera se convirtió en una moda en los años cincuenta del siglo pasado, cuando los científicos desarrollaron técnicas para pasteurizar y almacenar la leche de vaca en productos artificiales adecuados para la nutrición infantil. Sin embargo, hoy en día la lactancia ha recuperado su popularidad, en gran parte porque los estudios científicos reconocen sus numerosos beneficios médicos.

No obstante, dar pecho no es sólo una decisión médica. También influyen cuestiones de comodidad, estética, imagen corporal, vinculación afectiva e incluso enfermedades relacionadas con el parto. Cada madre debe tomar por sí misma esta decisión. Para dar pecho es necesaria una enorme dedicación, por lo que no debes sentirte presionada para hacerlo si realmente no tienes ganas o si la idea te agobia o te incomoda. Si tu conclusión es que dar biberón es la mejor opción, no te sientas culpable por ello.

Quizá hayas oído que la lactancia permite que la madre establezca un vínculo afectivo con el bebé, pero dar el biberón puede ser también una forma muy cariñosa y tierna de alimentar al recién nacido; no solamente para la madre, sino también para su pareja o para cualquier persona que le esté ayudando en los cuidados. Y aunque amamantar ofrece ciertos beneficios innegables, una gran mayoría de bebés alimentados con biberón están perfectamente sanos.

Este apartado analiza ambas opciones en detalle para ayudarte a tomar la decisión adecuada. Sea cual sea tu decisión, tómala antes de dar a luz, de modo que tengas el tiempo necesario para prepararte. Algunas mujeres optan por dar el pecho durante un tiempo para ver cómo les va, mientras que otras deciden desde el principio utilizar una combinación de pecho y biberón; llenándola con leche artificial o con la leche materna que se han guardado.

Las ventajas de la lactancia

La lactancia proporciona al bebé una alimentación a medida de sus necesidades, lo que, entre otras cosas, garantiza su correcta nutrición. A continuación mencionamos algunas de las ventajas de la lactancia materna:

✔ La leche materna ayuda a fortalecer el sistema inmunitario del bebé y a prevenir alergias, asma y la muerte súbita del lactante. También puede reducir la incidencia de infecciones en las vías respiratorias altas durante su primer año de vida.

✔ La leche materna contiene nutrientes ideales para el aparato digestivo del recién nacido. La leche de vaca no se digiere tan fácilmente y el bebé no puede aprovechar con tanta facilidad los nutrientes que contiene.

✔ La leche materna contiene sustancias que ayudan a proteger al bebé de las infecciones hasta que su sistema inmunitario madura. Estas sustancias son especialmente abundantes en el *calostro* que secretan los senos de la madre durante los primeros días después del parto.

✔ Los bebés tienen más probabilidades de sufrir una reacción alérgica a la leche de vaca que a la leche materna.

✔ Dar el pecho es emocionalmente gratificante. Muchas mujeres sienten que desarrollan un vínculo especial con sus bebés cuando dan el pecho, y disfrutan de la experiencia.

✔ La lactancia es cómoda: es imposible olvidar en casa los útiles necesarios. Nunca tienes que llevar mamaderas ni leche preparada.

✔ La leche materna es más barata que la que se compra.

✔ No tienes que calentar la leche; siempre está a la temperatura perfecta.

✔ La lactancia puede actuar en cierta medida como método anticonceptivo, aunque no es totalmente fiable (consulta el apartado "Anticonceptivos para las madres lactantes").

✔ La *lactación* –la producción de leche– ayuda a quemar calorías, lo que puede servirte para perder algunos de los kilos que engordaste durante el embarazo.

✔ Las heces del bebé no tienen un olor tan fuerte como las de los bebés alimentados con biberón.

✔ La leche materna es orgánica, es decir, no tiene aditivos ni conservadores.

✔ Algunos estudios sugieren que las mujeres que dan el pecho pueden reducir el riesgo de cáncer de mama para toda la vida.

Las ventajas de la mamadera

La alimentación con mamadera ofrece numerosos beneficios. Puedes elegir esta opción por cualquiera de las siguientes razones:

✔ No quieres dar el pecho. Si de verdad no tienes ganas, no funcionará. Las mujeres que desean dar de mamar deben intentarlo varias veces para tener éxito, lo que te resultará difícil si la idea no te entusiasma.

✔ Has intentado dar el pecho y no produces suficiente leche para alimentar a tu bebé –¡o a tus bebés!–.

✔ El biberón quizá se ajuste mejor a tu estilo de vida. Aunque muchas madres trabajadoras dan el pecho, otras creen que es difícil combinar las necesidades de sus empleos con la lactancia.

✔ A algunas mujeres les desagrada la idea de alimentar al bebé con una "secreción corporal".

✔ El biberón permite que otras personas alimenten al bebé.

✔ Si tienes una infección crónica –por ejemplo, VIH–, con el biberón-puedes estar segura de que no se la transmitirás al bebé a través de la leche materna. Las mujeres portadoras del virus de la hepatitis B pueden dar de mamar siempre y cuando el bebé haya sido vacunado contra esta enfermedad.

✔ Si tu bebé o tú están muy enfermos después del parto, el biberón puede ser la única opción. Si uno de los dos está en la unidad de cuidados intensivos por culpa de un parto complicado, la lactancia podría no ser una opción. La madre puede utilizar un tiraleche para extraer la leche de sus pechos y congelarla para alimentar al bebé hasta seis meses después. Aunque el bebé no pueda tomarla en ese momento, el hecho de extraerla propicia que siga fluyendo. En ocasiones, una madre puede reanudar la producción de leche más tarde, pero esto no siempre ocurre y muchas veces es necesario el asesoramiento de un especialista en lactancia.

✔ En el caso de que te hayas sometido a una operación quirúrgica en los pechos, el biberón es la mejor alternativa si no puedes dar pecho. No hay pruebas médicas que confirmen que la lactancia conlleve un empeoramiento del cáncer de mama, pero algunas mujeres que han sido operadas o se han sometido a otros tratamientos para esta enfermedad no pueden dar el pecho. Además, las mujeres con implantes de mama producen menos leche; no obstante, muchas veces producen la suficiente y pueden dar de comer.

✔ Si tomas ciertos medicamentos, quizá sea conveniente optar por el biberón. Algunas mujeres toman medicamentos que pasan a la leche materna y afectan negativamente al bebé. Entre estos fármacos se encuentran medicamentos contra el cáncer y la leucemia –ciclofosfamida, doxorubicina, metotrexato y ciclosporina–, bromocriptina, litio y algunos tratamientos contra la migraña –ergotamina, concretamente–. Revisa con tu médico los medicamentos que tomas habitualmente.

Dar el pecho

El embarazo prepara tu cuerpo para la lactancia. Las hormonas clave en el embarazo hacen que los pechos se agranden, preparando las glándulas para dar de mamar. Pero, aparte de esto, tú misma puedes prepararte para el día de la lactancia. Por ejemplo, puedes endurecer tus pezones un poco –y así reducir al mínimo el dolor posterior– de varias formas:

✔ Utiliza un corpiño de lactancia con las copas abiertas, de modo que los pezones rocen con la ropa.

✔ Pellizca los pezones con el pulgar y el índice durante un minuto todos los días.

✔ Frota los pezones vigorosamente con una toalla después de ducharte.

Ten presente, no obstante, que estimular los pezones cuando el embarazo está avanzado puede provocar contracciones uterinas. Cuando se acerque el final del embarazo, consulta a tu médico antes de estimularlos de esta forma. Una manera de evitar este problema consiste en evitar el pezón y simplemente frotar sobre la areola con vaselina, una pomada antibacteriana o aceite para bebés.

Algunas mujeres que tienen los pezones invertidos piensan que tendrán problemas para dar de mamar. Generalmente, el problema se corrige antes de que nazca el bebé, pero algunas técnicas pueden ayudar:

✔ Con el pulgar y el índice de la misma mano, retrae la piel que rodea la areola. Si esto no hace salir el pezón, sujétalo suavemente entre el pulgar y el índice, estíralo y sostenlo así unos minutos, como se muestra en la figura 14-1. Realiza este ejercicio varias veces al día.

✔ Puedes también utilizar unas pezoneras de plástico, de venta en casi todas las farmacias y tiendas embarazada, para sacar el pezón poco a poco.

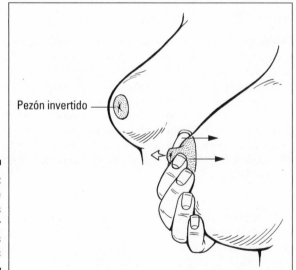

Pezón invertido

Figura 14-1:
Uno de
los métodos
para corregir
los pezones
invertidos

Empieza a practicar estas técnicas de preparación en sesiones cortas durante el segundo trimestre del embarazo, y luego incrementa la duración poco a poco. O utiliza las pezoneras hasta que los pezones se mantengan fuera por sí solos.

La lactancia

La avalancha de estrógeno y progesterona que el cuerpo sufre durante el embarazo hace que los senos aumenten de tamaño, a veces en proporciones sorprendentes. Este crecimiento se inicia pronto, tres o cuatro semanas después de la concepción; por esta razón, es el primer indicio de embarazo para muchas mujeres. A medida que avanza el embarazo, de los pezones sale un líquido parecido al suero. Sin embargo, la verdadera producción de leche no empieza hasta después del nacimiento del bebé.

Durante los primeros días después del parto, los senos segregan solamente un líquido amarillento que se conoce como *calostro*. No contiene mucha leche pero es rico en anticuerpos y células protectoras procedentes de la sangre de la madre. Estas sustancias ayudan al recién nacido a combatir las infecciones, hasta que su sistema inmunitario madura y puede asumir esta función. Gradualmente, el calostro es reemplazado por la leche.

No te preocupes si el bebé no parece estar recibiendo mucha leche durante los primeros días. El calostro es muy beneficioso. Además, el bebé seguramente no tendrá mucho apetito hasta que hayan pasado tres o cuatro días, y piensa que también está aprendiendo a mamar.

Cuando el bebé empieza a mamar, el cerebro de la madre ordena a los senos que produzcan leche. Unos tres o cuatro días después del parto, la producción se normaliza. Cuando la leche baja por los conductos, los senos se congestionan (consulta la figura 14-2). La congestión puede ser tan importante que los senos se ponen duros como piedras y están muy sensibles. No te preocupes. Cuando el bebé se alimente regularmente y la leche fluya sin problemas, la congestión no será tan intensa. El reflejo *eyectoláteo* –cuando la leche baja por los conductos– se produce cada vez que el bebé mama. Después de haber estado un tiempo dando el pecho, quizá descubras que el reflejo se dispara al abrazar al bebé o al oír su llanto.

Las mujeres que están dando de mamar producen, por lo general, unos 600 mililitros de leche al día hacia el final de la primera semana, después de dar a luz. La cantidad aumenta a unos 800 mililitros hacia el final de la tercera semana y luego alcanza un máximo de 1.5 o 2 litros.

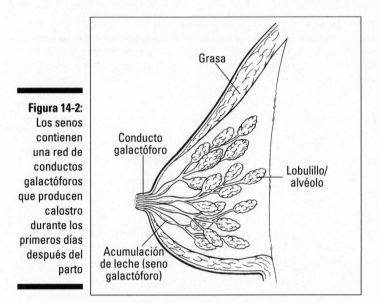

Figura 14-2:
Los senos
contienen
una red de
conductos
galactóforos
que producen
calostro
durante los
primeros días
después del
parto

Posturas para dar pecho

Hay tres posturas básicas para dar el pecho, como se ilustra en la figura
14-3. Utiliza la que mejor te funcione y la que les resulte más cómoda.
Casi todas las mujeres alternan las tres posturas.

✔ **Posición de cuna:** La forma más simple consiste en acunar al bebé
en los brazos, con la cabeza cerca del ángulo del codo y un poco
inclinado hacia tu seno (consulta la figura 14-3a).

✔ **Posición acostada:** Recuéstate de lado en la cama, con el bebé al
lado. Pon al bebé sobre tu brazo o sobre una almohada, de modo
que la boca le quede cerca del pecho, y utiliza el otro brazo para
guiarle la boca hacia el pezón. Esta posición es la mejor para
amamantar por la noche o después de una cesárea, cuando todavía es incómodo estar sentada (consulta la figura 14-3b).

Ten en cuenta que, si das el pecho en la cama, podrías quedarte
dormida encima del bebé sin darte cuenta. Es una buena idea
tener una cuna al lado de la cama para poner el bebé a dormir en
cuanto acabe de mamar, para alterar al mínimo tu descanso noc-
turno.

✔ **Posición de pelota de *rugby*:** Sostén la cabeza del bebé con la palma de la mano; y el cuerpo, con el antebrazo. Esta posición resulta más cómoda si te pones una almohada debajo del brazo. Puedes utilizar la mano libre para sujetar el pecho cerca de la boca del bebé (consulta la figura 14-3c).

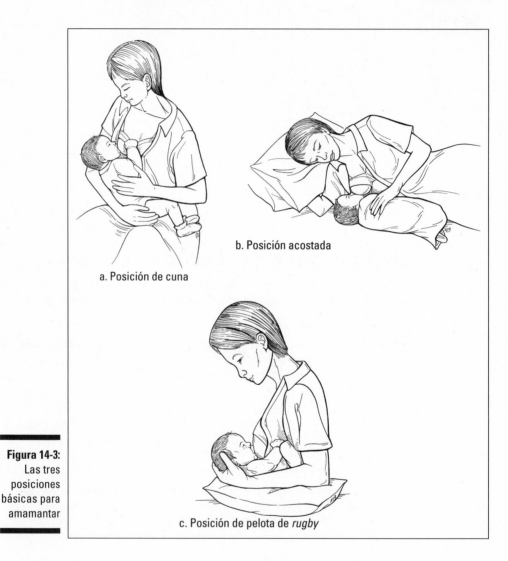

a. Posición de cuna

b. Posición acostada

c. Posición de pelota de *rugby*

Figura 14-3:
Las tres posiciones básicas para amamantar

Conseguir que el bebé se aferre bien al pezón

Si optas por amamantar, puedes empezar inmediatamente después del parto, no importa dónde estés. Espera a que las enfermeras hayan evaluado la salud del bebé y a que éste se haya tranquilizado un poco después del parto. Te sentirás un poco incómoda al principio, pero no te frustres. Son muchos los bebés que no quieren mamar de inmediato. Con un poco de paciencia, tu bebé y tú se convertirán en unos profesionales.

Los bebés nacen con el reflejo de mamar, pero muchos no lo hacen con mucho entusiasmo al principio. A veces necesitan un poco de orientación para prenderse del pecho:

1. **Colócate con el bebé en una de las posturas básicas para amamantar (consulta el apartado anterior).**

2. **Acaricia suavemente los labios o la mejilla del bebé con el pezón.**

   Esta acción probablemente haga que el bebé abra la boca. Si el bebé no parece querer abrir la boca, trata de extraerte un poco de leche –calostro, en realidad– y frótalo sobre los labios del bebé.

3. **Cuando la boca del bebé esté bien abierta, acércale la cabeza al pecho y coloca con suavidad su boca sobre todo el pezón.**

   Este estímulo suele hacer que el bebé empiece a mamar. Asegúrate de que toda la areola esté dentro de la boca del bebé, porque de lo contrario no recibiría suficiente leche y los pezones se resentirían. No obstante, no intentes meterle todo el seno dentro de la boca; más bien, acércale la boca al pezón y deja que sea él quien se aferre al pecho.

La punta de la nariz del bebé casi no debe tocar la piel del seno. El bebé sólo puede respirar por la nariz mientras se alimenta, así que evita cubrirla completamente. Si el seno le obstruye la nariz, utiliza la mano libre para presionarlo un poco y así alejarlo, para que pase el aire.

La coordinación de la alimentación

Cuando el bebé tome el pecho correctamente, sabrás que está mamando porque verás movimientos regulares y rítmicos en las mejillas y el mentón. A veces tendrá que succionar durante varios minutos para que la leche baje. Al principio, deja que se alimente unos cinco minutos por toma en cada pecho. Al cabo de tres o cuatro días, aumenta la cantidad de tiempo en cada pecho a unos diez o quince minutos. Pero no te preocupes mucho por contar el tiempo de cada toma, ya que el bebé para de mamar cuando está satisfecho y deja escapar el pezón.

Si el bebé deja de succionar pero no suelta el pezón, introdúcele un dedo por la comisura de la boca para que la abra. Si separas el seno directamente, acabarás con el pezón adolorido.

Cuando vayas a cambiar de pecho, aprovecha la interrupción para ayudar al bebé a expulsar los gases, recostándolo sobre tu hombro o sobre el regazo y dándole unos golpecitos suaves sobre la espalda. La figura 14-4 te muestra varias posiciones para ayudarle a eructar. Cuando acabe de mamar, ayúdale de nuevo a expulsar los gases.

Por lo general, una madre da el pecho entre unas ocho y doce veces al día. Esta frecuencia es la que permite que el cuerpo produzca una cantidad óptima de leche; la que necesita el bebé para recibir una alimentación adecuada y para que crezca sano. Procura espaciar las tomas a intervalos regulares a lo largo del día, aunque todo dependerá del ritmo que marque el bebé. No tienes que despertar al bebé para alimentarlo, a menos que el pediatra te aconseje hacerlo. Es especialmente importante que no lo despiertes por la noche. Si tu hijo está dispuesto a pasarse la noche entera durmiendo, no sabes la suerte que tienes. Tampoco tienes que negarle la alimentación si el bebé tiene hambre, aunque sólo haya pasado una hora desde la última toma. Ten presente que el número de tomas puede ser inferior a la media si combinas la lactancia y el biberón.

Es posible constatar que el bebé recibe suficiente leche si:

✔ En promedio, toma leche diez veces al día.

✔ Engorda.

✔ Moja entre seis y ocho pañales al día.

✔ Defeca entre dos y tres veces al día.

✔ Su orina tiene un color amarillo pálido (no es oscura ni concentrada).

Si tu bebé no cumple los anteriores parámetros o si te preocupa que no ingiera la cantidad de leche adecuada, habla con el pediatra. Algunas mujeres no logran producir suficiente leche para cubrir las necesidades del bebé, por lo que deben complementar su alimentación con leche artificial.

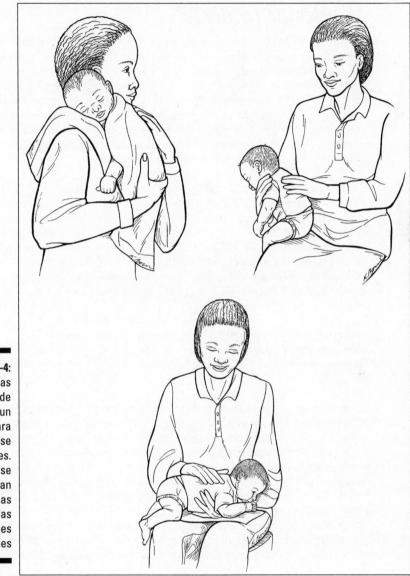

Figura 14-4:
Hay muchas formas de ayudar a un bebé para que expulse los gases. Aquí se muestran algunas de las posiciones tradicionales

Mantener la dieta

Durante la lactancia, igual que durante el embarazo, tu nutrición es cuestión de sentido común. La calidad de la leche que produces no se ve afectada considerablemente por la dieta, a menos que tus hábitos alimenticios sean muy inadecuados. No obstante, si no ingieres suficientes calorías o líquidos, al cuerpo le costará producir la leche necesaria. Quizá también descubras que tu bebé reacciona de forma diferente a ciertos alimentos; por ejemplo, puede tener más gases si has tomado ciertas comidas en particular. Si prestas atención a cómo reacciona el bebé ante los diferentes alimentos, sabrás cuáles debes evitar.

Las mujeres en periodo de lactancia deben ingerir diariamente entre unas 400 y 600 calorías más que de costumbre. La cantidad exacta varía según el peso de la madre y los kilos que haya engordado durante el embarazo. Como al dar de mamar se quema grasa, podrás deshacerte de parte de los depósitos acumulados. Sin embargo, debes evitar perder peso muy rápidamente, porque la producción de leche se vería afectada. Procura también no engordar mientras estés dando pecho. Si esto ocurre, seguramente ingieres demasiadas calorías o no practicas suficiente ejercicio.

También necesitas vitaminas y minerales adicionales, especialmente vitamina D, calcio y hierro. Sigue tomando tus vitaminas prenatales o algún otro suplemento mientras estés dando pecho. Consume también un extra de calcio o aumenta tu ingestión de leche, yogures y lácteos en general.

La leche materna está compuesta principalmente por agua, en un 87%. Para producir la suficiente, la madre debe tomar al menos dos litros de líquido al día, es decir, unos nueve vasos de leche, jugo o agua. Sin embargo, no exageres, porque si tomas demasiados líquidos, la producción de leche puede disminuir. Ten en cuenta que no te conviene aumentar exageradamente tu ingestión de calorías bebiendo líquidos con un alto contenido de azúcar, hidratos de carbono o calorías. Una buena manera de saber si estás ingiriendo la cantidad adecuada de líquidos es observar tu producción de orina. Si orinas con poca frecuencia, o si el color es amarillo oscuro, seguramente no bebes lo suficiente. En cambio, si vas al baño cada dos por tres, es probable que estés tomando demasiados.

Si el bebé está irritable y no duerme bien, igual se debe a que tomas mucha cafeína. Trata de reducir la ingestión de café o de gaseosas hasta que encuentres el nivel que el bebé tolera.

Anticonceptivos para las madres lactantes

Aunque dar de mamar reduce el riesgo de ovular, no garantiza que no vayas a quedarte embarazada. En el caso de que decidas no dar el pecho, tardarás en ovular unas diez semanas. Un 10% de las mujeres que amamantan también empieza a ovular a las diez semanas, y cerca del 50% lo hace a las 25 semanas –unos seis meses– después del parto. Sin duda, amamantar no es el mejor método anticonceptivo.

Cuando vuelvas a mantener relaciones sexuales, considera el uso de algún anticonceptivo eficaz, si no es que quieres quedarte otra vez embarazada. Puedes recurrir a la píldora –ciertas marcas pueden tomarse durante la lactancia–, a los métodos de barrera –condones, diafragmas y demás– o a las inyecciones de progesterona. Comenta las opciones con el médico en la revisión de las seis semanas.

Medicamentos seguros

Prácticamente todos los medicamentos que tomas pasan a la leche, pero por lo general lo hacen en cantidades mínimas. Si debes medicarte durante la lactancia, procura hacerlo en dosis muy bajas y, como regla general, justo después de dar el pecho. De esa forma, tu cuerpo ya habrá asimilado casi todo el medicamento cuando tengas que alimentar al bebé de nuevo. En general, no debes privarte de los medicamentos que realmente necesitas por temor a que afecten al bebé. Pregunta a tu médico cuáles son seguros durante la lactancia.

Los siguientes medicamentos pueden tomarse mientras se da pecho:

✔ Paracetamol.

✔ Antiácidos.

✔ La mayoría de antibióticos.

✔ La mayoría de antidepresivos.

✔ Antihistamínicos.

✔ Ácido acetilsalicílico.

✔ La mayoría de medicamentos para tratar el asma.

✔ Descongestionantes.

✔ La mayoría de medicamentos para tratar la hipertensión.

Las madres embarazadas preguntan...

P: ¿Puedo amamantar mientras estoy tomando la píldora?

R: No hay riesgo al hacerlo, pero puede reducir la cantidad de leche que produces. Las marcas que contienen estrógeno disminuyen la producción de leche, por lo que si empiezas a tomar la píldora justo después de dar a luz, puedes tener más dificultades para comenzar a producir. No obstante, cuando la lactancia esté bien establecida, no hay problema. Para algunas mujeres, la mejor alternativa son las píldoras a base de progesterona, porque afectan menos a la producción de leche, aunque son ligeramente menos eficaces.

✔ Ibuprofeno.

✔ Insulina.

✔ La mayoría de antiepilépticos.

✔ La mayoría de medicamentos para tratar la glándula tiroidea.

Problemas comunes

Una de las creencias erróneas más extendidas sobre la lactancia es que a todas las mujeres les resulta fácil dar pecho. Sin embargo, para amamantar hace falta práctica. Los problemas que pueden presentarse van desde sentir un poco de incomodidad en los pezones hasta, en casos poco frecuentes, sufrir infecciones de los conductos galactóforos.

Pezones doloridos

Muchas mujeres experimentan un dolor temporal en los pezones durante los primeros días de la lactancia. El dolor suele ser leve y desaparece solo, pero en ocasiones empeora progresivamente y puede hacer que los pezones se agrieten, lo que causa un dolor entre moderado y fuerte. Si es tu caso, actúa antes de que el sufrimiento se vuelva insoportable. La siguiente lista recoge algunos remedios:

✔ Revisa tu técnica para asegurarte de que la posición del bebé es correcta. Si el bebé no se mete toda la areola en la boca, el dolor continuará. Trata de cambiar de posición al bebé cada vez que lo alimentes.

✔ Aumenta el número de tomas y reduce la duración. De esta forma, el bebé no tendrá tanta hambre y quizá no succione tan fuerte.

✔ Continúa dando de mamar con el seno dolorido, aunque se trate sólo de unos minutos, para acostumbrar el pezón a la lactancia. Si lo dejas sanar por completo, el dolor empezará otra vez cuando vuelvas a darle de comer con ese pecho. Sugerimos que amamantes al bebé primero con el pezón menos dolorido, porque al principio succiona más vigorosamente.

✔ Extráete manualmente un poco de leche antes de dar el pecho. De esta forma se inicia antes la salida de la leche y el bebé no tiene que succionar tanto para que le llegue el alimento.

✔ No utilices en los pezones productos químicos ni jabones irritantes.

✔ Después de que el bebé termine de alimentarse, no te limpies los pezones. Deja que se sequen al aire. Si los limpias, puedes provocar una irritación innecesaria.

✔ Puedes endurecer la piel de los pezones si los expones al aire, así que trata de caminar por la casa con los pechos descubiertos siempre que puedas. Si utilizas un brasier de lactancia, deja las copas abiertas mientras estás en casa. Los pezones se endurecen al rozar con la ropa que llevas puesta.

✔ Si utilizas protectores para absorber la leche que gotea del pecho, cámbialos tan pronto como notes que están húmedos, ya que podrían agrietar los pezones.

✔ Prueba a darte un masaje con una pomada o aceite rico en vitamina E, aceite de oliva o lanolina, y luego deja secar los pezones al aire. Recientemente están cobrando cada vez más popularidad entre las mujeres lactantes ciertos productos para tratar las ubres agrietadas de las vacas lecheras (sí, has leído bien: vacas). Existen también cremas específicas de venta en farmacias y otros establecimientos.

✔ Aplica calor seco –no húmedo– y tibio –no caliente– a los pezones varias veces al día. Puedes utilizar una bolsa de agua caliente.

Dolor por congestión mamaria

Como decíamos antes, los senos pueden doler cuando se congestionan de leche. Una forma de evitar una congestión dolorosa es empezar a dar el pecho al bebé en cuanto nace. Otras estrategias que funcionan bien son, por ejemplo, utilizar un brasier firme, pero no ajustado, y hacerse masajes en los senos antes de cada toma. El masaje facilita la salida de la leche y alivia la congestión. También puedes aplicar compresas tibias sobre los senos, o incluso hielo; prueba ambos métodos y decide cuál te funciona mejor.

Conductos obstruidos

En ocasiones, algunos de los conductos galactóforos se taponan. Si esto sucede, puede formarse dentro del seno un bulto pequeño, rojo y firme. Este bulto suele molestar un poco, pero generalmente no provoca fiebre ni un dolor muy intenso. La mejor forma de tratar un conducto galactóforo obstruido es intentar vaciar por completo el seno después de cada toma. Empieza con el bebé en ese seno, pues al principio es cuando tiene más hambre. Si el bebé no vacía por completo el seno, utiliza un sacaleche en ese lado hasta que salga toda la leche. También puede ayudarte aplicar calor al bulto y hacer masajes con la mano. Otra opción es aplicarte en la ducha un chorro de agua tibia directamente sobre el pecho para estimular la salida de la leche. Lo más importante es que sigas dando de mamar.

Si el bulto persiste unos cuantos días, llama al médico para asegurarte de que no se ha formado un absceso.

Mastitis (inflamación mamaria)

La inflamación mamaria –*mastitis*– afecta a un 2% de las mujeres que dan pecho. Suele estar causada por una infección que transmiten las bacterias de la boca del bebé y tiende a producirse entre dos y cuatro semanas después del parto, aunque puede ocurrir antes o después. Las infecciones son más comunes en aquellas mujeres que dan el pecho por primera vez, tienen los pezones agrietados o no vacían completamente los senos en cada toma.

Los síntomas de la mastitis incluyen tener uno o ambos senos calientes, duros y enrojecidos, fiebre alta –generalmente más de 38.5 °C– y malestar general, como cuando tienes gripe y sientes que te duele todo el cuerpo. La infección del seno puede ser general o localizada en un segmento específico, el llamado *lobulillo*. Si está localizada, el enrojecimiento se presentará en forma de cuña, sobre la zona infectada del pecho (consulta la figura 14-5). Si padeces estos síntomas, llama inmediatamente al médico. Lo más probable es que te recete antibióticos e incluso te dé cita para hacerte un examen físico.

Sigue amamantando al bebé aunque tengas la infección; a fin de cuentas, las bacterias se originaron seguramente en su boca, de modo que no le hace ningún daño. Si interrumpes la lactancia, el seno se congestionará y el malestar se agravará. El paracetamol, el ibuprofeno y las compresas tibias sirven para aliviar el dolor de la mastitis, mientras que los antibióticos suelen solucionar el problema en un par de días. Toma líquidos en cantidades más que suficientes y descansa todo lo que puedas para que tu cuerpo siga el curso natural de la recuperación. Toma los medicamentos durante el tiempo que te han dicho para asegurarte de que la infección no se repite.

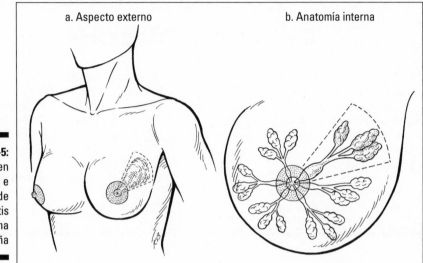

a. Aspecto externo   b. Anatomía interna

Figura 14-5:
Imagen
externa e
interna de
una mastitis
en forma
de cuña

Abscesos mamarios

Si la mastitis no se trata intensivamente, o si un conducto galactóforo continúa taponado, puede formarse un *absceso mamario*. De hecho, los abscesos se forman en un 10% de los casos de mastitis. Los síntomas son dolor extremo, calor e hinchazón en el área del absceso y fiebre alta –más de 38.5 °C–. A veces los médicos pueden tratarlos con antibióticos, pero a menudo tienen que ser drenados quirúrgicamente.

Si padeces un absceso mamario, puedes seguir alimentando al bebé con el otro pecho, pero debes dejar de hacerlo con el que tiene el absceso hasta que el problema se resuelva. Consúltalo con el médico antes de reanudar la lactancia.

Amamantar a gemelos

Aunque parezca una misión imposible, muchas mujeres con gemelos logran amamantarlos sin problemas. El cuerpo es capaz de producir suficiente leche para dos bebés, en especial si perseveras y te esfuerzas en incrementar la producción. Aun así, para encontrar el método adecuado te hará falta un poco de práctica. Puedes alimentar a los dos bebés a la vez, o de uno en uno. La ventaja de la primera alternativa es que no te pasas todo el día dando el pecho; pero está claro que el segundo método es más fácil, porque no tienes que enfrentarte al problema de dar de mamar

---

Recursos para la lactancia

Puedes encontrar apoyo e información sobre la lactancia de varias formas:

✔ Llama al hospital donde vas a dar a luz o a los centros de tu zona para hablar con el especialista en lactancia.

✔ Pídele información a tu médico.

✔ Habla con tus amigas y familiares que hayan amamantado a sus hijos.

✔ En Internet puedes encontrar páginas oficiales que te informen convenientemente sobre la lactancia. Por ejemplo, la Sociedad Argentina de Pediatría (`www.sap.org.ar`), en las páginas de la UNICEF (`www.unicef.org/spanish/nutrition/index_breastfeeding.html`) o en La Liga de la Leche (`www.laligadelaleche.org.ar`) por poner sólo tres ejemplos.

---

a uno mientras intentas que el otro expulse los gases. Además, es muy difícil colocarte un bebé sobre el hombro mientras el otro está en el pecho, por muchas almohadas y trucos que utilices. Puedes alimentar a uno y darle la mamadera al otro, y luego alternar en la siguiente toma. También puedes amamantar un poco a cada bebé y complementar la toma con la mamadera. Otra opción es dar el pecho a los dos bebés casi todos los días y recurrir a la mamadera cuando la producción de leche sea baja.

Las mujeres que dan el pecho a gemelos tienen que ingerir aún más calorías y líquidos. Necesitan de 400 a 600 calorías adicionales por cada bebé que amamanten. ¡Imagínate cuántas tendrías que consumir para alimentar a trillizos! Además, deben aumentar la ingestión de líquidos hasta unos 10 o 12 vasos al día, en vez de ocho o diez.

Si decides amamantar a gemelos, cuenta con que necesitarás la ayuda de algún familiar o amigo. No temas pedirla.

Biberón para principiantes

Supongamos que, en vez de dar pecho, has elegido el biberón. O quizá has estado dando el pecho un tiempo y ahora quieres cambiar. En este apartado repasamos todo lo que necesitas saber para que el bebé se inicie en el uso del biberón.

Detener la producción de leche

Si decides alimentar a tu bebé con biberón, necesitas detener tu producción de leche. La producción se dispara por el calor y la estimulación de los senos. Para detenerla, crea un entorno opuesto. He aquí algunas sugerencias:

✔ Utiliza un brasier apretado.

✔ Aplícate hielo sobre los senos cuando estén congestionados; generalmente cerca del tercer o cuarto día después del nacimiento del bebé.

✔ Ponte compresas de hielo dentro del brasier o utiliza bolsas de verduras u otros productos congelados, como chícharos, bajo la ropa —aunque no te recomendamos salir a la calle así—.

✔ Métete hojas frías de col en el brasier. La col ayuda químicamente a reducir la producción de leche.

✔ Aplícate agua fría sobre los senos cuando te duches.

Si vas a dar el pecho durante un periodo corto de tiempo, entre seis y doce semanas, dale al bebé un biberón de leche artificial cada día mientras está lactando, para facilitar la transición.

Los senos congestionados pueden ser muy molestos. Si sientes mucha incomodidad, pídele al médico que te recomiende algún medicamento para el dolor o para la supresión de la lactancia. Por suerte, la congestión normalmente no dura más de 36 o 48 horas y rara vez requiere ayuda médica.

Elegir los mejores biberones y chupones

No tendrás ningún problema para encontrar una amplia gama de biberones y chupones. Algunos bebés muestran una clara preferencia por ciertas clases. Quizá tengas que probar un poco para descubrir cuáles funcionan mejor. Los biberones de 150 mililitros van bien durante las primeras semanas. Más adelante, cuando el bebé ingiera grandes cantidades de leche, puedes cambiar a biberones más grandes, de 250 ml.

✔ Algunos biberones son como un soporte de plástico en el que se introduce una bolsa transparente con la leche materna o la leche artificial. La ventaja de este modelo es que puedes tirar la bolsa vacía sin tener que preocuparte de esterilizar el soporte de plástico. Además, como está diseñada para comprimirse a medida que se vacía, entra menos aire en la bolsa y en el estómago del bebé.

✔ Ciertos biberones tienen un ángulo que ayuda a reducir el aire que traga el bebé, lo que hace que tenga menos gases.

✔ Existe una gran variedad de chupones. El tamaño del orificio aumenta según la edad del bebé, por eso las de recién nacido tienen un orificio más pequeño. Por lo general, hay modelos para recién nacidos, para bebés de tres y seis meses y, las más grandes, para bebés de más edad. Los chupones diseñados pensando en la boca del bebé tienen un ajuste más natural. Algunas están fabricadas de látex y otras, de silicona –son transparentes, más resistentes y desprenden menos olor–. Puede que el bebé muestre una clara preferencia por cierto tipo de chupones o que no note ninguna diferencia.

La alimentación con biberón

Tu madre, tu abuela y tus amigas te recomendarán, con muy buena intención, que esterilices los biberones en agua hirviendo. Pero nosotros –y la mayoría de los pediatras– pensamos que se trata de un paso innecesario. A fin de cuentas, ¡la madre que da el pecho no tiene que hervirse los pezones!

Muchos padres calientan el biberón, pero no es necesario hacerlo. Puede alcanzar la temperatura adecuada si la pones en un recipiente lleno de agua caliente o utilizas un calentador de biberones.

Si utilizas el microondas para calentar el biberón, ten cuidado. La leche podría calentarse de forma irregular y estar en parte demasiado caliente para el bebé. No obstante, si agitas bien el biberón después de calentarla, puedes resolver el problema, aunque conviene que te eches unas gotas en la parte interna de la muñeca para comprobar la temperatura. Recuerda leer siempre la información del envase de leche, ya que algunos fabricantes recomiendan no utilizar el microondas.

Por lo general, no es buena idea guardar las sobras de la leche materna o artificial. No obstante, algunos pediatras dicen que reutilizar el biberón una sola vez no supone un problema, de modo que háblalo con tu médico. En cualquier caso, no lo dejes mucho tiempo fuera de la heladera, ya que el calor favorece la aparición de bacterias que podrían ser perjudiciales para el bebé.

Elige con tu pediatra la leche con la que alimentarás al bebé. Llámalo por teléfono antes del parto para saber qué opciones te sugiere. Hay muchas leches artificiales que ya vienen premezcladas, mientras que otras se venden en polvo o como un líquido concentrado, por lo que tendrás que añadir agua. Las versiones en polvo y en líquido concentrado son más baratas, pero no todas las marcas las ofrecen.

En la actualidad, hay infinidad de leches artificiales, incluso orgánicas. Sin embargo, todavía no se ha alcanzado un consenso sobre sus beneficios médicos. Las leches orgánicas podrían resultar algo más caras y contener más azúcar, por lo que debes consultar a tu pediatra si son la mejor opción para tu bebé.

Hay bebés que presentan una reacción alérgica a la leche artificial, que suele manifestarse en forma de dolor estomacal o urticaria. Si le sucede a tu bebé, habla con el pediatra. Quizá te recomiende usar una leche a base de soya o una leche hipoalergénica.

Los pediatras generalmente desaconsejan dejar el biberón apoyado en una almohada junto al bebé, porque implica que nadie lo atiende mientras se alimenta. Asimismo, si acuestas al bebé sobre la espalda y le das la mamadera en posición vertical, haces que corra el riesgo de atragantarse; además, puede llegar a producirle caries.

La posición más común para dar el biberón es sostener al bebé acunado sobre el brazo, cerca del cuerpo. Ponte una almohada sobre el regazo para aligerar el peso en los brazos y cuello. Para casi todos los padres, es más fácil sostener al bebé siempre con el mismo brazo y en la misma dirección. Por ejemplo, si eres diestra quizá te resulte más cómodo sostener al bebé con el brazo izquierdo y el biberón con la mano derecha. Cuando el bebé sea un poco más mayor y controle mejor los músculos de la cabeza y el cuello, puedes ponerlo frente a ti, sobre las piernas, para cambiar un poco. De esta forma, podrán mirarse a los ojos.

A continuación damos algunos consejos para las madres que alimentan al bebé con biberón, ya sea con leche materna o artificial:

✔ No arropes demasiado al bebé ni lo mantengas muy caliente mientras lo alimentas. El bebé puede sentirse tan cómodo que se dormirá en lugar de comer.

✔ Interrumpe la toma para cambiarle el pañal. Esto también sirve para que se despierte y se termine toda la leche del biberón.

✔ Si al bebé le cuesta trabajo encontrar la tetina con la boca, acaríciale la mejilla y girará la cabeza en esa dirección.

✔ Para saber si tiene hambre, pon la punta de tu dedo –limpio– en la boca del bebé para ver si empieza a chupar.

✔ Mantén el biberón inclinada, de forma que la tetina se llene por completo de leche; así reduces al mínimo la cantidad de aire que ingiere el bebé.

Haz que expulse los gases al menos una vez mientras lo alimentas, y otra vez al final de esa misma toma. La figura 14-4 muestra varias posiciones para ayudarle a eructar. Los bebés tragan aire cuando toman leche y, si lo expulsan, se sienten más cómodos. Además, así comen mejor.

El aparato digestivo del bebé

El bebé está estrenando su aparato digestivo y por eso necesita practicar. En resumen: los bebés vomitan mucho. Independientemente de que tomen el pecho o el biberón, vomitan hasta dos veces al día. Prueba las siguientes sugerencias para controlar este fenómeno:

✔ Para no tener que cambiarte de ropa constantemente o para evitar estropearla, ponte un paño o una toalla sobre el hombro cuando le ayudes a eructar, o simplemente cuando lo tengas en brazos.

✔ Ponle siempre un babero cuando le des de comer para evitar tener que cambiarlo constantemente o para no estropearle la ropa.

✔ Ayúdale a expulsar los gases después de cada toma. Consulta la figura 14-4, donde se ilustran algunas de las posturas más comunes.

✔ Si le das el biberón, interrumpe el proceso hacia la mitad para hacerlo eructar, en vez de permitirle tomársela toda de golpe.

✔ No juegues demasiado con el bebé después de alimentarlo. Si lo mueves mucho, puedes hacer que vomite más.

✔ Si te parece que el bebé vomita grandes cantidades de leche o si lo hace con fuerza, coméntaselo al médico.

En ocasiones, regurgitar o vomitar varias veces al día puede indicar que lo alimentas demasiado o que padece *reflujo gastroesofágico*, un trastorno digestivo provocado por el ácido gástrico que fluye del estómago al esófago. Es común en bebés, aunque puede producirse a cualquier edad. Si el recién nacido tiene síntomas como irritabilidad, llanto inconsolable, dolor cuando vomita, náuseas, atragantamiento o se resiste a comer, debes hablar decididamente con el pediatra.

Para diagnosticar el reflujo gastroesofágico, el médico estudia los antecedentes del bebé y lleva a cabo una exploración física y ciertas pruebas de diagnóstico. Éstas pueden incluir una prueba del tránsito esofagogastroduodenal, una *endoscopia* –la colocación de un tubo flexible con una luz y una lente en los órganos del aparato digestivo superior–, pruebas de pH y estudios de vaciamiento gástrico.

La necesidad de tratar el reflujo depende de la edad del bebé, su salud general, los antecedentes, la gravedad del problema y su tolerancia a ciertos medicamentos, procedimientos y tratamientos. A veces, el reflujo puede mejorarse si se cambia la alimentación. Prueba lo siguiente:

✔ Después de alimentar al bebé, ponlo boca abajo, con la parte superior del cuerpo elevada al menos unos 30 grados, o sostenlo sentado unos 30 minutos.

✔ Si le das biberón, asegúrate de que la tetina siempre esté llena de leche para que no trague demasiado aire.

✔ Algunas personas creen que añadir un componente que espese el alimento, como cereales de arroz, puede ser beneficioso para los bebés a partir de seis meses. Consulta al pediatra.

✔ Hazlo eructar con frecuencia durante las tomas.

Parte IV
Consideraciones especiales

The 5th Wave   **Rich Tennant**

La infertilidad no ha sido un problema ni para Tomás ni para mí. Al contrario. Ya ni siquiera colgamos la ropa en el mismo armario.

En esta parte...

Es posible que tu embarazo transcurra con total normalidad y que no te haga falta leer esta parte del libro,
especialmente si vas a tener tu primer bebé, si no estás
embarazada de gemelos y si nada –incluso el más mínimo
detalle– sale mal o te hace sentir incómoda. Pero muchas
veces aparecen pequeños inconvenientes en el transcurso
del embarazo: te contagias de gripe y te preguntas cómo te
afectará; te sale una erupción molesta; estás embarazada de
gemelos (o de más); o te enfrentas a un problema médico
o a una complicación grave. Sea cual sea tu caso, los reuni-
mos todos en esta cuarta parte. Este tramo del libro, más
que cualquier otro, está diseñado para que lo leas según tus
necesidades, en función de la situación particular en la que
te encuentres.

Capítulo 15

Embarazo en situaciones especiales

*N*ingún embarazo es idéntico a otro. Si hablas con las personas que te rodean, pronto te darás cuenta de que tu experiencia es diferente a la de tus amigas o parientes. No tienes tantas náuseas como tu hermana durante los tres primeros meses, o son 20 veces peores que las de tu mejor amiga. Te sientes cómoda haciendo ejercicio durante el embarazo, mientras que a tu prima le recomendaron hacer reposo. Puede haber muchas variaciones dentro de los límites de lo que se considera un embarazo normal, pero ciertos tipos presentan unas características y unas dificultades especiales. Este capítulo se centra precisamente en esos embarazos que requieren una atención particular.

Cómo influye la edad

Desde hace poco se está llegando a la conclusión de que, cuando se trata de tener hijos, tanto la edad de la madre como la del padre tienen una gran importancia. A la hora de ser padres, los hombres y las mujeres que se acercan a los 40 años, o que los superan, seguramente se encontrarán frente a una serie de situaciones especiales. Las madres adolescentes también se enfrentan a grandes retos. En este apartado hablaremos de todas estas cuestiones.

Madres mayores de 30 años

Atrás quedaron los días en los que casi todas las mujeres embarazadas tenían veintitantos años, o incluso eran menores de 20. Ahora, un gran número de mujeres aplazan el momento de formar una familia hasta que terminan su carrera y se establecen profesionalmente. También el divorcio es más común hoy en día, por lo que muchas mujeres se encuentran en la situación de querer tener hijos con su segundo marido, con frecuencia entrados los 30 o los 40 (y a veces hasta los 50).

¿Cuándo es "demasiado mayor" una mujer? La respuesta solía ser "al llegar a la menopausia", o incluso unos años antes, cuando el cuerpo ya no produce óvulos sanos que puedan ser fecundados para convertirse en embriones. Pero hoy en día, gracias a los avances en las técnicas de reproducción asistida –como la fecundación in vitro, que permite utilizar óvulos donados por otra mujer–, incluso las mujeres que han pasado la menopausia pueden quedar embarazadas.

Por eso, una pregunta más pertinente sería: "¿A partir de qué edad hay que estar alerta para detectar problemas especiales?". En este caso, la respuesta es más concreta. Cualquier mujer que tenga 35 años o más durante el embarazo entra en la categoría médica de mujer en *edad materna avanzada*. Un término impersonal, sin duda, pero tal vez más delicado que otras alternativas que también se utilizan, como *gestante tardía*. Se utiliza este término especial porque la incidencia de ciertas anomalías cromosómicas aumenta con la edad. A los 35 años, los riesgos empiezan a incrementarse considerablemente, como se muestra en la figura 15-1.

Según los médicos, a los 35 años, el riesgo de que el feto padezca alguna anomalía cromosómica es similar al riesgo de aborto cuando se hace una amniocentesis (cerca del 0.5%). En algunos países es habitual ofrecer a las mujeres mayores de 35 años la opción de realizarse pruebas genéticas, ya sea una amniocentesis o una prueba de vellosidades coriónicas (consulta el capítulo 8 para más detalles).

La buena noticia es que, dejando de lado el aumento de ciertas anomalías cromosómicas, los bebés de mujeres mayores de 35 años –e incluso de 40– tienen tantas probabilidades como los demás de nacer sanos. Las madres también tienen un riesgo superior de padecer preeclampsia o diabetes gestacional (consulta los capítulos 16 y 17), así como de tener un parto prematuro o necesitar una cesárea, aunque el riesgo no es excesivamente alto y en la mayoría de los casos todo se reduce a una serie de complicaciones menores. Naturalmente, el resultado final de la experiencia dependerá en gran medida de la salud de la mujer: si tienes 48 años, o incluso 50, y gozas de una salud excelente, probablemente tendrás un embarazo y un parto maravillosos.

Figura 15-1: A medida que la edad materna aumenta, también lo hacen los riesgos de que el feto sufra anomalías cromosómicas

Edad materna y anomalías cromosómicas (bebés nacidos con vida)		
EDAD MATERNA	RIESGO DE SÍNDROME DE DOWN	RIESGO TOTAL DE ANOMALÍAS CROMOSÓMICAS
20	1/1667	1/526*
21	1/1667	1/526*
22	1/1429	1/500*
23	1/1429	1/500*
24	1/1250	1/476*
25	1/1250	1/476*
26	1/1176	1/476*
27	1/1111	1/455*
28	1/1053	1/435*
29	1/1000	1/417*
30	1/952	1/384*
31	1/909	1/384*
32	1/769	1/322*
33	1/602	1/286
34	1/485	1/238
35	1/378	1/192
36	1/289	1/156
37	1/224	1/127
38	1/173	1/102
39	1/136	1/83
40	1/106	1/66
41	1/82	1/53
42	1/63	1/42
43	1/49	1/33
44	1/38	1/26
45	1/30	1/21
46	1/23	1/16
47	1/18	1/13
48	1/14	1/10
49	1/11	1/8

*Datos de Hook (1981) y Hook et al. (1983). Como el tamaño de la muestra en alguno de los intervalos es relativamente pequeño, la fiabilidad del resultado es menor. No obstante, estas cifras son adecuadas para saber cuándo debe pedirse consejo genético. *Excluido de los 20 a los 32 años (datos no disponibles).*

Sistemas alternativos para concebir

Gracias a las modernas técnicas de reproducción asistida, cada vez hay más mujeres mayores de 40 que quedan embarazadas, algunas incluso de gemelos y trillizos. Aunque muchas conciben con óvulos propios, otras lo hacen con óvulos de otras mujeres. En este caso, la madre debe enfrentarse a ciertas dificultades muy particulares, como decírselo al futuro hijo, a la familia y a los amigos. Durante el embarazo es frecuente que experimente conflictos internos acerca de la identidad genética del bebé. Por ejemplo, puede sentir que el bebé tiene los rasgos biológicos de otras personas. Pero estas preocupaciones suelen desaparecer cuando la madre empieza a sentir los movimientos del bebé o, si no, cuando nace.

Los padres –incluidos los de hijos concebidos de forma tradicional– suelen descubrir, cuando conocen a su bebé, que la identidad de cada niño es única y que la procedencia genética importa mucho menos de lo que habían pensado. Es lógico entonces que, pocos días después del nacimiento del bebé, las mujeres que tienen hijos gestados con óvulos donados sientan un instinto maternal semejante al de cualquier madre biológica. Esto también se aplica a los padres de bebés que han sido concebidos con semen donado. A medida que aumenta el número de parejas que concibe con óvulos o semen de donantes, la experiencia se simplifica para todas las personas implicadas.

Padres no tan jóvenes

Como decíamos, los embarazos en mujeres mayores requieren un control especial por el riesgo de sufrir complicaciones genéticas. Y, hasta cierto punto, los embarazos en los que el padre es mayor también deben someterse a un seguimiento especial. No existe un límite que defina la edad paterna avanzada, pero muchos médicos hablan de los 45 o 50 años –aunque hay quienes dicen que deberían ser los 35, como en el caso de las mujeres–.

Si las mujeres corren el riesgo de tener un feto con anomalías cromosómicas –por lo general, un cromosoma adicional–, los hombres se exponen a sufrir mutaciones genéticas espontáneas en el semen, lo que puede hacer que el bebé padezca un trastorno autosómico dominante, como la *acondroplasia* –una especie de enanismo– o la neurofibromatosis. Basta una copia de un gen anormal para que aparezca un problema de este tipo. En los llamados trastornos genéticos recesivos –fibrosis quística y anemia drepanocítica, por ejemplo–, se requieren dos copias del gen anormal. Sin embargo, los trastornos autosómicos dominantes son muy escasos y, en ocasiones, imposibles de detectar, por lo que no suelen realizarse pruebas específicas en caso de edad paterna avanzada.

Madres muy jóvenes

El embarazo en adolescentes implica una serie de complicaciones diferentes. Aunque el feto no corre un mayor riesgo de sufrir anomalías cromosómicas, las mujeres de este grupo de edad experimentan una mayor incidencia de embarazos con defectos congénitos. Además, como los hábitos alimenticios de las madres adolescentes suelen dejar mucho que desear, es frecuente tener bebés de bajo peso. Las adolescentes también corren un mayor riesgo de padecer preeclampsia y de dar a luz por cesárea; además, es menos probable que opten por la lactancia. Debido a su situación particular, las madres jóvenes necesitan atención y orientación especial. Si éste es tu caso, nuestro consejo es que busques unos cuidados prenatales adecuados, sigas una dieta saludable y consideres los beneficios de dar pecho.

Si son gemelos (o más)

Tener gemelos puede parecer sencillo, sobre todo para aquellos que nunca se hayan enfrentado a esta realidad. Sin embargo, la experiencia puede convertirse en un placer *doble* o en una verdadera pesadilla *doble;* doble trabajo con la mitad del sueño. Es muy complicado estar a cargo de dos bebés, como podrá contarte cualquier madre que haya pasado por la experiencia; un testimonio que puede durar horas y horas, siempre que estés dispuesta a escuchar. El embarazo será seguramente la parte en la que más se explaye.

Si estás gestando trillizos o más bebés, se te aplicarán los mismos cuidados que si fueran gemelos, sólo que en mayor medida.

Aunque la mayoría de embarazos gemelares transcurren sin incidentes y tienen como resultado dos bebés hermosos y sanos, hay ciertos riesgos para los fetos y la madre. Casi todos los médicos piden que las mujeres embarazadas de gemelos se hagan más revisiones periódicas y muchas más ecografías.

La procedencia étnica y los antecedentes familiares pueden aumentar las probabilidades de tener gemelos. Además, ciertas mujeres tienen una predisposición natural a producir más de un óvulo por ciclo. Si en tu familia hay gemelos, coméntaselo a tu médico.

Este apartado analiza las características y dificultades específicas de los embarazos gemelares.

Diferentes clases de embarazos múltiples

Los gemelos pueden ser monocigóticos o dicigóticos. Los *gemelos monocigóticos* tienen un enorme parecido físico y siempre son del mismo sexo. Provienen de un único embrión, es decir, son producto de la unión de un óvulo y un espermatozoide. En otras palabras, proceden del mismo cigoto, por eso se llaman monocigóticos. Tienen exactamente los mismos genes, lo que explica el parecido físico. En Estados Unidos, por ejemplo, cerca de un tercio de los gemelos son monocigóticos. Un óvulo puede dividirse también en tres, lo que hace que nazcan trillizos monocigóticos, pero es muy poco común.

Una mujer concibe *gemelos dicigóticos* cuando, después de producir más de un óvulo, dos espermatozoides los fecundan y los cigotos resultantes se implantan en el útero al mismo tiempo. Estos gemelos no comparten una serie idéntica de genes. Más bien su composición genética es semejante a la de dos hermanos nacidos de los mismos padres. Lo que ocurre es que nacen al mismo tiempo, y por lo tanto pueden ser del mismo sexo o de diferente. En Estados Unidos, unos dos tercios de los gemelos concebidos espontáneamente son dicigóticos. Si se fecundan tres óvulos, el resultado son trillizos dicigóticos. Un embarazo de trillizos también puede producirse con dos fetos monocigóticos y un tercero procedente de otro óvulo fecundado, con lo que dos bebés serían monocigóticos y uno, dicigótico.

La probabilidad de que una mujer tenga gemelos monocigóticos aumenta a partir de los 35 años; por el contrario, la probabilidad de que tenga gemelos dicigóticos –más de un óvulo en un determinado mes– aumenta más o menos hasta los 35 años y luego disminuye. En algunas familias el porcentaje de gemelos dicigóticos es muy elevado. Algunas mujeres están predispuestas a producir más de un óvulo a la vez, lo que puede llevar a la formación de gemelos dicigóticos. Si una mujer tiene antecedentes de gemelos por parte de madre, es probable que corra la misma suerte. Esta situación se vuelve más común si toma medicamentos contra la esterilidad, ya que incrementan la probabilidad de que produzca más de un óvulo. Evidentemente, también puede producir un óvulo que tras la fecundación se divida en dos para formar gemelos monocigóticos.

Determinar si son monocigóticos o dicigóticos

Muchas mujeres embarazadas de dos bebés le preguntan al médico o al ecografista si son gemelos monocigóticos o dicigóticos. En algunos casos, es posible determinarlo. Por ejemplo, si en la ecografía se detecta que son de sexos diferentes, se sabrá que son dicigóticos; si son del mismo sexo, pueden ser monocigóticos o dicigóticos. Si los bebés son del mismo sexo –o si el sexo no se ve–, se puede recurrir a otros indicios en la ecografía para descubrir si se trata de gemelos monocigóticos:

✔ Un óvulo que se divide justo después de la fecundación, en los dos o tres primeros días, forma dos embriones que tienen placentas y sacos amnióticos independientes. Estos fetos se conocen como *diamnióticos/dicoriónicos* (consulta la figura 15-2a). En la ecografía, sin embargo, no se diferencian de los gemelos dicigóticos procedentes de dos óvulos fecundados por separado. Por lo tanto, en el caso de gemelos del mismo sexo que tienen placentas separadas, es imposible determinar con una ecografía si son monocigóticos o dicigóticos.

✔ Si el óvulo se divide entre el tercer y el octavo día después de la fecundación, los gemelos resultantes estarán en dos sacos amnióticos separados pero compartirán la placenta (consulta la figura 15-2b).

Probabilidades de tener gemelos, trillizos o más bebés

El número de gemelos que se conciben es muy superior al número de gemelos que acaban naciendo. Muchos de los embarazos que al principio tienen dos fetos acaban reducidos a embarazos únicos, normalmente porque uno de los dos no llega a desarrollarse. En ocasiones, uno de ellos, el *gemelo evanescente*, desaparece incluso antes de que se diagnostique el embarazo. Se calcula que los embarazos gemelares representan el 3% del total. Sin embargo, su incidencia va en aumento debido a que cada vez más parejas recurren a tratamientos contra la esterilidad.

Los embarazos espontáneos de trillizos son menos frecuentes (uno de cada 7000); y los de cuatrillizos o más bebés, sumamente inusuales. Sin embargo, los tratamientos contra la esterilidad han provocado que la incidencia de embarazos de trillizos se haya multiplicado por diez en las últimas décadas. Por suerte, los avances tecnológicos han logrado frenar su aumento.

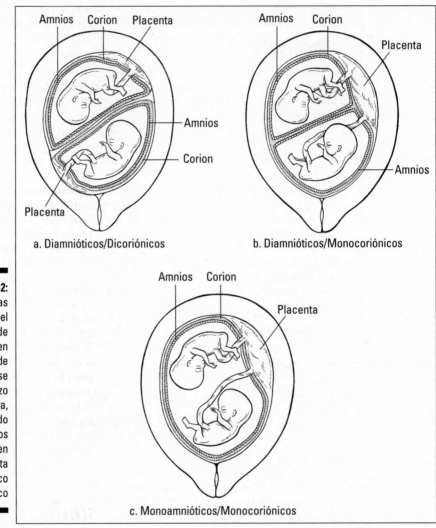

Amnios Corion Placenta

Amnios

Corion

Placenta

a. Diamnióticos/Dicoriónicos

Amnios Corion

Placenta

Amnios

b. Diamnióticos/Monocoriónicos

Amnios Corion

Placenta

c. Monoamnióticos/Monocoriónicos

Figura 15-2: Muchas veces el médico puede identificar en la ecografía de qué clase de embarazo doble se trata, observando si los fetos comparten placenta y saco amniótico

El médico los definirá como *diamnióticos/monocoriónicos*. Si la ecografía revela que los dos bebés comparten placenta, es probable que sean monocigóticos. Ten presente, no obstante, que a veces es difícil determinar a partir de la ecografía si se trata de una sola placenta o si, por el contrario, son dos que están muy cerca. No obstante, el grosor de la membrana que separa los sacos ofrece otra pista: cuando hay dos placentas, la membrana que separa los sacos es gruesa; cuando hay una sola, la membrana es muy delgada.

✔ Un óvulo que se divide entre los días 8 y 13 tras la fecundación forma gemelos que no sólo comparten placenta, sino que además están en el mismo saco amniótico (consulta la figura 15-2c). El término que describe a estos gemelos es *monoamnióticos/monocoriónicos*. Si el médico hace una ecografía y observa que los bebés comparten saco amniótico, puedes tener la certeza de que son monocigóticos. Es una circunstancia relativamente rara (el 1% de todos los gemelos, o uno de cada 60000 embarazos).

✔ Un óvulo que se divide después del día 13 de gestación forma gemelos unidos o siameses, lo que es extremadamente raro.

El médico o ecografista interpretan ciertas señales para diferenciar los distintos tipos de embarazos dobles, aunque en algunos casos es difícil ser concluyente. A partir de la ecografía, determinan si los gemelos tienen placentas independientes y si son monocigóticos o dicigóticos, aunque esto último es menos importante. Es más fácil establecer qué tipo de placenta tienen –monocoriónica o dicoriónica– en el primer trimestre que en el segundo o en el tercero.

RECUERDA

Cada clase de embarazo múltiple se asocia con diferentes problemas, por lo que es muy importante determinar cuanto antes sus características. Normalmente la ecografía de primer trimestre, antes de las 14 semanas, suele determinar la corionicidad, es decir, si el embarazo gemelar es monocorial (placenta única) o bien vicarial, donde cada gemelo tiene su propia placenta. Eso es muy importante ya que en el caso de los gemelos monocoriales se requiere por protocolo un seguimiento ecográfico más estrecho. Si los resultados de la ecografía son ambiguos y la situación médica sugiere que es importante determinar el tipo de embarazo, pueden practicarse una serie de pruebas especiales. Reciben el nombre de *estudios de cigosidad* y para su realización se requiere una prueba traumática, como la amniocentesis, la prueba de vellosidades coriónicas o la muestra de sangre fetal (consulta el capítulo 8).

Pruebas de detección del síndrome de Down en embarazos múltiples

Durante muchos años, la forma más común de detectar el síndrome de Down en el embarazo consistía en medir los diferentes marcadores sanguíneos de la madre hacia la semana 16 de gestación (consulta el capítulo 8). La precisión de esta prueba en el caso de gemelos es bastante fiable, pero si se trata de trillizos o más bebés, no sirve para nada. El método más reciente para detectar el síndrome de Down en el primer trimestre –la *translucencia nucal*, consulta el capítulo 8– parece especialmente prometedor en madres con embarazos múltiples, porque el médico puede analizar la nuca de cada feto y determinar el riesgo individual de padecer el síndrome. Si se analizan conjuntamente la translucencia nucal y los marcadores de la sangre de la madre, es posible detectar entre el 70 y el 75% de los casos de síndrome de Down en gemelos. Aunque resulta ligeramente inferior al porcentaje que se consigue con fetos únicos, aún es bastante elevado. Cuando se trata de trillizos o más bebés, la medición de la translucencia nucal suele bastar, porque la prueba de los marcadores sanguíneos no sirve de mucho.

Las pruebas genéticas en embarazos múltiples

La muestra de vellosidades coriónicas y la amniocentesis son algo más complicadas en los casos de embarazo múltiple. El problema es que hay que asegurarse de que a cada feto se le toma una muestra por separado, y que el tejido de uno no contamine el del otro. No es tan grave en el caso de gemelos monocigóticos, ya que ambos fetos tienen la misma estructura genética: si se descubre una anomalía en uno de ellos –o la ausencia de problemas–, casi siempre puede deducirse lo mismo del otro. Pero en el caso de gemelos, trillizos o de más bebés dicigóticos, es crucial hacer pruebas individuales a cada feto.

Amniocentesis

La *amniocentesis* –consulta el capítulo 8– es la prueba más común para analizar genéticamente los embarazos múltiples. Para realizarla, el médico inserta en el útero de la madre una aguja por cada feto con la ayuda de una ecografía.

Muestra de vellosidades coriónicas

La *muestra de vellosidades coriónicas* (consulta el capítulo 8) puede ser algo complicada en los embarazos multifetales, pero los médicos con experiencia dominan el asunto. En ocasiones, las placentas están en tal posición que la prueba se hace técnicamente imposible. En esos casos, la madre tiene la opción de hacerse una amniocentesis un poco más adelante, alrededor de la semana 15 o 18, en lugar de la prueba de vellosidades coriónicas, que se practica en la semana 12.

Las madres embarazadas preguntan...

P: ¿Se considera que los riesgos de una amniocentesis o de una muestra de vellosidades coriónicas son mayores en los embarazos de gemelos y trillizos que en los embarazos únicos?

R: Aunque los científicos han llevado a cabo pocas investigaciones sobre esta cuestión, parece que las probabilidades de que surjan complicaciones no son mucho mayores en el caso de los embarazos múltiples, siempre y cuando la persona encargada de realizar las pruebas tenga experiencia con pacientes de esta clase.

Saber en todo momento quién es quién

Antes de nacer, el médico llama a los bebés "gemelo A" y "gemelo B" (o trillizos A, B y C). Estos nombres le sirven para explicarte a ti, y a otras personas como enfermeras y demás profesionales médicos, quién es quién, para poder hacer un seguimiento del progreso de cada bebé por separado a lo largo del embarazo. Por convención, el feto que está más cerca del cuello uterino se designa con la letra A; este bebé generalmente nace primero. En un embarazo triple, el trillizo que está más arriba, más cerca del pecho, se designa como trillizo C. Algunas de nuestras pacientes inventan nombres ingeniosos para sus bebés. Una de ellas decidió llamar Gucci y Prada a sus gemelos durante el embarazo para facilitarnos su seguimiento.

El día a día de un embarazo múltiple

Si tienes un embarazo múltiple, no ignores los capítulos anteriores del libro. Tu embarazo procede como cualquier otro, con la diferencia, como ya sabrás, de que la experiencia es más intensa. Tu abdomen crecerá mucho más y más rápido, las náuseas pueden ser peores, la amniocentesis –si te la hacen– resulta un poco más complicada y el parto dura más. Si se trata de trillizos o más bebés, estos cambios físicos se acentúan todavía más. Además, ciertas complicaciones son más frecuentes en los embarazos múltiples que en los casos de un solo bebé. En la siguiente lista describimos en qué puede diferir la experiencia:

✔ **Actividad:** Hace algunos años los médicos recomendaban a las mujeres con embarazos gemelares hacer reposo a partir de la semana 24 o 28. No obstante, los datos demuestran que una mujer que hace reposo no tiene menos probabilidades que otras de tener un parto prematuro o bebés de bajo peso. El médico decidirá si debes reducir la actividad en función de tus antecedentes obstétricos y de la evolución del embarazo semana a semana. Si presentas indicios de parto prematuro o tienes problemas de crecimiento fetal, el médico quizá te recomiende que te lo tomes con calma. En el caso de trillizos o más bebés, el beneficio es poco claro, pero muchos obstetras suelen recomendar reposo desde principios del segundo trimestre.

✔ **Dieta:** Muchos expertos recomiendan que las mujeres con gemelos consuman unas 300 calorías más al día que aquellas que sólo tienen un embarazo único; en otras palabras, unas 600 calorías más al día con respecto a los niveles previos al embarazo. En el caso de trillizos o más bebés, no existe un consenso, pero obviamente la ingestión de alimentos debe ser mayor.

✔ **Hierro y ácido fólico:** Las mujeres que están gestando gemelos, trillizos o más bebés tienen mayores probabilidades de padecer anemia, seguramente por hemodilución (consulta el capítulo 4), y necesitan más hierro y ácido fólico. En estos casos, los médicos recomiendan suplementos de hierro y ácido fólico.

✔ **Náuseas:** Casi todas las mujeres que gestan dos o más fetos tienen más náuseas y vómitos al principio del embarazo que aquellas que gestan un solo bebé. Estas náuseas pueden estar relacionadas con el aumento del nivel en sangre de la *gonadotropina coriónica humana* –una hormona del embarazo–. Afortunadamente, en todos los embarazos las náuseas y los vómitos suelen desaparecer hacia el final del primer trimestre.

✔ **Consultas prenatales:** El médico probablemente siga el mismo procedimiento que utiliza con las madres gestantes de un solo bebé. Esto quiere decir que te tomarán la tensión arterial, te pesarán y te pedirán una muestra de orina en cada consulta.

Como estás embarazada de más de un feto, el médico querrá verte más a menudo. Algunos médicos realizan las exploraciones ginecológicas de costumbre para asegurarse de que el cuello uterino no esté dilatándose prematuramente; otros sugieren realizar una ecografía. Por otro lado, si no tienes síntomas de parto prematuro, el médico puede decidir que no es necesario realizarte ninguna prueba adicional. Consulta más adelante el apartado "Predecir el parto prematuro de gemelos".

✔ **Ecografías:** Casi todos los médicos sugieren que las madres de gemelos se sometan a una ecografía cada cuatro o seis semanas a lo largo del embarazo, para revisar el crecimiento fetal. Si tienes algún problema, quizá debas aumentar la frecuencia.

Al tratarse de más de un bebé, el médico no puede basarse en la altura uterina para evaluar el crecimiento fetal. Si el embarazo gemelar es monocorial el seguimiento ecográfico debe ser más frecuente, cada dos semanas. Por esta razón, y puesto que el riesgo de que surjan problemas de crecimiento es más elevado –consulta el apartado "Restricción del crecimiento intrauterino" más adelante en este capítulo–, las ecografías periódicas son muy importantes. Algunos médicos también realizan ecografías transvaginales cada dos semanas durante el segundo trimestre para seguir bien de cerca el cuello uterino y comprobar si ha aumentado el riesgo de parto prematuro. Consulta más detalles en el apartado "Predecir el parto prematuro de gemelos".

✔ **Aumento de peso:** El aumento medio de peso en el caso de un embarazo gemelar es de 15 a 20 kilos, aunque todo dependerá de lo que pesabas antes de quedar embarazada. Algunos expertos recomiendan que las madres que están gestando gemelos engorden más o menos medio kilo a la semana durante el segundo y el tercer trimestre.

Estudios recientes demuestran, por un lado, que puede alcanzarse un peso óptimo si se tiene en cuenta el índice de masa corporal antes del embarazo –consulta el capítulo 4– y, por otro, que los kilos que se engordan durante los dos primeros trimestres son especialmente importantes. Según los médicos, en la semana 34 la madre debe haber engordado de 20 a 23 kilos en el caso de trillizos, y más de 23 kilos en el caso de cuatrillizos.

El parto en un embarazo múltiple

Por regla general, las mujeres que gestan trillizos dan a luz por cesárea. Sin embargo, algunos estudios recientes han indicado que, en circunstancias muy específicas y con criterios muy estrictos, es posible el parto vaginal de trillizos. Como casi todos los trillizos nacen por cesárea, el siguiente apartado está orientado a las mujeres que esperan gemelos.

Muchas veces el embarazo de gemelos transcurre sin tropiezos, pero la dilatación y el parto pueden ser complejos. Por esta razón, recomendamos que las mujeres que están gestando más de un bebé den a luz en un hospital, donde haya personal experto para controlar cualquier posible complicación.

Suponiendo que los bebés hayan llegado a término, pueden estar en diferentes posiciones. Básicamente, existen tres posibilidades:

✔ Ambos fetos pueden estar con la cabeza hacia abajo –en vértice–, lo que ocurre en el 45% de los embarazos gemelares (consulta la figura 15-3a). Cuando los bebés están en esta posición, el parto vaginal tiene éxito en el 60 y el 70% de los casos.

✔ El primer feto puede estar con la cabeza hacia abajo, pero no el segundo, como ocurre en el 35% de los casos, lo que hace más probable la necesidad de una cesárea. Otra opción es que el médico logre que el segundo bebé se ponga cabeza abajo; una práctica que aún está en debate y que depende de la experiencia del médico.

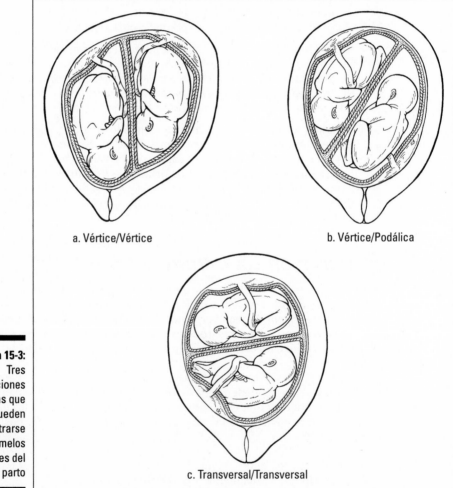

a. Vértice/Vértice

b. Vértice/Podálica

c. Transversal/Transversal

Figura 15-3: Tres posiciones en las que pueden encontrarse los gemelos antes del parto

✔ El primer feto puede estar en posición podálica o transversal –atravesado horizontalmente en el útero–, y el segundo puede estar en posición podálica, cabeza abajo o transversal, como ocurre en un 20% de las ocasiones (consulta las figuras 15-3b y 15-3c).

Si los bebés son prematuros, el médico escogerá entre las diferentes opciones en función de la posición en la que se encuentren los fetos. Sea cual sea tu caso, comenta con tu médico las alternativas antes del parto.

Situaciones especiales en caso de embarazo múltiple

Si estás embarazada de gemelos, trillizos o más bebés, el médico te controlará rigurosamente, porque el riesgo de que se presenten ciertas complicaciones es un poco mayor. A continuación indicamos algunos de los aspectos que han de tenerse en cuenta.

No te asustes al leer la lista. Lo importante es que conozcas todos los problemas potenciales, de modo que, si se presentan, puedan identificarlos pronto y tratarlos adecuadamente.

Parto prematuro

El mayor problema al que te enfrentas es el *parto prematuro*. La duración media de un embarazo único es de 40 semanas, pero se reduce a sólo 36 en uno de gemelos, 33 o 34 en el caso de trillizos y 31 en el caso de cuatrillizos. Un embarazo se considera a término si dura 37 semanas o más. El parto prematuro se produce técnicamente entre la semana 24 y la 37, pero casi todos los bebés que nacen en las semanas 35 o 36 son tan sanos como los que nacen después de la 37.

Muchas mujeres tienen síntomas de parto prematuro sin que éste se llegue a culminar. De hecho, les sucede al 80% de las madres de trillizos y al 40% de las madres de gemelos. Consulta en el capítulo 16 los detalles del parto prematuro.

Anomalías cromosómicas

Cuando estás gestando más de un feto y no son monocigóticos, la probabilidad de que alguno de ellos tenga una anomalía genética es un poquito más alta. Después de todo, cada bebé tiene su propio código genético, y por lo tanto los riesgos se suman. Se considera que las mujeres embarazadas de un solo bebé llegan a la edad materna avanzada a partir de los 35, como ya hemos dicho, mientras que en el caso de gemelos formados a partir de dos óvulos dicha edad se reduce a los 33 años; y, si se trata de trillizos, a los 31 o 32. La edad tiene una gran importancia a la hora de considerar la posibilidad de someterse a las pruebas genéticas que mencionamos anteriormente.

Diabetes

Como la diabetes gestacional es más frecuente en el caso de embarazos múltiples, el médico te pedirá que te sometas a una prueba de detección (consulta el capítulo 17).

Hipertensión y preeclampsia

La *hipertensión* –tensión arterial alta– es más común en los embarazos multifetales, porque el riesgo es proporcional al número de fetos presentes. Algunas mujeres padecen solamente hipertensión, sin otros síntomas o signos físicos. Otras presentan un trastorno exclusivo del embarazo, la *preeclampsia*, que provoca hipertensión arterial asociada con edema –hinchazón– o un aumento de las proteínas eliminadas por la orina; consulta la descripción de la preeclampsia en el capítulo 16. El 40% de las madres de gemelos y el 60% de las que gestan trillizos sufren algún tipo de hipertensión durante el embarazo. Por esta razón, el médico sigue de cerca la tensión arterial de la madre.

Restricción del crecimiento intrauterino

Entre el 15 y el 50% del total de embarazos gemelares presentan problemas de crecimiento, un porcentaje que aumenta en el caso de trillizos y de fetos que comparten placenta. Cuando hay una sola placenta, la sangre podría no repartirse equitativamente entre los gemelos, por lo que es posible que uno de ellos reciba más nutrientes que el otro. En embarazos múltiples con diferentes placentas, la limitación del crecimiento puede producirse cuando una de ellas se implanta en una posición más favorable y, por lo tanto, puede alimentar al bebé mejor que la otra. El médico seguramente programará ecografías periódicas para cerciorarse de que los fetos estén creciendo bien.

Síndrome de transfusión fetofetal

Este síndrome es específico de los gemelos que comparten placenta. En algunos casos, la placenta contiene vasos sanguíneos que están conectados a los dos fetos, por lo que pueden intercambiar sangre entre sí. Si la distribución de la sangre es desigual, el feto que reciba más sangre también crecerá más y producirá más líquido amniótico. En cambio, el otro puede sufrir una limitación del crecimiento y tener mucho menos líquido. Aunque la situación puede llegar a ser grave, por fortuna sólo afecta un 10 o 15% de los gemelos monocoriónicos.

Reducción del embarazo multifetal

Algunos médicos reducen el número de fetos para mejorar las probabilidades de dar a luz a bebés completamente sanos. Por lo general, practican el procedimiento en mujeres que tienen por lo menos tres fetos viables como resultado de tratamientos contra la esterilidad, debido al alto riesgo de parto prematuro que existe. Además, algunas mujeres que gestan gemelos prefieren reducir el embarazo a un solo bebé. Generalmente, el especialista en medicina maternofetal efectúa dicha reducción entre las semanas 9 y 13 en un centro especializado. El riesgo del procedimiento es aceptable, siempre y cuando lo lleve a cabo un médico con formación especial. Lo importante es sopesar todas las opciones, para poder tomar la decisión más adecuada en cada caso.

Aborto selectivo

Este procedimiento puede utilizarse en un embarazo múltiple para eliminar uno de los fetos, si es que padece una anomalía grave. Un especialista en medicina maternofetal será quien realice este procedimiento, en el que se utiliza un medicamento que induce el aborto. Si los fetos vienen en placentas independientes, el medicamento sólo afectará a aquel que presenta la anomalía, dejando al otro perfectamente sano. En el caso de gemelos monocoriales que comparten la misma placenta, hay otras opciones disponibles. Son pocos los centros donde se practica este tipo de aborto.

Predecir el parto prematuro de gemelos

Los médicos no saben con seguridad qué es exactamente lo que provoca el parto, pero creen que tiene algo que ver con la distensión del útero. En el caso de un embarazo gemelar, el útero crece antes que en un embarazo único, lo que incrementa el riesgo de dilatación y parto prematuros. Como ya sabrás, la edad gestacional media en un embarazo único es de 40 semanas, mientras que se reduce a las 36 semanas en el caso de gemelos.

El parto prematuro en un embarazo gemelar puede evitarse de diversas formas. Una de ellas consiste en realizar un *cerclaje del cuello uterino,* es decir, darle una puntada para mantenerlo cerrado –consulta el capítulo 6– y administrar progesterona para evitar las contracciones. Por desgracia, no se ha demostrado que estos dos tratamientos reduzcan efectivamente el porcentaje de partos prematuros en los embarazos gemelares.

Como no hay métodos infalibles para evitar el nacimiento prematuro de gemelos, los especialistas han centrado sus esfuerzos en desarrollar estrategias que permitan predecir si una paciente corre un mayor riesgo de dar a luz prematuramente. Si estás expuesta a un alto riesgo, el médico quizá desee ingresarte en el hospital para observarte detenidamente y asegurarse de que detecta enseguida los signos de un parto prematuro. También podría inyectarte esteroides entre la semana 24 y la 34 para acelerar la maduración de los pulmones del bebé, por si nace antes.

Una ecografía transvaginal permite identificar dos factores que apuntan a un parto prematuro:

- ✔ **La longitud del cuello uterino:** Suele reducirse progresivamente poco antes del parto. Su medición resulta de gran ayuda en embarazos gemelares entre las semanas 16 y 24, aunque en ocasiones también se realiza más adelante si la situación lo requiere.

- ✔ **La dilatación del cuello uterino:** La dilatación prematura hace que el cuello uterino parezca un embudo en una ecografía.

La frecuencia de estas mediciones depende de tu situación, pero por lo general suelen tomarse cada dos semanas. Si tienes el cuello uterino alargado, pero no dilatado, tu riesgo de parto prematuro es bajo. En cambio, si se ha acortado o muestra signos de dilatación, el médico aumentará la frecuencia de las consultas o incluso te hará ingresar en el hospital.

Otra prueba que permite predecir la probabilidad de parto prematuro es la medición de los niveles de *fibronectina fetal* (consulta el capítulo 16). Esta sustancia está presente en las secreciones vaginales, y para obtener una muestra basta con usar un bastoncillo de algodón especial. Los niveles de fibronectina fetal son más elevados en mujeres con un mayor riesgo de parto prematuro. Incluso en el caso de que tengas el cuello uterino cerrado y no presentes signos de parto prematuro, si la prueba de la fibronectina fetal da positivo, el médico podría decidir administrarte esteroides.

Quedar embarazada de nuevo

Los médicos no han llegado a un consenso que indique cuál es el momento óptimo para que una mujer quede embarazada de nuevo. Probablemente lo más importante es tener en cuenta la salud general de la madre. Si después del parto recuperas rápidamente el peso previo al embarazo o tu peso ideal, y si repones los nutrientes y las vitaminas perdidos –especialmente ácido fólico, hierro y calcio–, entonces puedes plantearte quedar encinta relativamente pronto, entre 12 y 18 meses después del parto. Recientemente, un importante estudio ha demostrado que quedar embarazada antes de que pasen 18 meses desde el parto se asocia a un mayor riesgo de problemas. Si has tenido un embarazo complicado, un parto difícil o una pérdida excesiva de sangre, espera a recuperar la forma antes de intentarlo de nuevo.

Piensa cuál es, en tu opinión, la diferencia de edad ideal entre los hijos. Algunas personas creen que es mejor que los hijos vayan seguidos, de modo que el mayor no sea el único durante mucho tiempo y, por lo tanto, esté menos celoso cuando llegue su hermano pequeño. Otros padres sienten que es mejor espaciar a los hijos, para que el mayor sea lo suficientemente maduro cuando llegue el segundo. Lo más importante es cómo se sienten, y que estén preparados para tener otro niño. La decisión incluye factores emocionales y económicos, además de cuestiones físicas. Pregúntate si puedes asumir el trabajo, la presión y los gastos que requiere otro hijo.

Cada embarazo es diferente

Naturalmente, todas las madres comparan el segundo embarazo con el primero, pero cada uno es diferente. Si tu último embarazo transcurrió sin problemas, quizá pienses que cualquier pequeño detalle anormal en el segundo es señal de que algo va mal. Del mismo modo, si tu primer embarazo fue difícil, no tienes que dar por supuesto que el segundo también lo será. E independientemente de lo que te digan, recuerda que por más que los síntomas sean diferentes, esto no quiere decir que el sexo del bebé vaya a ser distinto. Consulta en el capítulo 2 otros mitos sobre el sexo de los bebés.

A continuación señalamos algunas posibles diferencias entre el primer embarazo y el segundo –o posteriores–:

✔ Muchas mujeres sienten que el embarazo se nota antes o que están más hinchadas y distendidas. Esto puede deberse a que los músculos abdominales se estiraron con el embarazo anterior y ahora están más laxos.

✔ Muchas mujeres sienten menos náuseas después del primer embarazo, mientras que otras sienten más.

✔ Generalmente pueden identificarse antes los movimientos fetales.

✔ El periodo de dilatación es más corto y el parto suele ser más fácil.

✔ Muchas mujeres sienten con mayor frecuencia las contracciones de Braxton-Hicks en el segundo embarazo. En el capítulo 7 se brinda más información sobre estas contracciones.

✔ Muchas mujeres se sienten menos nerviosas después del primer embarazo.

Sin embargo, hay algo que siempre se repite: por difícil que parezca, amarás a tu segundo hijo tanto como al primero.

En el tercer embarazo, muchas mujeres se cargan con una preocupación adicional: como sus dos primeros embarazos transcurrieron sin problemas, creen que el tercero vendrá con complicaciones. Sienten que si tuvieron suerte dos veces seguidas, intentarlo una tercera vez es arriesgarse demasiado. Si te sientes así, créenos, no eres la única. Ten presente que las probabilidades de que haya complicaciones no son mayores en el tercer embarazo por el simple hecho de que todo fuera bien en los dos primeros.

Dar a luz otra vez después de un parto con cesárea

Si tuviste un parto por cesárea y vuelves a estar embarazada, quizá te preguntes si puedes dar a luz por vía vaginal. En cierta medida, la respuesta depende del tipo de cesárea que te hayan practicado:

✔ **Transversal baja:** Casi todas las cesáreas se realizan con una incisión transversal baja –atravesando la parte inferior del útero; consulta la figura 15-4a–. Por lo general, las mujeres con este tipo de incisión pueden dar a luz por vía vaginal en embarazos posteriores, siempre y cuando no presenten otras complicaciones. El riesgo de desgarro uterino es mínimo con este tipo de incisión.

✔ **Clásica:** Si te realizaron una incisión vertical en la parte superior del útero –consulta la figura 15-4b–, no trates de dar a luz por vía vaginal en embarazos posteriores, ya que este tipo de incisión tiene más probabilidades de desgarrarse. Las incisiones verticales se suelen hacer en caso de parto prematuro o placenta previa –consulta el capítulo 16–, o bien cuando el útero de la madre tiene una forma anormal o fibromas grandes.

✔ **Vertical baja:** La incisión vertical baja (consulta la figura 15-4c) se practica con menos frecuencia que la transversal baja, pero permite que la madre intente dar a luz vaginalmente en embarazos posteriores.

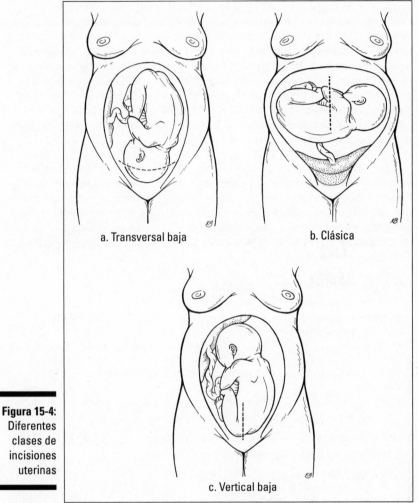

a. Transversal baja   b. Clásica

c. Vertical baja

Figura 15-4:
Diferentes
clases de
incisiones
uterinas

RECUERDA

La cicatriz de la piel no refleja el tipo de incisión que se realizó en el úte-ro. En otras palabras, es posible tener una marca transversal en la piel y una incisión vertical en el útero.

Los médicos solían pensar que, tras una cesárea, los bebés que venían después tendrían que nacer de la misma forma, y que intentar un parto vaginal implicaba un alto riesgo de desgarro en el útero. Sin embargo, los estudios han demostrado que el riesgo de sufrir este tipo de desgarro es muy reducido –menos del 1%–. Pídele a tu médico que te comente los problemas relacionados con el desgarro uterino. Otros estudios recientes muestran que, en el 70% de los casos, es posible dar a luz vaginalmente después de haber tenido una cesárea. Obviamente, el éxito depende en parte de la razón por la cual se practicó la cesárea. Si el médico la hizo porque el bebé estaba en posición podálica, las probabilidades de que el siguiente parto sea vaginal son casi del 90%; en cambio, si la cesárea se practicó porque el bebé era muy grande para la pelvis de la madre, la probabilidad desciende del 50 al 60%. Algunos hospitales pequeños no cumplen con los requisitos necesarios para practicar un parto vaginal después de una cesárea; por ejemplo, la disponibilidad continua de un anestesista.

¿Cuáles son las ventajas de tener al siguiente bebé por vía vaginal? La principal consiste en que, si tienes éxito, la recuperación es más rápida. Otra ventaja del parto vaginal es que muchas veces se asocia con un menor dolor tras el alumbramiento. No obstante, aunque la mayoría de las pacientes dicen que el dolor asociado al parto vaginal es menor, algunos se complican de forma muy dolorosa. El capítulo 11 brinda más información sobre este tema.

Otros beneficios del parto vaginal son:

✔ Menor riesgo de sufrir complicaciones asociadas con una intervención quirúrgica abdominal:

- Problemas con la anestesia.

- Lesión inadvertida a los órganos adyacentes.

- Infección.

- Posibles coágulos por haber estado inmóvil tanto tiempo.

✔ Para algunas mujeres, beneficio psicológico por haber vivido la experiencia del parto vaginal.

✔ Reducción de la estancia en el hospital.

✔ Posibilidad, indicada por algunos estudios, de que el bebé se deshaga más eficientemente de sus propias secreciones cuando nace por vía vaginal.

No obstante, también hay ciertos riesgos. Varios estudios demuestran que, si intentas dar a luz por vía vaginal sin éxito y acabas necesitando una cesárea, te expones a un mayor riesgo de sufrir complicaciones que si te la hubieran practicado directamente. Además, la recuperación puede durar más.

El caso de las familias no tradicionales

Las madres solteras y las parejas homosexuales con hijos son cada vez más comunes. Si perteneces a esta categoría, es importante que hables con tu médico. No debes tener miedo a que el médico te juzgue o se burle de ti. Los profesionales están formados para ser sensibles a las necesidades de todos los pacientes, y tú no eres diferente. Sin embargo, si tu médico parece tener algún problema con la situación, no dudes en buscarte a otro más comprensivo.

En muchos embarazos de madres solteras o lesbianas, el padre del bebé no está físicamente presente. Aun así, procura tener información sobre los antecedentes familiares del padre y su origen étnico, de modo que el médico pueda valorar las posibles implicaciones genéticas (consulta el capítulo 5).

Si el padre no va a estar presente en el proceso, crea tu propia red de apoyo. Si eres madre soltera, puedes elegir a varias personas –familiares o amigos– para que te acompañen a lo largo del embarazo y del parto. En el caso de que seas lesbiana, tu pareja será tu principal apoyo. Si el padre es un amigo homosexual, también puedes recurrir a él. Sea cual sea tu caso, lo más adecuado es que esas personas te acompañen a las consultas prenatales, a las clases de preparación al parto y que estén presentes durante el alumbramiento.

Preparar a tu hijo para la llegada de un hermano

Muchos padres quieren tener otro hijo para darle un hermano al mayor. Pero el mayor no necesariamente entenderá con facilidad este razonamiento, porque seguramente se sentirá feliz en su condición de hijo único; y podría tardar meses o años en llegar a apreciar a su hermano. Para quienes van a tener un segundo hijo –o un tercero, un cuarto o más–, los siguientes apartados ofrecen algunas ideas para preparar a los hijos mayores ante la llegada de un hermano. Muchos hospitales ofrecen clases de apoyo a los hermanos mayores para ayudarles a aceptar la idea. Solicita más información en el hospital en el que vas a dar a luz.

Explicar el embarazo

La dificultad para presentar al nuevo hermano depende en gran medida de la edad del hijo mayor. Es fácil explicárselo a un adolescente de 15 años; en cambio, con un niño de 15 meses, las cosas se complican. La primera dificultad a la que te enfrentarás será decirle que estás embarazada. Un niño de dos años tiene un concepto muy simple del tiempo y quizá no entienda que su madre estará embarazada durante meses antes de la llegada del bebé. Como puede sentirse frustrado porque el bebé no llega de inmediato, conviene aplazar un poco el momento de darle la noticia, hasta el segundo o el tercer trimestre –a menos que no te importe tener que oír todos los días preguntas sobre cuándo llegará el bebé–.

Si tu hijo es lo suficientemente mayor, por lo menos de dos o tres años, puede acompañarte a las revisiones y las ecografías o a comprar las cosas del bebé. Cómprale también a él un regalito, para que no se sienta excluido. También puede ser una buena idea que participe en la elección del nombre del bebé.

Si habías pensado cambiar de habitación a tu hijo mayor o crees que ya es hora de que pase de la cuna a la cama, hazlo antes de que nazca el bebé. Así se irá acostumbrando y no asociará la nueva situación con la llegada del bebé.

Según se acerque el final del embarazo, no te sorprendas si tu hijo trata de llamarte la atención o se vuelve particularmente dependiente. Muchos niños perciben que algo va a cambiar cuando ven que la madre aumenta de tamaño o cuando oyen conversaciones sobre la llegada del bebé. Durante este tiempo, ofrécele cariño y apoyo e inclúyelo en todos los preparativos –en la medida de lo posible–. Y recuerda que, si bien la llegada de un hermano afecta a los mayores de forma predecible, cada niño es único, y la manera de reaccionar del tuyo dependerá en gran medida de su personalidad.

Una niñera para el momento del parto

Obviamente, habrá que organizarse para que alguien cuide de tu hijo cuando estén en el hospital durante el parto. Si sabes la fecha con certeza, es decir, si van a practicarte una cesárea o una inducción programadas, es relativamente fácil organizarse. Pero en la mayoría de casos no se sabe exactamente cuándo llegará el gran momento. De todos modos, debes estar preparada.

Si el parto se inicia a medianoche, es conveniente que tu hijo esté preparado de antemano y que sepa que has avisado a alguien para que se quede con él en tu ausencia. Tranquilízalo diciéndole que estarás bien y que pronto podrá ir a visitarlos al hospital. Si es posible, llámalo desde el hospital y dile que todo va bien, especialmente si el parto es largo. Muchos hospitales tienen unas horas de visita específicas para los hermanos, por lo que debes informarte con antelación sobre los detalles.

Prepara un par de regalos y llévatelos al hospital: uno para que el hijo mayor se lo dé al bebé y otro para que el bebé se lo dé al hijo mayor.

La vuelta a casa

Durante los primeros días de convivencia, quizá te sorprenda ver lo adaptado, feliz y emocionado que está el hermano mayor. Una parte de esta actitud es auténtica; pero la otra no es más que un intento por llamar la atención y conseguir protagonismo. Algunos niños tardan un tiempo en adaptarse, mientras que otros lo llevan bien al principio pero luego sienten una rivalidad más duradera.

No te sorprendas si tu hijo empieza a mostrar una regresión en algunos aspectos cruciales de su desarrollo. Un niño que ya no utiliza pañales puede volver a mojar la cama, por ejemplo; otro puede volver a chuparse el dedo o dormir mal. Quizá notes más celos por parte de tu hijo mayor cuando estás alimentando al bebé. Durante este periodo, tranquiliza al mayor diciéndole que lo quieres tanto como a su hermano y que nadie lo reemplazará en tu corazón.

Explícale que tu corazón es lo suficientemente grande para amar a más de un hijo. Si es posible, deja que el mayor participe en el cuidado del bebé. La cantidad de ayuda que puede prestarte dependerá de su edad, pero incluso los niños pequeños pueden acercarte un pañal o ayudarte con el baño del bebé. No te sorprendas si en ocasiones expresa cierta agresividad hacia el bebé; generalmente, estos actos de agresión son inocentes, pero durante esta etapa de adaptación es mejor no dejarlo a solas con el pequeño. Quizá no sea consciente de que ciertas formas de interacción pueden hacerle daño.

Seguramente tendrán que pasar varios meses hasta que el hijo mayor se sienta seguro, pero llega un momento en que casi todos los niños asimilan bien el cambio. Muchas veces los amigos, los vecinos y los parientes llenan de regalos al recién nacido. Una vez más, puede ser buena idea tener a mano unos cuantos juguetes, nuevos pero no muy caros, para evitar los celos del hijo mayor. Pero si, más allá de los regalos, le das más amor y comprensión, seguro que acabará superando lo que quizá sea un periodo difícil para él.

Capítulo 16

Cuando las cosas se complican

*L*a mayoría de embarazos transcurren sin problemas, perfectamente dirigidos por la madre naturaleza. Sin embargo, a veces las cosas pueden complicarse un poco. Incluso en aquellas ocasiones en las que surgen problemas, tanto el bebé como la madre conservan la salud en casi todos los casos. Si tu embarazo está exento de complicaciones y no tienes problemas médicos de consideración, puedes saltarte este capítulo. Si, por otro lado, te interesa descubrir todo lo que puede ocurrir en un embarazo y prometes que no vas a darle demasiadas vueltas a la cabeza, estos contenidos te parecerán interesantes. Pero haznos un favor: no te lo tomes muy a pecho.

Hemos conocido a muchas pacientes que, después de leer otros libros sobre el embarazo, nos llaman angustiadas pensando que padecen todas las complicaciones del mundo. Este capítulo pretende tranquilizarte y convencerte de que tu embarazo es seguro; o bien, si presentas algún problema en particular, proporcionarte la información necesaria para que lo entiendas mejor.

Hemos procurado no escribir un manual de medicina maternofetal. Por eso, hablamos muy brevemente sobre algunas complicaciones y omitimos los problemas menos comunes. Pero tenemos la esperanza de que la información que incluimos te ayude a saber lo que puede ocurrir; así, si surge algún problema, sabrás qué debes hacer.

El parto prematuro

Normalmente, durante la segunda mitad del embarazo, el útero se contrae de forma intermitente. A medida que se acerca el final, estas contracciones son cada vez más frecuentes. Finalmente, se vuelven regulares y provocan la dilatación del cuello uterino. Cuando las contracciones y la dilatación se producen antes de la semana 37 de gestación, el parto se considera *prematuro*. Algunas mujeres experimentan periodos de contracciones regulares antes de la semana 37, pero si el cuello uterino no se dilata o se borra, no se considera que sea un verdadero parto prematuro.

Cuanto más se anticipe el parto prematuro, mayores pueden llegar a ser los problemas. Las complicaciones que tendrá que superar un prematuro que nace después de la semana 34 son menos graves que las de un bebé que nace antes de esa misma semana. Antes de la semana 32, el principal problema es que los pulmones del bebé todavía no han madurado; pero lo cierto es que también puede haber otras complicaciones. Sin embargo, muchos de los bebés nacidos entre las semanas 26 y 32 crecen perfectamente sanos, especialmente si son atendidos en instalaciones modernas preparadas para el cuidado intensivo de recién nacidos.

Los bebés prematuros están más expuestos a contraer ciertas infecciones, pueden sufrir trastornos del tubo gastrointestinal –el estómago y el intestino– y pueden padecer una *hemorragia intraventricular* en una región del cerebro.

Aquí van algunos signos de parto prematuro:

✔ Pérdida vaginal permanente de un líquido suelto.

✔ Aumento del flujo vaginal mucoso.

✔ Presión intensa y persistente en la pelvis o zona vaginal.

✔ Dolores parecidos a los menstruales.

✔ Lumbalgia persistente.

✔ Contracciones regulares que no cesan al descansar o disminuir la actividad.

Nadie sabe con seguridad qué es lo que provoca un parto prematuro, pero está claro que algunas pacientes corren un mayor riesgo de tener uno. Si te incluyes en una de las categorías de riesgo, el médico seguramente querrá vigilarte más de cerca. A continuación listamos algunos factores que te exponen a un mayor riesgo de parto prematuro:

✔ Útero de forma anormal.

✔ Hemorragia durante el embarazo, especialmente en la segunda mitad; esto no incluye las manchas de sangre ocasionales durante el primer trimestre.

✔ Parto prematuro previo.

✔ Ciertas infecciones, como vaginosis bacteriana, enfermedades periodontales o infecciones renales.

✔ Consumo de tabaco.

✔ Consumo de ciertas drogas.

✔ Ser afroamericano.

✔ Mala alimentación y bajo peso antes del embarazo.

✔ Embarazo de gemelos o de más bebés.

Muchas mujeres nos preguntan si determinadas situaciones laborales pueden aumentar el riesgo de parto prematuro. Parece haber una cierta relación entre el parto prematuro y el trabajo físicamente agotador, los largos periodos de pie, los turnos nocturnos y el cansancio generalizado. No obstante, tener un trabajo agotador no significa que vayas a tener un parto prematuro.

Las siguientes sugerencias reducen las probabilidades de parto prematuro:

✔ **Deja de fumar (o fuma menos).** Consulta el capítulo 3 para saber cómo afecta el tabaco al bebé.

✔ **Evita las drogas y el alcohol.** Para informarte sobre los riesgos que plantea el consumo de estas sustancias, consulta el capítulo 3.

✔ **Reduce el cansancio causado por el trabajo.** Trabaja menos de 42 horas a la semana y no estés de pie durante más de seis horas al día.

✔ **Aliméntate bien.** Consulta el capítulo 4 para saber en qué consiste una dieta sana.

No se ha demostrado que las siguientes actitudes reduzcan las probabilidades de parto prematuro:

✔ Guardar reposo o ser hospitalizada.

✔ Evitar las relaciones sexuales.

✔ Consumir medicamentos para interrumpir el parto prematuro como medida preventiva.

✔ Consumir antibióticos sin necesidad.

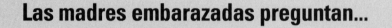

Las madres embarazadas preguntan...

P: ¿Son los monitores de contracciones para el hogar eficaces a la hora de detectar un parto prematuro?

R: La monitorización de contracciones en el hogar es una tecnología muy controvertida, ya que no se ha demostrado que sea beneficiosa. Tu médico podría darte un aparato que debes sujetar al abdomen con unas correas durante media hora o una hora al día (a veces incluso dos veces al día). Este aparato detecta contracciones que quizá tú no sientas. La información que recibe es transmitida entonces a través de un módem telefónico a una centralita que avisa a tu médico si tienes contracciones más frecuentes de lo normal. De este modo, puedes detectar un parto prematuro desde el principio. Sin embargo, recientes estudios sugieren que las ventajas de este tipo de monitorización no son mayores que las obtenidas con otros protocolos, como recomendarle a la futura madre que se mantenga en contacto directo con las enfermeras o enseñarle a detectar los signos de un parto prematuro.

Ningún estudio ha demostrado que los comportamientos anteriores sean beneficiosos, pero en muchas ocasiones se prescriben con la esperanza de que sirvan de ayuda.

Los signos de parto prematuro

Los médicos pueden detectar un parto prematuro de varias formas, aunque las técnicas no siempre son eficaces. La más común consiste en realizar un tacto vaginal para controlar el estado del cuello uterino y evaluar la presencia de contracciones.

Algunos médicos buscan señales de parto prematuro utilizando una *ecografía transvaginal*. Para llevar a cabo este procedimiento, introducen una pequeña sonda ecográfica en la vagina, cerca del cuello uterino, y miden la longitud de este último. La medición de la longitud del cuello uterino permite determinar si estás expuesta a un mayor riesgo de parto prematuro. Sin embargo, no se recomienda practicar esta técnica en mujeres que no presenten ningún síntoma o no estén expuestas al riesgo.

La prueba de la *fibronectina fetal* es probablemente la mejor forma de predecir qué mujeres no tendrán un parto prematuro. Consiste en tomar una muestra de la parte posterior de la vagina con un hisopo. Un resultado negativo indica que probablemente no se producirá un parto prematuro en las siguientes semanas; un resultado positivo, no obstante, no indica necesariamente que vaya a ocurrir pronto.

Interrumpir el parto prematuro

En función de lo avanzado que esté el embarazo, el médico puede intentar detener las contracciones cuando se inicia el parto prematuro. Si considera que esta práctica es la apropiada, es posible que te ingresen en el hospital. Para impedir el parto prematuro puede administrarte *tocolíticos*.

No existe un consenso general sobre la utilidad real de estos medicamentos a largo plazo, aunque sí se ha comprobado que sirven durante algunos días, e incluso una semana. Casi todos los tocolíticos tienen efectos secundarios para la madre. La terbutalina, el sabutamol y el ritodrine por ejemplo, puede acelerar la frecuencia cardíaca o producir nerviosismo; la indometacina se tolera bien, pero no puede utilizarse durante mucho tiempo debido a ciertos efectos en el feto. El nifedipino se ha convertido recientemente en el medicamento de elección para muchos médicos, ya que parece tener pocos efectos secundarios y no hay restricciones sobre la duración del tratamiento. Para una frenación brusca de las contracciones por vía intravenosa se usa el ritodrine o bien atosiban.

Si el médico cree que puedes ponerte de parto antes de la semana 34, seguramente te recomendará una inyección de esteroides. Los estudios han demostrado que disminuyen el riesgo de problemas respiratorios y otras complicaciones en el bebé prematuro. Los riesgos de estos medicamentos son insignificantes para la madre y, según se ha probado, los esteroides resultan beneficiosos para el bebé durante una semana. Sin embargo, las pacientes que siguen con riesgo de parto prematuro una semana después de tomar esteroides pueden recibir otra dosis sólo en circunstancias especiales, sobre todo si están embarazadas de menos de 28 semanas. Recientemente se ha sugerido que la administración de una cantidad inferior de esteroides en una segunda dosis sigue siendo beneficiosa, y podría tener menos efectos secundarios.

Prevenir el parto prematuro

Varios estudios recientes indican que las mujeres que tienen un mayor riesgo de parto prematuro pueden reducirlo si durante el embarazo toman una clase específica de progesterona (consulta la lista incluida en el apartado "El parto prematuro", antes en este capítulo). Estos estudios analizaron tanto las inyecciones como los óvulos vaginales de progesterona.

Las inyecciones consisten en una dosis semanal de caproato de hidroxi-progesterona y se administran desde las semanas 16 o 20 hasta la 36. Los óvulos deben administrarse vaginalmente por la noche desde las semanas 16 o 24 hasta la 36.

En estos momentos, la progesterona parece eficaz en mujeres con ante-cedentes de parto prematuro y, probablemente, en aquellas que tienen úteros con forma anormal o cuello uterino incompetente. Varios estudios recientes sugieren que las mujeres que están expuestas a más riesgos y tienen un cuello uterino acortado también pueden verse beneficiadas por un tratamiento de progesterona.

Dar a luz al bebé antes de tiempo

En ciertas ocasiones, es bueno dejar que el bebé nazca antes de tiempo. Cuando una madre experimenta un parto prematuro en la semana 35 o 36, por ejemplo, y si la perspectiva es buena, no hay razón para someterla a los efectos secundarios de los medicamentos que interrumpen el parto. Independientemente de la edad gestacional, el parto prematuro puede ser también la mejor opción en aquellos casos en los que el bebé tiene una enfermedad que los médicos no pueden tratar dentro del útero, o cuando la madre tiene una dolencia que está agravándose, como la preeclampsia (consulta el siguiente apartado). En estos casos, prolongar el embarazo se considera arriesgado.

La preeclampsia

Conocida también como *toxemia* o *hipertensión gestacional*, se presenta cuando una mujer tiene hipertensión y además retiene líquidos o elimi-na proteínas por la orina tras aproximadamente 20 semanas de gesta-ción. Esta enfermedad se produce en cerca de un 7% de los embarazos y afecta en especial a las madres primerizas. La preeclampsia suele aparecer cuando el embarazo está más avanzado, pero también puede presentarse al final del segundo trimestre o a principios del tercero. El problema desaparece después del parto.

Los médicos siguen diferentes criterios para diagnosticar este trastor-no pero, por lo general, consideran que la tensión arterial es alta si, en ausencia de antecedentes de hipertensión, permanece por encima de

140/90. Para diagnosticar esta dolencia, además de la hipertensión, debe constatarse un edema o la presencia de proteínas en la orina.

A continuación te mostramos una lista de los signos y síntomas de preeclampsia:

✔ Anomalías en ciertos análisis de sangre –disminución de las plaquetas, importantes para la coagulación– y aumento de los niveles de las pruebas hepáticas.

✔ Visión borrosa o con puntos.

✔ Náuseas, vómitos y dolor en la parte superior o media del abdomen.

✔ Indicios de convulsiones.

✔ Dolor en la parte superior derecha del abdomen, cerca del hígado.

✔ Dolores de cabeza fuertes que no desaparecen con analgésicos.

✔ Edema repentino de las manos, la cara o las piernas.

✔ Aumento repentino de peso (más de 2 kilos en una semana).

Casi todos estos síntomas pueden darse de forma independiente durante el embarazo y, a menos que vayan asociados a un aumento en la tensión arterial o a un incremento de las proteínas eliminadas por la orina, son bastante normales. Si un día tienes dolor de cabeza y otro día ves puntos, no llegues a la conclusión de que padeces preeclampsia. Si los síntomas persisten, llama al médico.

Nadie sabe exactamente qué es lo que provoca la preeclampsia, pero probablemente se debe a una combinación de factores maternos, fetales y placentarios. Lo que sí se sabe es que algunas mujeres corren más riesgo de padecerla que otras. Éstos son los principales factores de riesgo:

✔ Hipertensión crónica existente.

✔ Primer embarazo.

✔ Antecedentes de preeclampsia en embarazos previos.

✔ Diabetes desde hace mucho tiempo.

✔ Madre mayor de 40 años.

✔ Obesidad considerable.

✔ Ciertos problemas médicos, como enfermedades renales o hepáticas graves, lupus o trastornos vasculares.

✔ Embarazo de trillizos o más –también gemelos, pero con un riesgo menor–.

A pesar de que se ha investigado mucho sobre la preeclampsia, nadie sabe exactamente cómo prevenirla. Algunos datos sugieren que una dosis reducida de ácido acetilsalicílico al día, a partir de las semanas 12 o 14, puede reducir su incidencia o retrasar su aparición en mujeres que tienen un riesgo moderado de padecerla. Se han probado otros tratamientos con diferentes grados de éxito:

✔ **Suplementos de calcio y tratamientos antioxidantes:** Tal y como sucede en el caso del ácido acetilsalicílico en bajas dosis, tampoco se ha demostrado que el calcio prevenga la aparición de la preeclampsia en las mujeres con un bajo riesgo. Sin embargo, las pacientes con más riesgo pueden verse beneficiadas.

✔ **Combinación de vitaminas C y E:** Aunque los estudios iniciales hablaban de ciertos beneficios, los datos más recientes no sólo demuestran que no resulta eficaz, sino que además puede conllevar ciertas complicaciones.

✔ **Aceite de pescado:** Se ha investigado su eficacia, pero no se ha demostrado que reduzca la incidencia de la preeclampsia.

A la larga, el único tratamiento real es dar a luz. El momento de hacerlo dependerá de la gravedad de las condiciones y de lo avanzado que esté el embarazo. Si estás cerca de la fecha probable, la inducción del parto puede ser el enfoque más sensato; si sólo estás de 28 semanas, el médico seguramente querrá tenerte en observación, en casa o en el hospital. Los médicos deciden siempre en función de los riesgos para la salud de la madre y para la del bebé.

Las complicaciones placentarias

Al final del embarazo pueden presentarse dos problemas nuevos: la placenta previa y el desprendimiento prematuro de la placenta. En este apartado los describimos.

Placenta previa

La *placenta previa* se presenta cuando ésta cubre completa o parcialmente el cuello uterino, como se ve en la figura 16-1. Los médicos suelen diagnosticar la placenta previa durante una ecografía, pero a veces las mujeres descubren el problema cuando empiezan a sangrar hacia el final del segundo trimestre o a comienzos del tercero.

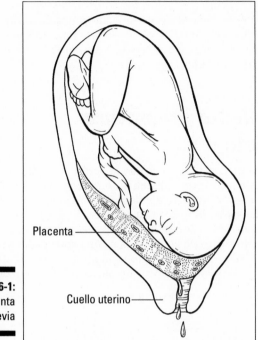

Placenta

Figura 16-1:
Placenta
previa

Cuello uterino

Al principio del embarazo, es común que la placenta esté ubicada cerca del cuello uterino o que incluso lo cubra parcialmente, lo que no suele representar peligro alguno para la madre ni para el bebé; de hecho, esta situación puede darse en uno de cada cinco embarazos. En la mayoría de mujeres –el 95%–, la placenta va subiendo a medida que el útero se agranda con el crecimiento del bebé, razón por la que no hay que preocuparse si la placenta cubre el cuello uterino al principio del embarazo.

Incluso si la situación persiste a finales del segundo trimestre y principios del tercero, puede ser una circunstancia sin importancia. Muchas mujeres que tienen placenta previa nunca sangran. No obstante, la principal complicación de la placenta previa es que puede provocar una hemorragia grave que, a veces, provoca contracciones prematuras. En este caso, el médico intentará pararlas, lo que suele detener la hemorragia. Si la hemorragia es grave y no cesa, podría ser necesario provocar el nacimiento del bebé.

Si estás en el tercer trimestre y tienes esta dolencia, el médico te realizará ecografías con frecuencia para comprobar si la placenta se desplaza de donde está. También te pedirá que evites las relaciones sexuales y los tactos vaginales, para minimizar el riesgo de hemorragia. Si la situación persiste hasta la semana 36, el médico recomendará una cesárea; piensa que el bebé no puede salir por la vía del parto sin romper la placenta, lo que podría provocar una hemorragia grave.

Desprendimiento prematuro de la placenta

En algunas mujeres, la placenta se separa de la pared del útero antes del final del embarazo. Este problema se llama *desprendimiento prematuro de la placenta*, aunque también se conoce como *abruptio placentae* o abrupción placentaria. La figura 16-2 muestra su aspecto.

El desprendimiento prematuro de la placenta es una causa común de hemorragia durante el tercer trimestre. Como la sangre es un irritante del músculo uterino, también puede provocar un parto prematuro y dolor

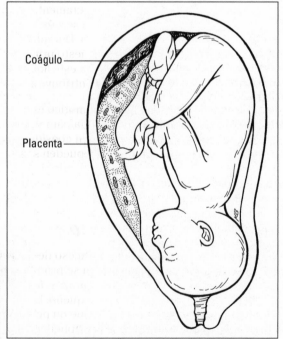

Coágulo

Placenta

Figura 16-2:
Desprendimiento
prematuro de
la placenta

abdominal. Un desprendimiento es difícil de ver en la ecografía, a menos que sea de gran tamaño, así que en muchos casos los médicos sólo pueden diagnosticarlo cuando han descartado otras causas. Rara vez se produce de repente y, si la separación de la placenta es bastante grande, puede ser necesario provocar el parto. En el capítulo 7 se recogen otras causas de hemorragia en el tercer trimestre.

Si experimentas un pequeño desprendimiento de la placenta, el médico quizá te recomiende hacer reposo. También empezará a controlar tu embarazo más de cerca, para asegurarse de que el problema no tenga efectos secundarios sobre el feto.

Problemas con el líquido y el saco amniótico

Como ya sabes, el feto crece dentro de una bolsa de agua llamada *saco amniótico*, que contiene el *líquido amniótico*. El volumen de este líquido aumenta a lo largo de la primera etapa del embarazo y alcanza su nivel máximo en la semana 34; después comienza a disminuir gradualmente. La ciencia médica aún no ha descubierto cuál es exactamente el mecanismo que regula el volumen del líquido amniótico, pero se sabe que el feto determina en cierta medida la cantidad que necesita. Durante la segunda etapa del embarazo, el líquido amniótico está compuesto principalmente de orina fetal. El feto orina en el saco y luego se traga este líquido. El líquido que circula por los pulmones del feto también contribuye a su desarrollo.

Si el médico sospecha que el nivel de líquido amniótico está por encima o por debajo de la media, puede hacer una ecografía para ver qué sucede. Los aumentos o disminuciones menores no suelen considerarse un problema, pero las grandes variaciones de volumen pueden ser indicativas de un trastorno. Este apartado describe lo que sucede si se produce alguna alteración en el líquido o el saco amniótico.

Exceso de líquido amniótico

El término médico que se usa para describir el exceso de líquido amniótico es *polihidramnios* o *hidramnios*. Esta situación se produce con mucha frecuencia, aproximadamente en un 10% de embarazos. Muchas veces el aumento del volumen de líquido amniótico es pequeño. Los médicos no siempre saben por qué se produce, pero saben que un pequeño aumento no causa problemas. Los aumentos más drásticos pueden estar causados

Las madres embarazadas preguntan...

P: ¿La cantidad de líquido amniótico depende de la cantidad de agua que yo tomo?

R: No. La ingestión de líquido por parte de la madre tiene muy poco que ver con el nivel del líquido amniótico. Algunos estudios recientes sugieren que una madre puede provocar pequeños aumentos en la cantidad de líquido amniótico si bebe muchos líquidos, pero el efecto no es significativo. No obstante, es importante mantenerse bien hidratada.

por alguna enfermedad de la madre, como diabetes o ciertas afecciones virales. En algunos casos raros, el exceso de líquido puede deberse a ciertos problemas fetales; por ejemplo, el feto puede tener dificultades para tragarse el líquido, por lo que éste se acumula en el saco.

Escasez de líquido amniótico

Si una mujer presenta escasez de líquido amniótico, se dice que tiene *oligohidramnios*. Como decíamos antes, el volumen del líquido amniótico normalmente disminuye hacia las semanas 34 o 36. Sin embargo, si el volumen cae por debajo de un determinado nivel, el médico querrá observar al feto más de cerca mediante una serie de pruebas. Una causa frecuente es la ruptura de la fuente, lo que provoca un escape de líquido.

Un descenso considerable de nivel antes de la semana 34 puede indicar una dolencia en la madre o en el bebé. Por ejemplo, en algunas mujeres con hipertensión o lupus, la circulación sanguínea en el útero está limitada y, en consecuencia, llega menos sangre a la placenta y al bebé. Cuando el bebé recibe menos sangre, los riñones producen menos orina, lo que a su vez reduce el nivel de líquido amniótico.

Si la reducción es leve o moderada, el bebé se somete a observación y a pruebas de bienestar fetal. En ocasiones, la reducción indica que el crecimiento del bebé se ve limitado (consulta "Problemas de crecimiento fetal" más adelante en este capítulo) o, en situaciones excepcionales, que hay alguna anomalía en las vías urinarias fetales. Otras veces indica que la placenta no funciona óptimamente.

Si se produce una disminución del líquido amniótico, el médico puede sugerirte que descanses más y que evites estar de pie. De esta forma promueves la circulación sanguínea en el útero y la placenta, lo que aumentará la producción de orina del bebé. ¡Agradece que todavía no tengas que cambiar todos esos pañales!

Ruptura del saco amniótico

La ruptura prematura de la bolsa o saco amniótico a veces se produce antes de que comiencen las contracciones. Si sucede cerca de la fecha probable de parto, se considera una *ruptura a término*; en cambio, si estás embarazada de 37 semanas o menos, se habla de *ruptura prematura*.

✔ Si la ruptura se produce a término, el médico normalmente espera a que el parto se inicie solo, aunque también puede inducirlo para evitar el riesgo de que contraigas una infección en el útero.

✔ Si se trata de una ruptura prematura, existe la posibilidad de que el parto se inicie espontáneamente, según lo avanzado que esté el embarazo. Si falta mucho para la fecha probable de parto y no pareces tener una infección uterina, el médico quizá opte por administrarte medicamentos –antibióticos, tocolíticos y esteroides– para prolongar el embarazo todo lo posible y permitir que el bebé desarrolle los pulmones. Además, te hará ecografías a menudo y vigilará la frecuencia cardíaca del bebé para comprobar su bienestar.

Si crees que has roto el saco y el embarazo todavía no ha llegado a su fin, díselo inmediatamente a tu médico o acude al hospital. Te realizarán las pruebas necesarias para confirmar qué es lo que ha ocurrido.

Problemas de crecimiento fetal

Uno de los principales objetivos de los cuidados prenatales es asegurar que el bebé está creciendo bien. Para valorar su crecimiento, el médico mide la *altura uterina* –consulta el capítulo 3–. Como regla general en un embarazo de un solo bebé, la medida en centímetros desde la parte superior del pubis hasta la parte superior del útero es semejante al número de semanas de gestación. Si el médico descubre que esta medida es superior o inferior a lo esperado, puede recomendarte una ecografía para evaluar con mayor precisión el crecimiento del bebé. Durante el examen, el ecografista mide las partes del cuerpo del bebé para establecer el peso aproximado. Luego compara ese valor con el peso medio de los fetos en la misma edad gestacional y le asigna un percentil. Se considera que lo normal es el percentil 50. Sin embargo, como los fetos tienen diferentes tamaños –igual que los recién nacidos, los niños, los adolescentes y los adultos–, se ha establecido un intervalo de pesos que se consideran normales. Cualquier medida entre los percentiles 10 y 90 se considera normal; consulta el capítulo 7, donde hay más información sobre el peso fetal.

Estos límites son más bien arbitrarios. Implican que el 10% de la población es más grande de lo normal y que el 10% es más pequeña, aunque esta afirmación no es completamente cierta. La mayoría de fetos que están por debajo del percentil 10 o por encima del percentil 90 son normales. Sin embargo, algunos bebés pueden no estar creciendo normalmente y necesitan un seguimiento adicional.

Bebés de bajo peso

Si el peso del feto está por debajo del percentil 10, puede deberse a una *restricción del crecimiento intrauterino*. Una de las consecuencias de esta restricción es que el bebé, cuando nazca, será pequeño en relación con su edad gestacional. Esta situación se debe a diversas causas, incluidas las siguientes:

- ✔ **El bebé mide poco, pero por lo demás es normal.** Así como hay adultos sanos de todas las estaturas, lo mismo pasa con los fetos.

- ✔ **Anomalías cromosómicas.** Esta causa es más común en el caso de restricción temprana del crecimiento intrauterino, que se produce en el segundo trimestre.

- ✔ **Toxinas ambientales.** Fumar reduce el peso del bebé al nacer entre 100 y 250 gramos de media. El consumo crónico de alcohol –al menos uno o dos vasos al día– y de cocaína también pueden causar un bajo peso al nacer.

- ✔ **Factores genéticos.** Algunos factores genéticos hacen que el bebé crezca menos que la media.

- ✔ **Anomalías cardíacas y circulatorias en el feto.** Se incluyen, entre otras, las cardiopatías congénitas y las anomalías del cordón umbilical.

- ✔ **Mala nutrición de la madre.** Una nutrición adecuada es especialmente importante durante el tercer trimestre.

- ✔ **Infecciones como el citomegalovirus, la rubeola y la toxoplasmosis.** El capítulo 16 contiene más información sobre este tema.

✔ **Gestación múltiple.** Entre el 15 y el 25% de los gemelos sufren restricción del crecimiento intrauterino, un porcentaje que aumenta para los trillizos. Hasta las semanas 28 o 32, los gemelos crecen al mismo ritmo que los bebés únicos; luego, su curva de crecimiento se ralentiza.

✔ **Factores placentarios y problemas uterinos y placentarios.** Como la placenta proporciona nutrición y oxígeno, si funciona mal o si la sangre no fluye bien, el feto podría no crecer adecuadamente. Las mujeres que padecen el *síndrome antifosfolipídico* –un problema de coagulación–, hemorragias recurrentes, enfermedades vasculares o hipertensión crónica tienen un mayor riesgo de restricción del crecimiento intrauterino, ya que esos problemas suelen afectar al correcto funcionamiento de la placenta. La preeclampsia también puede dañar la placenta y provocar la restricción del crecimiento intrauterino.

El médico tratará la restricción del crecimiento intrauterino según cada situación particular. Los fetos con restricción leve, cromosomas normales y carentes de signos de infección seguramente no tendrán problemas. Sin embargo, a veces es necesario adelantar el parto porque el feto puede crecer mejor en una incubadora que dentro del útero. El tratamiento que prescriba tu médico dependerá de la causa del problema y de la edad gestacional a la que se diagnostique. Puede recomendar revisiones más frecuentes, reposo en cama, ecografías periódicas, cardiotocografías en reposo (consulta el capítulo 8) u otras pruebas. Si el problema es grave pero el embarazo está lo suficientemente avanzado, puede recomendar el parto.

En muchos casos, los bebés de menor tamaño son perfectamente normales. No obstante, los casos más graves pueden mostrar dificultades de aprendizaje a medida que el niño va creciendo o sufrir incluso la muerte

Las madres embarazadas preguntan...

P: ¿Si como más, ayudaré al bebé a alcanzar un peso normal?

R: Por desgracia, no. Comer más no corrige el problema, a menos que estés considerablemente desnutrida.

fetal, razón por la que es importante que el médico practique algún tipo de seguimiento.

Bebés con sobrepeso

Un bebé con un peso que esté por encima del percentil 90 puede tener *macrosomía* –literalmente, 'cuerpo grande'– y ser demasiado mayor para su edad gestacional. Son numerosas las razones que indican que una mujer puede tener un bebé excepcionalmente grande, incluidas las que siguen a continuación:

✔ Nacimiento previo de un bebé grande.

✔ Excesivo aumento de peso de la madre durante el embarazo.

✔ Obesidad de la madre.

✔ Uno de los padres –o ambos– fue muy grande al nacer.

✔ Embarazo que dura más de 40 semanas.

✔ Diabetes mal tratada de la madre.

El principal riesgo para la madre es que el parto será más difícil. Si da a luz por vía vaginal, puede sufrir un traumatismo mayor en la vía del parto y es probable que necesite una cesárea. El riesgo principal para el bebé es que se haga daño durante el parto. Estos daños son más probables si el bebé nace por vía vaginal, pero también pueden producirse durante una cesárea. Lo más habitual es que el bebé sufra un estiramiento excesivo de los nervios de la parte superior del brazo y del cuello, producido por una *distocia de hombros* (consulta el capítulo 11).

A partir del resultado de una ecografía o de un examen abdominal, el médico podría pensar que tu bebé es excepcionalmente grande y que tu pelvis no tiene un tamaño suficiente. En este caso, hablará contigo sobre las opciones que tienes para dar a luz.

Incompatibilidades sanguíneas

Si los padres del bebé tienen grupos sanguíneos diferentes, el del bebé puede ser distinto al de la madre. Generalmente esta situación no causa ningún problema para la madre o para el bebé. En algunos casos, sin embargo, puede presentarse una incompatibilidad que requiera atención especial, aunque casi nunca se convierte en un problema considerable.

El factor Rh

Casi todas las personas son Rh positivo, lo que significa que llevan el factor Rh en los glóbulos rojos. Quienes no lo tienen se consideran Rh negativo. Si un hombre Rh positivo y una mujer Rh negativo conciben un bebé, éste puede ser Rh positivo, con lo que se crea una incompatibilidad entre el feto y la madre.

Este tipo de incompatibilidad no suele ser problemática, y mucho menos en un primer embarazo. No obstante, si la sangre del bebé entra en el sistema circulatorio de la madre, puede crear anticuerpos contra el factor Rh. Si estos anticuerpos alcanzan un nivel considerable en un embarazo posterior, pueden atravesar la placenta, introducirse en el sistema circulatorio del bebé y empezar a destruir sus glóbulos rojos. Suena terrible, lo sabemos, pero no es un problema insalvable. Para prevenirlo, el médico suele administrar a la madre una inyección de inmunoglobulina anti-D, con lo que impide la formación de anticuerpos. A continuación detallamos en qué momentos el médico recomendará la administración de la inmunoglobulina anti-D si el padre del bebé es Rh positivo y la madre es Rh negativo:

✔ Dentro de las 72 horas siguientes al parto –ya sea vaginal o por cesárea–, una enfermera te administrará la inyección para evitar cualquier problema en un embarazo futuro.

✔ Alrededor de la semana 28 de gestación.

✔ Después de una amniocentesis, una muestra de vellosidades coriónicas o cualquier procedimiento traumático (consulta el capítulo 8).

✔ Después de un aborto o un embarazo ectópico; el capítulo 5 contiene más información sobre este último.

✔ Después de un traumatismo considerable en el abdomen durante el embarazo, si el médico cree que la sangre del bebé puede haberse filtrado en el sistema circulatorio de la madre.

✔ Después de una hemorragia considerable durante el embarazo.

En circunstancias poco comunes, la madre produce anticuerpos contra el factor Rh; entre los motivos que producen esta reacción, hay que destacar una administración tardía de la inmunoglobulina anti-D –algo poco frecuente– o la posibilidad de que no haya funcionado bien –circunstancia todavía más rara–. Por eso, si la madre vuelve a quedarse embarazada, y si su nivel de anticuerpos es elevado y el feto es Rh positivo, el bebé corre el riesgo de padecer *anemia,* una deficiencia de los glóbulos rojos. Si la anemia es leve, bastará con poner al bebé bajo unas lámparas especiales para eliminar la *bilirrubina* adicional –un pigmento liberado por los

glóbulos rojos destruidos–. Si te has sensibilizado y presentas estos anticuerpos, el médico podría analizar el líquido amniótico para comprobar
el Rh del bebé. Si el feto es Rh (D) negativo, no corre el riesgo de padecer
una anemia, aunque tengas los anticuerpos.

En casos moderados, será necesario realizar frecuentes ecografías para
evaluar la gravedad de la situación. Recientemente se ha diseñado una
nueva técnica: utiliza una ecografía para medir la circulación a través de
uno de los vasos sanguíneos del cerebro del feto –la arteria cerebral media– y, por ahora, se considera el mejor método para predecir la anemia
fetal en los embarazos de riesgo. Si se acerca la fecha probable del parto,
es posible que el médico te recomiende adelantarlo. En los casos más graves, el bebé podría necesitar una transfusión de sangre cuando todavía
está dentro del útero. Este procedimiento se llama *transfusión fetal* (consulta el capítulo 6), y lo realiza un especialista en medicina maternofetal.
Es un recurso extremo pero, incluso en este caso, el bebé puede nacer
sano. No obstante, este procedimiento implica ciertos riesgos.

En la actualidad es posible determinar el estado del Rh (D) del bebé a
través del ADN del feto presente en la sangre de la madre. Los médicos
europeos ya utilizan este método de forma habitual y es probable que
también se introduzca pronto en los Estados Unidos. Esta prueba permite que las mujeres sensibilizadas eviten las técnicas traumáticas para
determinar el grupo sanguíneo del feto; y, en el caso de las mujeres no
sensibilizadas, les ahorra la inyección de inmunoglobulina anti-D.

Otras incompatibilidades sanguíneas

Es posible que se produzcan otras incompatibilidades sanguíneas. Por
ejemplo, otros factores que pueden diferir entre la madre y el bebé son
Kell, Duffy y Kidd. Afortunadamente, todos estos factores son muy poco
comunes. No existen medicamentos similares a la inmunoglobulina anti-D
para tratar estos problemas de compatibilidad, pero, en los pocos casos
en que se producen, el médico puede aplicar a los bebés los procedimientos anteriormente descritos, como lámparas especiales, parto adelantado
o transfusión de sangre. También estos bebés suelen nacer sanos.

Por último, algunos antígenos de grupos sanguíneos –Le, Lu y P, por ejemplo– pueden ser incompatibles pero no repercutir negativamente sobre el
feto. Por lo general, no requieren un cuidado especial.

La posición podálica

Se dice que un bebé está en *posición podálica* cuando las nalgas o las piernas están abajo, cerca del cuello uterino. Esta presentación se da en un 3 y un 4% de todos los partos únicos. El riesgo de que el bebé nazca en esta posición disminuye a medida que avanza el embarazo. Las probabilidades de que el feto adopte esta posición aumentan en las siguientes situaciones:

✔ El feto es prematuro o especialmente pequeño.

✔ Existe una mayor cantidad de líquido amniótico y, por lo tanto, más espacio disponible para darse la vuelta.

✔ Anomalía congénita del útero; por ejemplo, útero bicorne –en forma de T–.

✔ Presencia de fibromas que limitan la cavidad uterina.

✔ Placenta previa (consulta el capítulo 16).

✔ Embarazo de gemelos (o de más bebés).

✔ Útero relajado por haber dado a luz antes.

Si el feto está en esta posición, el médico hablará contigo acerca de los posibles riesgos de un parto vaginal en podálica frente a los de una cesárea o una versión del bebé –es decir, darle la vuelta–. En el caso de un parto en podálica, es importante que sepas lo que puede llegar a ocurrir:

✔ Que la cabeza del bebé, lo último en salir en este tipo de partos, se quede atrapada en el cuello uterino si no está totalmente dilatado y, por lo tanto, es más pequeño que la cabeza. Esta situación es especialmente complicada cuando el bebé es muy pequeño o prematuro.

✔ Que se produzca un traumatismo debido a una *extensión cefálica del feto* –la cabeza está echada hacia atrás–.

✔ Que se obstaculice la salida de los brazos, lo que puede lesionarlos.

Debido a estos problemas potenciales, muchos médicos recomiendan que todos los bebés que están en posición podálica nazcan por cesárea. No obstante, algunos fetos en esta posición son buenos candidatos para un parto vaginal. Para que tu médico considere la posibilidad de un parto vaginal en podálica, deben cumplirse los siguientes requisitos:

✔ Peso fetal aproximado entre 1800 y 3600 gramos.

✔ El bebé está en *podálica franca*, lo que quiere decir que lo primero que saldría serían las nalgas, no los pies.

✔ Las nalgas están encajadas en la pelvis.

✔ El médico no detecta –mediante una exploración física o rayos X– ningún problema que impida que la cabeza del bebé salga por la vía del parto.

✔ La ecografía muestra que la cabeza del feto está flexionada, con la barbilla hacia el pecho, o en posición *militar,* mirando directamente al frente, no echada hacia atrás.

✔ Hay disponibilidad inmediata de anestesia, de modo que puede practicarse una cesárea de urgencia si es necesario.

✔ El médico tiene experiencia en este tipo de partos.

Recientemente se han realizado extensos estudios que indican que los bebés en podálica nacidos por vía vaginal corren más riesgos de sufrir ciertas complicaciones. De hecho, los datos son tan convincentes que muchos obstetras han dejado de practicar este tipo de partos. Sin embargo, también demuestran que, aunque las complicaciones a corto plazo son mayores en los bebés nacidos por vía vaginal, no existe ninguna diferencia respecto a los problemas a los dos años de edad, como muerte y retrasos del desarrollo neurológico.

Si tu médico y tú deciden que un parto vaginal en podálica no es lo más indicado, existe otra opción: la *versión cefálica externa.* Con este procedimiento, muy común y por lo general seguro, el médico trata de darle la vuelta al bebé, manipulando externamente el abdomen de la madre, para que quede en una posición óptima para el parto. A veces es muy incómodo, pero funciona entre un 50 y un 70% de los casos. El uso de la anestesia epidural o intradural para este procedimiento puede reducir la incomodidad que siente la madre y mejorar las probabilidades de cambiar la posición del bebé con éxito.

Existen ciertas situaciones en las que no se aconseja; por ejemplo si hay hemorragia, escasez de líquido amniótico o gestación múltiple.

El embarazo prolongado

El embarazo medio dura unas 40 semanas –280 días– después del último periodo menstrual, pero solamente cerca de un 5% de las mujeres da a luz en la fecha probable. Algunas lo hacen un par de semanas antes y otras un par de semanas después, y todas se consideran a término. Sólo se habla de un embarazo prolongado, según la definición médica, si supera las

42 semanas. Un pequeño porcentaje de embarazos dura más de 42 semanas, y nadie sabe por qué.

¿Por qué tiene tanta importancia que superes la fecha probable? Porque el riesgo de sufrir ciertas complicaciones aumenta a medida que pasa el tiempo. Entre las semanas 40 y 42 el riesgo es pequeño, pero después de la 42 alcanza niveles preocupantes. La peor complicación es la *muerte perinatal*. Las probabilidades de muerte perinatal empiezan a aumentar a partir de las semanas 41 y 42, y se duplican en la 43.

No obstante, esta situación no es tan terrorífica como parece, porque el número real de muertes es bajo. Casi todos los bebés tardíos nacen sanos. Incluso en la semana 44, cuando la mortalidad perinatal se cuadruplica, el 95% de los bebés estarán bien si se realizan las pruebas adecuadas. Tu médico puede ayudarte a tomar la decisión más adecuada sobre la fecha del parto.

El aumento de la tasa de mortalidad en los embarazos prolongados se relaciona con varios factores, incluidos los siguientes:

✔ **La placenta funciona de forma plenamente eficaz sólo durante un periodo de tiempo, unas 40 semanas.** Afortunadamente, casi todas las placentas tienen una pequeña "reserva" y siguen funcionando después de la semana 40, pero algunas no duran tanto. Si la placenta no puede aportar suficientes nutrientes al bebé, es posible que pierda un poco de peso al quedarse dentro del útero.

✔ **En embarazos prolongados, el volumen de líquido amniótico puede disminuir.** Como comentábamos antes en este capítulo, el volumen de líquido amniótico alcanza su nivel más alto alrededor de las semanas 34 o 36 de gestación, y después empieza a decrecer lentamente. Casi siempre, después de la semana 40 queda suficiente líquido amniótico, pero a veces el volumen desciende a un nivel que los médicos consideran demasiado bajo. En esta situación el cordón umbilical puede obstruirse, por lo que los médicos podrían recomendar la inducción del parto.

✔ **A veces los bebés hacen su primera deposición cuando están en el útero.** Cuanto más dura el embarazo, más probabilidades hay de que esto suceda. En casos raros, el bebé puede aspirar ese espeso *meconio* antes o durante el parto, lo que puede provocarle problemas respiratorios en sus primeros días o semanas de vida (más información en el capítulo 10).

✔ **En un embarazo prolongado en el que la placenta sigue funcionando normalmente, el bebé sigue creciendo.** Por este motivo, los bebés tardíos tienen más probabilidades de ser de gran tamaño –o macrosómicos– (consulta el apartado "Problemas de crecimiento fetal" en este mismo capítulo) o muy grandes para su edad gestacional, por lo que corren el riesgo de sufrir problemas asociados.

Los médicos utilizan varias estrategias para controlar los embarazos prolongados; ninguna de ellas es mejor que las demás. Algunos quieren asegurarse de que todos los bebés nazcan en cuanto cumplan las 40 semanas, e inducen el parto para que así sea (consulta el capítulo 10, donde se recoge más información sobre la inducción del parto). Otros médicos prefieren esperar a que se produzca el parto espontáneo. El argumento a favor del primer enfoque es que así no tienes que preocuparte por ninguna de las complicaciones mencionadas, mientras que con el segundo quizá haya menos probabilidades de necesitar una cesárea.

Capítulo 17

El embarazo en la salud y en la enfermedad

Podría ser que el embarazo te envolviera en un aura maternal y te hiciera sentir que algo mágico está ocurriendo dentro de ti. Pero lo cierto es que no te convierte en una supermujer; aún eres vulnerable a todas las enfermedades y problemas de salud que afectan a cualquier persona que no esté embarazada. Cuando se presenta una enfermedad durante el embarazo, puede tener consecuencias especiales. En este capítulo explicamos cómo afectan las diversas enfermedades a las mujeres embarazadas.

Contraer una infección durante el embarazo

Por más que te empeñes, durante el embarazo es imposible evitar el contacto con personas portadoras de alguna infección. Has de saber que la mayoría de infecciones no hacen daño al bebé, y simplemente te sentirás algo peor durante algunos días. En este apartado incluimos las infecciones más comunes, y también algunas menos frecuentes.

Cistitis y pielonefritis

La *cistitis* es una infección de la vejiga que se presenta básicamente de dos formas: asintomática o sintomática. La cistitis *asintomática* –sin síntomas– es bastante común, pues la padece cerca del 6% de las mujeres embarazadas. La cistitis *sintomática,* en cambio, sí que se presenta con síntomas, entre los que se incluyen:

✔ Permanente necesidad de orinar.

✔ Malestar por encima del pubis, donde se ubica la vejiga.

✔ Micción frecuente.

✔ Dolor al orinar.

Si contraes cualquier tipo de cistitis, el médico la tratará con antibióticos.

Si no te medicas, puede convertirse en una infección renal, más conocida como *pielonefritis.* Esta infección tiene los mismos síntomas que la cistitis, a los que hay que añadir además fiebre y dolores encima de uno o de los dos riñones, en el costado (consulta la figura 17-1). El dolor en el costado también puede producirse por la presencia de cálculos renales, con la diferencia de que la pielonefritis provoca un dolor permanente, mientras que los cálculos producen un dolor más agudo pero intermiten-

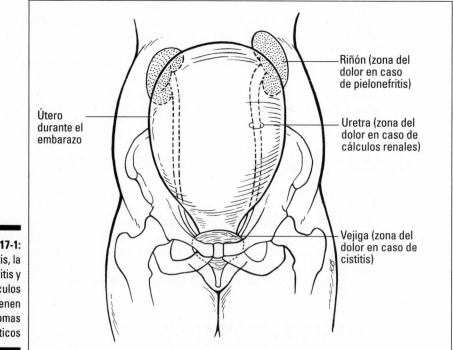

Útero durante el embarazo

Riñón (zona del dolor en caso de pielonefritis)

Uretra (zona del dolor en caso de cálculos renales)

Vejiga (zona del dolor en caso de cistitis)

Figura 17-1:
La cistitis, la pielonefritis y los cálculos renales tienen síntomas característicos

te. Además, los cálculos renales suelen ir acompañados de pequeñas cantidades de sangre en la orina.

Si el médico te diagnostica pielonefritis, quizá decida hospitalizarte unos días para que puedas recibir antibióticos intravenosos. Como estas infecciones son recurrentes, el médico seguramente te recetará antibióticos diarios para el resto del embarazo.

Varicela

El virus de la varicela zóster es el causante de la varicela. La primera vez que alguien padece una infección provocada por este virus, generalmente durante la infancia, la manifiesta como varicela. La varicela es muy poco común en adultos, y las mujeres embarazadas no corren un mayor riesgo de contraer el virus que las que no lo están.

Si ya has tenido la varicela, es poco probable que la contraigas de nuevo, ya que habrás producido anticuerpos que te hacen inmune. Incluso si nunca la has tenido, es muy probable que lleves los anticuerpos en la sangre si estuviste expuesta al virus pero no llegaste a contraer la enfermedad. No obstante, si sabes que nunca has estado expuesta a la varicela y no te han vacunado recientemente –hace unos años se creó una vacuna contra este virus–, o bien si no sabes si realmente has estado expuesta, pide que te hagan un análisis de sangre para comprobar si eres inmune.

Como la vacuna contra la varicela es tan nueva, tenemos poca información acerca de su grado de seguridad en mujeres embarazadas; por esta razón, los fabricantes aconsejan que no se administre a gestantes. Si una mujer se vacuna, se recomienda que espere tres meses antes de quedarse embarazada. Si te vacunan y después descubres que en ese momento estabas embarazada, díselo al médico. La escasa experiencia que se tiene con la vacuna en mujeres embarazadas sugiere que no aumenta las probabilidades de anomalías congénitas. Además, no se han producido casos de *síndrome de varicela congénita* en bebés (consulta la lista que se incluye a continuación).

Si no eres inmune a la varicela y estás en contacto con alguien que la tiene, comunícaselo a tu médico de inmediato para que te administre una inyección de *inmunoglobulina contra la varicela zóster* o bien *inmunoglobulina inespecífica*, que puede reducir el riesgo de infección para ti y para el bebé. Esta inyección debe administrarse a los tres días de la exposición, si es posible. Si contraes la varicela pocos días antes o después de dar a luz, el bebé debe recibir la inmunoglobulina contra la varicela zóster.

La varicela puede provocar tres problemas durante el embarazo:

✔ Puede hacer que la madre se sienta enferma, con síntomas parecidos a los de un resfriado y una erupción cutánea con numerosas vesículas rojas. En circunstancias poco comunes, entre dos y seis días después de la aparición de la erupción, se contrae una neumonía. Si tienes varicela y presentas síntomas como dificultad para respirar o tos seca, díselo al médico inmediatamente.

✔ Si contraes la varicela durante los primeros cuatro meses del embarazo, el feto tiene una ligera probabilidad de padecer la infección, lo que se conoce como *síndrome de varicela congénita*. Como consecuencia de este síndrome, el feto puede presentar cicatrices –las mismas que les salen a los niños cuando tienen la varicela–, alguna anomalía en las extremidades, problemas de crecimiento y retrasos en el desarrollo.

Afortunadamente, el síndrome de varicela congénita es muy poco frecuente. Se produce en menos de un 1% de los casos en los que la infección se presenta en el primer trimestre, y en el 2% si es al principio del segundo trimestre.

✔ Si contraes la varicela entre cinco días antes de dar a luz y cinco días después, el bebé recién nacido corre el riesgo de padecer una infección grave. Puede reducirse el riesgo para el bebé administrándole *inmunoglobulina contra la varicela zóster*.

El mismo virus que causa la varicela puede también producir una forma de infección recurrente llamada *zóster* o *herpes zóster*. Casi todos los bebés que nacen de mujeres con esta dolencia son completamente normales. Como el herpes zóster es menos común que la varicela durante el embarazo, los médicos desconocen la incidencia de anomalías congénitas después de que una mujer contraiga esta infección, aunque se cree que es menor que el 1 o 2% asociado a la varicela.

Si sabes que eres vulnerable a la varicela, evita el contacto directo con personas que tienen herpes zóster, porque son portadoras del virus de la varicela zóster y pueden contagiarte la enfermedad.

Gripes y resfriados

Casi todas las personas sufren un resfriado al año, de modo que no es sorprendente que les pase lo mismo a la mayoría de las mujeres embarazadas. El embarazo no te hace más vulnerable a este virus, pero la fatiga y la congestión que acompañan a la gestación pueden hacer que los síntomas te parezcan peores. En cualquier caso, el resfriado es inocuo para el feto.

Las madres embarazadas preguntan...

P: ¿La vacuna contra la gripe conlleva algún riesgo durante el embarazo?

R: No, es totalmente segura. Si sabes que vas a estar en contacto con personas enfermas o si las autoridades sanitarias prevén que la gripe va a ser especialmente agresiva ese invierno, puedes pedir que te la administren. De todos modos, recuerda que la vacuna contra la gripe no te protege contra todas las variantes del virus, sólo contra las que los expertos consideren más comunes en tu zona geográfica.

Como todos sabemos, no tiene cura, así que la única opción es tratar los síntomas. En contra de la creencia popular, casi todos los medicamentos para el resfriado –antihistamínicos, antitusígenos, etcétera– son seguros para las mujeres embarazadas cuando se toman en las dosis indicadas.

A continuación te ofrecemos algunas sugerencias para tratar los síntomas de la gripe y el resfriado:

- ✔ **Bebe líquidos, líquidos y más líquidos.** Todas las enfermedades virales favorecen la deshidratación, y el embarazo potencia esta circunstancia. Bebe agua, jugos o refrescos cuando hayas contraído una gripe o un resfriado, pero no tomes leche.

- ✔ **Toma un antipirético.** El paracetamol, en las dosis recomendadas, baja la fiebre y alivia a muchas personas. Si la fiebre persiste más de unos cuantos días, llama al médico.

- ✔ **Toma un descongestionante.** Durante el embarazo, los médicos suelen recomendar pseudoefedrina. No hay pruebas que desaconsejen su uso si se toma en dosis normales después del primer trimestre. Es probable que tampoco resulte perjudicial durante el primer trimestre, pero no se han llevado a cabo muchos estudios para demostrarlo.

- ✔ **Utiliza un atomizador nasal, pero no durante mucho tiempo.** Los descongestionantes en este formato no causan problemas si se usan durante poco tiempo; lo que también es válido para las personas que no están embarazadas. Utilizados de manera intermitente, pueden facilitarte la respiración; si los usas día tras día, te arriesgas a prolongar el problema. Los atomizadores de solución salina son eficaces a largo plazo, pero muchas veces tardan en reducir la congestión.

✔ **Come alimentos que te hagan sentir bien.** Por último, pero no por ello menos importante, toma caldo de pollo. Hay estudios científicos que han demostrado que el caldo de pollo tiene propiedades que ayudan a las personas resfriadas a sentirse mejor, aunque nadie sabe exactamente cuáles son. (Consulta en el recuadro la receta de la madre de Joanne.)

Puedes utilizar los mismos tratamientos para el resfriado común en el caso de la gripe. Si te contagias durante el embarazo, la experiencia será igual a cuando no estabas embarazada.

Muchas pacientes nos preguntan sobre el uso durante el embarazo de una hierba conocida como *equinácea*, utilizada durante siglos en Asia para combatir la inflamación y la gripe. Normalmente, la gente utiliza una preparación o suplemento con equinácea cuando siente los primeros síntomas de resfriado. No hay pruebas que indiquen que la equinácea cause problemas durante el embarazo. El único estudio que encontramos incluía una pequeña muestra de pacientes pero, aunque no se encontraron efectos adversos, es difícil sacar conclusiones de un estudio tan limitado.

Si la fiebre persiste más de unos días, si tienes tos con flemas amarillas o verdosas o si te resulta difícil respirar, llama al médico para asegurarte de que no ha derivado en una neumonía.

Alergias estacionales

Muchas personas toman antihistamínicos para tratar las alergias que sufren en determinadas estaciones del año. Los medicamentos más antiguos, de primera generación, como la clorfeniramina, se utilizan desde hace mucho tiempo y suelen recetarse durante el embarazo. Los antihistamínicos más recientes, como la loratadina y la cetirizina, tienen la ventaja de que no producen tanta somnolencia. Aunque los investigadores no han estudiado estos medicamentos en relación con el embarazo, ningún informe confirma que aumenten el riesgo de malformaciones fetales o que tengan otros efectos adversos. Una tercera opción eficaz es usar un atomizador nasal que contenga ácido cromoglícico o bajas dosis de esteroides.

Infecciones por citomegalovirus

La infección por citomegalovirus es una enfermedad viral común entre los niños en edad preescolar. Los síntomas son muy parecidos a los de la gripe: fatiga, malestar y dolores. En la mayoría de los casos, no obstante, no presenta síntomas. Cuando llegan a la edad de tener hijos, más de la

El caldo de pollo de mamá Regina

Esta clásica receta te hará sentir mejor de inmediato si tienes catarro o gripe.

4 litros de agua

1 pollo cortado en trozos grandes

3 cebollas peladas y cortadas en cuartos

4 nabos blancos pelados y cortados por la mitad

6 tallos de apio cortados por la mitad

6 zanahorias peladas y cortadas por la mitad

4 cucharadas soperas de perejil fresco

4 cucharadas soperas de eneldo fresco

Sal y pimienta al gusto

Entre 2 y 4 cubitos de caldo de pollo

1. Pon el agua y el pollo en una olla grande y hasta que hierva. Retira la espuma que va apareciendo.

2. Añade las cebollas, el nabo blanco, el apio y las zanahorias y salpimienta.

3. Tapa la olla y deja que hierva a fuego lento durante 2 horas.

4. Añade los cubitos de caldo (de 2 a 4, al gusto).

5. Añade el perejil y el eneldo.

6. Deja que hierva a fuego lento durante otra hora.

7. Cuela el caldo y viértelo en otro recipiente, reserva el pollo y desecha las verduras.

8. Cuando se haya enfriado lo suficiente, corta la carne del pollo y utilízala para hacer croquetas, una ensalada o cualquier otra cosa que se te ocurra.

9. Puedes tomar el caldo al momento o, si es posible, refrigéralo durante la noche y retira la grasa solidificada que se acumula en la superficie.

Consejo: añádele fideos chinos ya cocinados para hacer una deliciosa sopa de fideos.

mitad de las mujeres ya han tenido una infección por citomegalovirus en algún momento de sus vidas, como demostrarán los anticuerpos presentes en la sangre.

La mayoría de los médicos no suelen hacer análisis para detectar estos anticuerpos por las escasas probabilidades de que una mujer contraiga la infección durante el embarazo. Además, no suele producir síntomas, así que una mujer tendría que ser sometida repetidamente a pruebas para establecer si durante el embarazo ha contraído la infección. No obstante, puede ser útil evaluar la vulnerabilidad al citomegalovirus, es decir, buscar la presencia de anticuerpos, en mujeres que tienen un riesgo más alto, como las que están en contacto con niños en edad preescolar.

El problema de contraer una infección por citomegalovirus durante el embarazo es que el virus puede pasar al feto y provocar una infección congénita. En realidad, el citomegalovirus congénito es la causa más común de infección uterina y afecta de un 0,5 a un 2,5% de todos los recién nacidos. Sin embargo, casi todos los bebés que nacen con esta infección están sanos.

Cuando se contrae una infección por citomegalovirus durante el embarazo –le ocurre a un 2% de las mujeres embarazadas vulnerables a la enfermedad–, sólo se contagia al feto una tercera parte de las veces. Para diagnosticarla, se realiza una amniocentesis en busca de indicios de infección en el líquido amniótico, así como ecografías. El 90% de los bebés que contraen el citomegalovirus no presentan síntomas de la infección al nacer, aunque un pequeño porcentaje experimenta síntomas a medida que crece, como pérdida de audición o problemas de desarrollo.

Si el bebé contrae el citomegalovirus en el útero, las probabilidades de que tenga problemas graves varían según:

✔ La edad gestacional del bebé cuando se produce la infección.

✔ El momento en que la madre contrajo el virus: por primera vez durante el embarazo –infección primaria– o antes del embarazo –infección recurrente–.

Si la madre contrae la enfermedad después del segundo trimestre o si se trata de una infección recurrente, hay menos probabilidades de que el recién nacido tenga problemas graves.

La incidencia del citomegalovirus congénito sintomático de gravedad es muy reducida, ya que sólo afecta a uno de 10.000 o 20.000 recién nacidos. Puede provocar trastornos auditivos, problemas visuales e incluso algunas deficiencias mentales. Como se trata de un virus, los antibióticos no sirven de nada.

Rubeola

Este virus es el único que tiene repercusiones graves para el embarazo. Si contraes la rubeola en el primer trimestre, el bebé tiene un 20% de probabilidades de padecer el *síndrome de rubeola congénita*. No obstante, la probabilidad varía del primer mes de embarazo al tercero. Afortunadamente, una infección aguda por rubeola durante el embarazo es muy poco frecuente porque casi todas las personas son vacunadas en la infancia.

Hepatitis

Cada tipo de hepatitis afecta a la madre de forma diferente:

- ✔ **La hepatitis A** se transmite de persona a persona por contacto o por exposición a alimentos y agua contaminados. Las complicaciones graves en el embarazo derivadas de la hepatitis A son escasas; además, no se transmite al feto. Si entras en contacto con el virus durante el embarazo, toma inmunoglobulina dentro de las dos semanas siguientes a la exposición.

- ✔ **La hepatitis B** se transmite mediante el contacto sexual, el consumo intravenoso de drogas o a través de transfusiones sanguíneas. Un pequeño porcentaje de las mujeres que padecen hepatitis B tiene una enfermedad crónica que puede causar daños en el hígado. Aunque no es muy común, la infección de la hepatitis B puede ser transmitida al feto. Si das positivo en la prueba de detección de la hepatitis B, informa al pediatra después del parto para que el bebé pueda recibir el tratamiento necesario.

- ✔ **La hepatitis C** se transmite de la misma forma que la hepatitis B. Menos del 5% de las mujeres que dan positivo en la prueba de la hepatitis C transmiten la infección al bebé. Si das positivo, no des de mamar.

- ✔ **Las hepatitis D, E y G** son mucho menos comunes. Consulta a tu médico si necesitas más información.

Herpes

El herpes es un virus común que infecta la boca, la garganta, la piel y los genitales. Si tienes antecedentes de herpes, puedes estar tranquila, ya que la infección no amenaza al feto. La principal preocupación es que puedas tener una lesión por herpes genital activo cuando empieces el parto o se rompe la fuente. Si es así, existe un pequeño riesgo de que la infección se le transmita al bebé cuando esté pasando por la vía del parto. Además, si es tu primera infección por herpes, habrá más probabilidades de que el feto contraiga el virus, porque no tendrás anticuerpos. Diversos estudios demuestran que las mujeres con antecedentes de herpes recurrente pueden reducir las probabilidades de padecer una infección activa a la hora del parto si durante el último mes del embarazo toman un medicamento llamado *aciclovir* o *valaciclovir*.

Si tienes lesiones por herpes genital en el momento del parto o cuando se rompa la fuente, informa al médico. Seguramente te practicará una cesárea para evitar infectar al bebé. Si no tienes lesiones, pero te sientes como si estuvieran apareciendo, coméntaselo al médico; en este caso, también puede ser aconsejable una cesárea.

Virus de la inmunodeficiencia humana (VIH)

En los últimos años se han publicado varios estudios que demuestran que algunos de los medicamentos utilizados para tratar el VIH pueden reducir drásticamente las probabilidades de que el virus se transmita de la madre al bebé. Por esta razón, los médicos recomiendan que las mujeres se hagan las pruebas del VIH al principio del embarazo y que, si el resultado es positivo, reciban estos medicamentos durante todo el proceso. En algunos lugares también es obligatorio realizar las pruebas a todas las mujeres embarazadas o, en su defecto, al recién nacido antes de ser dado de alta.

Para reducir el riesgo de que el bebé se infecte por el VIH, evita los procedimientos traumáticos que puedan causar una hemorragia, como la amniocentesis o la muestra de vellosidades coriónicas, a menos que sean absolutamente necesarios. Si el médico lleva a cabo estos procedimientos, casi siempre recomendará que la madre reciba dosis intravenosas de un medicamento antiviral, para minimizar el riesgo de infectar al bebé.

La mayoría de médicos te recomendarán que no des de mamar si estás infectada por el VIH, porque puedes transmitirle el virus al bebé. Es absolutamente indispensable el uso de preservativos, aunque estés utilizando otro anticonceptivo.

Si estás infectada, habla con un especialista para poder beneficiarte de los nuevos tratamientos, que cada día son mejores.

Listeria

Muchas mujeres nos preguntan si pueden comer queso blando. En realidad, lo que les preocupa es una infección llamada *listeriosis*, causada por el consumo de alimentos contaminados con la bacteria *Listeria monocytogenes*. La listeria es motivo de preocupación, ya que puede provocar una infección fetal, un aborto o parto prematuro. Si una mujer contrae la infección durante el embarazo, es posible evitar que se la contagie al feto o al recién nacido si se le administran antibióticos de inmediato.

La listeria puede estar presente en diferentes alimentos, como ensaladas empaquetadas, salchichas, algunos fiambres, quesos, frutas y verduras crudas. A muchas mujeres les preocupa en especial el queso, porque se han producido casos tras consumir ciertos quesos sin pasteurizar. En Estados Unidos, por ejemplo, se supone que todos los quesos a la venta están pasteurizados o, en caso de que estén elaborados a partir de leche cruda, sometidos a un proceso de maduración de 60 días, que impide la proliferación de la bacteria. Sin embargo, esta infección es muy poco común y las probabilidades de contraer listeria durante el embarazo, muy reducidas –0,12%–. Como se trata de una infección poco frecuente, y la bacteria está presente en muchos alimentos (¡y no puedes renunciar a todos!), aconsejamos a nuestras pacientes que eviten los de mayor riesgo:

✔ No comas salchichas directamente del refrigerador, sin cocinarlas antes.

✔ Asegúrate de que el queso que consumes es pasteurizado o se ha sometido a un proceso de maduración.

✔ Lava bien las verduras crudas.

Enfermedad de Lyme

La enfermedad de Lyme –o borreliosis de Lyme– es una infección que se transmite a través de la picadura de un tipo de garrapata. El embarazo no te predispone a contraer esta enfermedad ni aumenta su gravedad si te infectas. Afortunadamente, no existen datos que indiquen que la enfermedad de Lyme sea perjudicial para el bebé; el principal problema es que tú estarás enferma.

Si crees que puede haberte picado uno de esos insectos, díselo al médico. Pedirá un análisis de sangre para constatar si has contraído la enfermedad de Lyme, y probablemente te recetará antibióticos para prevenir efectos a largo plazo.

Parvovirosis

La parvovirosis es una enfermedad común en la infancia, que se manifiesta con fiebre y eritema infeccioso. En los adultos, la infección puede producir síntomas semejantes a los de la gripe –fiebre, malestar, dolor de garganta, mocos y dolores articulares– pero sin eritema, o no presentar síntoma alguno. El 75% de las mujeres embarazadas son inmunes al parvovirus, así que incluso si están expuestas a alguien que lo tiene, no les pasará nada.

Si no eres inmune al parvovirus, o no estás segura, y has estado en contacto con una persona infectada, coméntaselo al médico para que puedan realizarte las pruebas. Es conveniente que las mujeres embarazadas que pasan mucho tiempo con niños en edad escolar, como profesoras o niñeras, se hagan siempre las pruebas antes del embarazo o al principio del primer trimestre.

Aunque contraigas esta enfermedad, seguramente el bebé nacerá sano. No hay datos que sugieran que el parvovirus provoca anomalías congénitas. No obstante, en casos extraordinarios, puede aumentar el riesgo de un aborto temprano o hacer que el feto padezca anemia. Por este motivo, el médico te recomendará que te hagas ecografías periódicas para identificar la presencia de anemia fetal, así como para evaluar la circulación sanguínea en un vaso específico del cerebro, que también permite detectar la anemia. Se trata en concreto de las ecografías Doppler de la *arteria cerebral media*, que suelen realizarse cada siete días durante las 12 semanas siguientes a la exposición al virus. Si se detecta una anemia, los médicos pueden hacer una transfusión de sangre al feto (consulta el capítulo 6) mientras todavía está en el útero o acelerar el parto si estás cerca de la fecha probable.

La buena noticia es que varios estudios recientes demuestran que los bebés infectados con parvovirus durante el embarazo, aunque padezcan anemia, tienen tantas probabilidades de nacer sanos como cualquier otro si son tratados adecuadamente.

Gastroenteritis vírica

La gastroenteritis vírica puede presentarse en cualquier momento, tanto si estás embarazada como si no. Los síntomas, que duran entre 24 y 72 horas, incluyen retortijones, fiebre, diarrea y náuseas, con o sin vómitos. Los virus que causan la gastroenteritis generalmente no hacen daño al bebé.

No te preocupes pensando que el bebé no va a recibir una nutrición adecuada si no puedes comer durante unos días. Los fetos no sufren si la madre se salta unas pocas comidas.

Si contraes una gastroenteritis vírica, asegúrate de tomar suficientes líquidos. La deshidratación puede provocar contracciones prematuras y contribuir a la fatiga y al mareo. Toma el caldo de pollo que mencionamos anteriormente y bebe muchos líquidos, como agua, refrescos o té. Cuídate como si no estuvieras embarazada. Si los síntomas persisten más de 72 horas, llama al médico.

Toxoplasmosis

Se trata de una infección provocada por un parásito que se encuentra en la carne cruda y en las heces de los gatos. Si entra en la circulación sanguínea de una persona, puede producir síntomas parecidos a los gripales, aunque en algunos casos es asintomática. Este tipo de infección es muy poco común en países como Estados Unidos, y mucho menos en embarazadas (sólo dos de cada 1000 mujeres), mientras que en Francia es más común.

Si una mujer embarazada se infecta con este virus, las probabilidades de que transmita la infección al bebé, y los posibles efectos que esto pueda tener, dependen en gran medida del momento en que la contraiga. Si se produce durante el primer trimestre, las probabilidades de infección del bebé son inferiores al 2%. A medida que avanza el embarazo las probabilidades aumentan, pero los efectos son menos graves. Una infección por toxoplasmosis al principio del embarazo puede provocar anomalías en el sistema nervioso central y en la visión del feto.

Si ya has padecido la infección y, por lo tanto, tienes anticuerpos en la sangre, es muy improbable que vuelvas a infectarte. Si un análisis indica que puedes haberte infectado recientemente, el médico enviará una muestra de tu sangre a un laboratorio especializado para confirmar el resultado, porque muchas pruebas iniciales dan un falso positivo. Si el resultado se mantiene positivo y se sospecha que contrajiste la infección después de concebir, el médico puede recetarte antibióticos especiales para reducir el riesgo de infección en el bebé. Después, en el segundo trimestre, seguramente te hará una amniocentesis para comprobar si el feto está infectado. En el caso de que así sea, tendrás que tomar antibióticos durante el resto del embarazo. El médico te recomendará que hables con un especialista en medicina maternofetal.

Estudios recientes realizados en Francia indican que casi todos los fetos infectados con el parásito tienen un pronóstico excelente si se tratan con los antibióticos indicados.

No existe una vacuna para prevenir la toxoplasmosis. La mejor forma de evitar la enfermedad consiste en reducir la ingestión de carne cruda y poco cocida. Olvídate del *carpaccio* y pide la carne en su punto. Evita también el contacto con las heces de gato. Si tienes un gato que vive en el exterior de la casa, pídele a otra persona que le limpie la caja de la arena. Los gatos que no salen a la calle y que jamás entran en contacto con ratones o ratas rara vez tienen el parásito. Si nadie puede hacerlo, utiliza guantes de goma cuando cambies la arena. Usa también guantes al realizar cualquier tarea en tu jardín si crees que recibe las visitas de los gatos vecinos.

Infecciones vaginales

Las bacterias y otros microorganismos se establecen fácilmente en la vagina, donde las condiciones de calidez y humedad son perfectas para crecer y reproducirse. Una mujer puede tener en cualquier momento una de las infecciones que se mencionan a continuación, incluso durante el embarazo.

Vaginosis bacteriana

La vaginosis bacteriana es muy común. Los síntomas incluyen un flujo maloliente de color entre amarillo y blanco, que empeora después de una relación sexual. Las investigaciones asocian esta infección con un riesgo ligeramente mayor de parto prematuro, por lo que muchos médicos realizan pruebas para detectarla en aquellas pacientes que pueden dar a luz antes de la fecha probable. El tratamiento incluye antibióticos orales o cremas antibióticas vaginales.

Clamidia

La clamidia es una de las enfermedades de transmisión sexual más comunes, muy a menudo asintomática. Algunos médicos realizan de forma habitual un cultivo del cuello uterino para detectar la presencia de clamidia, al mismo tiempo que hacen una citología vaginal. Si el resultado es positivo, el médico te recetará un fármaco para tratar la infección. Puede transmitirse al recién nacido durante el parto vaginal, lo que aumenta las probabilidades de que el bebé padezca *conjuntivitis* –infección en los ojos– o, rara vez, neumonía. En la mayoría de hospitales se aplica una pomada en los ojos del recién nacido justo después del parto para prevenir la conjuntivitis, aunque la madre no esté infectada de clamidia.

Hongos

Los hongos son muy comunes en el embarazo. Las grandes cantidades de estrógeno presentes en la circulación sanguínea durante el embarazo favorecen la proliferación de hongos en la vagina. Los síntomas de este tipo de infección son escozor vaginal y un flujo espeso, entre blanco y amarillo. No obstante, muchas mujeres tienen este tipo de infección sin manifestar síntomas. Muchas veces basta con seguir un breve tratamiento con óvulos o cremas. Para infecciones persistentes, el médico puede recetar medicamentos por vía oral.

Los hongos no suelen causar problemas al feto ni al recién nacido.

Enfermedades preexistentes

Los siguientes apartados describen las enfermedades que puede padecer una mujer antes de quedarse embarazada y sus repercusiones en la gestación.

Asma

Es difícil predecir el efecto que tendrá el embarazo en esta enfermedad. Algunas mujeres notan una mejoría durante el embarazo, otras un empeoramiento y más o menos la mitad no percibe ninguna diferencia.

La principal preocupación de las mujeres asmáticas es saber si pueden seguir con su tratamiento habitual durante el embarazo. Recuerda, sin embargo, que el mayor problema del asma durante el embarazo no son los medicamentos, sino la posibilidad de no tratar la enfermedad adecuadamente. Si te cuesta respirar, es probable que al bebé no le llegue suficiente oxígeno. Los tratamientos más comunes para el asma suelen ser seguros para el bebé. Se incluyen los siguientes:

✔ Agonistas beta (salmeterol, salbutamol, orciprenalina, terbutalina y albuterol).

✔ Corticoesteroides.

✔ Ácido cromoglícico.

✔ Teofilina.

✔ Esteroides en inhalador.

Puedes adoptar medidas preventivas para controlar los ataques agudos prestando atención a tu flujo respiratorio máximo –si sueles tener asma, sabrás detectarlo sin problemas; en caso contrario, consulta a un neumólogo–. Naturalmente, también te conviene evitar las situaciones que puedan provocarte un ataque.

Hipertensión crónica

Es la tensión arterial elevada, independiente del embarazo. Aunque muchas mujeres con hipertensión saben que la tienen antes de concebir, los médicos a veces la diagnostican durante el embarazo. Si tu caso de hipertensión crónica es leve o moderado, lo más probable es que tengas un embarazo sin problemas. No obstante, el médico estará pendiente de ciertas complicaciones que podrían afectarte a ti o al bebé.

Las mujeres que sufren de hipertensión crónica corren un mayor riesgo de padecer preeclampsia, por lo que el médico estará atento a cualquier signo que indique que podrías sufrir este problema. El principal riesgo para el bebé es la restricción del crecimiento uterino o el desprendimiento prematuro de la placenta (consulta el capítulo 16). El médico probablemente realizará varias ecografías para evaluar el crecimiento del bebé y para asegurarse de que tengas suficiente líquido amniótico. También es probable que te sugiera hacerte varias pruebas para controlar el bienestar fetal, como una *cardiotocografía en reposo* (consulta el capítulo 8). La evolución positiva del embarazo depende del control de tu tensión arterial, de tu salud en general y del crecimiento del bebé.

Flebotrombosis profunda y embolia pulmonar

Una flebotrombosis profunda es un trombo que se forma en una vena profunda, generalmente en la pierna. Una embolia pulmonar es la formación de un émbolo en un pulmón, muchas veces causado por un trombo que se desprende de una de las venas profundas de la pierna y llega hasta el

Las madres embarazadas preguntan...

P: ¿Son seguros los medicamentos para controlar la tensión arterial?

R: Casi todos lo son, pero algunos no han sido muy estudiados en relación con el embarazo. Pregúntaselo a tu médico. Sin embargo, hay ciertos medicamentos que deben evitarse.

Los inhibidores de la enzima convertidora de la angiotensina son peligrosos para el riñón del feto; los betabloqueantes, aunque se consideran seguros, podrían causar restricción del crecimiento uterino; y los diuréticos no son recomendables, a menos que ésta sea la única forma de tratar la hipertensión.

pulmón. Ambos trastornos son poco comunes y afectan a mucho menos del 1% de las mujeres embarazadas.

Los síntomas de la flebotrombosis profunda incluyen dolor, edema y sensibilidad, generalmente en la pantorrilla, junto a un endurecimiento en forma de cordón en la parte trasera de la pierna. Es muy importante diagnosticarla antes de que se convierta en una embolia pulmonar.

Sin embargo, recuerda que el dolor muscular, los calambres y la hinchazón son propios de un embarazo normal, mientras que la flebotrombosis profunda es muy poco común. Informa a tu médico si sientes estos síntomas, pero no te asustes.

Diabetes

Durante el embarazo, puedes sufrir diabetes por dos razones:

- ✔ Ya la padecías antes de quedarte embarazada.
- ✔ Contraes lo que se conoce como *diabetes gestacional*, propia del embarazo, pero que suele desaparecer después.

Diabetes pregestacional

Si tienes antecedentes de diabetes, habla con tu médico antes de concebir. Si controlas la glucemia antes de quedarte embarazada, la gestación seguramente transcurrirá sin problemas. Las mujeres con diabetes pregestacional corren un mayor riesgo de sufrir ciertas anomalías congénitas en el feto. Ese riesgo puede reducirse a un nivel normal si la glucosa se mantiene bajo control.

Algunos médicos creen que es recomendable hacerse un análisis de sangre, llamado *prueba de hemoglobina A1C*, para verificar cómo se ha ido controlando la glucosa en los meses anteriores. Probablemente también te sugieran hacerte una ecografía especial, llamada *ecocardiograma fetal* (consulta el capítulo 8), para comprobar que el corazón del bebé funciona bien. Si tomas medicamentos por vía oral para controlar la glucemia, tu médico puede sugerirte que cambies a las inyecciones de insulina. Algunas mujeres con diabetes sufren complicaciones en los riñones, pero este tipo de problema no suele empeorar durante el embarazo. Si padeces una afección ocular relacionada con la diabetes (*retinopatía proliferativa*), el médico la controlará de cerca durante el embarazo y probablemente decidirá tratarla.

Las madres embarazadas preguntan...

P: Si contraigo diabetes gestacional, ¿me recuperaré cuando termine el embarazo?

R: Casi todas las mujeres se recuperan totalmente, pero algunas siguen padeciendo diabetes. En estos casos, no es el embarazo lo que la provocó, sino que ya estaban expuestas a contraer la enfermedad. Si padeces diabetes gestacional, es importante que te hagas las pruebas unos meses después de dar a luz. Además, ten presente que a partir de este momento estás expuesta a un mayor riesgo de padecer diabetes.

Casi todas las mujeres diabéticas viven el embarazo sin tropiezos; sin embargo, es probable que el médico tenga que ajustar la dosis de insulina. También seguirá de cerca el crecimiento del bebé con ecografías periódicas y estará pendiente de que no padezcas hipertensión. En el tercer trimestre, empezará a controlar atentamente al bebé con una serie de pruebas de bienestar fetal –cardiotocografías en reposo periódicas, como indica el capítulo 8–.

Cuando se inicie el parto, el médico comprobará tu nivel de glucosa y es probable que te administre insulina. Con un control óptimo de la glucosa y una vigilancia estrecha del bebé y de la futura madre, la mayoría de mujeres con diabetes tienen excelentes perspectivas en sus embarazos.

Diabetes gestacional

Afecta a cerca del 2 o 3% de las mujeres gestantes, y es una de las complicaciones médicas más comunes del embarazo. El médico la diagnostica con un análisis de sangre específico. Consulta el capítulo 8, donde hay más información sobre esta prueba.

Si padeces diabetes gestacional y no controlas tus niveles de glucosa, el bebé corre un mayor riesgo de sufrir ciertos problemas. Si tus niveles de glucemia son altos, los del feto también lo serán. Esto hace que el feto produzca ciertas hormonas que estimulan su crecimiento, hasta alcanzar un tamaño demasiado grande (consulta el capítulo 16). Además, si el feto presenta niveles altos de azúcar cuando todavía está en el útero, después de nacer puede tener problemas temporales de regulación de la glucosa. Si la glucosa de la madre –y del feto– se controla durante el embarazo, el riesgo de que sufra estas complicaciones se reduce considerablemente.

Para controlar los niveles de glucosa en casos de diabetes gestacional, suele bastar con modificar la dieta; muchas mujeres hablan con una enfermera o una nutricionista para elaborar una dieta específica. El ejercicio también ayuda. Sólo en contadas ocasiones es necesario recurrir a medicamentos para mantener controlado el nivel de glucosa. Tradicionalmente, los médicos han recetado inyecciones de insulina para controlar los niveles de glucemia, pero recientes investigaciones sugieren que un medicamento llamado glibenclamida, de administración por vía oral, es seguro y efectivo. Si padeces diabetes gestacional, el médico quizá te pida que controles el nivel de glucosa varias veces al día o a la semana. Para ello, tendrás que pincharte el dedo con una aguja y colocar la gota de sangre en una pequeña máquina portátil que te proporciona unos resultados inmediatos.

Fibromas

Los *fibromas* –también llamados miomas uterinos– son tumores benignos de células musculares que componen el útero. Son muy comunes, y el médico muchas veces los diagnostica durante una ecografía. Los altos niveles de estrógeno en la circulación sanguínea de una mujer embarazada pueden estimular su crecimiento. No obstante, es difícil predecir si los fibromas crecerán, se mantendrán o se reducirán durante el embarazo, aunque no suelen provocar problemas.

En casos extremos, los fibromas pueden provocar ciertas complicaciones:

✔ Pueden crecer tanto que su riego sanguíneo sea insuficiente y empiecen a degenerar, lo que en ocasiones provoca dolor, contracciones uterinas e incluso parto prematuro. Los síntomas de degeneración incluyen dolor y sensibilidad directamente sobre el fibroma, en la parte baja del abdomen. Los tratamientos a corto plazo con medicamentos antiinflamatorios pueden ser de ayuda.

✔ Los fibromas muy grandes situados en la parte inferior del útero o cerca del cuello uterino pueden complicar las opciones del bebé para salir por la vía del parto. Además, pueden aumentar el riesgo de cesárea, aunque esta situación es poco frecuente.

✔ Los fibromas grandes situados dentro del útero a veces hacen que el bebé se coloque en posición podálica o transversal. Sin embargo, no es algo frecuente. La mayoría de las veces, los fibromas no causan ningún problema y suelen disminuir de tamaño después del parto.

Trastornos inmunitarios

Estos trastornos hacen que el sistema inmunitario de la persona produzca anticuerpos atípicos, lo que puede causar una serie de complicaciones. En la mayoría de casos, las mujeres que tienen problemas inmunitarios son conscientes de ello antes de quedar en estado. Si eres una de ellas, coméntale el problema al médico antes de concebir o en cuanto sepas que estás embarazada.

Anticuerpos antifosfolipídicos

Son un tipo de anticuerpos que circulan por la sangre de algunas mujeres. Las dos clases más comunes son el anticoagulante lúpico y los anticuerpos anticardiolipínicos. Se encuentran en la sangre de ciertas mujeres con enfermedades del tejido conjuntivo –como el lupus–, en pacientes que han tenido coágulos y en otras que no tienen antecedentes clínicos de problemas de este tipo. Son importantes en el embarazo porque se asocian con abortos recurrentes, muerte fetal sin explicación, comienzos de preeclampsia y restricción del crecimiento intrauterino. Los médicos no suelen realizar pruebas para detectar estos anticuerpos porque muchas mujeres que los tienen no presentan ningún problema. No obstante, si alguna de las siguientes situaciones se aplica a tu caso, el médico seguramente querrá hacerte más pruebas:

✔ Trastornos autoinmunitarios de las plaquetas.

✔ Un falso positivo en la prueba de la sífilis.

✔ Antecedentes de coágulos espontáneos en las piernas o en los pulmones.

✔ Antecedentes de accidentes cerebrovasculares o accidentes isquémicos transitorios –una especie de accidente cerebrovascular pasajero–.

✔ Lupus u otra enfermedad del tejido conjuntivo.

El médico también querrá hacerte pruebas para comprobar si anteriormente tuviste algún problema obstétrico como:

✔ Principios de preeclampsia.

✔ Problemas del crecimiento fetal –restricción del crecimiento intrauterino–.

✔ Abortos recurrentes.

✔ Un bebé mortinato –que nace muerto– o una muerte fetal sin explicación.

El síndrome de anticuerpos antifosfolipídicos se diagnostica cuando una mujer presenta dichos anticuerpos en la sangre, junto a uno de los anteriores factores de riesgo. Si padeces el síndrome, según la gravedad, el médico puede recomendarte que tomes ácido acetilsalicílico en dosis bajas, heparina, esteroides orales o alguna combinación de estos medicamentos. Seguramente también te recomendará ecografías periódicas, para asegurarse de que el bebé esté creciendo adecuadamente, y las pruebas de bienestar fetal (consulta el capítulo 8).

Nos damos cuenta de que la descripción de este síndrome puede asustar, pero la mayoría de las mujeres que reciben cuidados médicos apropiados tiene embarazos normales y bebés saludables.

Lupus

El lupus eritematoso diseminado –o simplemente lupus– es una de las muchas enfermedades del tejido conjuntivo. El embarazo no empeora la enfermedad, pero algunas mujeres sufren un recrudecimiento de sus síntomas.

Por otra parte, el lupus puede afectar al embarazo, según su gravedad. Una forma leve seguramente te afectará poco, pero un lupus más agudo conlleva un mayor riesgo de aborto, problemas de crecimiento fetal y preeclampsia (consulta el capítulo 16). Según tus antecedentes, el médico quizá te recomiende medicamentos como heparina, ácido acetilsalicílico en dosis bajas o esteroides orales. También te pedirá que te hagas ecografías frecuentes y pruebas para comprobar el bienestar fetal. Todo lo que puedes hacer para que el embarazo evolucione sin problemas es procurar mantener la enfermedad bajo control antes de concebir.

Enfermedad intestinal inflamatoria

Hay dos clases de enfermedades inflamatorias intestinales: la enfermedad de Crohn y la colitis ulcerosa. Afortunadamente, el embarazo no las agrava. Si tienes una enfermedad inflamatoria del intestino, pero los síntomas fueron menores o inexistentes durante los meses previos al embarazo, seguramente permanecerán controlados durante la gestación. Los médicos muchas veces recomiendan que las mujeres cuyos síntomas son frecuentes y graves aplacen el embarazo hasta que la enfermedad remita o se controle un poco. Casi todos los medicamentos para tratarla se consideran seguros y eficaces durante el embarazo.

Enfermedades convulsivas (epilepsia)

Casi todas las mujeres que padecen epilepsia pueden tener embarazos normales y dar a luz a bebés perfectamente sanos. No obstante, la epilepsia exige que el obstetra y el neurólogo de la paciente trabajen mano a mano para establecer cuál es la mejor estrategia para controlar las convulsiones. Si tienes epilepsia, antes de quedar embarazada intenta esforzarte por controlar tus crisis con el mínimo de medicación. Los estudios demuestran que las mujeres que consiguen controlar sus crisis con dosis mínimas antes de concebir tienen un embarazo con un mejor desenlace. Consulta a tu neurólogo antes de concebir y no dejes de tomar la medicación, a menos que así te lo indique.

Todos los medicamentos que se utilizan para tratar las convulsiones conllevan algún riesgo de anomalías congénitas. Los problemas que pueden ocasionar varían según el medicamento, pero incluyen deformidades faciales, labio leporino, fisura palatina, cardiopatías congénitas y anomalías del tubo neural. Por esta razón, las mujeres que toman antiepilépticos deben hacerse una ecografía para evaluar la anatomía fetal y un ecocardiograma para identificar cualquier cardiopatía en el bebé (consulta el capítulo 8).

Las mujeres con trastornos convulsivos deberían empezar a tomar ácido fólico unos tres meses antes de concebir, porque algunos antiepilépticos pueden afectar a sus niveles.

No ajustes sola la dosis de los medicamentos, especialmente cuando ya estés embarazada. La actividad convulsiva podría incrementarse, lo que probablemente sería peor para el desarrollo del bebé que los propios medicamentos.

Problemas de la glándula tiroidea

Los problemas en el funcionamiento de la glándula tiroidea son relativamente comunes en las mujeres en edad reproductiva. Muchas embarazadas, por ejemplo, tienen la glándula tiroidea hiperactiva o hipoactiva. Aunque estos trastornos requieren pruebas adicionales, no suelen causar grandes problemas en el embarazo.

Hipertiroidismo (glándula tiroidea hiperactiva)

Hay muchas causas que provocan el hipertiroidismo, pero la más común es la enfermedad de Graves-Basedow, que se asocia con la presencia en la sangre de sus propios anticuerpos –inmunoglobulinas estimulantes de la glándula tiroidea–. Estos anticuerpos hacen que la glándula fabrique demasiadas hormonas tiroideas. Las mujeres embarazadas que tienen una glándula tiroidea hiperactiva deben recibir un tratamiento adecuado –si es posible, desde antes de concebir– para reducir el riesgo de sufrir complicaciones como parto prematuro, aborto y bajo peso del bebé al nacer.

Si tienes una glándula tiroidea hiperactiva, el médico te recetará ciertos medicamentos para reducir la cantidad de hormonas tiroideas que circulan por tu sangre; si tu problema es mínimo, es posible que no haga falta recetarte nada. Algunos de estos medicamentos pueden atravesar la placenta, así que el médico observará el feto atentamente, por lo general a través de ecografías regulares, para detectar cualquier prueba que indique que el medicamento reduce demasiado los niveles tiroideos del bebé. Controlará sobre todo su crecimiento y su frecuencia cardíaca, para asegurarse de que son normales, y analizará la posibilidad de que el feto haya contraído bocio –aumento de la glándula tiroidea–.

El médico también analizará tu sangre para comprobar los niveles de los anticuerpos que estimulan la glándula tiroidea, porque pueden atravesar la placenta y estimular también la del bebé –en casos muy poco frecuentes–. Después del parto, el pediatra observará detenidamente al recién nacido en busca de indicios de problemas tiroideos.

Hipotiroidismo (glándula tiroidea hipoactiva)

Una mujer con una glándula tiroidea menos activa de lo normal –hipotiroidismo– puede tener un embarazo sano, siempre y cuando la enfermedad reciba un tratamiento adecuado; en caso contrario, corre un mayor riesgo de padecer ciertas complicaciones, como dar a luz a un bebé de bajo peso. El hipotiroidismo se trata con un medicamento que actúa reemplazando la hormona. Esta práctica es completamente segura para el bebé porque, si el medicamento atraviesa la placenta, lo hace en muy pequeñas cantidades. Si tienes una glándula tiroidea menos activa de lo normal, el médico querrá revisar periódicamente tus niveles hormonales para comprobar si debe cambiar tu medicación.

Capítulo 18

Enfrentarse a lo inesperado

*O*jalá no existiera la necesidad de incluir este capítulo. Ojalá todas las parejas que esperan un bebé acabaran con un bebé sano en sus brazos. Suele ser así, pero no todo el mundo tiene tanta suerte. Las personas que se enfrentan a la muerte del feto o descubren que su bebé tiene una anomalía grave necesitan saber qué ocurre y cómo reaccionar cuando las cosas no salen según lo esperado. Si estás pasando por uno de los problemas que mencionamos en este capítulo, esperamos que encuentres de utilidad la información que incluimos.

Quizá te interese leer este capítulo porque has tenido un embarazo que no llegó a término. Si es así, el embarazo actual seguramente hará que te sientas nerviosa. Esto es normal. Conocemos a muchas mujeres que vivieron malas experiencias y nos damos cuenta de que lo único que de verdad puede aliviar su ansiedad es tener en brazos a un bebé sano.

Una forma de aliviar un poco la preocupación es hablar con el médico sobre la situación. Pídele que te ayude a trazar un plan de acción que aumente al máximo tus posibilidades y te enseñe a hacer frente a cualquier imprevisto. Cuando creas que estás haciendo todo lo posible por evitar un problema recurrente, quizá logres tranquilizarte un poco. Tu preocupación no desaparecerá del todo, pero recuerda que, aunque una parte del proceso está en manos de la naturaleza, pueden tomarse ciertas soluciones médicas para aumentar las probabilidades de que tengas un bebé sano.

Superar varios abortos

Desgraciadamente, los abortos en el primer trimestre se producen con relativa frecuencia. Los médicos calculan que entre el 15 y el 20% de los embarazos reconocidos –los que han dado positivo en una prueba de embarazo– terminan en aborto. Y se cree que se pierden muchos más embriones antes de que se sepa que existen, es decir, antes de que la mujer se haga la prueba. En la mitad de las ocasiones, la causa del aborto en el primer trimestre es la presencia de alguna anomalía cromosómica en el embrión o en el feto. Otro 20% de los abortos que se producen al comienzo de la gestación se deben a anomalías estructurales del embrión. Por lo general, se producen de forma espontánea y no suelen ser recurrentes.

Entre el 80 y el 90% de las mujeres que han tenido un solo aborto dan a luz a un bebé sano en el próximo intento.

Los *abortos recurrentes* –técnicamente, la pérdida de tres embarazos seguidos– son mucho menos comunes: ocurren sólo entre un 0,5 y un 1% de las mujeres. Son muchas las causas que contribuyen al aborto recurrente, incluidas las siguientes:

✔ Causas genéticas.

✔ Anomalías uterinas.

✔ Causas inmunitarias, aunque no todos los médicos están de acuerdo con este factor.

✔ Secreción inadecuada de progesterona.

✔ Ciertas infecciones, aunque esta causa no está clara.

✔ Síndrome de anticuerpos antifosfolipídicos o trastornos de coagulación (consulta el capítulo 17).

✔ Ciertas toxinas ambientales o fármacos, como antipalúdicos y algunos anestésicos.

Casi todos los médicos sugieren que las mujeres se sometan a ciertas pruebas después de haber tenido tres abortos espontáneos, aunque algunos empiezan a hacerlas incluso antes. Como la causa más común de aborto son las anomalías cromosómicas, un primer paso es hacer pruebas a los cromosomas del tejido fetal, siempre que sea posible.

Existen varias estrategias para tratar los abortos recurrentes, pero los médicos no han llegado a un consenso acerca de cuál es la mejor. Es más fácil optar por una estrategia si se sabe cuál es el problema. Por ejemplo, tu médico podría ser capaz de reparar quirúrgicamente un útero de forma irregular. Si los médicos no encuentran la causa de los abortos recurrentes, resulta más difícil saber qué tratamiento es el mejor. Sin embargo, incluso si no se intenta ningún tratamiento, las mujeres que han padecido tres abortos consecutivos siguen teniendo más del 50% de probabilidades de tener un embarazo normal y que llegue a término.

Enfrentarse a la pérdida de un embarazo avanzado

Cuando se hace referencia a la pérdida de un embarazo avanzado, se está hablando de la muerte fetal, ya sea intrauterina o en el periodo inmediato después del parto. Afortunadamente, estas pérdidas no son frecuentes y no suelen ocurrir más de una vez. Algunas de las causas que provocan la pérdida de un embarazo avanzado son:

✔ Anomalías cromosómicas.

✔ Otros síndromes genéticos.

✔ Defectos estructurales.

✔ Desprendimiento prematuro de una placenta de grandes proporciones (consulta el capítulo 16).

✔ Anticuerpos antifosfolipídicos o trastornos de coagulación (consulta el capítulo 17).

✔ Compresión del cordón umbilical.

✔ Causa desconocida, lo que es muy común.

Las mujeres que sufren la pérdida de un embarazo muchas veces se preguntan: "¿Tengo yo la culpa?". La respuesta casi siempre es no. No tienes que agravar tu pena echándote la culpa. A muchas pacientes les resulta de gran ayuda, después de que el dolor inicial haya empezado a ceder, reunir los informes del embarazo, incluyendo los datos anatomopatológicos, y consultar a un médico o a un especialista. A veces pueden identificar la causa de la pérdida, pero no siempre es así. Sea como sea, la mayoría de las mujeres se sienten mejor después de buscar con el médico una estrategia para evitar la pérdida de futuros embarazos. Además, así reducen su sensación de impotencia. Los grupos de apoyo también pueden ser una gran ayuda (consulta el apartado "En busca de ayuda" más adelante en este capítulo).

En embarazos posteriores, el médico puede aconsejar la realización de varios análisis de sangre para controlar la presencia de ciertas anomalías que se asocian con la pérdida fetal. Muchas veces, si ya sufriste la pérdida en un embarazo avanzado, el médico seguirá estrechamente el progreso de la gestación con ecografías regulares y pruebas de bienestar fetal. Quizá te recomiende que des a luz unos días antes de la fecha probable, anticipándose al inicio natural del parto. Seguramente te sentirás nerviosa en los embarazos siguientes, lo que es totalmente normal, pero ten presente que es poco probable que pierdas un bebé por segunda vez.

Las anomalías fetales

Todos los futuros padres se preguntan si su bebé será "normal". Por regla general, la respuesta es sí. No obstante, entre un 2 y un 3% de los bebés tienen anomalías importantes. Algunas pueden solucionarse e influyen poco en la calidad de vida del niño. Pero a veces el problema puede tener una mayor gravedad, tanto si se trata de una anomalía estructural como si es cromosómica o genética.

Cuando se detecta una anomalía, la primera pregunta que muchas mujeres nos hacen es: "¿Es culpa mía?". La respuesta, en la mayoría de los casos, es no. Por lo que se sabe de las anomalías fetales, casi todas son esporádicas, es decir, se producen de forma aleatoria y no tienen causas identificables. Si el médico no puede identificar las causas, es poco probable que ese mismo tipo de anomalía se presente de nuevo en otros embarazos. En cambio, si la causa es genética, hay ciertas probabilidades de que se repita.

Si a tu bebé se le diagnostica una anomalía congénita con una ecografía u otro tipo de prueba, el médico seguramente recomendará que te hagas más análisis para buscar otros factores asociados con ese problema en particular. Puede sugerirte que hables con un experto en genética para que te informe sobre las implicaciones. Si es un defecto estructural, que puede tratarse o solucionarse quirúrgicamente, tu médico te recomendará que consultes al especialista que puede tratar al bebé cuando nazca. Estas conversaciones te preparan para lo que sucederá después del parto y durante la vida de tu hijo.

Nadie quiere recibir la noticia de que su bebé sufre una anomalía, pero es útil saberlo por varias razones:

✔ Si sabes que existen ciertos trastornos, como anemia fetal u obstrucción de las vías urinarias, los médicos pueden tratarlos.

✔ Esta información te permite prepararte para lo que sucederá cuando nazca el bebé.

✔ Estás en condiciones de controlar el embarazo y considerar todas las opciones posibles.

✔ Comprendes mejor lo que debes hacer para sobrellevar los embarazos futuros.

En busca de ayuda

Si tu embarazo no ha salido como esperabas, el primer lugar donde puedes buscar apoyo –y el más evidente– es tu pareja. Tus familiares, amigos o miembros de la comunidad religiosa también pueden ser un gran consuelo. A muchas parejas les ayuda recibir consejo de un psicoterapeuta o de un trabajador social. También hay grupos de apoyo que aportan comprensión y te permiten compartir sus conocimientos sobre el problema. Si tienes acceso a Internet, encontrarás una cantidad ingente de grupos de apoyo.

Empezar a superarlo

Naturalmente, ya desde el primer trimestre, las parejas sienten un fuerte vínculo emocional con el hijo que todavía no ha nacido. Como resultado, la pérdida del feto les causa el mismo dolor que experimentarían ante la pérdida de un familiar o de un amigo íntimo. La pérdida de un feto no es menos trágica que la de un hijo. Los padres que deciden interrumpir un embarazo por culpa de alguna anomalía también sufren una enorme pena.

Ambos padres deberían reconocer la necesidad –y el derecho– de sentir dolor por la pérdida de un embarazo. La reacción emocional es un largo proceso que pasa por una serie de etapas: que se inicia con la conmoción y la negación, después evoluciona hacia la ira y, finalmente, acaba en la aceptación y la capacidad de seguir viviendo. Sin embargo, cada miembro de la pareja sentirá el dolor de forma diferente.

Después de pasar por estas etapas y de recuperarte física y emocionalmente, estarás lista para probar de nuevo. Muchas veces, un miembro de la pareja supera el proceso de duelo más rápidamente que el otro. Asegúrate de que ambos están listos antes de intentarlo otra vez. Y recuerda que un embarazo que llega a término, aunque es un gran acontecimiento, no acaba de reemplazar al que se ha perdido, por lo que el proceso de duelo es necesario. Desde un punto de vista médico, primero hay que completar el proceso que te llevará a encontrar las posibles causas de la pérdida y a trazar un plan de acción para el próximo embarazo. También debes saber que vas a vivir tu siguiente embarazo con un cierto nerviosismo y que necesitarás todavía más comprensión por parte de tu familia, amigos y profesionales de la salud.

Parte V
Los decálogos

—ÉSA ES LA REPOSICIÓN DE UN DESFILE CON GLOBOS QUE SE HIZO EN NAVIDAD. LAS IMÁGENES DE SU ECOGRAFÍA ESTÁN AQUÍ.

En esta parte...

En esta parte te resumimos algunos de los aspectos más importantes del embarazo. Te explicamos diez cosas de las que rara vez te hablarán tus amigas, tus familiares o incluso tu médico. Asimismo, te enseñamos diez detalles geniales que puedes ver en una ecografía, para que sepas lo que tienes que buscar cuando el médico esté monitoreando a tu hijo.

Capítulo 19

Diez cosas que nadie te contará

*N*o te preocupes. No existe ninguna conspiración que quiera ocultarte ciertos aspectos relacionados con el embarazo. Pero tus amigas y familiares –y cualquier persona con la que hables– suelen olvidar pequeños detalles, especialmente los menos agradables. Es más, otros libros muchas veces edulcoran estas cuestiones, quizá porque quieren ser elegantes. Pues bien, aun a riesgo de que parezca una falta de delicadeza, vamos a contarte las cosas tal como son.

El embarazo dura más de nueve meses

Las pacientes siempre preguntan "¿De cuántos meses estoy?", y nos cuesta darles una respuesta precisa. Se dice que el embarazo dura nueve meses, pero esta cifra no es exacta. El embarazo medio dura 280 días, o 40 semanas, contando desde el primer día de la última menstruación. ¿Te parece que 40 semanas es mucho tiempo? Pues alégrate de no ser una elefanta: ¡tienen un periodo de gestación de 22 meses! Por lo tanto, si un mes dura cuatro semanas, el embarazo dura diez meses. Según el calendario, sin embargo, casi todos los meses tienen cuatro semanas más dos o tres días, así que nueve meses de calendario muchas veces se acercan a las 40 semanas. Los médicos hablan de semanas cuando calculan la edad gestacional porque es la forma más precisa y clara de hacerlo.

La gente puede hacer que te vuelvas loca

Los amigos, parientes, conocidos y desconocidos te darán su opinión y sus consejos sin que se los pidas y querrán compartir contigo todas las historias escalofriantes sobre embarazos que hayan oído. Quizá te digan que tienes más trasero, que has engordado –o adelgazado– un montón o que no deberías comer lo que estás a punto de meterte en la boca.

No tienen malas intenciones cuando te dicen que el embarazo de una prima terminó fatal o cuando te cuentan las complicaciones que tuvo una amiga; el problema es que no se dan cuenta de que están aumentando tu ansiedad. No les prestes atención. Trata de sonreír educadamente e ignora los comentarios. Diles que no te sientes con ánimo de oír esas historias en ese preciso momento. Pero si tienes problemas o preocupaciones reales, coméntaselas al médico.

En el primer trimestre te sentirás agotada

Quizá ya te hayan comentado que te notarás más cansada durante el primer trimestre, pero hasta que lo vivas no te darás cuenta de lo agotada que puedes llegar a estar. Muy probablemente, te descubrirás aprovechando cualquier oportunidad para cerrar los ojos un instante, ya sea en el colectivo, en el tren, en el trabajo o incluso en la camilla mientras esperas a que llegue el médico. No debes preocuparte, ya que esta fatiga desaparecerá hacia finales del primer trimestre –más o menos en la semana 13– y recuperarás tu energía habitual. No obstante, procura estar atenta, porque más o menos entre las semanas 30 y 34, el estrés físico del embarazo puede abrumarte de nuevo y quizá vuelvas a sentirte bastante cansada durante varias semanas. La mejor manera de aliviar un poco el cansancio es procurar dormir siempre que puedas, especialmente durante el primer trimestre.

El dolor del ligamento redondo duele, y mucho

El ligamento redondo va desde la parte superior del útero hasta los labios de la vulva. A medida que el útero crece, este ligamento se estira y muchas mujeres sienten incomodidad o dolor en uno o ambos lados de la ingle, especialmente entre las semanas 16 y 22. Los médicos te dirán que este síntoma no es más que dolor irradiado del ligamento redondo y que no tienes por qué preocuparte. Y tienen razón, pero te mereces un poco de comprensión –tienes toda la nuestra– porque ese dolor puede ser muy intenso.

Puedes aliviar el dolor sentándote, recostándote o cambiando de posición, porque así aligeras la presión sobre los ligamentos. Por cierto, si estás embarazada de gemelos o más, este dolor puede empezar antes y durar más. El único consuelo es que se reduce alrededor de la semana 24.

Tu abdomen atraerá las manos como un imán

Cuando se te empiece a notar que estás embarazada, descubrirás que de repente todo el mundo cree que tiene derecho a tocarte; y no solamente tus amigos, parientes y compañeros de trabajo, sino también el cartero, la cajera del supermercado y otras personas que no conoces. Aunque algunas mujeres aprecian este gesto, para muchas es una invasión de su intimidad. Puedes aguantarte o encontrar alguna forma delicada de decir: "¡Eh, quita la mano!"

Las hemorroides son muy dolorosas

Es posible que tu mejor amiga te haya contado todos los detalles sobre su embarazo… ¿pero se acordó de las hemorroides? Créenos, aparecen muy a menudo y, cuando lo hacen, la persona que las padece siente mucho dolor e incomodidad. Las hemorroides son venas que se dilatan cerca del recto, y que se congestionan debido a la presión ejercida sobre esa parte del cuerpo o por el esfuerzo de empujar durante el parto. Algunas mujeres las notan durante el embarazo, otras no tienen problemas hasta después del parto y unas pocas, muy afortunadas, nunca las padecen.

Si tus hemorroides son considerables, prepárate para sentir cierta incomodidad después de un parto vaginal (consulta el capítulo 13). No obstante, casi siempre desaparecen en unas semanas. Si tienes la suerte de no saber lo que son, siéntete muy afortunada y compadece a todas las madres que las sufren.

A veces se defeca al pujar en el parto

Nuestras pacientes suelen preguntarnos por el riesgo de defecar mientras pujan durante el parto. Aunque no sea muy elegante sacar este tema, vamos a hacerlo de todos modos: no siempre se defeca al pujar, pero tampoco es algo extraordinario. Lo más probable es que ni tú ni tu pareja se den cuenta, ya que la enfermera te asea rápidamente para mantener la zona limpia durante todo el proceso. Y si sucede, no le des mayor importancia: nadie –ni tu médico ni tu pareja– va a sentir asco.

Justo después del parto no se adelgaza

La mayoría de mujeres no ven la hora de pesarse después del parto, cuando han expulsado unos 5 kilos entre el bebé, la placenta y los líquidos. Pero espera al menos una semana. Después del parto, muchas mujeres se hinchan como un globo, especialmente en las manos y en los pies. Esta retención adicional de líquidos produce un aumento de peso, por lo que si te subes a una balanza, te sentirás decepcionada al constatar que pesas unos kilos más. Esta hinchazón tarda una o dos semanas en desaparecer.

Las toallitas de los hospitales son reliquias

En algunos hospitales, las enfermeras te ofrecen unas toallitas que parecen de principios del siglo pasado. Si te emociona la idea de viajar en el tiempo o si existe alguna razón en particular por la que te gustan, pues genial. Pero si quieres algo más actual, lleva tu propio paquete de toallas grandes con alas –así como ropa interior resistente, ¡nada de tangas!–, o averigua antes qué es lo que te ofrecerán en el hospital.

La congestión mamaria es muy molesta

Ya sabes que cuando nace el bebé los senos se llenan de leche. Pero lo que quizá no sepas es lo dolorosa y engorrosa que puede ser la congestión si no das de mamar o si decides dejar de hacerlo. Los senos pueden volverse duros como piedras, sensibles, calientes y a veces se hinchan como globos. Por suerte, la incomodidad causada durante este periodo de intensa congestión dura solamente un par de días.

Solemos aconsejar a todas nuestras pacientes que opten por dar pecho. Los beneficios que la lactancia materna aporta al bebé son numerosos, pero hacerlo puede ser más difícil de lo que parece. Es normal que en ocasiones necesites algo de ayuda. Afortunadamente, la mayoría de hospitales tienen un especialista en lactancia que puede asesorarte sobre el proceso.

Capítulo 20

Diez puntos clave en cualquier ecografía

Si unos ilusionados padres te han enseñado la ecografía de su bebé, seguro que ya sabes que entenderla –y mucho más encontrar un parecido familiar– no siempre es fácil. Pero las imágenes de la ecografía pueden ser increíblemente claras si uno sabe qué es lo que está buscando. En este capítulo te enseñamos lo que los médicos y ecografistas tratan de distinguir en la imagen para determinar que el crecimiento y el desarrollo del bebé son correctos.

Medida de la longitud vértice-nalgas

La longitud vértice-nalgas (LCR) o longitud corona-rabadilla (LCN) es una medida que se toma durante el primer trimestre desde la parte superior de la cabeza del feto hasta las nalgas (consulta la figura 21-1). Es la medida más precisa que muestra una ecografía y que el médico puede utilizar para calcular la edad gestacional. En esta imagen también puede verse la translucencia nucal –en la imagen, "NT"– y el hueso de la nariz –en la imagen, "NB"– (consulta el capítulo 8).

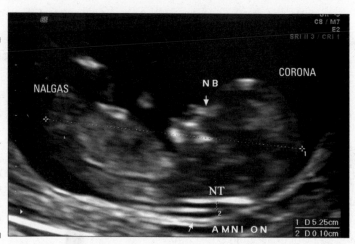

Figura 21-1: La medida de la longitud entre el vértice se realiza durante el primer trimestre para determinar lo avanzado que está el embarazo

La cara

Muchas personas piensan que la imagen del feto que se toma durante el segundo trimestre es fantasmagórica (consulta la figura 21-2). Hay quien dice que se parece a E.T., el extraterrestre. Ten presente, sin embargo, que no se trata de una fotografía tradicional de la cara del bebé: las ondas pasan a través del feto y generan una imagen a partir de una sección del interior del rostro, no de la superficie.

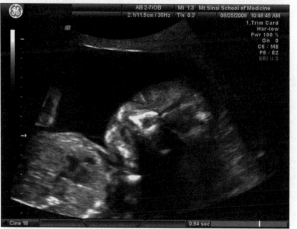

Figura 21-2: ¡Sonríe para la foto!

La columna vertebral

La columna vertebral es fácil de encontrar en las ecografías, incluso para los más novatos (observa la figura 21-3). En el segundo trimestre, es muy importante tomar una imagen de toda la columna para comprobar que no hay anomalías en el tubo neural (consulta el capítulo 8).

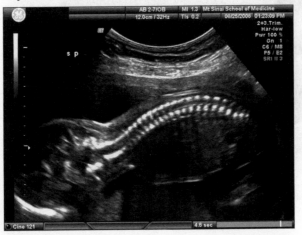

Figura 21-3: En la ecografía del segundo trimestre puede verse la columna vertebral

El corazón

La imagen de la figura 21-4 es la clásica panorámica de las cuatro cavidades cardíacas; el médico intentará captarla en la ecografía en el segundo trimestre. Como puedes comprobar, se ven claramente dos aurículas y dos ventrículos. Una imagen normal de las cuatro cavidades constata que el feto no sufre ninguna cardiopatía grave. Mientras se realiza la ecografía, es posible ver los latidos del corazón y las válvulas en movimiento.

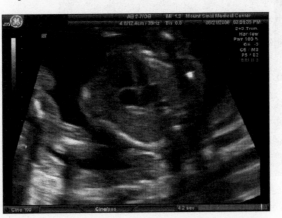

Figura 21-4: En esta imagen pueden verse las cuatro cavidades cardíacas. Mientras se realiza la ecografía, es posible ver latir el corazón

Las manos

En el segundo trimestre, contar los dedos de las manos y de los pies del feto es todo un reto, porque se mueve constantemente. La figura 21-5 los ha captado todos.

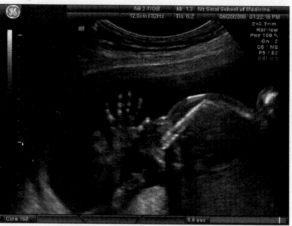

Figura 21-5:
Los cinco dedos de la mano...

Los pies

Aunque todavía no es posible predecir qué número calzará, en esta imagen del segundo trimestre (figura 21-6) pueden observarse los cinco dedos. Contar los dedos en la mayoría de los casos es muy difícil, sobre todo los de las manos ya que muchas veces el bebé tiene la mano cerrada en puño. En cuanto a los pies, lo más importante es ver la relación postural del pie respecto a las piernas para descartar pies zambos o equinovaros.

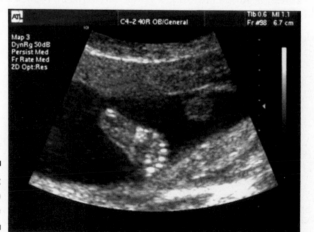

Figura 21-6:
... y los cinco dedos del pie

El perfil del feto

En la figura 21-7 puede verse el feto en el segundo trimestre, descansando tras un día agotador.

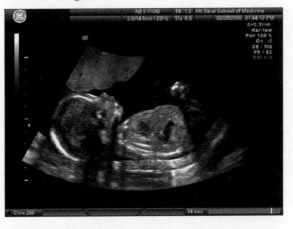

Figura 21-7:
En esta imagen puede verse claramente al feto de perfil descansando

La imagen tridimensional

A diferencia del resto de imágenes de este capítulo, que son bidimensionales, ésta se ha obtenido con una técnica diferente, que permite hacerse una idea muy cercana del aspecto que tendrá el bebé. La figura 21-8 muestra la cara del bebé con el brazo delante de la boca. La ecografía tridimensional es una técnica reciente que genera imágenes sorprendentes, aunque no sustituye al método bidimensional de toda la vida. Sin embargo, las imágenes tridimensionales todavía no permiten realizar todas las comprobaciones habituales acerca del estado del bebé.

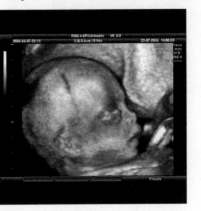

Figura 21-8:
En esta imagen tridimensional es posible ver con total claridad las facciones del feto

¡Es un niño!

Como puedes comprobar en la figura 21-9, muchas veces es posible obtener una imagen muy clara del pene en desarrollo.

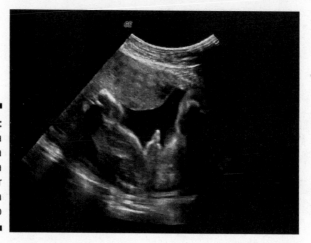

Figura 21-9:
Basta
observar esta
ecografía
para saber
que se trata
de un niño

¡Es una niña!

La figura 21-10 muestra una imagen claramente reconocible de los labios vulvares.

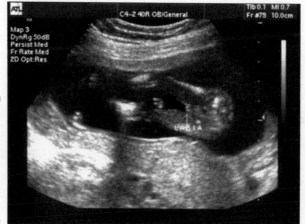

Figura 21-10:
Esta
ecografía
muestra
claramente
que el bebé
es una niña

Índice

· ·

• B •

• *M* •

• *T* •

• U •